# VIETNAM

## MIT KAMBODSCHA UND LAOS

Für meine Frau Aneeta

### E-Book *inklusive*

**Das E-Book herunterladen – so einfach geht's:**
1. Besuchen Sie www.vistapoint.de
2. Klicken Sie dort auf den Button »Downloads«.
3. Geben Sie Ihre E-Mail-Adresse und den folgenden Download-Code ein.

   Code: BOR-BRTG-F2HP-15

4. Klicken Sie auf »Herunterladen«.
5. Das E-Book wird als E-PDF gespeichert und kann auf Tablet, Smartphone und ausgewählten E-Readern gelesen werden.

Ausführliche Hinweise zum Download-Vorgang finden Sie hier:
www.vistapoint.de/ebook

Eine Übersichtskarte mit den eingezeichneten Reiseregionen finden Sie in der vorderen Umschlagklappe.

# TOP 10

**1** **Die Küche Vietnams**
S. 11
Ob in einer Garküche oder einem Spitzenrestaurant — die vietnamesische Küche zählt zu den besten ganz Asiens.

**2** **Hanoi**
S. 22–44
Die Hauptstadt Vietnams ist mit ihrer geschichtsträchtigen Bausubstanz ein Juwel asiatischer Stadtkultur.

**3** **Halong-Bucht**
S. 55 ff.
Die knapp 2000 wie mystische Wesen aus dem Meer aufragenden Kalksteinfelsen gehören zu den beeindruckendsten Landschaftsformen Asiens.

**4** **Sapa**
S. 60 f.
Spektakuläre Bergwelten, faszinierende Minoritäten und ein Wanderparadies – im Bergort Sapa lässt sich der gebirgige Norden am besten erfahren.

**5** **Hoi An**
S. 82 ff.
Mittelalterlich anmutende Stadtarchitektur, Shop-till-you-drop und Schlemmerparadies in einem – die kleine chinesische Handelsstadt hat für jeden Geschmack etwas zu bieten.

**6** **Hue**
S. 88 ff.
Die alte Kaiserstadt am Fluss der Wohlgerüche vereint historische Kunstschätze erster Güte mit landschaftlicher Anmut.

**7** **Ho-Chi-Minh-Stadt/Saigon**
S. 132–151
Die pulsierende Metropole des Südens befindet sich auf dem Weg zu einer neuen, supermodernen Megacity.

**8** **Tunnel von Cu Chi**
S. 136, 151 ff.
Nirgendwo sonst erlebt man so beispielhaft den Widerstandswillen und den Pragmatismus der Vietnamesen.

**9** **Mekong-Delta**
S. 156 ff.
Schwimmende Märkte, verschlungene Wasserwege und pulsierende Städte. Das Mekong-Delta bietet einen faszinierenden Einblick in die Lebenswelt des äußersten Südens von Vietnam.

**10** **Phu Quoc**
S. 163 f.
Weite, schneeweiße Strände mit überhängenden Palmen, tropischer Dschungel und Fünf-Sterne-Resorts – Vietnams größte Insel ist ein wahrgewordener Südseetraum.

# VIETNAM
## MIT KAMBODSCHA UND LAOS

Thomas Barkemeier

# WELCOME VIETNAM
## EIN LAND AUF DER ÜBERHOLSPUR

*Mobilität in Ho-Chi-Minh-Stadt*

*Der »Herabsteigende Drachen« (Ha Long) ist das Symboltier der hölzernen Dschunken in der Halong-Bucht*

Good Morning Vietnam? Diese über viele Jahre gebräuchliche Begrüßung ist längst überholt. Das Land hat die Morgenmüdigkeit abgelegt, Krieg und Sozialismus hinter sich gelassen und ist von der Nebenstraße eines rückständigen Agrarstaates auf die Autobahn jener asiatischen Tigerstaaten eingebogen, die Asien zum Wachstumsmotor der Weltwirtschaft haben aufsteigen lassen.

Allein die Tatsache, dass sich Vietnam innerhalb weniger Jahre vom Reisimporteur zum größten Reisexporteur der Erde mauserte, verdeutlicht, welche Kräfte durch die Mitte der 1980er Jahre unter dem Namen *Doi Moi* (Neues Denken) eingeläutete Öffnungspolitik freigesetzt wurden. Dennoch überrascht das rasante Tempo, mit dem sich das Land vom verarmten und isolierten Schmuddelkind Asiens zum hofierten Günstling der internationalen Wirtschaft und Diplomatie gemausert hat.

Nicht kommunistische Spruchbänder und Soldateska prägen das Straßenbild, sondern ein Heer neuester Motorräder und Reklameschilder westlicher Firmen. Die ausländischen Geschäftsleute werden mit einem freundlichen Lächeln und einem der liberalsten Investitionsgesetze empfangen. Hammer und Meißel und nicht Hammer und Sichel bestimmen die Zukunft des Landes, was die modernen Hochhäuser belegen, die wie Pilze aus dem Boden schießen.

Jährliche Wachstumsraten von bis zu zehn Prozent, eine vergleichsweise niedrige Inflationsrate, ein Heer billiger, disziplinierter und zudem gut ausgebildeter Arbeitsuchender sowie 91 Millionen Einwohner, von denen 25 Prozent unter 15 Jahre alt und konsumorientiert sind, haben Vietnam zu einem der vielversprechendsten Märkte Asiens aufsteigen lassen.

Ganz Vietnam scheint sich auf der Überhohlspur zu befinden, will endlich den Wohlstand spüren, den man ihm Jahrzehnte verwehrte. Von den Millionen Motorradfahrern, die sich jeden Morgen und Abend durch die Straßen Hanois, Da Nangs, Haiphongs oder Saigons quälen, haben viele noch vor wenigen Jahren ein eigenes Fahrrad als Symbol für Wohlstand gesehen, inzwischen überwiegt der Traum vom eigenen Pkw.

Auf der Überholspur wird nur selten in den Rückspiegel geschaut. Man hat entweder keine Zeit oder es interessiert einen nicht – für die Vietnamesen gilt beides. Vor allem die über 60 Prozent der nach dem Ende des Vietnamkrieges Geborenen, die den Krieg nur aus den Schulbüchern kennen, interessieren sich nicht mehr für den antikolonialen Abwehrkampf gegen Franzosen und Amerikaner, sondern richten ihren Blick nach vorn. Der Vietnamkrieg scheint weit mehr in den Köpfen der Ausländer als der Vietnamesen selbst präsent. Haben die meisten Reisenden Vietnam-Klassiker wie Graham Greenes »Der stille Amerikaner« oder Peter Scholl-Latours »Der Tod im Reisfeld« im Handgepäck, fragen sich die vielen Vietnamesen verwundert, ob man im Westen denn immer noch nicht mitbekommen habe, dass der Krieg längst vorbei sei.

**Welcome Vietnam**

*Gemeinschaftsarbeit: Fischfang am Strand zwischen Phan Thiet und Mui Ne an der Südlichen Zentralküste*

**Welcome Vietnam**

Im Übrigen verweisen sie zu Recht darauf, dass es sich beim Vietnamkrieg nur um einen sehr kleinen Abschnitt der über 2000-jährigen Geschichte des Landes handelt. Wesentlich bedeutender und tiefgreifender war der Einfluss des großen Nachbarn aus dem Norden – von China.

### Pragmatismus und Gemeinschaftssinn

Kaum mehr als ein Jahrhundert nach dem ersten nachweisbaren Kaiserreich auf vietnamesischem Boden wurden die Vietnamesen im Jahr 111 vor Christus zu einem Protektorat der Chinesen. Während der folgenden über 1000-jährigen Fremdherrschaft unterzog man sie einer radikalen **Sinisierung**. Bis heute sind die Vietnamesen durch die aus China importierten Wertvorstellungen geprägt, in erster Linie vom **Konfuzianismus**.

Speziell der Norden mit dem Delta des Roten Flusses bildete bis zum Ende des ersten Jahrtausends das alleinige Siedlungsgebiet der Vietnamesen. Seine Bewohner gelten als besonders diszipliniert, fleißig, ehrlich, gehorsam und konservativ: Alles Eigenschaften, die für den Konfuzianismus typisch sind und die den Vietnamesen den Beinamen »Die Preußen Südostasiens« eingetragen haben.

Ihr eigener Realitätssinn spiegelt sich auch in der äußerst pragmatischen Einstellung zur Religion. **Synkretismus** in Reinkultur, also die Vermischung und Verschmelzung unterschiedlicher Glaubensvorstellungen, kennzeichnet das Leben in Vietnam. In einer vietnamesischen Pagode finden buddhistische, daoistische, konfuzianistische und hinduistische Götterfiguren problemlos nebeneinander Platz. Je mehr Heilige dem Gläubigen zur Verfügung stehen, desto größer ist die Wahrscheinlichkeit, sich mit seinen Wünschen und Sorgen Gehör zu ver-

*Hue – die alte Kaiserstadt*

*Bronzegefäße für Räucherstäbchen in der Thien-Hau-Pagode in Ho-Chi-Minh-Stadt*

schaffen. Die entlang den Straßen, auf Passhöhen und neben Häusern aufgestellten Geisterhäuschen verdeutlichen, welche große Rolle neben all den Hochreligionen der **Animismus** bis heute spielt. Bei allem Pragmatismus sind die Vietnamesen äußerst religiöse Menschen, doch wurden die einzelnen Glaubensvorstellungen im Laufe der Jahrhunderte derart eng miteinander verwoben, dass sich keine klare Einordnung mehr ziehen lässt.

Was alle Vietnamesen eint, egal welcher Religionsgemeinschaft sie am nächsten stehen, ist der **Ahnenkult**. Nach vietnamesischer Vorstellung nehmen die Seelen verstorbener Angehöriger weiter am Familienleben teil und haben großen Einfluss auf das tägliche Leben. Bei Opfergaben an dem immer im Hauptraum des Hauses stehendem Ahnenaltar gehört der mündliche Austausch mit den Vorfahren zur Selbstverständlichkeit. Dabei teilt man den Ahnen die neuesten Ereignisse mit und bittet vor schwierigen Entscheidungen um Rat und Beistand. Die Versammlung vor dem Ahnenaltar ist auch fester Bestandteil der Rituale an Todes- und Feiertagen, über deren korrekte Durchführung der älteste Sohn wacht. Dies ist eine höchst verantwortungsvolle Aufgabe, denn bei einer fehlerhaften Durchführung der Totenrituale irrt die Seele des Verstorbenen heimatlos umher und wird ein *qui*, ein böser Geist.

Der Glaube, dass jeder Einzelne wie durch ein unsichtbares Band mit seinen Vorfahren und den nachfolgenden Generationen verbunden ist, bildet den Grundpfeiler der vietnamesischen Gesellschaft.

Im krassen Gegensatz zum westlichen Individualitätsprinzip zählt das »Alleinsein« für einen Vietnamesen zu den schlimmsten Vorstellungen überhaupt. Das unerschütterliche Wissen, dass der Einzelne selbst in den schwierigsten Situationen um den Beistand seiner Ahnen und Verwandten weiß, schweißt

*Die Häuser der Vietnamesen besitzen auch heute noch kleine Hausaltäre, an denen der Ahnen gedacht wird*

*Die Skyline von Downtown Ho-Chi-Minh-Stadt am Saigon-Fluss*

nicht nur die einzelnen Familien, sondern letztlich die gesamte Nation zusammen. Hierin liegt auch der Grund dafür, warum es den Vietnamesen über zwei Jahrtausende immer wieder gelungen ist, scheinbar übermächtige Gegner zu besiegen. Die von US-amerikanischen Soldaten mit Verwunderung und Verwirrung zugleich beobachtete Opferbereitschaft der Vietnamesen basierte auf diesem persönlichen, ja geradezu familiären Bezug der Soldaten zu ihrem Staat.

### Das Land der Tragestange

Die Zergliederung des Landes in drei geografisch, klimatisch, ethnisch und kulturell sehr unterschiedliche Landesteile ist eines der Hauptprobleme Vietnams. Aufgrund seiner extrem langen, schmalen und geschwungenen Form, die an ein gezogenes S erinnert, wird Vietnam auch mit der allgegenwärtigen Tragestange verglichen, an deren Ende zwei Reiskörbe hängen. Bei einer Nord-Süd-Ausdehnung von fast 1700 Kilometern misst Vietnam an seiner engsten Stelle noch nicht einmal 50 Kilometer.

Schon die Franzosen nahmen die Dreiteilung des Landes auf, indem sie ihre Kolonie in die Regionen Tonkin (Norden), Annam (Zentrum) und Cochinchina (Süden) unterteilten. So scheint dem Land die für seine gesamte Geschichte so signifikante Zergliederung gleichsam auf den Leib geschneidert. Tatsächlich geht die Teilung des Landes in zwei eigenständige Staaten Nord- und Südvietnam bereits auf das Ende des 17. Jahrhunderts zurück und ist nicht erst durch den Vietnamkrieg entstanden.

Selbst klimatisch ist die markante Teilung des Landes konkret erfahrbar. Wer etwa im Februar nach Vietnam kommt, wird sich in Hanoi angesichts des grauen Nieselregens und von Temperaturen unter 20 Grad Celsius mit einem Regenschirm und Pullover ausrüsten müssen. In Hue kann man dagegen den Regenschirm zu Hause lassen. Dafür dürfte ein langes Hemd bei den ersten Frühlingsstrahlen und Temperaturen um die 24 Grad Celsius gerade angemessen sein. In Saigon leistet einem der Schirm dann wieder gute Dienste, muss man sich hier doch vor der sengenden Sonne schützen, die die Temperaturen auf bis zu 35 Grad Celsius ansteigen lässt.

**Welcome Vietnam**

So verwundert es kaum, dass die über Jahrhunderte gewachsenen Animositäten zwischen den drei Landesteilen, und besonders zwischen den Nord- und Südvietnamesen, bis heute stark ausgeprägt sind. Man ist sich nicht wohlgesonnen und bezeichnet sich gegenseitig als korrupt, leichtsinnig, unzuverlässig und faul (der Norden über den Süden) oder als starrsinnig, unflexibel, freudlos und langweilig.

*Frau des Roten Zao-Stammes aus der Gegend um Sapa im Norden Vietnams*

Dabei liegt der eigentliche Reiz des Landes nicht zuletzt in der Vielfalt. Und egal ob Nord- oder Südvietnamese, sie alle sind stolz auf ihre in solch kurzer Zeit erbrachten Fortschritte und auf die Schönheit ihres Landes. Und davon gibt es wahrlich mehr als genug, das beweisen die inzwischen jährlich etwa vier Millionen Touristen.

### Von der Wiege Vietnams in die Reiskammer

Auf dem Weg von Nordvietnam ins Mekong-Delta präsentiert sich das Land als eines der spannendsten und attraktivsten Asiens. Der **Norden Vietnams** besticht durch die charmante Hauptstadt Hanoi, die romantische Halong-Bucht mit ihren 2000 aus dem Meer aufsteigenden Felsen, das von den Franzosen gegründete Bergdorf Sapa und das von Reisfeldern, jahrhundertealten Tempeln, Pagoden und Kathedralen durchsetzte Delta des Roten Flusses. Diese Region lädt neben einem ausgiebigen Stadtbummel in Hanoi vor allem zu Bootsfahrten und Bergwanderungen ein.

*Reisterrassen liegen wie riesige Treppen an den Berghängen um Sapa*

Neben den *Kinh*, wie die Vietnamesen genannt werden, die sich vornehmlich im fruchtbaren Delta des

**Welcome Vietnam**

*Straßenmarkt in Ho-Chi-Minh-Stadt*

Roten Flusses angesiedelt haben, sind auch der Norden und Nordosten Heimat eines Großteils der insgesamt **53 ethnischen Minderheiten** des Landes. Obwohl sie nur 13 Prozent der Gesamtbevölkerung ausmachen, bewohnen sie zwei Drittel des vietnamesischen Territoriums.

Bei einer Fahrt durch das lang gezogene, schmale **Zentralvietnam** auf der parallel zur Küste verlaufenden Nationalstraße 1 reihen sich Wolken verhangene Bergpässe, azurblaues Meer mit langen Sandstränden, einsamen Badebuchten und Lagunen sowie pittoreske Fischerdörfer wie an einer Perlenkette aneinander.

Gleichzeitig ist Zentralvietnam die Heimat der romantisch am Fluss der Wohlgerüche gelegenen alten Kaiserstadt Hue. Mit den Palastanlagen, Pagoden und kaiserlichen Grabstätten gehört die kunstsinnige und geschichtsträchtige Stadt zu den meistbesuchten Orten des Landes. Beim Bummel durch die verwinkelten Gassen von Hoi An, der alten chinesischen Handelsstadt 100 Kilometer südlich von Hue, vorbei an restaurierten Handelshäusern, Tempeln, Pagoden und quirligen Märkten, fühlt man sich ins vietnamesische Mittelalter versetzt.

Ideale Orte zum Schwimmen, Windsurfen, Tauchen oder einfach nur zum Sonnenbaden sind Nha Trang und Mui Ne, Vietnams beliebteste Badeorte an der Südlichen Zentralküste. Da Lat im Zentralen Hochland spiegelt mit seinen Kolonialvillen und Kirchen die Sehnsucht heimwehkranker Europäer nach vertrauter Umgebung in einem fremden Land.

Im **Süden des Landes** macht eine faszinierende Mischung aus US-amerikanischen, europäischen und asiatischen Einflüssen Ho-Chi-Minh-Stadt zu einer pulsierenden Metropole und zur kosmopolitischsten Stadt des Landes. Das ehemalige Saigon symbolisiert mit seinen modernen Wolkenkratzern wie keine andere Stadt des Landes den wirtschaftlichen Erfolg Vietnams.

An ein Venedig des Ostens erinnern schließlich viele Dörfer des Mekong-Deltas, in denen der Lastenverkehr noch zum großen Teil mit alten Holzschiffen durchgeführt wird. Es dauerte über acht Jahrhunderte, bis die Vietnamesen, nach ihrem im 10. Jahrhundert begonnenen Zug von Hanoi gen Süden, im 18. Jahrhundert das Delta erreichten und die dort siedelnden Kambodschaner vertrieben. Nicht nur als Reiskammer des Landes (über 90 Prozent des gesamten Reisexportes kommen von hier), sondern auch aufgrund der florierenden Fischwirtschaft (mehrere hundert Millionen Dollar Exporterlöse) ist das Mekong-Delta eine Boomregion.

### The Best of Both Worlds

Einhergehend mit der wirtschaftlichen Entwicklung hat die touristische Infrastruktur inzwischen das in Asien gewohnt hohe Niveau erreicht. Von der Nobelherberge bis zur einfachen

Unterkunft findet sich in Vietnam in allen touristisch interessanten Orten eine große Auswahl an Hotels. Das Gleiche gilt für die Gastronomie.

Die ❶ **vietnamesische Küche** gehört neben der thailändischen zu einer der raffiniertesten Südostasiens. Verschönert wird die Erfahrung durch die Vielzahl der sehr geschmackvoll eingerichteten Restaurants, die in den letzten Jahren eröffnet wurden, wobei besonders die aus dem Ausland in ihre Heimat zurückkehrenden Exilvietnamesen einen positiven Einfluss ausüben. Darüber hinaus findet sich in größeren Städten die ganze Breite der asiatischen Küche. Und selbst westliche Restaurants mit internationalen Chefs sind in allen touristisch interessanten Orten vorhanden.

Dem allgemeinen Trend zu Qualität hat sich auch die staatliche Fluggesellschaft Vietnam Airlines angeschlossen. Ein gut ausgebautes Streckennetz, moderne Flugzeuge, guter Service und Pünktlichkeit zeichnen sie aus.

Nach dem Motto »The Best of Both Worlds« vereint Vietnam den Charme des alten Asiens mit den Annehmlichkeiten einer touristischen Infrastruktur, die westlichen Qualitätsstandards genügt. Gewaltige touristische Zuwachsraten beweisen, dass sich Vietnam als eines der attraktivsten Reiseländer Asiens etabliert hat.

Am Ende eines Vietnambesuchs heißt es denn auch nicht mehr »Good Morning Vietnam«, sondern »Welcome Vietnam« – bis zum nächsten Mal!

**Welcome Vietnam**

»Quan an«, eine Garküche, in Zentralvietnam

Die vietnamesische Küche gehört zu den raffiniertesten Südostasiens

# CHRONIK VIETNAMS
## DATEN ZUR LANDESGESCHICHTE

*Jadescheibe der chinesischen Han-Dynastie (206 v. Chr.–220 n. Chr., Archaeological Institute, Shaanxi)*

### 3. Jh. v. Chr.
Mit dem Königreich Au Lac entsteht der erste geschichtlich nachgewiesene Staatsverband auf vietnamesischem Boden. Hauptstadt ist Co Loa im Norden von Hanoi.

Im Jahr 207 n. Chr. erobert der abtrünnig gewordene Gouverneur der südchinesischen Provinz Nanhai, General Trieu Da, Au Lac. Seinen unabhängigen Staat, der die zwei südchinesischen Provinzen Quangdong und Quangxi, das Delta des Roten Flusses und die Provinzen Thanh Hoa und Nghe Tinh bis zum Hoanh Son umfasst, nennt er Nam Viet (Land im Süden).

### 111 v. Chr.–938 n. Chr.
Das Jahr 111 v. Chr. markiert mit der Eroberung des bis dahin unabhängigen Nam Viet durch die chinesische Han-Dynastie einen der tiefsten Einschnitte in der über 2000-jährigen Geschichte Vietnams. Für mehr als ein Jahrtausend sollte der erst seit 100 Jahren eigenständige Staat unter direkter Herrschaft der Chinesen bleiben. Die Überheblichkeit der neuen Machthaber zeigt sich im Namen, den sie der neu gewonnen Provinz geben – Giao Chi (Land der Barfüßigen). Das Land wird radikal sinisiert.

Der erste historisch belegte Freiheitskampf der Vietnamesen gegen die chinesischen Eroberer wird von zwei Frauen angeführt. Die Schwestern Trung Trac und Trung Nhi besiegen den chinesischen Gouverneur und üben drei Jahre lang (40–43 n. Chr.) die Macht aus. Noch heute gibt es in fast jeder Stadt eine Hai Ba Trung, eine Straße der Schwestern Trung.

### 938
Anfang des 10. Jahrhunderts geht die chinesische Tang-Dynastie unter, Südchina zerfällt in zehn Königreiche – die Zeit für die Unabhängigkeit Vietnams ist gekommen.

Feldherr Ngo Quyen besiegt die Chinesen am Bach-Dang-Fluss und gründet das unabhängige Dai Viet (Großvietnam). Ngo Quyen wird erster Kaiser des unabhängigen Staates.

### 1010–1400
Unter der Le- und der nachfolgenden Tran-Dynastie wird ein zentralistischer Staat mit geschultem Berufsbeamtentum gebildet. Hauptstadt wird Thang Long, das heutige Hanoi. Der Buddhismus wird zur Staatsreligion erklärt.

Ab dem 10. Jahrhundert beginnen die Vietnamesen mit dem Zug nach Süden. Auf ihrem 700-jährigen Marsch vom Norden durch Zentralvietnam bis ins Mekong-Delta müssen sie sich in zahlreichen Schlachten gegen die dort ansässigen Cham und Khmer durchsetzen. Der entscheidende Sieg gegen das Seefahrervolk der Cham, das seit dem 4. Jahrhundert in Zentralvietnam

*In der zweiten Hälfte des 13. Jahrhunderts scheitert Kublai Khan bei seinem Versuch, Dai Viet zu erobern*

**Chronik Vietnams**

*Zeugnisse des Königreichs Champa: die Ziegeltürme des Po-Klong-Garai-Tempels nahe Phan Rang aus dem 13./14. Jahrhundert*

lebt, gelingt den Vietnamesen 1471, als die Truppen von Kaiser Le Thanh Tong die Cham-Hauptstadt Vijaya in der Nähe des heutigen Quy Nhon erobern.

Feldherr Tran Hung Dao besiegt in der zweiten Hälfte des 13. Jahrhunderts die bis dahin unter ihrem Führer Kublai Khan für unschlagbar gehaltenen Mongolen in drei Schlachten.

## 1428–1672
Nach dem Sieg des Feldherrn Le Loi über die Chinesen, die zwischenzeitig wieder das vietnamesische Staatsgebiet besetzen, wird Dai Viet unter der Le- und der Mac-Dynatie zu einem zentralistischen Verwaltungsstaat nach konfuzianistischem Vorbild ausgebaut. Der Buddhismus verliert seine Machtposition. Anfang des 17. Jahrhunderts treffen die ersten Europäer in Vietnam ein und gründen Handelsniederlassungen.

## 1628–1771
Die beiden Fürstengeschlechter der Trinh und der Nguyen führen einen erbitterten Machtkampf, in dessen Folge Dai Viet in ein Nord- und ein Südreich geteilt wird. 1674 wird Saigon gegründet, das sich schnell zur bedeutendsten Handelsstadt des Südens entwickelt.

## 1771–1802
1771 nutzen drei Brüder die allgemeine Unzufriedenheit fast aller Bevölkerungsschichten aus. Die von ihnen initiierte und nach ihrem Herkunftsort benannte Tay-Son-Revolte stürzt das Land für die nächsten 30 Jahre in einen blutigen Bürgerkrieg. Die Bauernarmee erobert innerhalb kürzester Zeit von ihrem Stützpunkt in Quy Nhon weite Teile des Südens. Die versprochenen Bodenreformen werden jedoch nicht durchgeführt. So gelingt es Nguyen Phuc Anh, dem letzten Überlebenden der von den Tay Son verjagten Nguyen-Geschlechts, das Land zurückzuerobern. Schon während der Regierungszeit von Quang Trung war er aus Siam, wo er mehrere Jahre im Exil gelebt hatte, in sein Heimatland zurückgekehrt und hat nicht zuletzt mit tatkräftiger Unterstützung der Franzosen das Mekong-Delta unter seine Kontrolle gebracht.

*Die hinduistischen Cham verehren neben Vishnu und Brahma den Gott Shiva: Statue aus dem Cham Museum in Da Nang*

## Chronik Vietnams

**1802–1945**

Ngyen Phuc Anh lässt sich 1802 in Hue, der Heimat seiner Väter, zum Kaiser Gia Long ausrufen. Hue wird zur neuen Hauptstadt. Das wiedervereinigte Land heißt nun zum ersten Mal in seiner Geschichte Vietnam. Es entspricht in etwa seiner heutigen Staatsfläche.

Obwohl die Franzosen bereits seit dem 16. Jahrhundert Handelsstützpunkte in Nord- und Zentralvietnam unterhalten, sind das zunächst ausschließlich private Initiativen französischer Geschäftsleute und Handelshäuser. Erst mit der Bombardierung von Tourane, dem heutigen Da Nang, am 1. September 1858, fällt der Startschuss für die direkt von Paris betriebene französische Kolonialpolitik in Indochina. Bereits drei Jahre später befindet sich der gesamte Süden Vietnams unter französischer Kontrolle.

Der Saigoner Friedensvertrag vom Juni 1862, in dem der seit 1847 regierende Kaiser Tu Duc die Oberherrschaft der Franzosen über Saigon und die umliegenden Provinzen anerkennt, zeigt, dass dem Kaiserhof von Hue jeglicher Wille zum Widerstand fehlt.

Die Eroberung von Hue und Thang Long (Hanoi) sind zwei weitere Schritte auf dem Weg zum Protektoratsvertrag von Hanoi, in dem die Vietnamesen 1883 endgültig die Oberherrschaft der Franzosen anerkennen müssen. Während die Nguyen-Kaiser von Hue immer mehr zu Marionetten der Franzosen werden, regt sich der antikoloniale Widerstand zunehmend.

1941 schließen sich alle vietnamesischen Widerstandsgruppen zur Liga für die Unabhängigkeit Vietnams, kurz Viet Minh, zusammen. Zur Symbolfigur der antikolonialen Bewegung, die im Oktober 1943 von Thai Nguyen (Norden) den militärischen Kampf aufnimmt, steigt Ho Chi Minh auf. Er ist nach 30-jährigem Exil in sein Heimatland zurückgekehrt.

*Bao Dai aus der Nguyen-Dynastie, der letzte Kaiser von Vietnam (1925–45)*

*Am 2. September 1945 ruft Ho Chi Minh die Demokratische Republik Vietnam aus*

## 1945
Nach der Kapitulation der japanischen Truppen, die zuvor die französische Verwaltung stürzten, ruft Ho Chi Minh am 2. September 1945 die Demokratische Republik Vietnam aus.

## 1946–54
Mit der Bombardierung des Hafens von Haiphong beginnt der Erste Indochinakrieg 1946. Nachdem die im Herbst 1949 neu gegründete Volksrepublik China unter Mao die Viet Minh als legitime Regierung der Demokratischen Republik Vietnam anerkennt, folgt ihr im selben Monat die um ihren Einfluss in Indochina bangende Sowjetunion. Einhergehend mit der diplomatischen Anerkennung senden die kommunistischen Bruderländer große Mengen Kriegsmaterial nach Nordvietnam.

Der Indochinakrieg erhält eine völlig neue Dimension mit dem Eingreifen der Chinesen und US-Amerikaner Anfang der 1950er Jahre. Im Zeichen des Kalten Krieges wird so aus einem regionalen Konflikt ein Stellvertreterkrieg. Das bis dahin international kaum in Erscheinung getretene Entwicklungsland Vietnam gerät von nun an zwischen die Mühlen der Machtinteressen der Weltmächte. Die Angst, der Fall Vietnams würde zwangsläufig auch alle weiteren asiatischen Länder unter kommunistische Vorherrschaft bringen (Domino-Theorie), führt zu einer zunehmend aktiven Rolle der USA. Neben der massiven finanziellen Unterstützung (1954 tragen die USA 80 Prozent der französischen Kriegskosten) greifen sie von nun an immer direkter in die politischen Entscheidungen ein.

*August 1954: Nach dem Ende des 1. Indochinakriegs hilft die US-Marine bei der Evakuierung vietnamesischer Flüchtlinge aus Haiphong im kommunistischen Nordvietnam nach Saigon in Südvietnam*

## 1954
Nachdem die Franzosen zunehmend in Gefahr geraten, ihre ohnehin schwindenden Kräfte durch einen Mehrfrontenkrieg gegen die Viet Minh und die mit ihnen verbündeten Truppen der laotischen Befreiungsfront Pathet Lao zu vergeuden, entschließt sich der französische Oberbefehlshaber General Navarre, eine Entscheidungsschlacht herbeizuführen. Hierzu wird der strategisch bedeutende Ort Dien Bien Phu im äußersten Nordwesten Vietnams zu einer waffenstarrenden Großanlage ausgebaut. Völlig überraschend beginnen die Truppen der VVA mit der Belagerung der als uneinnehmbar geltenden Festung. Angesichts der sich dramatisch zuspitzenden Lage der eingeschlossenen französischen Soldaten zieht US-Präsident Eisenhower zwischenzeitlich sogar den Einsatz von Atomwaffen in Erwägung. Nach 55-tägiger Belagerung kapituliert die physisch erschöpfte und psychisch zermürbte französische Armee am 7. Mai 1954. 3000 Tote und ebenso viele Verwundete sind der Preis für dieses sinnlose Abenteuer, das gleichzeitig das Ende der französischen Kolonialherrschaft über Indochina bedeutet.

**Chronik Vietnams**

# Chronik Vietnams

**1954–64**

Auf der Genfer Friedenskonferenz wird Vietnam entlang dem 17. Breitengrad geteilt. Während im Norden die Kommunisten unter Ho Chi Minh die Regierung übernehmen, etabliert sich im Süden mit Hilfe der US-Amerikaner der Katholik Ngo Dinh Diem als Präsident. Er verhindert die im Genfer Vertrag vereinbarten Wahlen und erlärt den Katholizismus zur Staatsreligion. Durch Vetternwirtschaft, Korruption, Kommunisten- und Buddhistenverfolgungen und der Zwangsumsiedlung Zigtausender Bauern in Agrardörfer verliert das Diem-Regime den Rückhalt in der Bevölkerung.

Die von den nordvietnamesischen Kommunisten unterstützte südvietnamesische Befreiungsfront (FNL) bringt weite Teile des Südens unter ihre Kontrolle. Bei einem Militärputsch am 1. November 1963 werden Ngo Dinh Diem und sein Bruder in Saigon ermordet. Statt der erhofften Stabilität weitet sich das Chaos jedoch aus. Ein Staatsstreich folgt dem nächsten.

Die von den westlichen Medien als *Vietcong* (Vietnamesische Kommunisten) bezeichnete südvietnamesische Befreiungsfront, in deren Reihen sich auch immer mehr nordvietnamesische Soldaten befinden, rückt unaufhaltsam vor. »Die Regierungstruppen verlieren ein Bataillon pro Woche, und dieser Trend wird, wenn es so weitergeht, in einem Desaster enden«, warnte selbst der neue Oberbefehlshaber der US-amerikanischen Truppen in Vietnam, General Westmoreland.

**August 1964**

Angesichts der dramatischen Lage entschließt sich Washington zum direkten militärischen Eingreifen. Nach einem von den US-Amerikanern provozierten Zwischenfall im Golf von Tonkin am 4. August 1964 bombardieren Flugzeuge der 7. US-Flotte nordvietnamesische Marinebasen und Treibstofflager.

Am 7. August wird die bereits Wochen zuvor ausgearbeitete »Golf von Tonkin-Resolution« vom US-amerikanischen Kongress ohne Gegenstimmen verabschiedet. Die Resolution dient als Begründung und Rechtfertigung der von nun in vollem Umfang eingeleiteten Kriegspolitik. Diese Kriegserklärung bildet die Grundlage zur systematischen Bombardierung Vietnams und zur Entsendung Hunderttausender Soldaten.

**Februar 1965**

Mit der Operation »Rolling Thunder« beginnt die zeitlich unbegrenzte Bombardierung Vietnams. Werfen die US-amerikanischen Bomber 1965 noch 63 000 Bomben auf Nordvietnam ab, so sind es 1966 136 000 und 1967 226 000 Tonnen. (Zum Vergleich: Beim Luftangriff auf Dresden im Februar 1945 fielen 2659 Tonnen Bomben.)

**März 1965**

Am 8. März 1965 landen die ersten US-amerikanischen Bodentruppen am Strand von Da Nang. Ende April 1965 befinden sich bereits 40 000 »Ledernacken« auf vietnamesischem Boden. Trotz massiver Flächenbombardements und dem Einsatz von über 500 000 Soldaten gelingt es den Amerikanern nicht, den vietnamesischen Widerstand zu brechen.

*US-Präsident Lyndon B. Johnson forciert nach seinem Amtsantritt 1964 die amerikanische Initiative in Südostasien*

### 31. Januar 1968

Am Morgen des 31. Januar, mitten in den Feierlichkeiten des vietnamesischen Neujahrsfestes Tet, greifen die nordvietnamesischen Viet Minh und die südvietnamesischen Vietcong gemeinsam auf breiter Front den gesamten Süden des Landes an. Einem Todeskommando gelingt es sogar, bis auf das Gelände der US-amerikanischen Botschaft vorzudringen und dieses für einige Stunden zu besetzen.

Nachdem sich die US-Amerikaner vom ersten Schock erholen, gehen sie zu einer breit angelegten Gegenoffensive über. Sie fügen den Befreiungstruppen eine vernichtende Niederlage zu, von der sich die FNL bis zum Ende des Krieges nicht mehr erholt. Trotz der militärischen Niederlage bezeichnet die Tet-Offensive den eigentlichen Wendepunkt des Krieges.

Die live übertragenen Fernsehbilder von der Besetzung der amerikanischen Botschaft führen zu einem abrupten Meinungswandel in der US-amerikanischen Öffentlichkeit, die jahrelang mit geschönten Zahlen und Erfolgsmeldungen in Sicherheit gewogen wurde.

### 18. März 1968

Am 18. März 1968 findet das Massaker von My Lai statt. Das kleine zentralvietnamesische Dorf wird von einer US-amerikanischen Einheit innerhalb von knapp zwei Stunden zerstört. 504 Dorfbewohner, darunter 173 Kinder, 76 Babys und 60 Greise werden getötet – nur fünf Bewohner überleben das Massaker. Der einzige US-amerikanische Verletzte ist ein Soldat, der sich selbst in den Fuß schießt, um sich der Schlächterei zu entziehen.

**Chronik Vietnams**

»Vietnam Zippo« – über 200 000 Stück sollen an die kämpfende US-Truppe verteilt worden sein

Schulklasse zu Besuch im Museum für Kriegsrelikte in Ho-Chi-Minh-Stadt

Nachdem das Militär zunächst alles versucht, das Massaker zu vertuschen, gerät es schließlich doch in die Schlagzeilen der Presse. Die Anti-Kriegsdemonstrationen wachsen zu Massenkundgebungen an. US-Präsident Johnson sieht sich durch den Druck der Öffentlichkeit gezwungen, die Bombardierung Vietnams einzustellen.

**1969–75**
Richard Nixon, der mit dem Versprechen, den Krieg so schnell als möglich zu beenden, 1969 zum neuen US-Präsidenten gewählt wird, verkündet Mitte 1969 die sogenannte Vietnamisierungspolitik. Trotz des schrittweisen Abzugs US-amerikanischer Truppen und der mit Milliarden US-Dollar vorangetriebenen Aufrüstung der südvietnamesischen Armee weitet sich der Krieg in den folgenden Jahren auf die Nachbarländer Kambodscha und Laos aus. Mit den bisher schwersten Bombenangriffen auf Nordvietnam im Dezember 1972 will Präsident Nixon den Verhandlungsdruck auf Nordvietnam erhöhen.

Am 27. Januar 1973 unterzeichnen die Außenminister von Nordvietnam und den USA, Le Duc Tho und Henry Kissinger, das Pariser Waffenstillstandsabkommen. Auf den Abzug der letzten US-Truppen im März desselben Jahres antwortet die nordvietnamesische Führung mit einer breit angelegten Offensive. Nach der drastischen Kürzung der amerikanischen Militär- und Wirtschaftshilfe im folgenden Jahr ist der Widerstand des bis dahin einzig durch die Milliardenspritzen aus Washington am Leben erhaltenen südvietnamesischen Regimes unter Präsident Thieu endgültig gebrochen.

*Ehrengarde vor dem Ho-Chi-Minh-Mausoleum in Hanoi*

**1975–86**
Nach der Eroberung Saigons am 30. April 1975 und der Gründung der Sozialistischen Republik Vietnam (SRV) im Juli 1976 beginnt die kommunistische Regierung mit einer Kollektivierung der Landwirtschaft. Ende März 1977 wird der gesamte Privathandel Saigons, das inzwischen in Ho-Chi-Minh-Stadt umbenannt worden war, verstaatlicht. Im Mai wird in einer Nacht-und-Nebel-Aktion eine Währungsreform verkündet.

Die traditionellen Lebensadern der Ökonomie Südvietnams sind damit zerschnitten, was zu einem Zusammenbruch des Wirtschaftslebens führt. Die Folge dieser in Tempo und Härte völlig überzogenen Maßnahmen ist die panikartige Flucht Hunderttausender Auslandschinesen, die bis dahin das Wirtschaftsleben des Südens weitgehend kontrollierten. Als *Boat People* bringen sie Vietnam wieder weltweit negative Aufmerksamkeit.

Die Invasion vietnamesischer Truppen in Kambodscha und der Grenzkrieg mit China im Jahr 1979 führen Vietnam endgültig in die außenpolitische Isolation.

### Chronik Vietnams

### 1986
Angesichts der dramatischen wirtschaftlichen Notlage, die durch den Zusammenbruch der Sowjetunion, des bis dahin mit Abstand größten Geldgebers der SRV, noch verschärft wird, sieht sich die politische Führung in Hanoi Mitte der 1980er Jahre zu einer radikalen Kehrtwende in der Wirtschafts- und Außenpolitik gezwungen. Unter dem Motto *Doi Moi* (Erneuerung) werden weitreichende Reformen eingeleitet, deren Kernpunkte die Einführung marktwirtschaftlicher Prinzipien und die Normalisierung der Beziehungen zu China und den USA sind. Die Erfolge dieser Maßnahmen, wie eine wirtschaftliche Wachstumsrate von jährlich zehn Prozent, stellen sich ein.

*Propagandaplakat von 2005 für Frieden und Wirtschaftswachstum*

### 1989
Der Rückzug der vietnamesischen Truppen aus Kambodscha führt zu einer deutlichen Verbesserung der Beziehungen zu den asiatischen Nachbarstaaten und den USA.

### 1995
Nachdem US-Präsident Clinton 1994 das seit Kriegsende bestehende Embargo aufhebt, wird die Wiederaufnahme diplomatischer Beziehungen beschlossen. Vietnam wird in den ASEAN-Bund aufgenommen.

### 1997
Douglas Peterson, ein ehemaliger Vietnam-Veteran, der über sechs Jahre in vietnamesischer Kriegsgefangenschaft saß, nimmt als erster US-amerikanischer Diplomat seine Dienstgeschäfte auf.

### 2001
Nach dem Besuch von US-Präsident Clinton im Jahr 2000 unterzeichnen Vietnam und die USA im Dezember 2001 ein Handelsabkommen, das die wirtschaftlichen Beziehungen normalisiert.

### 2005
Mit Pha Van Khai besucht der erste vietnamesische Premierminister seit Ende des Vietnamkriegs die USA.

### 2006
Der 10. Parteitag beschließt weitreichende Reformen und ernennt Nguyen Tan Dung zum neuen Ministerpräsidenten.

### Ab 2009
Die vietnamesische Regierung lässt regimekritische Journalisten von ihren Posten entfernen.

### 2012
In Hanoi wird mit dem Keangnam Hanoi Landmark Tower (336 Meter) das höchste Gebäude Vietnams eröffnet.

### 2015
Der 40. Jahrestag des kommunistischen Sieges im Vietnamkrieg wird in Ho-Chi-Minh-Stadt mit einer Militärparade groß gefeiert.

*Die Halong-Bucht im Norden Vietnams, eine bizarre Welt aus fast 2000 Kalkstein-Inseln und -Inselchen mit unzähligen Dschunken und Booten*

# DIE SCHÖNSTEN REISEREGIONEN VIETNAMS

**Region 1**
Hanoi und Umgebung

# BAC BO – DER NORDEN VIETNAMS

# HANOI UND UMGEBUNG
## DIE GROSSE ALTE DAME VIETNAMS

*Der Schirmhersteller ist nur einer von zahllosen Handwerksbetrieben in den verwinkelten Altstadtgassen Hanois*

In Schönheit und Würde altern und dabei gleichzeitig immer offen für Neues sein – dieses Kunststück ist 2 Hanoi gelungen, der ältesten Hauptstadt Südostasiens und einer der schönsten Städte Asiens. Die Innenstadt bezaubert durch ihre Alleen, gesäumt von ockergelben Kolonialgebäuden, durch Parks mit knorrigen Bäumen, stillen Seen und verwunschenen Pagoden und ihre verwinkelten Altstadtgassen. Im Vergleich zu anderen asiatischen Großstädten wie Bangkok, Kuala Lumpur oder Singapur, die sich in den letzten Jahrzehnten zu modernen Metropolen westlicher Prägung entwickelt haben, hat sich Hanoi noch einen unverwechselbaren Charme bewahrt und strahlt im Gegensatz zu Saigon, seinem großen Rivalen im Süden, eine in sich ruhende über die Jahrhunderte gewachsene stilvolle Anmut und Würde aus.

Fast ein Jahrtausend ist vergangen, seit Kaiser Ly Thai To Hanoi im Jahr 1010 zur neuen Hauptstadt erklärte. Um die Dynamik und Kraft seiner Ly-Dynastie zu betonen, nannte er sie *Thang Long* (Aufsteigender Drache). Zügig ließ er mit dem Bau einer Zitadelle und der darin eingeschlossenen Kaiserstadt beginnen. Davon ist heute nichts mehr erhalten, weil Hanoi im Verlauf seiner wechselhaften Geschichte von mehreren Invasoren erobert, umbenannt und umgebaut wurde.

Die deutlichsten Spuren hinterließen die Franzosen, die Hanoi nach der Eroberung 1883 zur Hauptstadt von Indochina machten. In ihrem von kolonialem Machtgehabe geleiteten Anspruch, Hanoi in eine französisch anmutende Stadt zu verwandeln, ließen sie die Zitadelle mitsamt Kaiserstadt ebenso abreißen wie einige der bedeutendsten und ältesten Pagoden. Sie schütteten Straßen zu, um Platz für neue zu schaffen, und drückten Hanoi mit Kolonialvillen, der Oper, dem Palast des französischen Generalgouverneurs, dem Hotel Metropole und breit angelegten Straßen, gesäumt von Schatten spendenden Bäumen ihren Stempel auf. Daran änderten weder die 40-jährige Herrschaft der Kommunisten noch der Vietnamkrieg viel. Zwar ließ die US-amerikanische Luftwaffe allein Weihnachten 1972 über 40 000 Tonnen Sprengstoff auf die Hauptstadt des kommunistischen Nordens werfen, doch wurden dadurch fast ausschließlich strategische Ziele in den Außenbezirken Hanois zerstört.

Es ist jedoch zu befürchten, dass der nostalgische Charme der alten Dame Hanoi in wenigen Jahren den Kräften des neuen, modernen Vietnams zum Opfer fallen wird. Heute erscheinen die Folgen der Ende der 1980er Jahre eingeläuteten wirtschaftlichen Öffnungspolitik Doi Moi weit bedrohlicher für die Substanz der Stadt als Sozialismus, US-amerikanische Bomben oder das stets feuchte Klima. Augenfälligstes Beispiel hierfür sind die inzwischen 3,5 Millionen Motorräder, die die Straßen Hanois in einen ständigen Ausnahmezustand versetzten.

**Region 1**
Hanoi und Umgebung

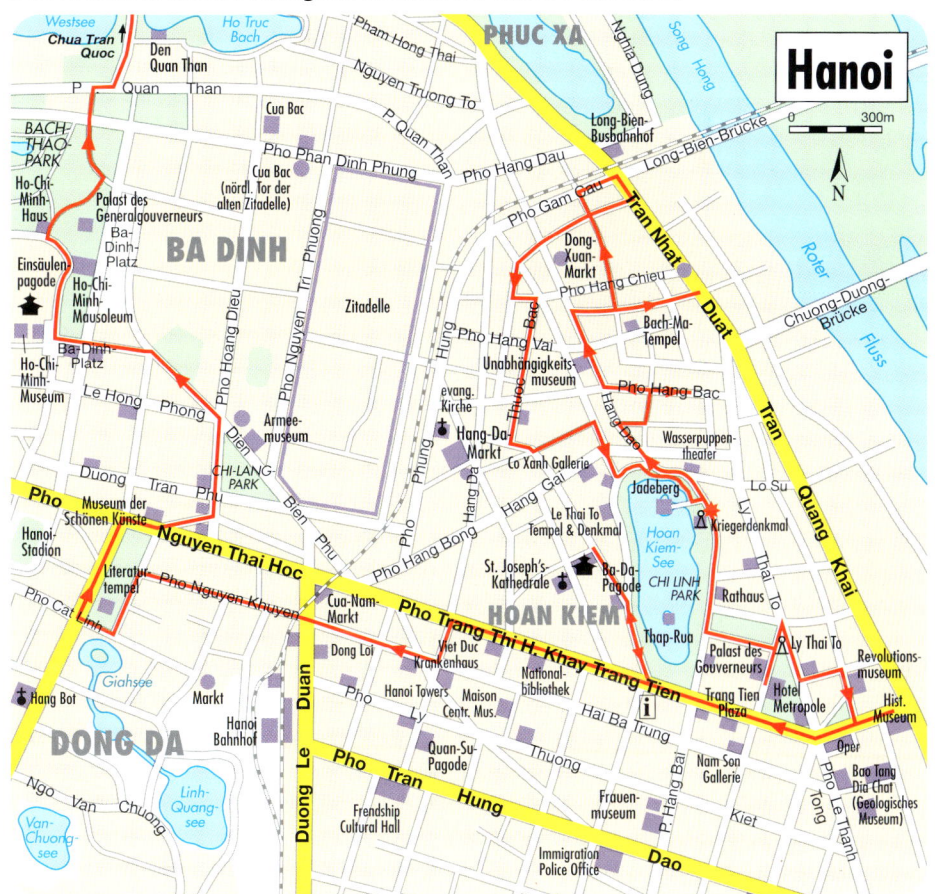

**Region 1**
Hanoi und Umgebung

Zudem müssen mehr und mehr Kolonialvillen der Jahrhundertwende modernen Hochhäusern weichen.

Es bleibt zu hoffen, dass die von der Stadtverwaltung in den letzten Jahren verordneten Gegenmaßnahmen noch rechtzeitig Wirkung zeigen. So könnte Hanoi zum Vorreiter einer Bewegung werden, die einer vorsichtigen Modernisierung unter Beibehaltung der traditionellen Baustruktur den Vorzug vor einer hemmungslosen Verwestlichung gibt.

Ein Ausflug in die Umgebung Hanois veranschaulicht exemplarisch das alte agrarische und das neue kapitalistische Vietnam wie in einem Brennspiegel. Nirgendwo sonst ist Vietnam so vietnamesisch wie in der jahrtausendealten Kulturlandschaft und gleichzeitig so ungehemmt westlich. Die Bandbreite reicht von sechsspurigen Autobahnen, flankiert von modernen Fabriken internationaler Unternehmen, schicken Geschäften und neu errichteten Hochhäusern bis zu von Dornenhecken umschlossenen Dörfern, von niedrigen Dämmen durchzogenen Reisfeldern mit eifrig im Schlamm arbeitenden Bauern bis zu idyllischen Landschaften und uralte Pagoden.

*Straßenhändlerinnen in der Altstadt von Hanoi*

**Einen Innenstadtplan finden Sie auf S. 23, einen Altstadtplan auf S. 28**

### ❶ HANOI

#### Am Hoan-Kiem-See

Es lohnt sich, früh aufzustehen, um dabei zu sein, wenn sich junge und alte Hanoier am Ufer des **Hoan-Kiem-Sees** zu ihren Tai-Chi-Übungen treffen – dann scheint der Geist des alten Vietnam gegenwärtig zu sein. Die Sonnenstrahlen durchbrechen den morgendlichen Nebel, Vögel zwitschern und die Stadt atmet noch einmal tief durch.

Doch schon bald wird diese zeitlose Weltentrücktheit durchbrochen vom Geknatter der unzähligen Motorräder, die die ehemalige Fahrradstadt nun vereinnahmt haben. Gegen acht Uhr morgens finden sich die ersten Straßenverkäufer ein. Typisch für ganz Vietnam sind dabei die älteren Frauen mit ihren tragbaren Garküchen und großen Reisstrohhüten. Im Laufe des Tages folgen ihnen Rentner, die auf den Parkbänken unter Bäumen zum Kartenspielen zusammenkommen, Touristen und einheimische Flaneure, die eines der zahlreichen Cafés aufsuchen. Und zum Sonnenuntergang nehmen Liebespärchen den Platz der Rentner auf den

---

**ABENTEUER STRASSENÜBERQUERUNG**

Dass die 3,5 Millionen Motorräder Hanois mehr als eine abstrakte Zahl sind, erlebt der ebenso faszinierte wie verschreckte Tourist spätestens, wenn es heißt, eine der überfüllten Straßen zu überqueren. Was auf den ersten Blick nach einem halsbrecherischen Unterfangen aussieht, entpuppt sich schnell als ein (nach ein paar Versuchen) vergnügliches Abenteuer. Die Einheimischen machen es vor: Das Geheimnis liegt darin, trotz des scheinbaren Verkehrchaos die Straße in aller Ruhe mit gleichmäßigem Schritt zu überqueren. So wissen einen die Motorradfahrer einzuschätzen und umschiffen einen respektvoll. Wer trotzdem Angst hat, hängt sich an die Fersen eines Hanoiers.

**Region 1
Hanoi und Umgebung**

*Am »See des zurückgegebenen Schwertes«, dem Hoan-Kiem-See in Hanoi*

Parkbänken ein – der Hoan-Kiem-See vereint die Generationen, weil er trotz aller sichtbaren Veränderungen der Neuzeit eine über die Jahrhunderte gewachsene Ruhe und Gelassenheit ausstrahlt, die ihn zu einem Anker der Stabilität im Trubel der Moderne machen.

Im ebenso geschichtsträchtigen wie legendenverliebten Vietnam verwundert es nicht, dass sich hinter dem ungewöhnlichen Namen, »See des zurückgegebenen Schwertes«, eine nette Geschichte mit historischem Bezug verbirgt. Und wie so häufig stehen dabei die Chinesen, die über Jahrtausende vom Norden die Unabhängigkeit Vietnams bedrohten, sowie ein einheimischer Freiheitskämpfer im Mittelpunkt.

Held der Geschichte ist der Großgrundbesitzer Le Loi, der Anfang des 15. Jahrhunderts in einen zehnjährigen Unabhängigkeitskampf gegen die chinesischen Besatzer der Ming-Dynastie verwickelt war. Als die Schlacht schon fast verloren schien, tauchte aus der Mitte des Sees eine goldene Schildkröte auf, die ihm ein Schwert übergab, mit dessen Hilfe er schließlich die feindlichen Invasoren besiegen konnte. Bei der anschließenden Siegesfeier auf dem See tauchte die Schildkröte erneut auf, worauf das Schwert, wie von magischer Hand, aus der Scheide des Königs in das Maul der Schildkröte glitt, die gleich danach wieder im Wasser untertauchte.

Der als neuer Nationalheld zum Kaiser Le Thai To aufgestiegene Le Loi ernannte daraufhin die Schildkröte zur Schutzherrin der Stadt. Ihr zu Ehren steht im Süden des Sees der **Schildkrötenturm** (Thap Rua), der sich über die Jahrhunderte zu einem Wahrzeichen der Stadt entwickelte.

Im Nordosten des ein Kilometer langen und 200 Meter breiten Sees befindet sich eine zweite Insel, genannt **Ngoc Son** (Jadeberg). Zu ihr führt die schön verzierte, rot lackierte **Holzbrücke The Huc** (Brücke der Aufgehenden Sonne), eines der beliebtesten Fotomotive Hanois. Links vor dem Eingang zur Brücke wird das auf einem Steinhügel errichtete Denkmal für die Literaten in Form eines großen Tuschpinsels von den meisten Besuchern übersehen. Von der gewölbten Holzbrücke bietet sich ein besonders fotogener Blick auf den See, und am ihrem Ende ist die Schildkröte mit dem Schwert im Maul zu sehen.

Wendet man sich nach links, erreicht man den eigentlichen **Ngoc-Son-Tempel**, der sich aus drei hintereinanderliegenden Räumen zusammensetzt. Wie im polytheistischen Vietnam üblich, werden hier gleich mehrere Heilige verehrt. Im leicht erhöhten Hauptraum, der Zeremonienvorbereitungen dient, sind es drei daoistische Gottheiten. Am auffälligsten ist der rotgesichtige General Quang Cong, der immer in Begleitung seines mit Flügeln ausgestatteten Pferdes dargestellt wird. Während die Statue des Gottes der Heilkundigen (La To) daneben etwas verblasst, platzierte man den Schutzgeist der Literaten (Van Xuong) auf einen

*Seit dem Jahr 2011 verkehrt von der Dinh Tien Hoang-Straße am Hoan-Kiem-See ein aus mehreren Wagen bestehender Elektrozug, der auf einer 45-minütigen Tour umweltverträglich durch die Altstadt fährt.*

*Auf der insgesamt sieben Kilometer langen Strecke werden zehn Stopps eingelegt. Während der Fahrt gibt es diverse Erklärungen. Preis: 15 000 Dong. Die Abfahrtsstelle ist die Dinh Tien Hoang-Street, nur wenige Meter nördlich vom Jadeberg-Tempel am Hoan-Kiem-See.*

**Region 1**
Hanoi und Umgebung

Thron. Nach Überschreiten einer hohen Türschwelle betritt man den dritten Raum, an dessen Ende in einem Schrein die Statue des Feldherrn Tran Hung Dao gehuldigt wird, der im 13. Jahrhundert die Mongolen am Bach-Dang-Fluss bei Haiphong besiegte.

In einem angeschlossenen Nebenraum, auf dem Weg zum Ausgang, ist in einer Glasvitrine eine präparierte, über zwei Meter lange und 250 Kilogramm schwere Schildkröte ausgestellt. Glaubt man den offiziellen Angaben, wurde dieses Riesentier 1968 aus dem Hoan-Kiem-See geborgen und etwa 400 Jahre alt geworden sein. Es fällt schwer, hierbei an reinen Zufall zu glauben, wenn man bedenkt, dass das Geburtsjahr des Tieres genau in die Zeit des Volkshelden Le Loi fällt. Zudem war im Fundjahr 1968 das unmittelbare Ende des dahinsiechenden Führers Ho Chi Minh abzusehen, und die Bevölkerung Hanois hatte unter schwersten Bombardements zu leiden. Man kann sich nicht der Vermutung entziehen, dass es sich hierbei um eine von der politischen Führung wohldurchdachte Inszenierung handelte, um den Durchhaltewillen der Bevölkerung angesichts der schweren Prüfungen zu stärken.

*Eines der beliebtesten Fotomotive Hanois ist die rot lackierte Holzbrücke The Huc*

## Altstadt

Hanois Altstadt, die sich unmittelbar nördlich an den »See des zurückgegebenen Schwertes« anschließt, ist eines der beeindruckendsten, in sich geschlossenen Stadtensembles Asiens.

Wer die Entwicklung anderer asiatischer Großstädte wie Bangkok, Kuala Lumpur oder Singapur in den letzten 20 Jahren miterlebt hat, in denen bis auf wenige renovierte Häuserzeilen alte, über Jahrhunderte gewachsene Stadtviertel modernen Neubauten Platz machen mussten, wird einen Spaziergang durch die verwinkelten Altstadtgassen von Hanoi als Entdeckungstour der Sinne besonders zu schätzen wissen. Für Klaustrophobiker sind die viel zu engen Straßen und Gassen, auf denen Straßenstände, Garküchen, Lastenträger, Motorräder, Cyclos, Fahrräder und Fußgänger um Platz und Einfluss wetteifern, sicher nicht der richtige Ort.

Die Ursprünge der Altstadt, die sich zwischen Hoan-Kiem-See im Süden, dem Roten Fluss im Norden und der Zitadelle im Westen ausbreitet, gehen auf den Stadtgründer Ly Thai To zurück. Anfang des 12. Jahrhunderts, als Hanoi noch Thang Long hieß, siedelten sich Handwerker, Bauern und Fischer aus den umliegenden Dörfern an, um ihre Waren im Umkreis des Kaiserpalastes feil zu bieten. Meistens kamen ganze Familienverbände aus einem Dorf, das sich auf die Herstellung von Waren spezialisiert hatte, die am Hof besonders begehrt waren, wie Devotionalien, Waffen, Schmuck oder Möbel.

Ähnlich wie im mittelalterlichen Europa wurden sie in einzelnen Vierteln angesiedelt und streng nach Zünften getrennt. So entstanden **36 Straßen** *(pho)*, die entsprechend der dort angebotenen Waren *(hang)* benannt wurden. Noch heute heißt die Altstadt bei den Hanoiern Ba Muoi San Pho Phuong (Stadt der 36 Straßen und Bezirke). Hieraus erklärt sich auch, warum die Straßennamen in der schachbrettartig angelegten Altstadt alle paar Hundert Meter wechseln (vgl. S. 29).

Ein weiteres Charakteristikum ist der extrem lang gezogene **Grundriss der Altstadthäuser**, der ihnen den Beinamen »Tunnelhäuser« eingetragen hat. Da man möglichst vielen Handwerkern die Gelegenheit bieten wollte, ihre Waren zur Straße hin zum Verkauf anzubieten, sind die meis-

*Figur des traditionellen Hanoier Wasserpuppentheaters*

ten Gebäude nur etwa fünf bis sechs Meter breit, erstrecken sich dafür jedoch bis zu 70 Meter in die Tiefe. Jeder der einzelnen Gebäudeteile hat seine ganz spezielle Funktion, woraus sich auch deren Anordnung erklärt. Hinter dem zur Straße offenen Laden schließen sich die Werkstatt und ein Innenhof an, der unter anderem zur Lichtzufuhr, Luftzirkulation, der

**Region 1**
Hanoi und Umgebung

## WASSERPUPPENTHEATER

Die Ursprünge des Wasserpuppenspiels liegen im Delta des Roten Flusses und gehen bis ins 12. Jahrhundert zurück. Wasser, das Grundelement der bäuerlichen Reis-Kultur Nordvietnams, wurde dabei zum Medium dieser ausschließlich in Vietnam praktizierten Kunstform. Speziell im Frühjahr, wenn ein Großteil der Feldarbeit erledigt war, bildeten die Vorführungen einen beliebten Zeitvertreib der Bauern. Schauplatz war der Dorfweiher, bis heute integraler Bestandteil eines jeden Dorfes. Damals wie heute standen die Darsteller, vom Publikum durch einen Bambusvorhang getrennt, bis zur Hüfte im Wasser und bewegten ihre 30 bis 70 Zentimeter hohen Holzfiguren mittels einer Bambusstange.

Seine Blütezeit erlebte das Wasserpuppenspiel im 17. und 18. Jahrhundert, als die in Gilden organisierten Schauspieler gerngesehene Künstler am königlichen Hof waren. Besonderer Beliebtheit erfreuten sich die bei Tempelfesten abgehaltenen Vorführungen. Als Bühne diente den Darstellern ein pagodenförmiger Tempel, der zu Ehren des Wassergottes inmitten eines Sees errichtetet wurde. Die Zuschauer verfolgten das Geschehen vom Uferrand.

Bevor die Vorstellung beginnt, werden Musiker und Sänger, die das Spektakel mit ihren traditionellen Instrumenten begleiten, vorgestellt. Danach entfaltet sich eine ebenso bunte wie abwechslungsreiche Show, in der in elf verschiedenen Szenen über 100 Puppen zum Einsatz kommen. Jede der zwischen einem und fünf Kilo schweren Figuren wird aus Holz geschnitzt. Am besten eignet sich das Holz des Feigenbaumes, weil es sowohl haltbar als auch weich und dementsprechend leicht zu bearbeiten ist. Dennoch müssen die Puppen aufgrund der hohen Beanspruchung alle drei bis vier Monate ausgewechselt werden.

Die Palette der Themen reicht von Ernte- und Jagdszenen über Prozessionen, historische Ereignisse und Legenden bis zu Alltagsszenen. Den stimmungsvollen Auftakt bildet das Getöse explodierender Feuerwerkskörper, aus deren Nebelschwaden eine königliche Prozession auftaucht. Zu den beliebtesten Szenen gehört der Tanz der heiligen Tiere – des Phönix, des Drachens und des Einhorns. Selbstverständlich fehlt auch die Gründungslegende Hanois vom aufsteigenden Drachen nicht.

Die Kunstform, die in den 1980ern fast ausgestorben war, wurde von einer französischen Organisation wieder zum Leben erweckt. Inzwischen gastierte das Wasserpuppentheater mehrfach im Ausland.

*Aufführung im Wasserpuppentheater im Herzen von Hanoi*

**Region 1**
Hanoi und Umgebung

*Frischhaltetechnik in der Altstadt Hanois: Hier kommt das Geflügel lebendig auf den Markt*

Anlage von Blumen-, Kräuter- und Gemüsegärten sowie für das Sammeln von Regenwasser genutzt wurde. Dahinter befanden sich mehrere Schlafräume und ganz am Ende die Küche sowie die Toilette.

Die ältesten Häuser sind etwa 200 Jahre alt. Doch werden immer mehr der offiziell unter Denkmalschutz stehenden Gebäude abgerissen und durch Neubauten ersetzt. So bedauerlich dies auch aus der Sicht des Denkmalschutzes ist, so sollte man dabei die ökonomischen Zwänge der Besitzer nicht außer Acht lassen. Abgesehen von den unzureichenden hygienischen Verhältnissen, sind die meisten Häuser derart baufällig, dass nur eine Totalrenovierung oder ein Abriss weiterhelfen würde. Da die Restaurierung die bedeutend teurere Variante ist und die Stadtverwaltung nicht die notwendigen finanziellen Mittel zur Unterstützung einer behutsamen Renovierung zur Verfügung stellt, muss man sich um den Bestand dieses unersetzlichen Kulturgutes ernsthafte Sorgen machen.

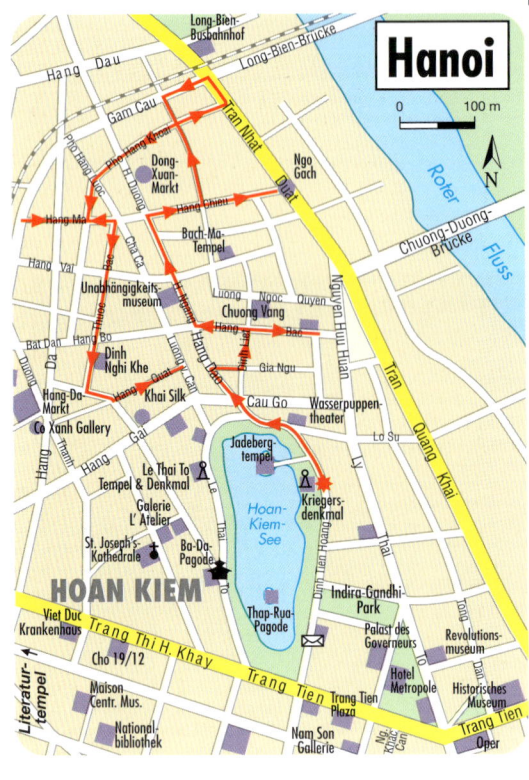

Am ursprünglichsten erlebt man die Altstadt, ähnlich wie den Hoan-Kiem-See, am frühen Morgen, wenn die Luft noch rein ist und sich die Menschen an den offenen Feuerstellen wärmen. Aber auch während des Tages, wenn das Sonnenlicht durch die Bäume scheint und die Straßen etwas ruhiger sind, und am frühen Abend, wenn langsam die Lichter angehen und die Menschen nach der Arbeit ihre Einkäufe tätigen, verströmt die Altstadt ihren Reiz.

Unser gut drei Kilometer langer Altstadtspaziergang beginnt gegenüber der Brücke der Aufgehenden Sonne. Das von der Hanoier Stadtregierung errichtete **Kriegerdenkmal für die Gefallenen Soldaten** im Krieg gegen die Franzosen ist sicher keine Schönheit, aber die Einheimischen nutzen den Vorplatz zum Parken ihrer Motorräder.

Eine Erfolgsgeschichte verzeichnet das auf der anderen Seite der Hang Dao gelegene **Thang-Long-Theater**. Von seinen bescheidenen Anfängen hat sich das 1993 eröffnete Wasserpuppentheater zu einer vietnamesischen Institution mit internationalem Ruhm entwickelt, und die täglich bis zu sieben Aufführungen sind fast immer ausverkauft.

Die Läden der kleinen, stets umtriebigen **Hang Dao**, die direkt am Wasserpuppentheater beginnt, quellen über von Schuhen. Die Auswahl an allen nur denkbaren Farben und Formen ist gewaltig, doch gilt hier das Motto »Masse statt Klasse«. Mit Exporteinnahmen von über acht Milliarden Dollar zählt Vietnam zu den größten schuhexportierenden Ländern der Erde.

Die Marktstände in der links von der Hang Dao abzweigenden Gia Ngu mit ihrem vielfältigen Angebot an Obst, Gemüse, Fleisch und Fisch macht deutlich, dass Hanois Wohlstand nicht zuletzt auf dem fruchtbaren Boden und dem Fleiß der Bauern des Umlandes beruht.

Über die Dinh Liet gelangt man zur Querstraße **Hang Bac**, in der sich viele Silber- und Goldgeschäfte angesiedelt haben. Von hier lohnt sich ein kleiner Abstecher in die Ma May. Das Memorial House (Nr. 55) gehört zu den am besten restaurierten, traditionellen Geschaeftshäusern der Altstadt und bietet einen hervorragenden Einblick in die Wohn- und Geschaeftsräume des »alten Hanoi«.

Die **Hang Ngang**, die sich weiter nördlich in die Hang Duong fortsetzt, ist die bedeutendste Süd-Nord-Straße innerhalb der Altstadt. Das Nebeneinander von Alt und Neu, das Verschwinden traditioneller und das Aufkommen neuer Waren charakterisieren den Wandlungsprozess, den gerade diese Haupteinkaufsstraße durchläuft. Wurden hier, wie in der Hang Dao, der alten Seidengasse, früher hochwertige Stoffe verkauft, so bestimmt inzwischen billige, aus China eingeschmuggelte Massenware die Auslagen der Geschäfte.

Einen kleinen Besuch lohnt das von außen recht unscheinbare **Haus Nr. 48** in der Hang Ngang. Hier schrieb Ho Chi Minh im Sommer 1945 die berühmte Unabhängigkeitserklärung, die er am 2. September auf dem Ba-Dinh-Platz vor Hunderttausenden von Menschen verlas. Während die einzelnen Räumlichkeiten wenig Interessantes bieten, sind die im Erdgeschoss ausgestellten historischen Fotos durchaus sehenswert. Entlang der Hang Chieu werden seit alters Matten, Seile und Vorhänge verkauft. Am Ende der Straße taucht **Ngo Gach** auf, das einzig erhaltene der ursprünglich 16 Stadttore. Über die von Garküchen gesäumte Nguyen Thien Thuat, an der man sich für umgerechnet zwei bis drei Euro mit einer köstlichen Nudelsuppe stärken kann, geht es zu den Dong-Xuan-Markthallen. Der erst 1996 eingeweihte Neubau ersetzt die von den Franzosen Ende des 19. Jahrhunderts errichteten Hallen.

Von hier empfiehlt sich ein Abstecher zu der im Nordwesten der Altstadt gelegenen **Long-Bien-Brücke**, die auf einer Länge von 1,7 Kilometern den Roten Fluss überspannt. Die 1902 von den Franzosen erbaute, markante Stahlkonstruktion erhielt den Namen des französischen Generalgouverneurs und späteren französischen Präsidenten Paul Doumer. Die strategische Bedeutung des einstigen Wahrzeichens als einzige Verbindung zum nördlichen und östlichen Hinterland ließ sie während des Viet-

### Region 1
### Hanoi und Umgebung

*Die Bedeutung der im Altstadt-Rundgang erwähnten Straßen:*

| | |
|---|---|
| Hang Dao | = Seide |
| Hang Bac | = Silber |
| Hang Duong | = Zucker |
| Hang Ngang | = Mittelstraße |
| Hang Chien | = Matte |
| Hang Khoai | = Kartoffel |
| Hang Ma | = Papier |
| Thuoc Bac | = Kräutermedizin |
| Hang Thien | = Zinn |
| Hang Quat | = Fächer |
| Hang Gai | = Hanf |

*In der Thuoc Bac werden trotz des Namens eher Eisenwaren verkauft.*

*Tamarillos, rote Baumtomaten, können wie eine Kiwi verzehrt werden*

---

**PROBIEREN GEHT ÜBER STUDIEREN**

Trotz der vielen Restaurant-Neueröffnungen der letzten Jahre in allen großen Städten und Touristenorten gilt nach wie vor: Am besten und authentischsten isst man fast immer an den einfachen Essständen und **Garküchen** *(quan an)* entlang der Straße. Da die Gerichte direkt vor Ort frisch zubereitet werden, sind sie zumindest so gesund und hygienisch wie in großen Restaurants. Im Übrigen ist man immer da gut aufgehoben, wo viele Einheimische essen. Besonders die im ganzen Land berühmte **Hanoi-Suppe** (eine kräftige Nudelsuppe entweder mit Rind oder Huhn und frischen Beilagen wie Sojasprossen, Kräutern, Limone und natürlich Fischsauce, *nuoc mam*) sollte man vorzugsweise hier genießen. Mit um die 40 000 bis 60 000 Dong ein äußerst günstiges Vergnügen.

**Region 1**
Hanoi und Umgebung

namkriegs zu einem der meistbombardierten Ziele der US-amerikanischen Luftwaffe werden. Da die Bevölkerung die Brücke nach jeder Zerstörung wieder errichtete, wurde sie im ganzen Land zu einem Symbol des Widerstands.

Geht man entlang der Hang Khoai Richtung Südosten gelangt man zur **Hang Ma**, einer der farbenprächtigsten Altstadtgassen. Die bunten im Wind flatternden Papierfähnchen, Lampions und Pappmodelle dienen als Grabbeigaben. Über die Thuoc Bac und die Hang Thiec stößt man auf die pittoreske **Hang Quat**. Bunte Tempelfahnen, Hausaltäre, Papiergeld, lachende Buddhas und daoistische Wächterfiguren zieren die Gehwege und Geschäfte dieser Devotionalien-Straße.

Wer sich zum Abschluss des Rundgangs noch mit Souvenirs eindecken möchte, der findet eine Riesenauswahl an Seidenhemden, Seidenmalereien, Wasserpfeifen, Stickereien, Wasserpuppen und T-Shirts in den zahlreichen Souvenirgeschäften entlang der Hang Gai und den davon abzweigenden Gassen. Von hier sind es nur noch wenige Meter zurück zum Hoan-Kiem-See, wo man sich in einem der Cafés ein wenig erholen und die vielfältigen Erlebnisse verarbeiten kann.

## Ville Française

Ausgeruht und gestärkt schlendert man am östlichen Ufer des Hoan-Kiem-Sees Richtung Süden und passiert mit dem modernen **Rathaus** eines der wenigen sozialistisch geprägten Gebäude Hanois. Auch wenn es, wie so viele Bauten jener Zeit, nicht gerade zu den architektonischen Highlights der Stadt gehört, fällt es doch durch die Verwendung von weißem Marmor neben den schönen Kolonialgebäuden nicht allzu sehr aus dem Rahmen.

Ende des 19. Jahrhunderts ließen die Franzosen im Süden und Südosten des Hoan-Kiem-Sees ganze Stadtteile abreißen und bauten an ihrer

*Straßenmarkt in der Altstadt (Hanoi)*

Stelle eine Ville Française, die mit ihren repräsentativen Villen, Palästen, Verwaltungsgebäuden, Eliteschulen, Banken, Hotels, Alleen und einer Oper entlang der schachbrettartig angelegten Straßen noch heute wie eine hübsche französische Provinzstadt im Herzen Indochinas anmutet. Dass einhergehend mit dem ökonomischen Aufschwung der letzten Jahre fast alle hier angesiedelten Kolonialgebäude aufwendig restauriert wurden, trägt zusätzlich zum Reiz dieses Viertels bei.

**Region 1
Hanoi und Umgebung**

Die hoch aufragende **Statue des Stadtgründers Ly Thai To** nimmt einen großen Teil des hübschen Chi-Linh-Parks ein. Mit der Errichtung der imposanten Statue wollte die kommunistische Regierung ein Zeichen setzen. Der hoch aufragende Volksheld, mit würdevoller Haltung und strengem Blick, personifiziert den Jahrhunderte langen, erfolgreichen antikolonialen Kampf gegen die scheinbar übermächtigen ausländischen Mächte. Er steht am Übergang von der Altstadt ins **französische Viertel**. An seiner Stelle stand einst eine der größten Pagoden der Stadt, die von den Kolonialherren abgerissen und durch die südlich des Parks gelegene **Hauptpost** sowie den **Palast des Gouverneurs von Tonkin** ersetzt wurde. Der prächtige Art-déco-Palast dient heute als Gästehaus der Regierung. Schräg gegenüber liegt das 1911 eingeweihte **Hotel Metropole**. Das renommierteste Hotel der Kolonialzeit beherbergte auch später einige berühmte Persönlichkeiten wie William Somerset Maugham und Charlie Chaplin. Die am Eingang des Hotels platzierten historischen Autos aus der französischen Kolonialzeit bieten einen beliebten Hintergrund für die hier posierenden, fein herausgeputzten Hochzeitspaare.

*Masken zum Tet-Fest in Hanoi, das den ersten Tag des neuen Mondjahres markiert*

Ein weiteres Beispiel französischer Kolonialarchitektur ist die ehemalige **Banque de lIndochine** (1930), die inzwischen als Verwaltungsgebäude der Außenhandelsbank fungiert. Von außen wirkt der graue Betonbau etwas kühl. Im Inneren beeindruckt er jedoch mit seinem Art-déco-Stil. In den Räumlichkeiten des damaligen französischen Zollamtes, in der Pho Tong Dan 25, ist das **Revolutionsmuseum** untergebracht und bietet mit über 40 000 Ausstellungstücken eine fast schon erdrückende Auswahl. Der Besuch lohnt wohl nur für Experten, weil die Zeitepoche in anderen Museen übersichtlicher dokumentiert wird. So in dem architektonisch interessanten, nur einen Steinwurf entfernten **Historischen Museum**. Der zweigeschossige, in Form einer Pagode errichtete Bau war ursprünglich Heimat der École Française d'Extrême-Orient, eines Instituts von Weltruf zur Erforschung der Kultur der französischen Kolonien in Asien. Auf zwei Stockwerken wird die 2000-jährige Geschichte Vietnams von den Anfängen bis zur Unabhängigkeit 1945 recht übersichtlich dargestellt. Bedauerlich ist nur die oftmals spärliche Beschriftung.

*Das zwischen Oper und dem Hanoi Hilton unter Bäumen gelegene Café des Hotel Metropole ist ein schöner Ort für eine geruhsame Kaffeepause.*

Quasi im Rücken des Museums steht mit der **Oper** ein weiteres Wahrzeichen der Stadt. Der 1912 fertiggestellte, und 1990 mit finanzieller Unterstützung der französischen Regierung aufwendig restaurierte, ganz in ocker gehaltene Prachtbau ist eine verkleinerte Replik der Pariser Oper und bildet das Zentrum der Ville Française. Heute finden hier Ausstellungen und vereinzelt auch klassische Konzerte statt. Ein sehr gelungenes Beispiel, wie Alt und Neu harmonieren können, ist das unmittelbar an die Oper angrenzende Luxushotel, das auf den ersten Blick wie ein Anbau des Opernhauses erscheint.

Vor dem Opernhaus erstreckt sich die **Trang-Tien-Straße** nach Osten, sie geht später in die Hang Khay und die Pho Trang Thi über, hieß früher Rue Paul Bert und galt während der französischen Besatzungszeit als die Prachtstraße Hanois. Der Glanz vergangener Tage war der Flaniermeile in den Zeiten der sozialistischen Regierung gänzlich abhanden gekommen.

> **Region 1**
> Hanoi und Umgebung

*Laut konfuzianistischer Lehre ist die patriarchalische Familie das Fundament eines funktionierenden Staatswesens. Innerhalb der Familie herrschen genaue Hierarchien – wie Alter vor Jugend, Familie vor Individuum und Mann vor Frau. An oberster Stelle stehen die Ehrerbietung gegenüber den Eltern und die Achtung vor dem Alter.*

Erst seit Anfang des neuen Millenniums siedeln sich immer mehr Kunstgalerien, Antiquitäten- und Souvenirläden an.

Folgt man der alten Rue Paul Bert weiter Richtung Westen und biegt hinter dem Südufer des Hoan-Kiem-Sees nach rechts in die Nha-Chang-Straße ein, erhebt sich nach etwa hundert Metern auf der linken Seite die **Kathedrale Saint Joseph**. Das 1866 von den französischen Kolonialherren errichtete neogotische Gotteshaus, überragt mit seinen beiden fünfgeschossigen Türmen die umliegenden Häuser bei Weitem. Es steht an der Stelle der Chua Bao Thien, der zu jener Zeit größten und bedeutendsten Pagode Hanois. Jeden Sonntag um 18 Uhr finden sich Hunderte Gläubige auf dem Vorplatz ein, um der Messe zu lauschen. Auch wenn das Gotteshaus mit seiner verschlissenen Farbe einen eher trostlosen Eindruck macht, gehören die sich darum gruppierenden Straßen mit ihren Garküchen, Restaurants und Boutiquen zu Hanois authentischsten. Eine kleine Gasse gegenüber dem Hauptportal weist den Weg zu der etwas versteckt gelegenen **Chua Ba Da** (Pagode der Steinernen Frau), die einen hübschen Kontrast zur Kathedrale bildet. Glaubt man der Legende, wurde beim Bau der Zitadelle eine Frauenstatue entdeckt. Da man der Figur, die nicht erhalten geblieben ist, magische Kräfte zuschrieb, errichtete man ihr zu Ehren die Pagode.

Zurück auf der Pho Trang Thi kommt man nach 500 Metern an der 1919 von den Franzosen errichteten **Nationalbibliothek** vorbei. Die größte Bibliothek des Landes beherbergt über eine Million Bücher und mehrere tausend Zeitschriften.

Auf den ersten Blick wenig interessant wirkt der moderne Hochhausbau mit dem Namen **Hanoi Towers** an der Ly Thuong Kiet. Wer jedoch genauer hinschaut, erkennt an der Seite ein wesentlich älteres Gebäude, das auf eine interessante Geschichte zurückschauen kann. Dabei handelt es sich um die Überreste eines von den Franzosen 1904 erbauten Gefängnisses, in dem während der Kolonialzeit fast die gesamte spätere Führungsspitze des sozialistischen Vietnams inhaftiert war. Berühmt wurde es unter dem Spitznamen »Hanoi Hilton«, eine zynische Anspielung US-amerikanischer Piloten während des Zweiten Indochinakriegs, die hier oft mehrere Jahre einsaßen. Erst nach massiven Protesten vietnamesischer

> **DAS KONFUZIANIANISTISCHE HERRSCHAFTSMODELL**
>
> Das konfuzianistische Herrschaftsmodell läuft auf einen autoritären, zentralistisch geführten Staat mit einem starken Beamtentum und minimalen Individualrechten hinaus. Interessanterweise deckt sich die rückwärtsgewandte Tradition weitgehend mit der Herrschaftsideologie der vietnamesischen Kommunisten. Obrigkeitsstaatliche Disziplinierung der Untertanen, eine überalterte Politikergeneration (bei einem Volk, das zu 30 Prozent aus unter 16-Jährigen besteht) und eine ausufernde Bürokratie kennzeichnen bis heute die Grundprinzipien ihrer Politik.
>
> Ho Chi Minh verkörperte mit seinem patriarchalischen Führungs- und seinem vorbildhaften Lebensstil das Idealbild einer in der Tradition des Ahnenkultes und des Konfuzianismus verhafteten Gesellschaft auf geradezu perfekte Weise. Die Tatsache, dass die vietnamesischen Kommunisten auch 30 Jahre nach seinem Tod und trotz der wirtschaftlichen Öffnungspolitik fest im Sattel sitzen, macht deutlich, wie tief diese Wertvorstellungen bis heute in der vietnamesischen Gesellschaft verwurzelt sind.
>
> *Konfuzius reicht den jungen Buddha an Laotse (Illustration der Qing-Dynastie)*

> **Region 1**
> Hanoi und Umgebung

*Das Khue Van Cac gilt als das schönste Tor innerhalb des Literaturtempels (Hanoi)*

Veteranen, die sich für die Erhaltung des Gebäudes als Denkmal eingesetzt hatten, konnte ein Totalabriss verhindert werden. So wurde ein kleiner Teil des ehemaligen Gefängnisses in ein Museum umgewandelt.

## Literaturtempel und Umgebung

Geht man die Hai Ba Trung weiter Richtung Westen, gelangt man nach etwa einem Kilometer an die Außenmauern des **Literaturtempels** (Van Mieu). Der Gebäudekomplex wird als erste Universität Vietnams bezeichnet und sein Einfluss auf die Geschichte des Landes kann gar nicht hoch genug eingeschätzt werden. Errichten ließ ihn Kaiser Ly Thanh Tong 1070 aus Verehrung des chinesischen Philosophen Konfuzius, dessen Lehre die Ly-Dynastie zur Staatsreligion erklärt hatte. 1076 erweiterte sein Nachfolger Ly Nhan Tong den Tempel durch den Anbau des Quoc Tu Giam (Institut für die Söhne des Landes), eine Art Nationalakademie, in der Prinzen und Adlige in die konfuzianische Lehre eingewiesen wurden.

Mehr als 700 Jahre lang fanden hier die Abschlussprüfungen für die Mandarinatskandidaten statt, deren konfuzianistische Wertvorstellungen den vietnamesischen Staat bis ins letzte Dorf geprägt haben. So ist es kein Wunder, dass von allen Einflüssen der über 1000-jährigen chinesischen Fremdherrschaft die Lehre des chinesischen Gelehrten und Moralphilosophen Kung Fu Tse (Konfuzius ist die latinisierte Form) die mit Abstand tiefsten Spuren hinterließ. Trotz aller neuzeitlichen Veränderungen ist die vietnamesische Gesellschaft bis heute zutiefst konfuzianistisch, und das heißt in erster Linie konservativ geprägt.

Vorbild für den Bau war der Konfuziustempel in Qufu, dem Geburtsort des Meisters in China. Die lang gestreckte Anlage wurde im Laufe der Jahrhunderte mehrfach erweitert und umgebaut. Ihr Reiz besteht in der sehr gelungenen Synthese von Natur und Architektur. Die Umfassung durch eine hohe Mauer sowie der alte Baumbestand in den miteinander verbundenen Innenhöfen tragen zur Atmosphäre jahrhundertealter Tradition, Würde und Ruhe bei. Im immer hektischer werdenden Alltagsleben Hanois bildet der Literaturtempel eine Oase der Ruhe.

Bevor man die Anlage durch das südliche Haupttor betritt, sollte man einen Blick auf den **Literatursee** (Ho Van Chuong) auf der anderen Straßenseite werfen. Der Süden ist im chinesisch beeinflussten Kulturkreis gleichbedeutend mit allem Positiven wie Wärme, Licht und Wasser. Dementsprechend richtete man bedeutende Gebäude nach Süden aus und legte, falls nicht natürlich vorhanden, eine Wasserquelle, meist in Form eines künstlichen Sees, an.

*Wasserpuppen als Opfergabe im Literaturtempel*

**Region 1
Hanoi und
Umgebung**

An den südlichen Eckpunkten der Anlage weisen zwei kleine Stelen die Besucher an, vom Pferd zu steigen. Die vier Obelisken mit ihren chinesischen Schriftzeichen, die den Haupteingang flankieren, preisen die Lehre des Konfuzius. Durch das von zwei steinernen Drachen bewachte, dreigeteilte **Haupttor** (Van Mieu Mon) geht es über einen gepflasterten Weg zum **Dai Trung Mon**, dem Tor der Großen Mitte, das zum zweiten Hof überleitet. In diesen beiden ersten Höfen fanden ab 1075 die normalerweise alle drei Jahre abgehaltenen Prüfungen zur Auslese der Staatsbeamten statt. Hierzu kamen Hunderte von Kandidaten nach Hanoi, die als Sieger aus Prüfungen auf Provinzebene hervorgegangen waren. Die meisten hatten sich jahrelang auf das Examen vorbereitet, denn die Anstellung als Staatsbediensteter war eine der privilegiertesten und einträglichsten Positionen überhaupt. Hatte man eine dieser begehrten Stellen erhalten, war man für den Rest seines Lebens ein gemachter Mann – Frauen, das versteht sich von selbst, waren ausgeschlossen.

Grundlage des abgefragten Wissens waren die jahrtausendealten konfuzianistischen Schriften, wobei einzig und allein deren textgenaue Wiedergabe, keine Interpretation, verlangt wurde. Da sich daran trotz einiger Reformversuche bis 1915, dem Jahr der letzten Prüfungen, grundsätzlich nichts änderte, verloren die Staatsbeamten immer mehr den Blick für die wahren Probleme des Landes, was letztlich auch den Untergang der überkommenen Kaiserdynastie zur Folge hatte.

Während der Prüfungstage glich der Literaturtempel einem Heerlager. Bewacht von bewaffneten Soldaten, ließen sich die Prüflinge für die Dauer von drei Tagen, ausgerüstet mit Zelt und Liegebett, auf den ihnen zugewiesenen Plätzen nieder. Um Täuschungsversuche auszuschließen, durften die Kandidaten nur das von der Leitung zur Verfügung gestellte offizielle Papier verwenden.

Das schönste Tor, das die verschiedenen Höfe miteinander verbindet, ist das **Khue Van Cac**. Der charakteristische hölzerne Pavillon über dem Portal wurde erst 1802 als Tempel für den Schutzgeist der Literaten hinzugefügt. Mit seinen runden Fenstern, von denen stilisierte Sonnenstrahlen ausgehen, ist es heute das offizielle Wappen von Hanoi.

Nach dem Tor öffnet sich der Blick auf einen künstlich angelegten quadratischen Teich, den See des Himmlischen Lichtes. Flankiert wird der **Thien Quang Tinh** von je 41 Steinstelen, die auf Schildkröten, Symbolen für Weisheit, ruhen. Auf den 82 der ursprünglich 112 Stelen finden sich die Namen von insgesamt 1306 Kandidaten, die zwischen 1442 und 1779 als Sieger aus den 82 in diesem Zeitraum durchgeführten Literaturprüfungen hervorgegangen waren. Man kann ermessen, wie hoch die Durchfallquote gewesen sein muss, wenn jeweils kaum mehr als 15 Personen die Prüfungen bestanden.

Durch das **Tor des Guten Erfolgs** (Dai Thanh Mon) gelangt man zum vierten und letzten Hof, an dessen beiden Seiten sich zwei flache Gebäude befinden. Dort wurden einst die 72 besten Schüler des Konfuzius verehrt. An der Stirnseite des gepflasterten Hofes stehen unmittelbar hintereinander zwei im traditionellen Baustil errichtete Gebäude. Beachtung verdienen besonders die Dachkonstruktionen. Auf dem geschwungenen Dachfirst stehen sich zwei Drachen gegenüber, die eine Mondscheibe halten. Die über dem Eingang zum ersten Gebäude, dem **Haus der Zeremonien** (Bai Duong), angebrachten chinesischen Schriftzeichen tragen den Ehrentitel des Konfuzius: Lehrer als Vorbild für tausend Generationen.

Der Altar im Inneren zu Ehren des Konfuzius war jährlich im Frühjahr und Herbst Pilgerziel der höchsten Beamten des Staates im Auftrag des Kaisers, um dort die Staatsopfer darzubringen. Die beiden Bronzekraniche, die den Altar flankieren, überbrachten dem Meister symbolisch die Prüfungsurkunden.

Unmittelbar hinter dem Haus der Zeremonien befindet sich mit dem **Heiligtum des Großen Synthese** (Dai Thanh Dien) das eigentliche Heiligtum. Im Zentrum der in geheimnisvollem Dunkel gehaltenen Halle steht

*Während das linke der beiden Gebäude im fünften Hof dem Souvenirverkauf dient, findet sich im rechten eine kleine Ausstellung zur Geschichte des Literaturtempels. Besonders interessant sind die historischen Aufnahmen. Zu sehen sind unter anderem Fotos von Literaturprüfungen.*

die Statue des Konfuzius, umgeben von den Statuen seiner Nachfolger sowie Ahnentafeln seiner wichtigsten Schüler.

Die meisten Besucher beenden ihre Besichtigung hier. Man sollte jedoch durch einen der beiden Durchgänge, die an den beiden Seiten liegen, in den fünften und letzten Hof weitergehen. Dieser nach dem Zweiten Weltkrieg vollständig zerstörte Teil der Anlage wurde nach umfangreichen Arbeiten wieder eröffnet und beherbergt einige der beeindruckendsten Gebäude des Van Mieu. Die beiden an den Innenhof angrenzenden Flachbauten dienten den Tempelwächtern (links) und Beamten (rechts) als Wohnhäuser.

Heute findet sich hier eine sehr interessante **Ausstellung zur Geschichte des Literaturtempels**. Mit einem Trommelhaus und einem Glockenturm, die das weibliche und männliche Prinzip des Daoismus repräsentieren, flankieren zwei sehr stilvolle Gebäude den Kai-Dinh-Tempel, der die Gesamtanlage nach Norden abschließt. Im Untergeschoss des zweigeschossigen Tempels wird einem ehemaligen Direktor der Universität gedacht. Im Obergeschoss finden sich die Statuen der drei Kaiser Le Thanh Tong, Ly Thanh Tong und Ly Nhan Tong.

Man muss wieder zum Haupteingang zurückkehren, um zu dem nördlich des Van Mieu auf der anderen Straßenseite gelegenen **Museum der Schönen Künste** zu gelangen. Das in einem prächtigen Kolonialgebäude untergebrachte Museum bietet anhand zahlreicher Objekte einen umfassenden Überblick über die Entwicklung der vietnamesischen Kunst von den Anfängen bis zur Neuzeit. Chronologisch geordnet beginnt es im Erdgeschoss mit Trommeln aus der Dong-Son-Periode und setzt sich fort mit Statuen aus vietnamesischen Tempeln. Einige der Ausstellungsstücke, wie etwa die Quan Am aus dem Chua But Thap und die La-Han-Statue aus der Tay-Phuong-Pagode, sind allerdings nur Kopien. Im ersten Stock werden unter anderem folkloristische Objekte und Gemälde ausgestellt. Besonders interessant sind einige großflächige Ölgemälde. Im Obergeschoss finden sich weitere Öl- und Lackarbeiten sowie Seidenmalereien.

Nur wenige Gehminuten weiter nordöstlich trifft man auf den kleinen **Chi-Lang-Park**. In der Mitte der Grünfläche, an deren Stelle sich ursprünglich ein kleiner See befand, ragt eine Lenin-Statue auf. Mit energischem Schritt, wehendem Mantel und entschlossenem Blick geht der Urvater des Kommunismus einer Zukunft entgegen, die schon längst hinter ihm liegt. Es ist wohl nur noch eine Frage der Zeit, bis auch dieses Relikt einer untergegangen Epoche vom Erdboden verschwinden wird.

> **Region 1**
> **Hanoi und Umgebung**

*Entlang der unmittelbar hinter dem Chi-Lang-Park verlaufenden Tran-Phu-Straße stehen zahlreiche schöne Kolonialvillen. Die meisten sind stilgerecht restauriert und dienen heute als Botschaftsgebäude. Hier steht auch die deutsche Botschaft.*

*Hanoi Cityscape*

## Region 1
## Hanoi und Umgebung

*In den Monaten Oktober und November wird das Ho-Chi-Minh-Mausoleum für einige Wochen geschlossen, um den Leichnam des Staatsgründers neu zu balsamieren*

Auf der gegenüberliegenden Straßenseite ragt mit dem 41 Meter hohen, sechseckigen **Flaggenturm** das Rudiment der von Gia Long 1812 errichteten Zitadelle auf. In den Räumen des sich unmittelbar anschließenden **Armeemuseums**, das in den ehemaligen Kasernen französischer Soldaten untergebracht ist, werden in ideologischer Weise die Heldentaten der vietnamesischen Armee gepriesen. Zumindest fotografisch interessanter dürfte da der Vorplatz mit den dort aufgestellten MIG-21 und einem T54-Bomber sein.

### Rund um den Ba-Dinh-Platz

Vorbei an diversen Botschaften, die in schön restaurierten Kolonialvillen untergebracht sind, gelangt man nach wenigen hundert Metern auf den **Ba-Dinh-Platz**. Mit seinen 35 000 Quadratmetern bildet das politische Herz Vietnams und wirkt durch seine Weitläufigkeit und strenge Sachlichkeit zunächst ebenso ernüchternd wie einschüchternd. Mit dem Außenministerium, dem Sitz der Kommunistischen Partei und dem 2014 fertiggestellte, neuen Parlamentsgebäude gruppieren sich um ihn die wichtigsten politischen Bauten des Landes. Sein Name bezieht sich auf einen Ort in der Provinz Thanh Hoa, dessen Bewohner Mitte des 19. Jahrhunderts im erbitterten Widerstand gegen die französischen Kolonialherren hohe Verluste erlitten.

*Bis vor wenigen Jahren wurde der Körper von Ho-Chi-Minh zur Restaurierung jährlich nach Moskau geschickt.*

Mit dem **Ho-Chi-Minh-Mausoleum** steht das mit Abstand markanteste Gebäude genau an jener Stelle, an der Ho Chi Minh am 2. September 1945 vor 500 000 Menschen die Unabhängigkeitserklärung verlas. Der zwischen 1973 und 1975 fertiggestellte Monumentalbau aus grauem Marmor ist so ziemlich das genaue Gegenteil von dem, was sich Ho Chi Minh selbst als letzte Ruhestätte gewünscht hatte. In seinem Testament hatte er ausdrücklich verfügt, eingeäschert zu werden. Seine Asche sollte ohne große Feierlichkeiten auf einem Hügel begraben werden. Als Identifikationsfigur war der Staatsgründer den Parteiobersten speziell in seinem Todesjahr 1969, als der Vietnamkrieg seinen Höhepunkt erreicht hatte, jedoch viel zu wichtig, als dass sie ihm diesen letzten Wunsch erfüllen konnten.

*Vietnamesisches Wappen*

Ho Chi Minh, oder »Onkel Ho« wie er von seinen Landsleuten liebevoll genannt wird, wurde Mitte der 1960er Jahre zum Idol der Studentenbewegung. Auch heute noch, vier Jahrzehnte nach seinem Tod am 2. September 1969, scheint Ho allgegenwärtig (vgl. S. 76).

> **Region 1**
> Hanoi und Umgebung

In Reih und Glied von Soldaten begleitet betritt man das unterkühlte Foyer, in dem einem der in leuchtend roter Farbe auf schwarzem Marmor geschriebene Leitsatz Ho Chi Minhs, »Es gibt nichts Wertvolleres als Unabhängigkeit und Freiheit«, ins Auge fällt. In den Jahren der internationalen Isolation und sozialistischen Planwirtschaft, als die Bevölkerung angesichts des minimalen Warenangebots in den staatlichen Läden große Entbehrungen erleiden musste, machte der spöttische Volksmund daraus die Kurzfassung »Es gibt nichts«. Ho selbst liegt mit seinem unverwechselbaren Ziegenbart, bekleidet in einem unscheinbaren Khaki-Hemd und Gummisandalen unter einem gläsernen Sarkophag.

Vom Hinterausgang des Mausoleums führt der Weg zum ehemaligen **Palast des französischen Generalgouverneurs**, den ein großzügiger Garten umgibt. Der Anfang des letzten Jahrhunderts errichtete Prachtbau hätte nach dem erzwungen Abzug der Franzosen 1954 eigentlich die neue Residenz von Ho Chi Minh werden sollen. Als Symbol des Widerstandes und der Unabhängigkeit weigerte sich Ho jedoch und lebte zwischen 1954 und 1958 in den Bediensteten-Bungalows wenige Meter vom Palast entfernt. Ganz seiner bescheidenen Persönlichkeit entsprechend, zog er 1958 in einen auf Stelzen errichteten **Holzbungalow** (Onkel Hos Haus), den er sich im Garten des Palastes bauen ließ. Der von Jasmin-, Mango- und Orangenbäumen umgebene zweistöckige Bau am Ufer eines künstlichen Sees steht in seiner schlichten Schönheit im krassen Gegensatz zum monströsen Mausoleum.

Das nach außen offene Untergeschoss wird bestimmt von einem großen Konferenztisch, an dem sich Ho Chi Minh mit seinen Mitarbeitern beriet. Über eine Treppe gelangt man auf eine Balustrade, die Einblick in das Arbeits- und Schlafzimmer gewährt, die beiden einzigen Räume im Obergeschoss des aus wertvollen Tropenhölzern errichteten Gebäudes. Persönlichen Luxus sucht man hier vergebens, Gebrauchsgegenstände und ein kleines Radio bestimmen die äußerst sparsam und dennoch geschmackvoll eingerichteten Zimmer. Geht man die Treppe hinunter, stößt man auf den Eingang zu einem in einen Hügel gebauten Bunker zum Schutz vor US-amerikanischen Bombenangriffen.

Nächster Stopp auf dem Rundweg ist eine der meistfotografierten Pagoden Vietnams. Die schräg hinter dem Mausoleum gelegene **Einsäulenpagode** (Chua Mot Cot) gilt als eine der ältesten Sakralbauten von Hanoi und als einer der bekanntesten Tempel des Landes. Wie es sich für

*Kolonialarchitektur mit gelb renovierter Fassade: der Palast des französischen Generalgouverneurs in Hanoi*

## Region 1
### Hanoi und Umgebung

ein solch bedeutendes Bauwerk gehört, rankt sich um seine Entstehung eine Geschichte. Danach soll dem kinderlosen Kaiser Ly Thai To im Traum die auf einer Lotosblüte sitzende Göttin der Barmherzigkeit (Quan Am) erschienen sein, die ihm einen Sohn entgegenhielt. Als ihm kurze Zeit später ein Bauernmädchen tatsächlich einen Thronfolger gebar und die Dynastie damit gerettet war, ließ er aus Dankbarkeit 1049 den Bau einer Pagode in Form einer Lotosblüte anordnen.

Besonders originell ist diese Legende allerdings nicht, dient sie doch in nur leicht abgewandelter Form an unzähligen Orten in Asien zur Überhöhung sakraler Bauwerke. Abgesehen von der hübschen Lage inmitten eines kleinen Lotosteiches, erinnert heute nur noch wenig an den Glanz alter Tage, als die Pagode, umgeben von einem großen Garten, im Zentrum einer weitläufigen Tempelanlage stand. In dem über eine Freitreppe erreichbaren Kultraum mit einer Statue der Quan Am finden sich viele Frauen ein, die wie Kaiser Ly Thai Tong vor fast 1000 Jahren für die Geburt eines Sohnes beten.

Das hinter der Einsäulenpagode aufragende **Ho-Chi-Minh-Museum** wurde 1990 zum 100. Geburtstag Ho Chi Minhs eröffnet. In dem viel zu groß geratenen Betonbau, der angeblich die Form einer Lotosblüte haben soll, wird das Leben des Vaters der Nation in ideologischer Weise nachgezeichnet. Dennoch lohnt ein Besuch, da die Lebensabschnitte Hos in den historischen Kontext ihrer Zeit eingebettet sind.

### Am Westsee

Nach der kühlen, strengen Sachlichkeit des Ba-Dinh-Platzes herrscht rund um den 200 Meter nördlich gelegenen **Westsee** (Tay Ho) wieder eine Atmosphäre heiterer Gelassenheit. Tempel und Alleen, Familien und Liebespärchen bestimmen hier wieder das Bild – ein idealer Ort, um den Rundgang durch Hanoi zu beenden. Seit Jahrhunderten ist der mit einer Fläche von 538 Hektar größte See der Stadt so etwas wie das Beverly Hills von Hanoi. Siedelten hier zurzeit des Kaiserreichs Kaiser und Adlige, taten es ihnen die hohen Funktionäre des Sozialismus nach, indem sie Villen und Sommerresidenzen errichteten. Und heute, im Zeichen des kapitalistischen Wirtschaftsbooms, werden in aller Eile Villen, Apartmenthochhäuser und First-Class-Hotels für internationale Firmen, Geschäftsleute und Touristen hochgezogen.

Am nördlichen Rand des Sees lohnt der **Den Quan Thanh**, der bedeutendste daoistische Tempel der Stadt, einen Besuch. Gewidmet ist der ursprünglich 1010 von Kaiser Ly Thai To errichtete Tempel General Tran Vu, der, glaubt man der Legende, die Einwohner Hanois vor den Angriffen eines neunschwänzigen Fuchses rettete. Beim tagelangen Kampf mit dem Dämon entstand ein riesiges Erdloch, aus dem das Wasser des Westsees zu sprudeln begann. Dies ist zwar nur eine von vielen phantasiereichen Entstehungsgeschichten über den Westsee, doch zumindest gilt Tran Vu seither als ein Schutzgeist der Hauptstadt.

Die vier Meter hohe und vier Tonnen schwere, mit schwarzer Emaille überzogene Bronzestatue des Tran Vu mit grimmigen Gesichtszügen, herunterhängendem langen Haar und einem mächtigen Schwert, das als Zeichen seiner Macht von einer Schlange umschlungen wird, sollte mögliche Eindringlinge Furcht einflößen und ihnen als Schutzgeist entgegentreten. Ebenso wie die im Tempel befindliche große Bronzetrommel wurde die Statue 1677 gegossen und dokumentiert in ihrer Detailgenauigkeit den hohen Standart der Bronzekunst vor über 300 Jahren. Eine leicht zu übersehende kleine Steinstatue im Hauptraum des Tempels soll Trum Trong, den Baumeister der Tran-Vu-Statue, darstellen und von seinen Schülern aufgestellt worden sein soll.

Nach der Besichtigung des Den Quan Thanh geht es zurück zur Duong Thanh Nien. Die Straße der Jugend führt über einen Deich, der den West-

*Öffentlich ausgehängt: Spendenquittungen im Tempel*

see vom direkt daneben gelegenen **Ho Truc Bach** (Weiße-Seide-See) trennt. Seinen Namen verdankt der kleine See dem tragischen Schicksal von unbotmäßigen Konkubinen. Zur Strafe für ihr Fehlverhalten mussten sie im Palast Vien Truc Lam, von dem heute nichts mehr zu sehen ist, weiße Seide spinnen. Die Seide war von derart guter Qualität, dass sie im ganzen Land unter dem Namen Truc-Dorf-Seide berühmt und begehrt wurde.

Schlendert man am Ufer des Westsees entlang, vorbei an Flamboyant-Bäumen, unter denen sich Familien zum Picknick niedergelassen haben, gelangt man nach wenigen Hundert Metern zu der pittoresk auf einer kleinen Halbinsel im Westsee gelegenen **Chua Tran Quoc**. Die Ursprünge dieser ältesten Pagode der Stadt gehen bis ins 6. Jahrhundert zurück, als sie unter dem Namen Khai Quoc (Gründung des Landes) am Ufer des Cai-Flusses erbaut worden sein soll. Anfang des 17. Jahrhundert wurde sie dann an ihren heutigen Ort verlegt und seither unter ihrem jetzigen Namen Tran Quoc (Verteidigung des Landes) mehrfach renoviert.

**Region 1**
Hanoi und Umgebung

### DER VIETNAMESISCHE POLYTHEISMUS

Das Innere eines vietnamesischen Tempels wirkt auf westliche Besucher zunächst verwirrend. Im Gegensatz zu einer christlichen Kirche sieht sich der Gläubige einer auf den ersten Blick unüberschaubaren Vielfalt von Heilsfiguren gegenüber. Am ehesten vertraut dürften ihm noch die Buddha-statuen sein. Daneben finden sich jedoch Heilsfiguren anderer Religionsgemeinschaften wie des Konfuzianismus und des Daoismus. Noch ungewöhnlicher sind die in kaum einem Tempel fehlenden Statuen historischer Persönlichkeiten, wobei besonders häufig erfolgreiche Generäle der vietnamesischen Geschichte verehrt werden. Vervollständigt wird das Pantheon durch diverse lokale Gottheiten und Schutzgeister.

Der sich in diesem Nebeneinander von Gottheiten verschiedener Religionsgemeinschaften manifestierende Polytheismus wurzelt in den extremen Lebensbedingungen der Vietnamesen im Delta des Roten Flusses. Theoretisch-philosophische Glaubensvorstellungen halfen der einfachen Landbevölkerung angesichts der täglich zu bewältigenden Gefahren wie Überschwemmungen, Taifunen und Dürreperioden nicht weiter. Schutz und Trost suchten und fanden sie vielmehr bei Heilsfiguren, über deren Herkunft sie sich meist gar nicht im Klaren waren. Für die Bauern waren und sind Buddhismus, Konfuzianismus und Daoismus eine Art Mittel zum Zweck, von denen sie ganz konkrete Hilfeleistungen wie meteorologische und astrologische Voraussagen, ärztliche Hilfe und seelische Tröstungen erwarten. Da kann es nur von Nutzen sein, so viele Götter wie möglich zur Verfügung zu haben, die sich der ganz persönlichen Sorgen und Nöte annehmen.

Diese volkstümliche Einstellung zu den Religionen ist rein pragmatisch bestimmt und unterscheidet sich wohltuend vom Dogmatismus des Christentums oder des Islam. Eine Religion, die sich nicht bereits im Diesseits bewährt hat, hat bei den Vietnamesen keine Chance. In diesem Sinne werden Schutzgeister oder Götterstatuen für den Fall, dass sie die Erwartungen der Gläubigen nicht erfüllen, verstoßen und durch andere ersetzt. Dementsprechend fühlen sich die Vietnamesen auch nicht als Angehörige einer spezifischen Religionsgemeinschaft und die Zugehörigkeit zu einer Religionsgemeinschaft schließt die zu einer anderen nicht aus. Für sie besteht kein Widerspruch darin, heute Buddha anzubeten, morgen Konfuzius und am nächsten Tag in einem daoistischen Tempel ein Ritual zu vollziehen.

*Andachtsvolle Stille herrscht vor einem der Nebentempel der »Parfümpagode« Chua Huong südwestlich von Hanoi*

**Region 1
Hanoi und Umgebung**

Die etwas verschachtelt wirkende Anlage gliedert sich in mehrere Gebäudeteile. Durch ein links des Weges gelegenes Tor gelangt man zunächst einmal in einen begrünten Hof, in dem sich neben mehreren Beerdigungsstupas verstorbener Mönche und einem kleinen chinesischen Miniaturgarten aus Stein auch eine Stele befindet, auf der über die abwechslungsreiche Geschichte der Chua berichtet wird.

Unter dem Dach eines angeschlossenen Raums stehen die bunt geschmückten Statuen der drei Muttergottheiten sowie 18 erstaunlich realistische Statuen von ehemaligen Äbten des Klosters. Schwerpunkt sind jedoch die hoch aufragenden Stupas, in denen die Asche verstorbener Mönche des Klosters aufbewahrt wird. Der hierin zum Ausdruck kommende Personenkult steht im krassen Gegensatz zur buddhis-

*Die herzförmigen Blätter des Bodhi-Baumes, des heiligen Baumes des Buddhismus*

tischen Lehre und hat kritische Stimmen in der Bevölkerung hervorgerufen.

Vorbei am Innenhof führt der Weg zum Tempel, wo sich das Sonnenlicht in den Schwaden der Räucherstäbchen bricht und zusammen mit den Gebeten der Pilger eine mystische Atmosphäre schafft. Aus der Vielzahl der stufenförmig hinter dem Schrein angeordneten Götterfiguren ragt die vergoldete Holzstatue des historischen Buddha Shakyamuni in der Mitte hervor. Neben dem Hauptaltar mit den Buddhastatuen finden sich, wie in vietnamesischen Tempeln üblich, noch viele weitere daoistische Wächterfiguren sowie mehrere Ahnentafeln. Hinter dem Altarraum schließt sich ein Garten mit einem Bodhi-Baum an, den der indische Präsident Jawaharlal Nehru anlässlich eines Staatsbesuchs 1958 anpflanzen ließ.

**Region 1
Hanoi und Umgebung**

*Chua Tran Quoc, die älteste Pagode von Hanoi, liegt auf einer kleinen Halbinsel im Westsee*

## Region 1
## Hanoi und Umgebung

*Flagge der Sozialistischen Republik Vietnam*

Die $-Preiskategorien bei den Restaurants beziehen sich auf den durchschnittlichen Preis für ein Abendessen:
$    – bis 5 Dollar
$$   – 5 bis 10 Dollar
$$$  – 10 bis 15 Dollar
$$$$ – über 15 Dollar

*Das lebensecht wirkende Relief eines Elefanten (10. Jahrhundert) aus der ersten Hauptstadt des Cham-Reiches, Tra Kieu, …*

## SERVICE & TIPPS

### ℹ Hanoi Tourist
1 Ba Trieu, Hanoi
✆ (04) 825-4209, tägl. 9–17 Uhr
Zentral am Hoan-Kiem-See gelegen, kein unabhängiges Büro, sondern mehr am Verkauf interessiert.

### 🏛 Armeemuseum/ Bao Tang Quan Doi
30 Dien Bien Phu, Hanoi
✆ (04) 823-4264
Tägl. außer Mo 8–11.30 und 13.30–16 Uhr, Eintritt 20 000 Dong
Ausstellungsstücke der vietnamesischen Kriegsgeschichte von dem Aufstand der Trung-Schwestern im Jahre 39 bis zum vietnamesisch-chinesischen Krieg 1979.

### 🏛 Ethnologisches Museum/ Bao Tang Dan Toc Hoc
Nguyen Van Huyen, Hanoi
✆ (04) 756-2193, Di–So 8.30–17 Uhr
Eintritt 40 000 Dong
Exzellentes, mit französischer Hilfe errichtetes Museum, in dem man einen Einblick in die Kunst, Kultur und Lebensweise der über 50 vietnamesischen Ethnien erhält. 8 km außerhalb.

### 🏛 Historisches Museum/ Bao Tang Lich Su
1 Trang Tien, Hanoi
✆ (04) 3824-2433
Tägl. außer Mo 8–12 und 13.30–17 Uhr, Eintritt 40 000 Dong
In dem ehemaligen Gebäude der 1895 errichteten École Française d'Extrême-Orient wird mit fast 2000 Ausstellungsobjekten die über 2000-jährige Geschichte Vietnams übersichtlich dargestellt.

### 🏛 Ho-Chi-Minh-Museum
Ba-Dinh-Platz, Hanoi
✆ (04) 3845-5435, tägl. 8–11.30 und 13.30–16 Uhr
Eintritt 25 000 Dong
Die Biografie des Staatsgründers dient als Leitfaden, um anhand von Fotografien, Skulpturen, Zeitungsausschnitten und historischen Objekten den vietnamesischen Unabhängigkeitskampf darzustellen.

### 🏛 Museum der Schönen Künste/ Bao Tang My Thuat
66 Nguyen Thai Hoc, Hanoi
✆ (04) 823-3084, tägl. außer Mo 9.30–16.30 Uhr
Eintritt 30 000/10 000 Dong, bis 6 J. frei
Bietet anhand zahlreicher Objekte einen umfassenden Überblick über die Entwicklung der vietnamesischen Kunst bis zur Neuzeit.

### 🏛 Revolutionsmuseum/ Bao Tang Cach Manh
25 Pho Tong Dan, Hanoi
✆ (04) 825-4151, tägl. außer Mo 8–11.30 und 13.30–16 Uhr
Eintritt 15 000 Dong
Ausführliche Darstellung der vietnamesischen Revolutionsgeschichte.

### ◉ Ho-Chi-Minh-Mausoleum
Ba-Dinh-Platz, Hanoi
Di–Do, Sa/So 8–11 Uhr, Eintritt frei
Vor der Besichtigung muss man sich in einem Gebäude anmelden und seine Tasche, inklusive der Kamera, abgeben. Angemessene Kleidung ist Pflicht.

### ◉ 🏛 Literaturtempel/ Van Mieu Quoc Tu Giam
Eingang an der Quoc Tu Giam, Hanoi
Tägl. 8–16.30 Uhr
Der älteste und bedeutendste Tempel der Hauptstadt diente gleichzeitig als erste Universität des Landes und war Austragungsort der konfuzianistischen Beamtenprüfungen. UNESCO-Weltkulturerbe.

### 🎭 Oper
1 Trang Tien, Hanoi
✆ (04) 933-1031
Theateraufführungen, Konzerte.

### 🎭 Wasserpuppentheater/ Thang Long Water Puppet Troupe
Kim Dong Theatre
57 B Dinh Tien Hoang, Hanoi
✆ (04) 393-64335
Eintritt 60 000–100 000 Dong
In der Hauptsaison täglich sechs Aufführungen.

### 🎭 Zirkus
Tran Nhan Tong, Hanoi
✆ (04) 882-0269
Veranstaltungstermine des staatlichen Rap-Xiec-Zirkus müssen im Hotel oder bei Reiseagenturen erfragt werden.

### Gia Ngu
27–29 Gia Ngu St., Hanoi
℃ (04) 392-62135, tägl. 11–22 Uhr
Ausgezeichnete vietnamesische und europäische Gerichte in elegantem Ambiente mitten in der Altstadt. $$$–$$$$

### La Badine
10 Nam Ngu, Hanoi
℃ (04) 394-24509
www.labadine-hanoi.com
Tägl. 12–23 Uhr
Exzellente einheimische wie westliche (vornehmlich französische) Küche in schön restaurierter Kolonialvilla mit Innenhof. $$$

### Luna d'Autunno
11B Dien Bien Phu, Hanoi
℃ (04) 823-7338, tägl. 8–23 Uhr
Das beste italienische Restaurant Hanois mit großer Weinkarte. Mehrfach ausgezeichnet. $$$

### Chim Sao
65 Ngo Hue, Hanoi
℃ (04) 397-60633,
www.chimsao.com
Tägl. 11–23 Uhr
Uriges Restaurant im französischen Viertel, spezialisiert auf einheimische Küche, vor allem aus dem Norden. $$–$$$

### Khazaana Indian Restaurant
1C P Tong Dan, Hanoi
℃ (04) 824-1166
Tägl. 11–14.30 und 18–22.30 Uhr
Authentische indische Gerichte. Spezialität sind Tandoori-Chicken und Kebab. $$–$$$

### Chom Chay Nang Tam
79A Tran Hung Dao, Hanoi
℃ (04) 942-4140
Tägl. 10.30–20 Uhr
Eines der wenigen wirklich guten vegetarischen Restaurants von Hanoi. Von Buddhisten geführt. $$

### Hanoi Social Club
6 Hoi Vu, Hanoi
℃ (04) 393-82117
www.facebook.com/The HanoiSocialClub, tägl. 8–23 Uhr
Bar, Café und Restaurant in der Altstadt und dennoch gemütlich und ruhig gelegen. Cocktails, Kuchen sowie vornehmlich westliche und auch – in Hanoi eher selten – gute vegetarische Gerichte. $$

### Indochine
16 Nam Ngu, Hanoi
℃ (04) 824-6097
Tägl. 11.30–14.30 und 17.30–22 Uhr
Eines der besten vietnamesischen Restaurants von Hanoi in einer alten Villa mit traditionell gekleideten Obern; Spezialität: Fischsuppe in Tonschüssel serviert. $$

### KOTO
59 P Van Mieu, Hanoi
℃ (04) 374-70338
www.koto.com.au
Tägl. 8–22 Uhr
Von Bill Clinton über Jacques Chirac bis zu täglich Hunderten Touristen aus aller Welt – das gleich beim Literaturtempel gelegene Restaurant scheint jedem zu gefallen. Sein Erfolgsrezept liegt in der sehr gelungenen Kombination aus karitativem Zweck (hier werden Straßenkinder zu Köchen, Kellnern, etc. ausgebildet) mit innovativer Küche in einem hübschen Ambiente. $$

### Net Hue
Ecke Hang Bong/Cam Chi, Hanoi
Tägl. 11–21 Uhr
Auf die exquisite Küche Hues spezialisiert. Am angenehmsten sitzt es sich im Obergeschoss. $

### Quan An Ngon
15 Phan Boi Chau, Hanoi
Filiale: 34 Phan Dinh Phung

*Verkauf buddhistischer Fahnen in der Hang-Quat-Straße in Hanoi*

*… ist im Historischen Museum von Hanoi ausgestellt*

### Region 1
### Hanoi und Umgebung

Tägl. 11–23 Uhr
Vorzüglich wie preisgünstig – nur edles Ambiente sollte man nicht erwarten. Kaum sonst wo kann man in Hanoi so gut und authentisch vietnamesisch essen. $

🍴 **Cafe Pho Co**
11 Hang Gai, Hanoi
Tägl. 8–24 Uhr
Im Hinterhof gelegenes Juwel mit sehr schönem Innenhof und (über Wendeltreppe zu erreichen) Dachterrasse mit herrlicher Aussicht auf den Hoan-Kiem-See.

🍴 **Hanoi Cinematheque**
22A Hai Ba Trung, Hanoi
✆ (04) 3936-2648
Tägl. 8–20 Uhr
Sehr stilvolles Café im Innenhof, im französischen Viertel.

🍴 **Shot Café**
60 Ngo Phat, Hanoi
Tägl. 8–21 Uhr
Balsam für Ruhesuchende und Kaffeeliebhaber inmitten der Altstadt. Das mit Holzmöbeln und warmen Farben gemütlich gestaltete Café liegt etwas versteckt in einem Hinterhaus und bietet sich ideal für einen Stopp während des Altstadtrundgangs an.

🍴 **Truong Xuan**
13 Ngon Tat To, Hanoi

Tägl. 9–20.30 Uhr
Über 50 verschiedene Teesorten in einem antiken Holzhaus.

🍸 🎵 **Bar Betta**
34 Cao Ba Quat, Hanoi
Tägl. 9–24 Uhr
Mischung aus Café und Lounge in Kolonialvilla mit toller Dachterrasse.

🍸 🎵 **Hanoi Rock City**
27/52 To Ngoc Van, Hanoi
www.hanoirockcity.com
Tägl. ab 17 Uhr
Pub, Lounge, Disco in der Nähe des Westsees mit guter Mischung aus jungem einheimischem wie internationalem Publikum. Livemusik.

🍸 **Summit Lounge**
1 Thanh Nien, Hanoi
Tägl. 17 bis nach Mitternacht
Auf dem Dach des Sofitel Plaza bietet diese Bar die wohl beste Aussicht auf Hanoi und dazu leckere Cocktails.

🛍 **Einkaufen**
Entlang der Hang Gai in der Altstadt gibt es schön bemalte Wasserpfeifen, -puppen, Seidenhemden, Silberschmuck etc. Wer sich für traditionelle vietnamesische Musikinstrumente interessiert, sollte den Laden an der 11 Hang Non aufsuchen.

Schön bemalte Wasserpuppen aus der Hang Gai, der Hanfstraße Hanois

### ❷ CHUA BUT THAP

Die 1646 von einem chinesischen Mönch erbaute Pagode wurde 1990 mit Hilfe der Bundesrepublik umfangreich restauriert. Vier der insgesamt zehn Gebäude der weitläufigen Tempelanlage befinden sich außerhalb der Umfassungsmauer. Neben dem dreiflügeligen Eingangstor, dem zweistöckigen Glockenturm mit der Statue des Jadekaisers (unten) und des Himmelskönigs sowie der Beerdigungsstupa für den Lehrer des Tempelgründers gehört dazu auch der über 13 Meter hohe, in der Form eines Schreibpinsels errichtete Turm **Thap Bao Nghiem**.

Die drei im Inneren der Mauer gelegenen, unmittelbar ineinander übergehenden Hallen sind berühmt für die Vielzahl hervorragender Holzschnitzereien und Statuen. Von der Vorhalle mit ihren großen Wächterfiguren führt der Weg über die mit kunstvollen Drachenmotiven geschmückte Halle der Räucheropfer in den Hauptraum. Trotz des sehr beeindruckenden Altars wird der Raum vollkommen von der rechts davon stehenden **Quan-Am-Statue** beherrscht.

Die in ihrer Detailgenauigkeit einzigartige Darstellung mit tausend Armen und Augen gilt als eine der wertvollsten religiösen Statuen Vietnams. Eine Nachbildung, die allerdings bei Weitem nicht die Ausstrahlung des Originals erreicht, steht im Historischen Museum von Hanoi. Eine Inschrift im Sockel nennt den Namen des Stifters und das Gründungsdatum 1656. Der mittlere der drei Köpfe trägt eine Tiara, auf deren Spitze Amitabha, »der Buddha des Unermesslichen Glanzes« thront. In den Innenflächen der Hände, die die drei Köpfe fächerförmig umgeben, ist jeweils ein Auge eingearbeitet. Unterstrichen wird die besondere Ausstrahlung der Statue zusätzlich durch die rötlich-goldene Lackierung. Unter dem Einfall des Sonnenlichts erstrahlt dieses Meisterwerk der Holzschnitzkunst in einem faszinierenden Licht. Auch die anderen, hinter der Haupthalle gelegenen Gebäude lohnen einen Besuch. Die Pagode befindet sich 25 Kilometer nordöstlich von Hanoi.

**Region 1
Hanoi und Umgebung**

*Zahlreiche Reisebüros in Hanoi bieten Tagestrips zu den Pagoden an.*

## ❸ CHUA HUONG
(Pagode der Wohlgerüche/Parfümpagode)

Bei kaum einem anderen Ausflug lassen sich landschaftliche und kunsthistorische Sehenswürdigkeiten derart angenehm miteinander verbinden wie bei der Fahrt zur Pagode der Wohlgerüche. Speziell während der alljährlich nach dem Tet-Fest beginnenden Pilgersaison lohnt sich ein Abstecher zu dieser außergewöhnlich vielfältigen Sehenswürdigkeit. Ausgangspunkt der Pilgerfahrt ist das Dorf Duc. Hier beginnt eine etwa einstündige Ruderbootfahrt durch die malerische Landschaft der Tro-

*Wallfahrtsziel mitten im Urwald der Berge: die Sängerin Anh Tuyet vor der »Parfümpagode« Chua Huong*

**Region 1**
Hanoi und Umgebung

*Unverzichtbarer Teil des Tet-Fests ist der aus Klebreis, Schweinefleisch, Bohnen und Ei zubereitete Reiskuchen. Es gibt zwei Sorten: Der viereckige »banh chung« symbolisiert die Erde, der runde »banh day« den Himmel.*

ckenen Halong-Bucht. Während der Fahrt kann man in aller Ruhe die freundlich gestimmten vietnamesischen Pilger in ihren meist überfüllten Booten an sich vorbeiziehen lassen.

Von der Bootsanlegestelle muss man sich zunächst den Weg entlang unzähliger Souvenirläden bahnen, um zum **Den Trinh**, dem ersten Tempel am Fuße des Berges, zu gelangen. Nachdem die Pilger hier um den Schutz der Berggeister ersucht haben, begeben sie sich auf den rechts von der Tempelanlage beginnenden Aufstieg zum Gipfel. Entlang dem zum Teil recht steilen Weg wurden im Laufe der Jahrhunderte mehrere Tempel und Pagoden erbaut. Besonders eindrucksvoll ist die Höhlenpagode **Tien Son**, in der fünf Buddhastatuen aus dem 17. Jahrhundert zu sehen sind. Immer wieder bieten sich spektakuläre Ausblicke in die Umgebung.

Am Ende des je nach Kondition zwei- bis dreistündigen Aufstiegs gelangt man zu der 1675 in einer von Stalaktiten und Stalagmiten durchsetzten Höhle erbauten **Huong-Tich-Pagode**. Der erste Blick in die Höhle, die während der Pilgersaison von Tausenden Pilgern besucht wird, ist sehr beeindruckend. Je weiter man jedoch ins Innere hinabsteigt, desto größer ist die Enttäuschung. Anstatt andachtsvoller Stille herrscht ein jahrmarktsähnlicher Rummel. Die Pagode ist hinter den unzähligen Souvenirshops kaum zu erkennen. Auch der von den Pilgern zurückgelassene Unrat trägt nicht gerade zu einer kontemplativen Stimmung bei. Deshalb sollte man einen Besuch der Chua Huong speziell während der Pilgersaison (vom Tetf-Fest bis zur Mitte des dritten Mondmonats) unter das Motto »der Weg ist das Ziel« stellen und gegebenenfalls auf die »Gipfelbesteigung« verzichten und dafür mehr Zeit bei den Zwischenstopps in einigen der vielen Aussichtspunkten und Pagoden entlang des Aufstiegs verbringen.

Die 2006 in Betrieb genommene Seilbahn wird von den Einheimischen redlich genutzt (pro Person: 80 000 Dong nur hin, 120 000 Dong hin und zurück). Die Parfümpagode befindet sich 60 Kilometer südlich von Hanoi.

### DAS TET-FEST

Tet Nguyen Dan (Neujahrsfest) oder ganz einfach Tet (Fest), wie es von allen Vietnamesen kurz genannt wird, ist das mit Abstand wichtigste Fest des Jahres. Um seine Bedeutung zu ermessen, muss man sich vorstellen, Weihnachten, Neujahr und Ostern würden auf einen Termin fallen. Das neue Jahr beginnt mit dem ersten Frühjahrs-Neumond und findet nach unserer Zeitrechnung zwischen dem 19. Januar und 19. Februar statt.

Ebenso wichtig wie das Fest selbst, sind die umfangreichen Vorbereitungen. Obwohl das Tet-Fest offiziell nur drei Tage dauert, beginnen diese bereits viele Wochen vorher. Nicht nur die Einheimischen, sondern auch Millionen von Auslandsvietnamesen stellen sich auf das große Familienfest ein.

Zum Neujahrsfest nicht mit seinen Verwandten vereint zu sein, empfindet jeder Vietnamese als großes Unglück. Dementsprechend frühzeitig sind alle Flüge nach Saigon und Hanoi ausgebucht.

Am letzten Tag des alten Jahres versammeln sich alle Familienmitglieder vor dem Ahnenaltar, um die Vorfahren zu ehren und gleichzeitig um Schutz für das neue Jahr zu bitten. Die Zeit bis Mitternacht vergeht mit einem ausgiebigen Essen im Kreise der Familie. Nach den betriebsamen Wochen der Vorbereitung werden die drei Festtage eher besonnen begangen. Da alle Handlungen, Begegnungen und Aussagen des Neujahrstages nach dem Glauben der Vietnamesen den weiteren Verlauf des Jahres prägen, bemüht sich jeder um ein tadelloses und friedvolles Auftreten.

Ausgiebige Mahle, der Besuch von Freunden, Verwandten, Nachbarn und Vorgesetzten sowie die Ehrung der Ahnen und der Gang zum Dorftempel stehen im Mittelpunkt der Aktivitäten. Kindern werden zum Beginn des neuen Jahres kleine Geschenke dargebracht. Großer Beliebtheit erfreuen sich die Tet-Märkte, die auf dem Gelände vieler Tempel stattfinden.

## ❹ CHUA TAY PHUONG

> Region 1
> Hanoi und
> Umgebung

260 Stufen muss man erklimmen, um die auf einem Hügel unter alten Bäumen gelegene Tay-Phuong-Pagode zu besichtigen. Der Weg lohnt sich, zählt die Pagode doch aufgrund ihrer Architektur und der insgesamt 62 wertvollen Holzstatuen zu den bedeutendsten Tempeln des Nordens. Ihre Ursprünge gehen auf das 8. Jahrhundert zurück. Nach mehreren Um- und Neubauten wurde sie letztmals Anfang der 1990er Jahre renoviert. Sehr eindrucksvoll sind die geschwungenen, an den Enden nach oben auslaufenden Dächer und die mit bunten Fabelwesen aus Keramik verzierten Dachfirsten.

Die im klassischen Stil erbaute Pagode besteht aus drei hintereinander stehenden Gebäuden. Jedes einzelne beherbergt Holzfiguren von erlesener Qualität, wobei die lebensgroßen **Statuen der 18 La Han** im dritten Gebäude am beeindruckendsten sind. Die aus dem harten Holz des Jackfrucht-Baumes geschnitzten Figuren besitzen jeweils ganz unverwechselbare Gesichtszüge und sind Meisterwerke der Holzschnitzkunst des 18. Jahrhundert. Die Tay-Phuong-Pagode liegt 40 Kilometer südwestlich von Hanoi.

*Früchte des Jackfrucht-Baumes*

## ❺ CHUA THAY

Die recht verwinkelte Anlage der Thay-Pagode besteht aus drei Gebäuden, die sich auf verschiedenen Ebenen an einen Berghang schmiegen. Zu Füßen des Berges erstreckt sich der malerische **Long-Tri-See** (Drachensee), in dessen Mitte ein Tempel für den Schutzgeist der Wasserpuppenspieler erbaut wurde. Die anlässlich des alljährlich stattfindenden Tempelfestes stattfindenden Aufführungen des Wasserpuppenspiels sind in ganz Vietnam berühmt.

Ein weiterer, über eine überdachte Holzbrücke zu erreichende Tempel inmitten des Sees ist dem daoistischen Jadekaiser Ngoc Hoang geweiht. Das Hauptgebäude im Süden des Drachensees beherbergt einen Schrein mit der Statue des Abtes Thu Dao Hanh, der die Pagode 1076 gegründet haben soll und auch als Förderer des Wasserpuppenspiels gilt. Die Thay-Pagode liegt 40 Kilometer südwestlich von Hanoi.

## ❻ CO LOA

Die Überreste von drei der ursprünglich neun Mauerringen und mehrere später hinzugefügte Gedenk- und Schutzgeisttempel erinnern an die Hauptstadt des Au-Lac-Königreichs. Gegründet wurde die Hauptstadt des ersten historisch nachweisbaren Staatsverbandes auf vietnamesischen Boden von König An Duong Vuong (257–208 v. Chr.). Ihm zu Ehren wurde im Zentrum der ehemaligen Zitadelle ein im 11. Jahrhundert erbauter, zuletzt 1993 renovierter Gedenktempel errichtet. Die Statue des Königs ist nur anlässlich des großen Tempelfestes, das alljährlich am sechsten Tag des ersten Mondmonats gefeiert wird, zu besichtigen. Co Loa liegt 25 Kilometer nördlich von Hanoi.

**Region 2**
Der Norden

# DER NORDEN
## WIEGE DER VIETNAMESISCHEN KULTUR UND LANDSCHAFTLICHES JUWEL

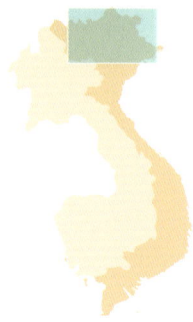

Der Norden Vietnams ist der historisch und kulturell mit Abstand interessanteste der drei Großräume Vietnams. Gleichzeitig vereint kein Landesteil derart große landschaftliche Gegensätze. Mit dem Bergland im Norden und Nordwesten, der Küste im Osten sowie dem Delta des Roten Flusses im Südosten ist der heute Bac Bo genannte Norden die landschaftlich abwechslungsreichste Region des Landes. Das Bergland, das 80 Prozent des gesamten Nordens ausmacht und die höchsten Erhebungen Vietnams aufweist, ist die am dünnsten besiedelte Region Vietnams. Dagegen liegt das Delta des Roten Flusses nur wenige Meter über dem Meeresspiegel und hat mit bis zu 1500 Menschen pro Quadratkilometer eine der dichtesten Besiedlungsquoten weltweit. Insgesamt wohnen im Norden, der etwa 25 Prozent der Gesamtfläche Vietnams umfasst, 40 Prozent der Bevölkerung.

Vietnams höchster Berg, der Phan Si Pan (3143 m), steht im äußersten Nordwesten an der Grenze zu Laos. Mit großen Vorkommen an Bodenschätzen wie Kohle, Zinn, Mangan, Gold und Edelsteinen gilt die Region als die Schatzkammer des Landes. Gleichzeitig war der Norden viele Jahrzehnte wegen der Grenzlage zu China und dem besonders hohen Anteil an Bergstämmen, die der Zentralregierung traditionell ablehnend gegenüberstanden, das Sorgenkind des Landes. Im Zuge der politischen und ökonomischen Öffnungspolitik hat sich die Situation in den letzten Jahren jedoch entspannt. Geprägt von Jahrtausende altem Abwehrkampf gegen scheinbar übermächtige Feinde, der harten Arbeit auf den Reisfeldern sowie den Werten des Konfuzianismus sind die Menschen im Norden deutlich konservativer als ihre Landsleute im Süden. Sie pflegen ihre Sitten und Gebräuche, gelten als diszipliniert, hart arbeitend, verlässlich und tiefsinnig.

Um Vietnam »zu verstehen« sollte man sich für den Besuch des Nordens, der Wiege der vietnamesischen Zivilisation so viel Zeit wie möglich nehmen. Von dem in den Monaten Dezember bis März häufig wenig einladenden Wetter darf man sich dabei nicht abschrecken lassen.

*Ethnische Minderheiten aus dem Norden: Frauen aus dem Volk der Roten Zao mit leuchtend roter Kopfbedeckung und der Schwarzen Hmong mit ihrem traditionell tiefblau gefärbten Gewand*

## ❶ CAT BA

> **Region 2**
> Der Norden

Der aus 350 Inseln bestehende Cat-Ba-Archipel hat sich in den letzten zehn Jahren zu einem der beliebtesten Reiseziele für Naturliebhaber in Vietnam entwickelt. Das 1986 zum Nationalpark erklärte Areal im Mündungsgebiet der Flüsse Cam und Bach Dang bietet für Naturfreunde eine außergewöhnliche Vielfalt an Freizeitaktivitäten. Der einen Großteil der Hauptinsel Cat Ba überziehende tropische Regenwald mit den charakteristischen Kalksteinformationen bietet sich für ausgedehnte Wanderungen und Tierbeobachtungen an. In den Wäldern der bergigen Insel leben Affen, Hirsche, Wildschweine und verschiedene Vogelarten. Die zerklüftete Inselwelt ist ideal zum Kayaking geeignet und die Strände laden zum Verweilen ein.

Die meisten der 15 000 Inselbewohner leben in der Hauptstadt Cat Ba an der Südspitze des Eilandes und verdienen ihren Lebensunterhalt mit Fischfang und Landwirtschaft. Durch die rasante touristische Entwicklung der letzten Jahre ist hier eine große Anzahl günstiger Hotelzimmer entstanden – mit leider negativen Auswirkungen auf das Stadtbild.

*Der nur auf Cat Ba lebende Goldkopflangur ist mit nur 50 Tieren die seltenste Affenart der Welt*

### SERVICE & TIPPS

**🏞 Cat-Ba-Nationalpark**
13 km nördlich des Hauptortes
Eintritt 35 000 Dong
Für die Wanderungen kann man sich auch einen Führer für $ 10 pro Tag mieten. Die meisten Hotels vermieten Kajaks für $ 3 pro Stunde.

**✗ Green Mango**
1–4, Cat Ba, tägl. 8–22 Uhr
Schmackhafte einheimische Gerichte in angenehmer Atmosphäre. $$–$$$

**✗ 🍸 Oasis Bar Restaurant**
No. 228, Cat Ba, tägl. 7–22 Uhr
Besonders bei Individualtouristen beliebtes Restaurant mit freundlicher Atmosphäre, lockerem Service und vornehmlich westlichen Speisen. $$

**✗ Bamboo Cafe**
Dong 1–4, Cat Ba
Tägl. 7–22 Uhr
An der Uferpromenade mit Terrasse. Die Mischung aus günstigen vietnamesischen wie westlichen Gerichten, guter Wein- und Bierauswahl sowie nettem Ambiente und dem freundlichen Service machen das Bamboo zu einer vorzüglichen Wahl.
$–$$

## ❷ DIEN BIEN PHU

Der Name Dien Bien Phu steht für eine der bedeutendsten Schlachten des antikolonialen Befreiungskampfes in Asien. Den abgelegenen Ort im äußersten Nordwesten Vietnams hatte der Oberbefehlshaber der französischen Streitkräfte, General Navarre, zu einer waffenstarrenden Festung ausbauen lassen. Sein Plan sah vor, die französischen Einheiten, die zuvor im Guerillakampf an verschiedenen Fronten des Landes schwere Verluste erlitten hatten, an diesem Ort zu bündeln, um eine Entscheidungsschlacht gegen die vietnamesische Unabhängigkeitsbewegung (Viet Minh) zu erzwingen. Hierzu ließ er 16 000 Soldaten einfliegen.

Navarres Gegenspieler war General Vo Nguyen Giap, der Gründer der vietnamesischen Volksarmee, der bis heute in Vietnam einen legendären Ruf genießt. Von den Franzosen unentdeckt, beorderte er 55 000 vietnamesische Soldaten und Zehntausende bäuerliche Helfer in einer Nacht- und-Nebel-Aktion in die entlegene Region. Diese hatten entlang unbefestigter Dschungelpfade auf Ochsenkarren, Fahrrädern und mit bloßen Händen Hunderte Tonnen Kriegsmaterial transportiert. Unter seiner Leitung begannen die Truppen der nordvietnamesischen Befreiungsarmee

*Vo Nguyen Giap (1911–2013) wurde 1976 im wiedervereinigten Vietnam Vize-Ministerpräsident und Verteidigungsminister. Als Verteidigungsminister wurde er 1980 ersetzt, stellvertretender Ministerpräsident war er bis 1991.*

## Region 2
### Der Norden

vollkommen unerwartet am 13. März 1954 mit der Belagerung der als uneinnehmbar geltenden Festung. Nachdem der Belagerungsring um die Festung immer enger und die Situation für die eingeschlossenen französischen Soldaten immer aussichtsloser wurde, erwog US-Präsident Eisenhower zwischenzeitlich sogar den Einsatz von Atomwaffen.

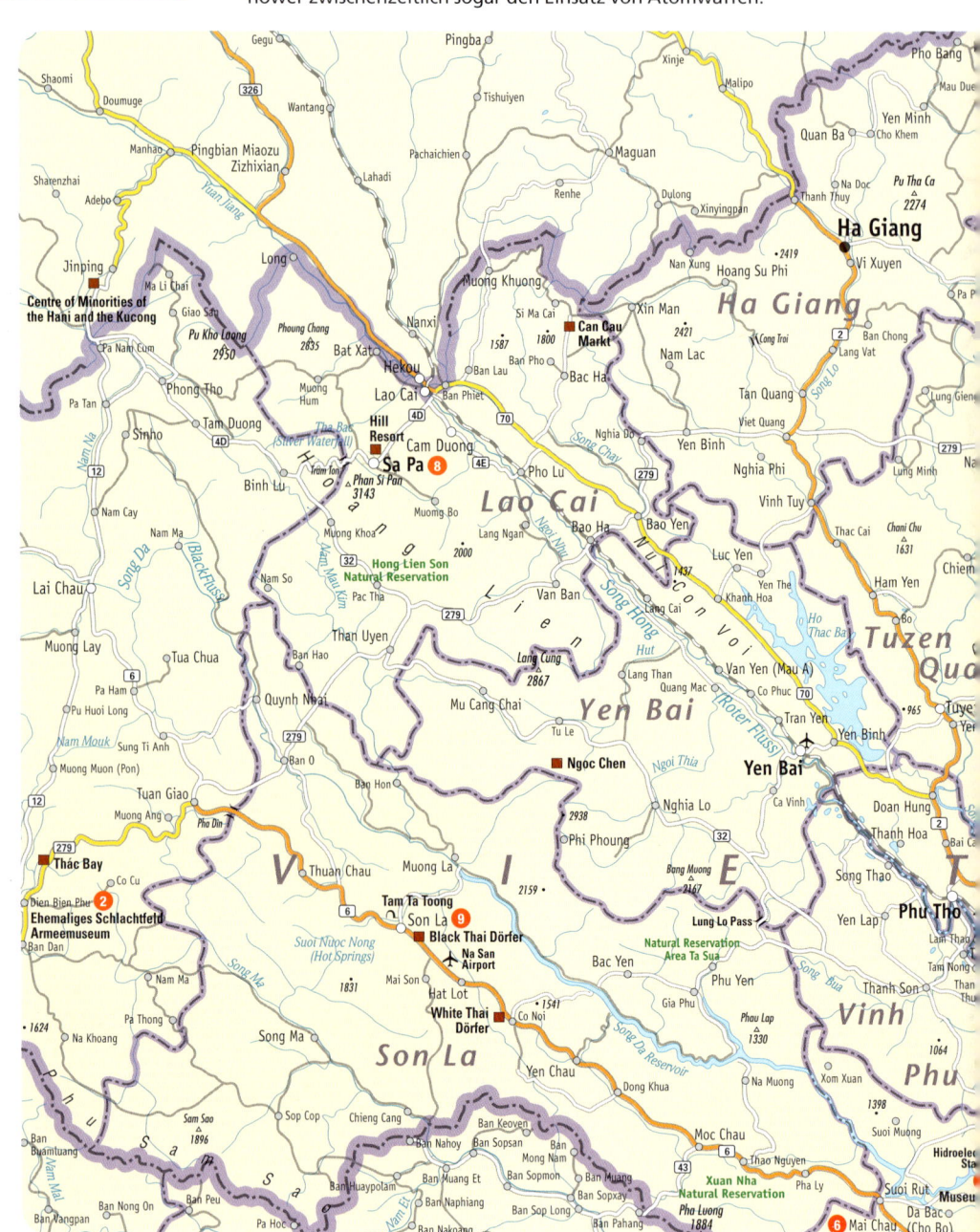

Am 7. Mai 1954 kapitulierte die physisch erschöpfte und psychisch zermürbte französische Armee nach 55-tägiger Belagerung. Die Niederlage bedeutete das Ende der über 100-jährigen französischen Kolonialherrschaft in Indochina. Als das Stalingrad der Franzosen in die Geschichte eingegangen, ist es bis heute eines der schwärzesten Kapitel der Geschichte

## Region 2
### Der Norden

**Region 2
Der Norden**

*Relikte der Kesselschlacht von 1954: die verrosteten Panzer im Dien-Bien-Phu-Museum*

*Der französische Soldatenfriedhof von Dien Bien Phu*

der Grande Nation. Unter den 3000 toten Soldaten befanden sich auch Hunderte deutscher Fremdenlegionäre. Die Zahl der gefallenen vietnamesischen Soldaten wird auf das Vierfache geschätzt.

Die im Zentrum wenig attraktive Stadt liegt in einem fünf Kilometer breiten Talkessel und bildet eine vietnamesische Enklave inmitten der von ethnischen Minderheiten bevölkerten Berglandschaft. In dem sehr informativen **Dien-Bien-Phu-Museum** ergibt sich mit Hilfe von historischen Aufnahmen, Zeitungsausschnitten, Lageplänen, Zitaten, Waffen und anderen Objekten ein anschauliches Bild der historischen Schlacht. Nicht entgehen lassen sollte man sich die Aussicht von dem strategisch bedeutenden **Hügel A1** und einen Besuch des monumentalen **Kriegerdenkmals** auf dem Soldatenfriedhof.

Zu besichtigen ist auch das rekonstruierte **Hauptquartier des französischen Oberbefehlshabers**, das die Viet Minh am Vorabend der Kapitulation in die Luft sprengten. Schließlich vermitteln die Bunkeranlagen und einige vor sich hin rostende Panzer, Luftabwehrgeschütze und Bomben einen lebendigen Eindruck von der Zeit, als Dien Bien Phu einer der am heftigsten umkämpften Flecken Erde des antikolonialen Abwehrkampfes war.

Feinschmecker werden in DBP leider nicht auf ihre Kosten kommen. Abgesehen von den Hotelrestaurants gibt es kaum empfehlenswerte Lokale.

### SERVICE & TIPPS

**Dien Bien Tourist**
Dien Bien Phu
(023) 382-5103
Tägl. 10–17 Uhr

**Dien-Bien-Phu-Museum**
Dien Bien Phu, Mi, Fr, So 8–11 und 14–16 Uhr, Eintritt 5000 Dong
Das kleine Museum dokumentiert die berühmte Schlacht von 1954. Meist findet sich auch außerhalb

der offiziellen Zeiten ein Angestellter, der einen für etwas Trinkgeld einlässt.

⊠ **Yen Ninh Vegetarian Restaurant**
So nha 644, Dien Bien Phu
Tägl. 11–21 Uhr
Erstaunlich: ein vegetarisches Restaurant im entlegenen Dien Bien Phu. Und es ist sogar gut und preiswert. Nur das Ambiente lässt zu wünschen übrig und ist ungemütlich. $–$$

> **Region 2**
> Der Norden

# ❸ HAIPHONG

*Kultivierte Reisterrassen prägen den bergigen Norden Vietnams*

Die meisten Reisenden umfahren die drittgrößte Stadt des Landes weiträumig auf ihrem Weg in die Halong-Bucht. Das ist schade, bietet sie sich doch zumindest als interessanter Zwischenstopp an. Obwohl die größte Hafenstadt Nordvietnams keine Sehenswürdigkeiten im eigentlichen Sinne zu bieten hat, wirkt sie mit ihrer Mischung aus kolonialer Vergangenheit, realsozialistischer Schläfrigkeit, wirtschaftlichem Aufbruch und provinziellem Charme eigentümlich anziehend.

Die Franzosen erkannten die strategisch bedeutende Lage der Stadt am Golf von Tonkin, die Ende des 19. Jahrhunderts nur aus ein paar Fischersiedlungen bestand. Zigtausende von Zwangsarbeitern mussten unter unmenschlichen Bedingungen Hafenanlagen, Fabriken und Kolonialvillen aus dem Boden stampfen. Innerhalb weniger Jahre wurde Haiphong mittels einer Eisenbahnlinie mit Hanoi verbunden und der Hafen zum größten Indochinas ausgebaut. So entwickelte sich die Metropole zum Hauptumschlagplatz für Kohle, Erz und Tropenhölzer, die die Kolonialherren von hier nach Europa verschifften. Die Hoffnung auf Arbeit, auch wenn sie noch so menschenunwürdig war, lockte unzählige Menschen an – 1930 war die Einwohnerzahl auf über 100 000 angewachsen.

In den Indochinakriegen musste Haiphong für seine geografische und ökonomische Schlüsselstellung als einziger Hafen, über den die Kommunisten Waffen nach Nordvietnam verschiffen konnten, einen hohen Preis zahlen.

Im November 1946 nahmen die französischen Militärs einen von ihnen selbst provozierten Zwischenfall zum willkommenen Anlass für ihre Rückkehr nach Indochina. Über 6000 Zivilisten sollen der Bombardierung der Wohnviertel zum Opfer gefallen sein. Während des Zweiten Indochinakriegs war die Hafenstadt der wichtigste Ort, über den die kommunistischen Viet Minh Waffenlieferungen aus dem Ausland bezogen. Kaum ein anderer Ort Nordvietnams lag derart lange unter dem Bombenteppich der US-amerikanischen Luftwaffe. Mit dem Ziel, die nordvietnamesische Führung während der bereits laufenden Pariser Waffenstillstandsgespräche unter Druck zu setzen, ließ Präsident Nixon 1972 den Hafen verminen.

Auffälligstes Kolonialgebäude ist das hübsche **Opernhaus** im Zentrum der Stadt. Zwar ist es die meiste Zeit verschlossen, doch die Fassade des 1912 fertiggestellten und ein Jahrhundert später mit finanzieller Unterstützung der Franzosen aufwendig restaurierten Gebäudes bietet ein schönes Fotomotiv. Von hier ist es nicht weit zu den Gassen der geschäftigen **Altstadt** mit den zwei großen Märkten Cho Tam Bac und Cho Sat. Beim Schlendern durch das sogenannte Quartier Indigène sollte man sich

*Litschi-Früchte – kühl serviert sind sie ein Genuss!*

## Region 2
## Der Norden

*Ngo Quyen (897–944) ging als erster Kaiser des unabhängigen Vietnam in die Geschichte ein. Er wurde 939 als Ngo Vuong gekrönt.*

Zeit lassen, scheint hier Haiphong doch seine koloniale Vergangenheit mit den vietnamesischen Wurzeln harmonisch zu vereinen. Ein weiteres architektonisches Relikt der französischen Kolonialzeit ist die vor wenigen Jahren restaurierte Kathedrale **Queen of the Rosary** in der Pho Hoang Van Thu.

Ältestes Gebäude der Stadt ist das ursprünglich aus dem Jahr 1856 stammende Gemeinschaftshaus **Dinh Hang Kenh**. Wie der Name schon sagt, trifft sich hier die Gemeinde zu allen wichtigen Anlässen wie bedeutenden Feiertagen und Hochzeiten. Gleichzeitig dient es als Tempel zur Verehrung des Schutzgottes der Gemeinde. In diesem Fall handelt es sich um General Ngo Quyen, der auf dem Hauptaltar symbolisch durch seine Kopfbedeckung und Schuhe dargestellt wird. Er beendete 939 die 1000-jährige Fremdherrschaft der Chinesen. Am eindrucksvollsten ist jedoch das Gebäude mit 32 Eisenholzsäulen, die mit über 500 handgeschnitzten Holzreliefs verziert sind.

### SERVICE & TIPPS

**ⓘ Tourist Information**
Haiphong Tourist Company
15 Lai Dai Hanh, Haiphong
℅ (031) 384-2989, tägl. 10–17 Uhr

**✗ Ⓓ Big Man Restaurant**
7 Tran Hung Dao, Haiphong
℅ (031) 384-2383, tägl. 11–23 Uhr
Brauhaus und Restaurant mit schöner Terrasse und guten Fischgerichten. $$–$$$

**✗ ☕ ⓨ Maxim's**
51D Dien Bien Phu, Haiphong
Tägl. 11–21 Uhr
Eine gelungene Mischung aus Restaurant, Café und Bar mit lockerer Atmosphäre. $–$$$

**✗ BKK**
22 Minh Khai, Haiphong
Tägl. 11–23 Uhr
Ausgezeichnete Thai-Gerichte in stilvoll eingerichtetem Restaurant mit hübscher Terrasse. $–$$

*Seit 1994 zählt die Insellandschaft der Halong-Bucht zum UNESCO-Welterbe*

## ❹ HALONG-BUCHT

> **Region 2**
> **Der Norden**

Kein Bildband oder Hochglanzkatalog, auf dem sie nicht an vorderster Stelle auftauchen würde, kein Vietnamfilm kommt ohne sie aus, und ein Besuch Vietnams ohne die ❸ **Halong-Bucht** wäre fast undenkbar. Die 1994 zum Weltkulturerbe erhobene, 1553 Quadratkilometer große Halong-Bucht mit ihren knapp 2000 wie mystische Wesen aus dem Meer aufsteigenden Kalksteinfelsen ist der Traum eines jeden Tourismusmanagers und zieht jährlich Millionen in- und ausländische Touristen in den Nordosten des Landes. Und selbst wer in den regen- und nebelreichen Wintermonaten November bis Februar durch die bizarre Inselwelt schippert wird nicht enttäuscht sein. Die Halong-Bucht ist eine Allwetter-Schönheit, die sich bei jeder Witterung von ihrer besten Seite zeigt. Kein Wunder, dass sie synonym für die landschaftliche Attraktivität des Landes steht.

*In den Monaten Dezember bis Februar kann es recht kalt und regnerisch sein, deshalb sollten Reisende, die ein oder mehrere Übernachtungen auf einem Boot in der Halong-Bucht einplanen warme und regenfeste Kleidung mitnehmen.*

Vietnam wäre nicht Vietnam, hätte es nicht eine in der vietnamesischen Geschichte verankerte Legende zur Erklärung der Entstehung der Naturwunders anzubieten. Die Legende vom »Herabsteigenden Drachen« (*Ha Long*) liest sich wie folgt: Es war einmal vor Tausenden von Jahren, als ein riesiger Drache auf den Bergen im Nordwesten von Vietnam lebte. Da er von seiner hohen Warte ein Invasionsheer aus dem Norden anrücken sah, stieg er von seinem Wohnort herab und vernichtete die gegnerische Flotte mit den wilden Schlägen seines riesigen Schwanzes. Als er schließlich im Meer versank, verdrängte sein massiger Körper derart viel Wasser, dass die tiefen Täler und Schluchten, die er bei dem Kampf in die Küstenlandschaft geschlagen hatte, überflutet wurden und nur noch die Gipfel aus dem Wasser ragten.

Die nüchterne Sachlichkeit moderner Wissenschaft gibt sich mit solch romantischen Erklärungsversuchen natürlich nicht zufrieden. Danach ist die grandiose Insellandschaft das Resultat eines über 300 Millionen Jahre zurückreichenden geologischen Prozesses. Ursprünglich handelte es sich um Muschelkalkablagerungen, die den Boden des riesigen urzeitlichen Tethysmeeres bedeckten. Diese Kalkablagerungen wurden vor etwa 40 Millionen Jahren infolge der Anhebung der hinterindischen Festplatte freigelegt und begannen zu verkarsten. Während der letzten Eiszeit senkte sich die südwestchinesische Kalktafel. Das dadurch aus den Binnenmeeren Chinas ablaufende Wasser überschwemmte die ehemalige Küstenlandschaft der Halong-Bucht, sodass heute nur noch die Bergspitzen aus dem Meer ragen.

Die in den meisten Bildbänden malerisch durch die Buchten gleitenden hölzernen Dschunken mit ihren dunkelroten Segeln sind in den vergangenen Jahren leider immer seltener zu sehen. Sie wurden ein Opfer der Mechanisierung, weil die meisten Transportschiffe inzwischen mit Motorkraft angetrieben werden. Wie man sieht, macht die Entzauberung der Moderne nicht einmal vor der urtümlichen Landschaft der Halong-Bucht halt. Ausgangspunkt für eine mehrstündige Bootsfahrt durch diese faszinierende Inselwelt ist der lang gestreckte Ort **Bai Chay**, der mit einer modernen Hänge-

**Region 2**
**Der Norden**

brücke mit dem Nachbarort **Hon Gai** verbunden ist. 1994 wurden beide offiziell zum Ort Halong Stadt zusammengefasst. Von Hon Gai wird ein Großteil der im Norden abgebauten Steinkohle nach Japan und Südkorea verschifft. Trotz einer drei Kilometer langen Uferpromenade, die von unzähligen Souvenirläden, Restaurants, Cafés und Hotels gesäumt wird, macht der Ort einen wenig einladenden Eindruck. Die meisten Gebäude sind schnell hochgezogene Betonklötze. Die allerorts zu beobachtenden Baumaßnahmen, zu denen auch Landaufschüttungen zur Erweiterung des Strandes gehören, geben einen Eindruck von den ehrgeizigen Zukunftsplänen der Stadtplaner.

Bereits wenige Minuten nach Ablegen des Bootes ist das hektische Treiben an Land vergessen und man wird gefangen genommen vom Charme der einzigartigen Inselwelt der Halong-Bucht. Dieser Jahrmarkt geologischer Individualitäten gleicht einem mythologischen Steingarten voller Zuckerhüte, Türme, Pilze und Kuppeln, die nicht nur in ihrer Form, sondern auch in der Farbe differieren.

Es gibt kaum einen der dicht bewachsenen, bis zu 100 Meter aus dem Wasser ragenden Kalksteinfelsen, der nicht von den Einheimischen entsprechend seiner Form mit einem speziellen Namen belegt worden wäre. Bei manchen, wie der Kamel- und der Schildkröteninsel, fällt die Identifizierung relativ leicht, bei anderen, wie der Insel der Schlafenden Jungfrau, muss die Phantasie schon wesentlich mehr zum Einsatz kommen.

Obligatorisch ist ein Zwischenstopp bei einer der zahlreichen **Grotten**. Wie die vielen Ausflugsschiffe am Fuße der **Hang Sung Sot** belegen, gilt sie als die attraktivste. Nach einem steilen Aufstieg beginnt ein etwa 45-minütiger, sehr gut ausgebauter Rundgang durch die mit Lichteffekten ausstaffierte, in Jahrmillionen geschaffene Wunderlandschaft aus Stalagmiten und Stalaktiten. Sehr attraktiv und fotogen ist der Blick von oben auf die am Fuße der Grotte vor Anker gegangenen Ausflugsschiffe vor dem Hintergrund der aus dem Meer aufragenden Bilderbuchlandschaft.

Als Alternative bietet sich die **Hang Dau Go** an. Die »Insel der Hölzernen Pfähle« verdankt ihren Namen General Tran Hung Dao, der hier seine riesigen Holzpfähle versteckt gehalten haben soll, bevor er sie ins Flussbett des Bach-Dang-Flusses rammte und mit dieser Kriegslist im Jahre 1288 die Mongolen besiegte. Angesichts der Besuchermassen, die sich durch die Höhlen schieben, würde der Feldherr für die geheime Lagerung seiner Kriegswaffen heute wohl eine andere Höhle aussuchen. Trotz des Andrangs lohnt ein Besuch der über einen schmalen Holzsteg und Treppen miteinander verbundenen Höhlen. Selbstverständlich haben die phantasievollen Vietnamesen auch die unzähligen Stalaktiten und Stalagmiten mit Namen belegt.

Wer einmal einen Spaziergang durch die zum Teil kilometerlangen, in ihren Ausmaßen Kathedralen ähnlichen Höhlenlandschaften gemacht hat, wird sich nicht wundern, dass sie für viele Jahrhunderte als idealer Unterschlupf für Piraten dienten. Heute sind die Buchten Heimat zahlreicher Familien, die in Schwimmenden Dörfern leben.

*Galionsfigur einer Dschunke in der Halong-Bucht*

### SCHWIMMENDE DÖRFER

Die Kalksteinfelsen der Halong-Bucht bieten den Fischerfamilien der Schwimmenden Dörfer Schutz vor den Taifunen, die jedes Jahr in den Sommermonaten die Nordküste heimsuchen. Etwa 2000 Menschen wohnen ständig auf ihren aus Holz und Bambus gezimmerten Behausungen in der Bucht. Neben den hier seit vielen Generationen siedelnden Fischerfamilien handelt es sich dabei häufig um ehemalige Flüchtlinge, die im wahrsten Sinne des Wortes am Rande der Gesellschaft leben. Wer genau hinschaut, erkennt die unter den Behausungen angebrachten Netze und Käfige. Hier werden Fische gefangen und Krebse, Langusten und Perlen gezüchtet.

## SERVICE & TIPPS

**ℹ Quang Ninh Tourism**
Bai Chay St. (auf dem Gelände des Halong-Hotels), Halong
✆ (033) 384-6321
Tägl. 10–17 Uhr

**✕ Linh Dan Restaurant**
104 Bai Chai Street, Halong
Tägl. 11–23 Uhr
Von den insgesamt wenig überzeugenden Restaurants in Halong City noch eines der einigermaßen empfehlenswerten. Die englische Speisekarte macht die Auswahl leicht, recht gut sind die Fischgerichte. $$–$$$

**✕ Außerdem bieten sich die vielen Lokale entlang der Uferstraße** mit guten Fischgerichten zu kleinen Preisen an. Allerdings sollte man sich bei der Bestellung nach den Preisen erkundigen, um nachher keine unangenehme Überraschung zu erleben.

**⛴ Bootsfahrten in die Halong-Bucht**
Über 100 Veranstalter in Hanoi und Halong Stadt bieten Bootsfahrten in die Halong-Bucht an. Am sinnvollsten bucht man seine Tour wegen der Professionalität der Veranstalter bereits in Hanoi. Grundsätzlich gilt es, vor Fahrtantritt folgende Fragen zu klären: Welche Art von Booten wird eingesetzt (kleine Dschunke oder großes Schiff)? Wie lange dauert die Fahrt (man benötigt allein 45 Minuten vom Festland bis zur Inselwelt)? Ist ein Essen inbegriffen und wenn ja, welches (wie viele Mahlzeiten)? Es besteht auch die Möglichkeit, bei längeren Touren auf den Booten zu übernachten, dann kommt man auch in ruhigere und einsamere Gefilde. Zwei etablierte Anbieter sind:

**⛴ Huong Hai**
60 Nguyen Truong To, Ba Dinh Hanoi
✆ (04) 392-638 58
www.huonghaicruise.com

**⛴ Emeraude Classical Cruises**
59A Le Thai To, Hanoi
✆ (04) 393-518 88
www.emeraude-cruises.com

### Region 2
### Der Norden

*Bei der Auswahl der Bootsanbieter ist besondere Vorsicht geboten. Grundsätzlich gilt die Regel: je günstiger das Angebot desto größer die Wahrscheinlichkeit, dass es sich bei dem Boot um ein veraltetes handelt, das nicht den Sicherheitsstandards entspricht. Auch sollte man vor Fahrtantritt feststellen, wie viele Gäste sich an Bord befinden.*

*Zudem hat es in den letzten Jahren immer wieder Berichte über unhygienisches Essen mit daraus resultierenden Durchfallerkrankungen gegeben.*

## ❺ HOA BINH

Die Distrikthauptstadt 75 Kilometer östlich von Hanoi ist in ganz Vietnam für das größte **Wasserkraftwerk** des Landes bekannt. Der von der Sowjetunion finanzierte Bau am Schwarzen Fluss kann besichtigt werden. Die gewaltige Staumauer bietet nicht nur ein interessantes Fotomotiv, sondern ist auch ein Symbol für die baulichen Mängel und umweltpolitische Problematik einer Reihe ähnlicher Großprojekte, die mit Hilfe der Sowjetunion in den 1980er Jahren entstanden sind.

Zigtausende der hier wohnenden Muong-Bauern wurden zwangsweise umgesiedelt. Einige von ihnen bis zu drei Mal, weil die Wasserstandshöhen falsch berechnet worden waren. Neben den zuvor nicht bedachten Erosionsschäden, die pro Jahr bis zu 150 Tonnen betragen, weist die Staumauer inzwischen mehrere tiefe Risse auf. Trotz dieser negativen Erfahrungen hat die Regierung beschlossen, mit dem Son-La-Damm, 190 Kilometer oberhalb von Hoa Binh ein doppelt so großes Projekt zu realisieren.

Archäologische Schlagzeilen machte Hoa Binh durch den nach der Stadt benannten **Hoa-Binh-Menschen**, der als Urahne der Vietnamesen gilt und bereits vor über 10 000 Jahren in der Region gelebt haben soll. In der Umgebung der Stadt haben französische Forscher Knochen und Werkzeuge aus der vietnamesischen Steinzeit gefunden.

Touristisch interessant ist Hoa Binh für jene, die während eines Tagesausfluges von Hanoi in Kontakt mit den hier lebenden Bergstämmen treten möchten. Die etwa sechs Kilometer außerhalb gelegenen **Dörfer Ban Dam** und **Giang** sind Heimat der Muong. Wenn auch touristisch schon seit Jahren sehr erschlossen (fast jedes Haus verkauft Souvenirs wie Taschen,

*Vietnams größtes Wasserkraftwerk: Hoa-Binh-Staudamm*

**Region 2**  
Der Norden

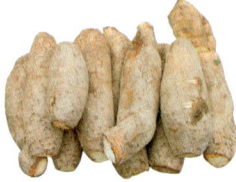

Maniok ist ein Wolfsmilchgewächs und ein bis zu drei Meter hoher Strauch. Die stärkereichen Wurzelknollen sind Kartoffelersatz der Tropenländer.

Dorf bei Hoa Binh

Musikinstrumente sowie traditionelle Trachten und natürlich wird man auch zum obligatorischen vor Ort gebrannten Reisschnaps eingeladen), so bieten die zahlreichen zugänglichen Langhäuser doch interessante Einblicke in die Wohn- und Lebensgewohnheiten der Bergstämme.

Im Übrigen sollte man den Besuch mit einer etwa einstündigen Wanderung durch die sehr reizvolle Berglandschaft verbinden. Dabei erhält man einen interessanten Eindruck von der Vielfalt der landwirtschaftlichen Anbauprodukte wie Reis, Mais, Zuckerrohr und Maniok.

### SERVICE & TIPPS

ℹ **Hoa Binh Tourist**  
Hoa Binh  
✆ (018) 385-4370  
Tägl. 10–17 Uhr

✕ **Manh Ngan**  
Hoa Binh, tägl. 11–22 Uhr  
Überraschend gutes, großes Restaurant am Ortseingang von Hoa Binh mit umfangreicher Speisekarte; fast nur einheimische Gerichte. $–$$

## ❻ MAI CHAU

Das 135 Kilometer westlich von Hanoi gelegene Mai Chau hat sich in den letzten Jahren zu einem beliebten Ziel für Touristen entwickelt, die die landschaftliche Schönheit des Nordwestens mit einem Besuch der Bergvölker verbinden möchten, ohne dabei die weite Fahrt nach Dien Bien Phu in Kauf nehmen zu müssen. Der Ort an sich ist wenig attraktiv, doch die umliegenden, vornehmlich von Weißen Thai bewohnten Dörfer lohnen durchaus einen Besuch. Die sehr attraktive Landschaft lädt zu längeren Wanderungen ein.

**MINDERHEITEN DES NORDENS**

Abgesehen von den Cham und Khmer gibt es 51 offiziell anerkannte Minderheiten in Vietnam, die hauptsächlich in den nördlichen Bergregionen und im Zentralen Hochland leben. Ihre Sprachen, Kulturen und Sitten unterscheiden sich zum Teil beträchtlich. Jedoch bestehen Verwandtschaften zu Minderheiten in den angrenzenden Ländern wie Laos, Kambodscha, China, aber auch Burma und Thailand. Einige dieser ethnischen Minderheiten zählen heute nur noch ein paar Hundert Menschen. Im Gegensatz zu den eher matriarchalischen Völkern des zentralen Hochlands, sind die Bergvölker patriarchalisch geprägt. Die französische Bezeichnung »Montagnards« (Bergbewohner) stammt aus der Kolonialzeit. Von den Vietnamesen (Kinh) werden sie oft abschätzig als »Wilde« (Moi) bezeichnet.

*Indigoverkäuferin aus dem Stamm der Weißen Hmong auf dem Markt in Tam Duong zwischen Lai Chau und Sa Pa*

Die etwa 920 000 **Muong**, die im Nordwesten des Landes siedeln, gelten als älteste Volksgruppe Vietnams. Ihre Sitten und Gebräuche ähneln denen der Vietnamesen, und auch ihre Sprache weist deutliche Ähnlichkeiten zum Vietnamesischen auf. Wie die ehemals aus Südchina eingewanderten **Thai** (1,2 Millionen, Nordwesten) sind die Muong sesshafte Bauern und pflanzen neben Nass- und Trockenreis auch Mais, Süßkartoffeln sowie Tee und Baumwolle an. Auch ihre Pfahlhäuser ähneln sich.

Die im Norden und Nordosten ansässigen etwa 920 000 **Nung** sind enge Verwandte der Tay. Sie gelten als ausgezeichnete Rinderzüchter und finden ihr Auskommen auch als Schmiede und Kesselflicker.

Die **Tay** sind mit 1,4 Millionen die größte Minderheit in Vietnam und auch die am meisten an die Vietnamesen angepasste. Sie leben in Tälern und mittlerweile größtenteils in soliden Lehmhäusern. Erst Anfang des 19. Jahrhunderts gelangten die etwa 720 000 **Meo** (auch **Hmong**) aus Laos und Südchina nach Vietnam. Viele bauen auf brandgerodeten Feldern neben Trockenreis auch Opium an und führen ein halbnomadisches Leben. Da ihre Siedlungsgebiete wenig Überschwemmungsrisiko bürgen, bauen sie ihre Holzhütten nicht auf Pfählen.

Eine weitere große Gruppen sind die **Dao** (auch **Man**, 670 000), ebenfalls aus Südchina eingewandert, die sprachlich mit den Meo verwandt sind.

# ❼ NORDOSTEN

Neben dem Zentralen Hochland gehört der Nordosten von Vietnam zu den touristisch am wenigsten besuchten Regionen des Landes. Nach ein paar Besichtigungstagen in Hanoi und Umgebung und der Halong-Bucht zieht es fast alle Touristen in den Süden Richtung Hue und Danang. Das ist einerseits schade, andererseits hat es etwas Gutes. Schade ist es, weil der Norden, wenn auch nicht mit überragenden Sehenswürdigkeiten gesegnet, ein Eldorado für Naturfreunde ist. Dies gilt insbesondere für **Ban Gioc**, die größten Wasserfälle Vietnams, unmittelbar an der Grenze zu China, und dem wunderschönen Nationalpark rund um den **Ba-Be-See** mit seiner von Kalksteinfelsen, Seen, Flüssen, kleinen Buchten, Höhlen und Wasserfällen durchsetzten Landschaft.

Das Gute daran ist, dass man abseits der ausgetretenen Touristenpfade wandert und die Einheimischen, hier vor allem ethnische Minderheiten, einem noch gänzlich unverfälscht begegnen. Besonders interessant ist der jeden Sonntag stattfindende Minoritäten-Markt von **Dong Van**. Allein die landschaftlich reizvolle Anreise zu dem 1920 von den Franzosen auf über 1000 Metern Höhe gebauten Bergdorf lohnt einen Besuch. Das idyllische Örtchen **Pac Bo** ist jedem Schulkind als jener Ort bekannt, an dem Ho Chi Minh nach 30-jährigem Exil das erste Mal wieder vietnamesischen Boden betrat.

Bis auf Dong Van, für dessen Besuch man ein geländefähiges Fahrzeug benötigt, sind die hier genannten Orte über gut ausgebaute Landstraßen problemlos zu erreichen.

*Einen ausgezeichneten Überblick über die verschiedenen Minoritäten Vietnams bietet das mit französischer Hilfe aufgebaute Ethnologische Museum in Hanoi (vgl. S. 42).*

**Region 2**
**Der Norden**

## SERVICE & TIPPS

◉ Die etwa fünfstündigen **Bootstouren auf dem Ba-Be-See** (mit Mittagspause) werden für $ 25 pro Boot bei der Parkverwaltung gebucht.

◉ **Ban Gioc**
Die Wasserfälle (300 m breit, 50 m hoch) liegen zum Teil auf chinesischem Territorium. Sie sind während der Regenzeit Mai–Sept. am schönsten.

◉ 👥 **Dong Van**
Bedeutendster Minoritätenmarkt Nordvietnams. In der Regenzeit kann die Anreise erschwert sein.

◉ **Pac Po**
Truong Ha
Ho-Chi-Minh lebte fast vier Jahre in der Pac-Bo-Höhle. Den Bach vor der Höhle taufte er Lenin-Fluss und den Berg in der Nähe Marx-Gipfel. Von hier organisierte er seine Widerstandsbewegung.

## ❽ SAPA

Ursprünglich war  **Sapa** (auch Sa Pa) ein Produkt Hitze geplagter Franzosen, die den 1600 Meter hoch gelegenen Ort nahe der chinesischen Grenze zu einer Art Mini-Da-Lat machten. Heute ist es nach Jahren des Niederganges wieder ein Anziehungspunkt – jetzt für westliche Reisende auf der Suche nach vermeintlich noch ursprünglichen Bergvölkern. Die seltsamen Wandlungen der Geschichte haben den Bergort Sapa im Laufe der letzten Jahren zu einem der meistbesuchten Ausflugsziele des Nordens werden lassen.

Waren es zunächst fast ausschließlich Individualreisende, die sich auf die gut zehnstündige Bahnfahrt Richtung vietnamesisch-chinesische Grenze begaben, so sieht man heute auf den Straßen mehr und mehr Gruppenreisende. Speziell seit ein Zug viermal täglich von Hanoi ins nur 35 Kilometer entfernte Lao Cai fährt sind die Gästezahlen sprunghaft angestiegen. In den letzten Jahren wurden zahlreiche gute Hotels und Restaurants eröffnet, und entlang der Hauptstraße reiht sich ein Souvenirladen an den nächsten.

Gegründet wurde der Ort zu Füßen des **Phan Si Pan**, des mit 3143 Metern höchsten Bergs Vietnams, Anfang der 1920er Jahre von den Franzosen. Noch heute erinnern die Ruine einer katholischen Kirche und die zu Hotels und Gästehäusern umgewandelten Kolonialvillen an jene Zeit. Auch das Klima erinnert an Mitteleuropa und die Umgebung lädt zu Spaziergängen ein. Allerdings sollte man sich zwischen November und März auf kühle Temperaturen und Regen einstellen. Angesichts der Nebel verhangenen Täler und der eisigen Temperaturen während der Wintermonate erinnert Sapa zuweilen an ein alpines Bergdorf. Hauptanziehungspunkt für die meisten westlichen Touristen ist jedoch der täglich stattfindende **Markt**, besonders am Samstag, wenn Hunderte, in ihre traditionellen Trachten gekleideten Bergbewohner den Markt besuchen, bietet sich ein eindrucksvolles Bild. Zahlreich vertreten sind die Hmong mit ihren dunkelblauen, an den Rändern bunt bestickten Kleidern.

Natur- und Wanderfreunde können **Trekkingtouren** in die landschaftlich äußerst attraktive Umgebung unternehmen, die zahlreiche Reisebüros im Programm haben. Das Angebot reicht von Tagestouren bis zur Besteigung des Phan Si Pan.

*Glücksspiel als Zeitvertreib zwischen den Marktgeschäften in Sa Pa*

## SERVICE & TIPPS

**ⓘ Sapa Tourist Information**
28 Cau May, Sapa
℡ (020) 387-1975
www.sapa-tourism.com
Tägl. 10–17 Uhr

**✕ 🍸 Le Gecko**
Central Square, Sapa
℡ (020) 387-1898
Tägl. 7–23 Uhr
Große Auswahl an französischen und einheimischen Gerichten. Beliebter After-Dinner-Treffpunkt. $$$

**✕ 🍸 Nature View**
51 Phan Si, Sapa
Tägl. 8–22 Uhr
Schönen Ausblicke in die Landschaft, freundlicher Service und gutes Essen, viele vegetarische Gerichte. $$–$$$

**☕ The Hill Station**
7 Muong Hoa, Sapa
www.thehillstation.com
Tägl. 7–22 Uhr
Cooles Design, tolle Aussichten und ein auf die Küche der Bergstämme spezialisiertes Essen – rundum gelungen. $$–$$$

**✕ Good Morning Vietnam**
34 Muong Hoa, Sapa
Tägl. 11.30–14 und 17–22 Uhr
Gemütliches Restaurant mit guter und großer Auswahl zu vergleichsweise günstigen Preisen. $$

*Farbenprächtig: Blumen-Hmong-Frauen auf dem Markt in Sa Pa*

# ❾ SON LA

Wegen der Lage auf halber Strecke zwischen Hanoi und Dien Bien Phu übernachten hier die meisten Reisenden. Die vielen ebenso modernen wie unattraktiven Gebäude spiegeln die enormen Investitionen der Hanoier Regierung in diese ehemals entlegene Gegend. Einzige Sehenswürdigkeit sind die Überreste eines Anfang des 20. Jahrhunderts errichteten **Gefängnisses**, in dem die Franzosen vietnamesische Widerstandskämpfer gefangen hielten.

## SERVICE & TIPPS

**✕ Hai Phi**
Highway 6, Son La, tägl.11.30–21 Uhr
Spezialität dieser vor allem bei Einheimischen geschätzten Gaststätte sind die Ziegenfleisch-Gerichte. $$

**✕ Long Phuong Doi**
Pho Thinh Doi, Son La
℡ (022) 385-2339
Tägl. 11.30–21 Uhr
Das beste Restaurant der Stadt mit großer Auswahl, u. a. Spezialitäten der Bergstämme. $

# Region 3
Delta des Roten Flusses

# DAS DELTA DES ROTEN FLUSSES
## KATHEDRALEN, HÖHLEN UND BILDERBUCHLANDSCHAFTEN

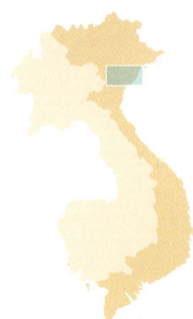

Bis um das Jahr 1000 n. Chr. bildete das Delta des Roten Flusses mit seinen äußerst fruchtbaren Sedimentablagerungen das ausschließliche Siedlungsgebiet der Vietnamesen. Vor mehreren Jahrtausenden befand sich an dieser Stelle noch eine Meeresbucht, die allmählich von den Ablagerungen des in China entspringenden Roten Flusses aufgefüllt wurde. Während der im Sommer auftretenden Monsunregen steigt der Pegelstand um drei bis vier Meter an. Zum Schutz des Umlands vor den verheerenden Überflutungen, begann die Bevölkerung bereits vor über 1000 Jahren mit der Eindeichung des Flusses. Im Laufe der Zeit entstand ein Netzwerk von Deichen und Dämmen mit einer Gesamtlänge von annähernd 3000 Kilometern. Deichbau und Reisanbau erforderten einen besonders hohen Organisationsgrad der Gesellschaft, was schon frühzeitig zur Herausbildung eines starken, zentralistischen Staates führte.

Obwohl die Region mit 15 000 Quadratkilometern nur so groß ist wie Schleswig-Holstein, leben hier annähernd 19 Millionen Menschen, was sie zur am dichtesten besiedelten des ganzen Landes macht. Die meisten Einwohner sind in der Landwirtschaft tätig. Während noch vor einigen Jahren viele Bewohner wegen der dort attraktiveren Arbeitsplätze in die grossen Städte und das Zentrale Hochland auswanderten, hat sich die Region inzwischen auch wirtschaftlich stark entwickelt.

Vietnamese mit lichtem Ho-Bärtchen aus Cuc Phuong

# ❶ CUC-PHUONG-NATIONALPARK

**Region 3
Delta des Roten Flusses**

Einen hervorragenden Eindruck davon, wie Vietnam in großen Teilen vor der durch diverse Kriege und Abholzungen gekennzeichneten Geschichte ausgesehen hat, bekommt man im 130 Kilometer südwestlich von Hanoi gelegenen Cuc-Phuong-Nationalpark. Im 1962 eröffneten, ersten von heute 87 Naturschutzgebieten leben 133 verschiedene Säugetier-, 122 Reptilien-, 307 Vogel- und über 1800 Insektenarten. Der tropische Primärwald am Südhang eines bis zu 650 Meter hoch aufsteigenden Kalksteinmassivs ist Heimat von 20 Prozent aller in Vietnam bekannten Pflanzen. Insgesamt zehn Kilometer gut ausgebaute Wanderpfade sowie Rastplätze und ein Besucherzentrum erschließen den Park.

Hauptattraktion sind die **Affen**, von denen es über hier ein Dutzend verschiedene Arten geben soll. Besonderes Augenmerk gilt dabei den noch Anfang der 1990er Jahre als ausgestorben geltenden **Delacour-Languren**, die von den Vietnamesen wegen ihrer markanten Fellzeichnung »Kurze-Hosen-Affen« genannt werden. In freier Wildbahn sind sie praktisch nicht mehr zu sehen, doch das vom Park geleitete **Endangered Primate Rescue Center** beherbergt selbige und noch weitere neun Langurenarten. Selbst dann, wenn man bei der Tierbeobachtung kein Glück haben sollte, lohnt ein Besuch des 250 Quadratkilometer großen Naturschutzgebietes. Dies gilt besonders für den Monat Mai, wenn Millionen bunter Schmetterlinge durch den Park flattern.

*Milliarden schöner Schmetterlinge flattern im Cuc-Phuong-Nationalpark*

**Die schwarz-weißen Delacour-Affen sind nach dem französischen Zoologen Jean Delacour benannt, der sie 1930 entdeckte.**

*Im Nationalpark von Cuc Phuong*

## SERVICE & TIPPS

ℹ️ 🏛 **Visitor Center Parkeingang**
Endangered Primate Rescue Center
www.primatecenter.org
Tägl. 9–11.30 und 13.30–16 Uhr

Eintritt 20 000 Dong
Führungen $ 8 pro Tag
Die Bediensteten des Zentrums, am Parkeingang zu finden, beantworten alle Fragen und vermitteln lokale Führer für Wanderungen im Nationalpark.

**Region 3
Delta des Roten Flusses**

## ❷ HOA LU

Das zehn Kilometer nordwestlich von Ninh Binh gelegene verschlafene Dorf war von 968 bis 1009 Kaiserstadt, bevor Kaiser Ly Thai To 1010 nach Thang Long, das heutige Hanoi, umzog. Von den zwei Gedenktempeln, die zu Ehren der beiden in Hoa Lu regierenden Kaiser errichteten wurden, sollte man zunächst den vom Hauptweg links gelegenen **Dinh Tien Hoang** besuchen. Man betritt den erst kürzlich restaurierten Tempel durch ein dreigeteiltes Tor. Danach führt der Weg durch einen baumbestandenen Garten, an den sich ein steinerner Vorplatz anschließt, auf dem die Opferzeremonien durchgeführt wurden.

Die Statue des Kaisers im hinteren Raum des Tempelgebäudes wird von denen seiner drei Söhne umgeben. Nachdem Dinh Tien Hoang 979 zusammen mit seinem ältesten Sohn das Opfer eines Attentats wurde, setzte sich sein General an die Spitze des Staates, indem er sich zum Kaiser Le Dai Hanh ausrufen ließ und die Kaiserin zur seiner Frau nahm. Sein Gedenktempel, der 100 Meter rechts vom Dinh-Tempel liegt, gleicht dem seines Vorgängers. Die Grabmäler der beiden Kaiser befinden sich am Fuß (Le Dai Hanh), beziehungsweise auf der Kuppe (Dinh Tien Hoang) des nahe gelegenen **Ma-Yen-Hügels**, von dem man eine herrliche Aussicht auf die von kleinen Flüssen, Reisfeldern und Kalksteinfeldern durchsetzte Landschaft der **Trockenen Halong-Bucht** hat.

*Der Tempel Dinh Tien Hoang in der alten kaiserlichen Hauptstadt Hoa Lu*

## ❸ PHAT DIEM

Die knapp einstündige Fahrt durch marschähnliche Landschaft erinnert daran, dass die Region vor 1000 Jahren noch Teil des Meeres war, bevor sie durch die Ablagerungen der Flüsse allmählich mit fruchtbaren Schwemmstoffen angefüllt wurde. Der Kim-Son-Distrikt südlich von Ninh Binh war seit Mitte des 20. Jahrhunderts eine Hochburg der Katholiken und so säumen noch heute unzählige Kirchen den Weg. Nach der Teilung Vietnams flohen 1954 Hunderttausende von Katholiken aus der Provinz in den Süden.

Das bis heute beeindruckendste Beispiel der katholischen Verwurzelung des Landstrichs ist die 1891 fertiggestellte **Kathedrale Phat Diem**. Ziel des bei den Einheimischen unter dem Namen Père Six bekannten Priesters und Kirchengründers war die Synthese abendländischer und östlicher Stilelemente. Resultat ist ein ebenso ungewöhnliches wie imposantes Gotteshaus.

Am Ende einer kleinen Stichstraße, die von der Hauptstraße in Phat Diem abzweigt, wird der verwunderte Besucher von einer Jesusstatue mit ausgebreiteten Armen empfangen, die inmitten eines kleinen Sees aufragt. Bereits der Glockenturm vor der Kathedrale in der Mitte eines großen Platzes versucht westliche und östliche Elemente zu vereinen. So ließ der Erbauer die zwei Tonnen schwere Glocke mit chinesischen Schriftzeichen verzieren, die die vier Jahreszeiten bezeichnen. Vom obersten Stock des 25 Meter hohen Turmes bietet sich ein weiter Blick in die von Kirchturmspitzen geprägte, flache Landschaft. Zwischen dem Glockenturm und der Kathedrale liegt das Grabmahl des Kirchengründers.

Der zumindest für westliche Augen frappierende Stilbruch zwischen den christlichen Heilsfiguren, die das Hauptportal zieren, und dem buddhistischen Pagodendach macht den unverwechselbaren Reiz der Anlage aus.

*Wie ein flacher Kegel läuft der traditionelle Reisstrohhut in der Mitte spitz zusammen*

Im Inneren tragen 52 massive Holzsäulen das Gewicht des Daches. Jede der jeweils aus einem einzigen Stamm hergestellten Säulen wiegt sieben Tonnen. Der Marmorboden im Hauptschiff wurde 1933 anlässlich der hier durchgeführten ersten Bischofsweihe Vietnams aus Frankreich importiert. Auch die Christusfigur über dem Hauptaltar, die von sechs vietnamesischen Märtyrern umgeben ist, fügt sich in dieses französisch-vietnamesische Potpourri ein.

Von den umfangreichen Renovierungsarbeiten, die notwendig wurden, nachdem eine Bombe im August 1965 einen Teil des westlichen Flügels zerstört hatte, ist kaum noch etwas zu erkennen. Neben und hinter der Kirche finden sich weitere sehenswerte Bauten wie etwa drei künstliche Grotten und jene kleine Steinkirche, die als erstes Gotteshaus in Phat Diem errichtet wurde.

**Region 3
Delta des Roten Flusses**

## ❹ NAM DINH

Nam Dinh reiht sich auf den ersten Blick mit seinen gesichtslosen Neubauten nahtlos ein in die Vielzahl wenig attraktiver Provinzstädte. Die mit knapp 250 000 Einwohnern drittgrößte Stadt Nordvietnams wurde aufgrund ihrer ökonomischen Bedeutung als Zentrum einer florierenden Textilindustrie während des Vietnamkriegs mehrfach vollkommen zerstört. Da die meisten der wenigen westlichen Besucher sie nur als Ausgangspunkt für die zahlreichen landschaftlichen wie kunsthistorischen Sehenswürdigkeiten der Umgebung nutzen, entgeht ihnen die überraschend attraktive Altstadt.

Den meisten Vietnamesen ist Nam Dinh als Heimat der Tran-Dynastie (1225–1414) bekannt. Ein Tempel, in dem die 14 Herrscher der Dynastie verehrt wurden, sowie ein kleines Museum erinnern an die berühmtesten Söhne des Ortes. Das bis heute herausragende Relikt jener Zeit befindet sich drei Kilometer nördlich beim Dorf Tuc Mac: **Chua Pho Minh**. Der zwischen zwei Lotos-Teichen gelegene, 21 Meter hohe und 13-stöckige Pagodenturm Thap Pho Minh ragt weithin sichtbar aus der flachen Landschaft.

*Tran Hung Dao (1228 –1300), schlug die Mongolen endgültig 1288 am Bach-Dang-Fluss.*

*Reisernte im Delta des Roten Flusses*

**Region 3**
**Delta des Roten Flusses**

Errichten ließ ihn Kaiser Tran Anh Tong zur Beisetzung der Asche seines Vaters.

Der ursprünglich im 13. Jahrhundert erbaute Chua wirkt von außen recht schlicht, im Innern finden sich jedoch einige außergewöhnlich schöne Schnitzereien. Etwa 500 Meter entfernt stehen die Ahnentempel der zwischen dem 13. und 15 Jahrhundert regierenden Tran-Dynastie sowie des im ganzen Land verehrten Feldherren Tran Hung Dao.

### LY-DYNASTIE

Streng genommen kann von einem eigenständigen Vietnam, also von einem funktionierenden Staatsverband mit effizienter Verwaltung und Gesetzwesen sowie stehendem Heer, erst mit dem Aufkommen der Ly-Dynastie (1009–1224) die Rede sein. Ly Thai To, der erste von insgesamt acht Kaisern der Ly-Dynastie, verlegte die Hauptstadt des neuen Reiches von Hoa Lu nach Thang Long, ins heutige Hanoi.

Mit einem Bündel von weit reichenden Maßnahmen, die im Kern alle die Schaffung einer zentralistischen, wehrhaften Monarchie zum Ziel hatten, legte er das machtpolitische Fundament für die nächsten Jahrhunderte. So beschnitt er durch den Aufbau eines straff organisierten Heeres die Macht der Lokalfürsten, die in der Vergangenheit häufig für den Sturz der Kaiser verantwortlich waren. Ein neues Gesetz legte fest, dass bei der Aufdeckung eines Verschwörungsversuches gegen den Kaiser, die gesamte Familie des Rädelsführers hinzurichten sei. Von allen Reformmaßnahmen der über 200-jährigen Ly-Dynastie sollte sich die Eröffnung des Literaturtempels in Hanoi (1076) als die langfristig bedeutsamste herausstellen. Erst die dort durchgeführten Prüfungen zur Rekrutierung eines geschulten Berufsbeamtentums ermöglichten die flächendeckende administrative Durchdringung des gesamten Staatsgebiets. Das war zur Etablierung eines effizienten Verwaltungsapparates unabdingbar.

### TRAN-DYNASTIE

Die von der Ly-Dynastie gelegten Grundlagen eines gefestigten, wirtschaftlich und kulturell hochstehenden Staates konnte die nachfolgende Tran-Dynastie (1225–1400) zunächst konsolidieren. So gelang es in der zweiten Hälfte des 13. Jahrhunderts, die drei Angriffe der bis dahin für unschlagbar gehaltenen Mongolen abzuwehren, die unter ihrem Führer Kublai Khan große Teile Asien überrannt hatten.

Wenn die Monarchie und die Unabhängigkeit Vietnams am Ende des 14. Jahrhunderts trotz aller zwischenzeitlicher Errungenschaften wieder in ernsthafte Gefahr geriet, dann aufgrund zweier Probleme, die sich wie ein roter Faden durch die gesamte vietnamesische Geschichte ziehen: der Konflikt zwischen Zentralgewalt und Großgrundbesitzern sowie das Leid der Bauern. Seit dem Amtsantritt der Tran waren lokale Großgrundbesitzer, deren Loyalität sich die Kaiser durch die Vergabe von Ländereien zu sichern versucht hatten, in ihren Herkunftsgebieten zu halbautonomen Potentaten aufgestiegen. Ihrer eigenen Macht bewusst, widersetzten sie sich zunehmend der von der Zentralgewalt eingeforderten Steuerabgaben. Der damit einhergehende Einnahmeverlust des Staates führte zu einer erheblichen Schwächung der Verwaltungs- und Verteidigungsaufgaben, was letztlich die Autorität der Zentralgewalt in Frage stellte.

Die Hauptleidtragenden der ständigen Machtkämpfe waren die Bauern und somit der Großteil der Bevölkerung. An ihrer verzweifelten Lage hatte sich in all den Jahrhunderten kaum etwas geändert. Bis ins 20. Jahrhundert trugen sie die Hauptlasten der Grund- und Personalsteuern in Form von Geld- und Naturalabgaben, außerdem wurden nur sie für den Straßen- und Deichbau sowie den Militärdienst zwangsverpflichtet. Viele der landlosen Bauern mussten auf den Privatgütern der Großgrundbesitzer wie Sklaven schuften. Durch die häufigen Taifune, Überschwemmungen und Kriege kam es immer wieder zu großen Hungersnöten. In ihrer Verzweiflung schlossen sich die Bauern den von Lokalfürsten initiierten Aufständen an, ohne dabei zu erkennen, dass es diesen einzig um die Durchsetzung ihre persönlichen Interessen ging. So gelangte schließlich auch der Mandarin Le Qui Ly an die Macht. Nachdem er 1397 den letzten Kaiser der Tran-Dynastie, Thuan Tong, zur Abdankung gezwungen hatte, bestieg er 1400 als Kaiser Ho Quy Ly den Thron.

*Figürliche Dachziegel in Form eines Bodhi-Blattes aus der Ly-Dynastie (oben) und in Form einer Ente aus der Tran-Dynastie (unten).*

### SERVICE & TIPPS

**ℹ Nam Dinh Tourism**
115 Nguyen Du, Nam Dinh
✆ (350) 384-9439
Tägl. 10–17 Uhr

**✕ Vi Hoang**
153 Nguyen Du, Nam Dinh
✆ (350) 384-9290
Tägl. 7–21 Uhr
Hotel-Restaurant mit ausschließlich vietnamesischen Gerichten. $–$$

**Region 3
Delta des Roten Flusses**

## ❺ NINH BINH

Ebenso wie Nam Dinh und Thai Binh war auch Ninh Binh während des Vietnamkriegs Ziel unzähliger amerikanischer Luftangriffe. Dass die prosperierende Distrikthauptstadt trotz ihrer gesichtslosen, grauen Betonbauten und der schwefelverhangenen Luft die meistbesuchte Stadt der Region ist, liegt an der vergleichsweise guten touristischen Infrastruktur und der lieblichen Landschaft der Trockenen Halong-Bucht. Zudem ist Ninh Binh Ausgangspunkt für zahlreiche weitere Sehenswürdigkeiten der Umgebung. Vor dem Hintergrund der bis zu 80 Meter hoch aus der Ebene aufsteigenden Felskegel wirken selbst die Industrieschlote der Kalkstein verarbeitenden Firmen noch romantisch.

Die beliebteste Art, diese einzigartige Landschaft der **Trockenen Halong-Bucht** aus nächster Nähe zu erleben, bietet sich von dem etwa acht Kilometer südwestlich von Ninh Binh gelegenen Dorf Ninh Hai. Inmitten von Deichen, Kanälen, Reisfeldern, Tempeln und Pagoden sowie kleinen Dörfern ragen die ebenso bizarren wie fotogenen Felskegel aus den satten Reisfeldern. Von hier rudern einen die Einheimischen mit einem winzigen *sampan* auf dem seichten Fluss zu den **Drei Grotten** (Tam Coc). Vielen gefällt die zweistündige Fahrt durch die friedliche

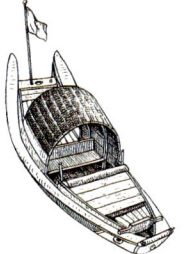

*Ein Sampan ist ein flaches, teils überdachtes Plankenboot, das mit einem Ruder vorangetrieben wird. Der Name stammt aus dem Chinesischen und bedeutet Drei Bretter.*

*Mit dem Sampan durch die Bilderbuchlandschaft der Trockenen Halong-Bucht*

> **Region 3**
> Delta des Roten Flusses

Reislandschaft, vorbei an Entenfamilien und Fischreihern, sogar besser als die durch die Halong-Bucht. Leider wird die Ruhe durch die Souvenirverkäufer gestört, die einen während der Bootsfahrt begleiten. Statt per Boot kann man die romantische Bilderbuchlandschaft auch mit dem Leihfahrrad erkunden.

Zum Felsentempel von **Bich Dong** sind es noch einmal zwei Kilometer auf einem von Steinen übersäten Feldweg. Von dem etwas vernachlässigten Haupttempel am Fuß des Felsens führt eine steile Treppe zu den Tempeln, die auf verschiedenen Ebenen in den Fels gebaut wurden und diverse Buddha- und Bodhisattwastatuen beherbergen. Vom obersten Punkt bietet sich ein imposanter Blick in die Tiefe.

### SERVICE & TIPPS

✗ 🍴 **Bamboo Bar and Restaurant**
Van Lam, Tam Coc
(030) 635- 0433
Tägl. 11–22 Uhr
In einem kleinen, traditionellen Haus untergebrachtes vietnamesisches Restaurant mit einheimischen Speisen zu kleinen Preisen und freundlichem Service. $–$$

✗ **Thanh Thuy's**
128 Le Hong Phong

Ninh Binh
℃ (030) 387-1811
Tägl. 7–22 Uhr
Das dem Gästehaus angeschlossene Restaurant ist wegen seiner Gerichte vor allem bei deutschsprachigen Touristen beliebt. Die Inhaber haben vier Jahre in Deutschland gelebt und brutzeln auf Wunsch auch gern deutsche Spezialitäten. $–$$

*Zu Beginn unserer Zeitrechnung gab es zwei buddhistische Strömungen: den konservativeren Therawada-Buddhismus (»Lehre der Ältesten«) und den Mahajana-Buddhismus (»großer Weg«). Buddhisten beider Strömungen strebten nach Erleuchtung, wobei die Therawadins den Arhat (»Heiliger«) idealisierten, der nach persönlicher Erlösung sucht. Mahajanis betrachteten das als selbstsüchtig. Ihr Ideal, der Bodhisattwa (»Erleuchtungswesen«), strebt die höchste Erkenntnis an, um auch seine Mitmenschen bei der Erlangung des Nirwana zu unterstützen.*

*Bodhisattwa-Gelübde: »Möge ich nicht ins Nirwana eingehen, bis ich alle Wesen zu höchster Erleuchtung gebracht habe.«*

### ❻ THAI BINH

Thai Binh ist die Hauptstadt der mit 1400 Menschen pro Quadratkilometer am dichtesten besiedelten Provinz Vietnam. Die Stadt ist wie so viele Orte in dieser Region wenig einladend, bietet sich jedoch als Ausgangspunkt für den nur zehn Kilometer südwestlich gelegenen **Chua Keo** an, eine der schönsten Pagoden des Landes.

Allein die Lage des Chua inmitten der ländlichen Umgebung macht die Anfahrt zu einem Erlebnis. Die von uralten, knorrigen Bodhi-Bäumen und kleinen Seen umgebenen Gebäude der großzügigen Tempelanlage stammen ursprünglich aus dem 16. und 17. Jahrhundert, wurde jedoch seither mehrfach restauriert. Prägendes Stilelement der Pagode sind neben den filigranen Schnitzarbeiten die weit heruntergezogenen Dächer. Ein hervorragendes Beispiel für den hohen Stand der Holzschnitzkunst im 17. Jahrhundert bietet das dreigeteilte Eingangstor *(tam quam)* hinter einem kleinen See.

Die aus Eisenholz geschnitzten Motive zeigen unter anderem einen mit Drachen und Wolken durchsetzten Himmel.

Betritt man die durch diffuses Licht in ein geheimnisvolles Halbdunkel getauchte Haupthalle, versteht man, warum die Keo-Pagode den Beinamen Chua Thanh Quang (Pagode des heiligen Lichtes) trägt. Aus dem Pantheon, dem wie üblich stufenartig nach oben ansteigenden Schrein, sind besonders der Awalokiteschwara in der zweiten Reihe von oben und der Amitabha in der vierten Reihe erwähnenswert. Flankiert wird das Sanktuarium vom Himmelskönig auf der linken und dem Geist des Bodens auf der rechten Seite.

Der hinter der Pagode stehende Den Minh Khong wurde zu Ehren eines berühmten Mönches aus der Ly-Dynastie errichtet, bleibt jedoch die meiste Zeit des Jahres geschlossen. Unbedingt sehenswert ist der dreigeschossige Glockenturm aus dem 18. Jahrhundert, der die Gebäudereihe abschließt und durch seine ausgewogenen Proportionen sowie die exzellenten Schnitzereien an den Säulen besticht. Die in den überdachten Galerien des Hofes untergestellten Boote kommen jedes Jahr anlässlich des im neunten Mondmonat stattfindenden Bootsrennens zum Einsatz.

**Region 3**
**Delta des Roten Flusses**

*Awalokiteschwara ist der Bodhisattwa (vgl. S. 68) des universellen Mitgefühls im Mahajana-Buddhismus und steht in Vietnam für die Gnadengöttin Quan Am. Er hat in den ostasiatischen Ländern verschiedene Namen. Amitabha ist der himmlische Buddha.*

## SERVICE & TIPPS

✕ **Thanh Binh**
24 Ly Bon, Thai Binh

℃ (036) 383-8450
Ausgezeichnete vietnamesische Gerichte bei sehr freundlichem Service. $

*Kinder aus Ninh Binh in der Trockenen Halong-Bucht*

**Region 4
Nördliche Zentralküste**

# TRUNG BO – ZENTRALVIETNAM

## NÖRDLICHE ZENTRALKÜSTE
### ÖKONOMISCHES UND TOURISTISCHES STIEFKIND

Die Nördliche Zentralküste gehört sowohl ökonomisch als auch touristisch zu den Stiefkindern Vietnams. Auf der 500 Kilometer langen Strecke entlang der N1 Richtung Hue begegnet man so gut wie nie westlichen Gesichtern. Wie zu Beginn des Tourismus in Vietnam fällt man als "Langnase" auf, das einheimische, bäuerliche Dorfleben steht im Mittelpunkt.

Die allermeisten der elf Millionen Einwohner siedeln entlang dem schmalen Küstenstreifen, der an seiner engsten Stelle in der Provinz Quang Binh weniger als 50 Kilometer misst. Die gesamte Grenzregion zu Laos und Kambodscha wird von dem unwirtlichen Truong-Son-Gebirge gebildet und ist dementsprechend nur sehr spärlich bewohnt. Die von tiefen Schluchten und Flüssen durchzogene Gebirgskette erreicht Höhen von 1000 bis 2000 Meter und zieht sich auf einer Länge von 1100 Kilometern vom Norden nach Süden.

Doch nicht nur touristisch, auch ökonomisch gehört die Region zu den Schlusslichtern des Landes. Neben den sandigen und unfruchtbaren Böden sind die alljährlich zwischen August und Oktober über das Land hinwegpeitschenden Taifune für die chronischen Missernten verantwortlich. Darüber hinaus war sie nie mehr als eine Zwischenstation auf dem Weg von Hanoi nach Hue und Saigon. Bis heute von den Politikern sträflich vernachlässigt, konnte sie ihre naturbedingten Nachteile nie wettmachen. Als wäre all dies nicht schon Strafe genug, wurde das Gebiet zwischen dem 17. und 20. Breitengrad auch noch mehr als jede andere Region des Landes von der US-amerikanischen Luftwaffe bombardiert. So ist es sicher kein Zufall, dass fast alle berühmten Revolutionäre der vietnamesischen Geschichte aus dieser Gegend stammen.

Die Nördliche Zentralküste stand lange unter dem Einfluss des hinduistischen Königreichs Champa und wurde

*Auf dem Weg zum Markt*

von den Vietnamesen erst zu Beginn des Jahrtausends schrittweise erobert. Noch bis ins 13. Jahrhundert bildete das bis zum Meer vorspringende Hoanh-Son-Massiv mit dem Porte d'Annam (Tor von Annam) die Südgrenze von Vietnam.

**Region 4
Nördliche Zentralküste**

## ❶ KHE SANH

Der kleine Bergort **Khe Sanh**, wenige Kilometer von der laotischen Grenze entfernt, war im Frühjahr 1968 Schauplatz einer der erbittertsten und verlustreichsten Schlachten des Vietnamkriegs. Zigtausende Soldaten der nordvietnamesischen Befreiungsarmee belagerten die von den bis an die Zähne bewaffneten US-amerikanischen Soldaten gehaltene Festung. Die Angst der US-Armee vor einem »zweiten Dien Bien Phu« ließ dieses entlegene Fleckchen Erde zu einem der meistbombardierten Orte der Welt werden.

Jeden Tag flimmerten die dramatischen Bilder von den an vorderster Front positionierten Fotografen und Kameraleute in die Wohnstuben der westlichen Zuschauer. Über 10 000 Vietnamesen und etwa 500 GIs verloren während der 75-tägigen Belagerung ihr Leben. Dabei diente die vermeintliche Entscheidungsschlacht den Kommunisten nur als Ablenkungsmanöver für die Tet-Offensive, die den Ausgang des Krieges entscheidend beeinflusste und letztlich das Ende des US-amerikanischen Engagements in Indochina einläutete. Die Überreste der alten Festung, einige rekonstruierte Bunker, diverse Kampfflugzeuge, Helikopter und Panzer sowie ein Museum erinnern an die Schlacht.

*Mit dem Sampan zu den Grotten von Phong Nha*

*Süßkartoffeln zählen zu den Hauptanbauprodukten im Agrarland Vietnam*

## ❷ PHONG NHA

**Region 4
Nördliche
Zentralküste**

Die großartigen **Grotten von Phong Nha** werden seit 2003 als UNESCO-Welterbe gelistet. Etwa 350 Millionen Jahre alt und mit einer Gesamtlänge von 35 Kilometern zählen sie zu den ältesten und längsten weltweit. Für Besucher ist nur die knapp acht Kilometer lange **Phong-Nha-Höhle** freigegeben. Allerdings ist nur ein kleiner Teil davon befahrbar. Während der etwa zweistündigen Fahrt, inklusive An- und Abfahrt, gleitet man mit dem Sampan durch eine bizarre Wunderwelt aus Stalaktiten, Stalagmiten, verwinkelten Kanälen, Grotten und Höhlen. Zu bedenken ist allerdings, dass man dieses einzigartige Erlebnis speziell am Wochenende mit Tausenden Einheimischen teilen muss – dementsprechend laut und bunt geht es zu.

Seit 2011 ist mit der **Paradise Cave** eine weitere Sehenswürdigkeit erster Güte für die Öffentlichkeit zugänglich. Mit einer Länge von über 30 Kilometern soll es sich hierbei um die längste trockene Höhle der Erde handeln. Selbst wenn nur ein Bereich von gut einem Kilometer freigegeben ist, beeindruckt die Höhle durch ihre kathedralenähnliche Größe und Schönheit.

Die 200 000 Hektar große Region wurde 2001 zum **Nationalpark** erklärt und birgt neben Höhlen und Grotten auch ursprünglichen Primärwald mit Hunderten Tier- und Pflanzenarten, darunter auch endemische.

*Heimisch im Regenwald des Phong-Nha-Nationalparks: die Scharnierschildkröte*

### SERVICE & TIPPS

🚤 Die gut zweistündige **Bootsfahrt** durch die Phong-Nha-Höhle fällt Sept.–Nov. zuweilen wegen zu hohen Wasserstands aus. Kosten pro Boot 350 000 Dong. Das letzte fährt bereits um 14.30 Uhr ab.

## ❸ THANH HOA

Der Distrikthauptstadt kommt historische Bedeutung als Schauplatz des Lam-Son-Aufstandes zu, bei dem der spätere Kaiser Ly Thai To die Chinesen besiegte und damit die Unabhängigkeit der Vietnamesen wieder herstellte.

Keine andere Brücke im ganzen Land war während des Vietnamkriegs so oft Ziel US-amerikanischer Angriffe wie die **Ham-Rom-Brücke**, die unmittelbar vor Thanh Hoa den Song-Ma-Fluss überspannt. Allein 1964 und 1965 flog die amerikanische Luftwaffe vorwiegend von ihren Basen im Nordosten von Thailand über 100 Einsätze gegen dieses strategisch äußerst wichtige Ziel. Wie energisch sich die Vietnamesen gegen die Bombardements zur Wehr setzten, verdeutlicht allein die Tatsache, dass

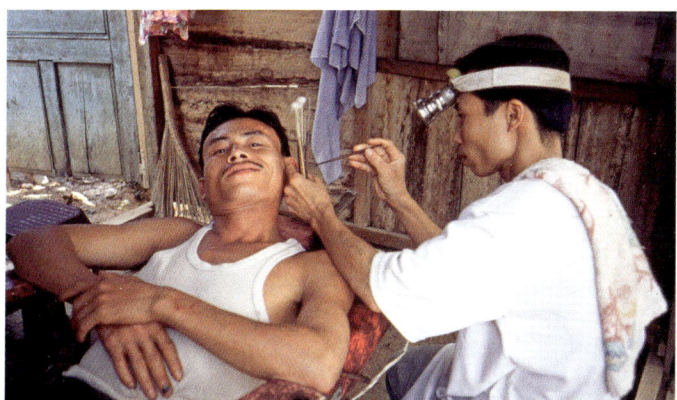

*Ein professioneller Ohrenputzer betreibt sein Geschäft*

**Region 4
Nördliche
Zentralküste**

**HO-CHI-MINH-PFAD**

Anfang der 1960er Jahre begannen die nordvietnamesischen Kommunisten mit der Anlage eines weit verzweigten Netzes von Versorgungswegen. Der Ho-Chi-Minh-Pfad diente der logistischen Unterstützung des Nordens für die im Süden für die Befreiung Südvietnams kämpfende Nationale Front. Die Nachschublinie begann auf Höhe des 17. Breitengrads und des Ortes Dong Hoi. Sie zog sich entlang des vietnamesisch-laotischen-kambodschanischen Grenzgebiets bis in den Süden des Landes.

Auf den Rücken von unzähligen Trägerkolonnen, auf extra verstärkten Fahrrädern sowie Pferden und Elefanten wurden täglich mehrere Hundert Tonnen Waffen und Munition entlang der Dschungelpfade transportiert. Zudem gelangten entlang dieses berühmten »Pfades« monatlich bis zu 7000 nordvietnamesische Soldaten in den Süden.

Nachdem die US-Amerikaner Mitte der 1960er Jahre die auf 2000 Kilometer Länge ausgebauten Trassen entdeckt hatten, begannen sie mit der intensiven Bombardierung des Gebiets. Um den verheerenden Angriffen auszuweichen, wurden die Versorgungswege zunehmend in die Nachbarstaaten Laos und Kamdoscha verlagert. Beide bis dahin dem Konflikt neutral gegenüberstehenden Länder wurden damit in den Vietnamkrieg hineingezogen und das Ziel US-amerikanischer Angriffe.

Trotz des intensiven Bombardements gelang es den Amerikanern letztlich nicht, die Nachschublinien gänzlich zu unterbrechen. Dies sollte sich als einer der Hauptgründe für die Niederlage der Amerikaner in Vietnam herausstellen. So war ein Großteil der während der Tet-Offensive nach Saigon eingeschleusten Soldaten mit Waffen ausgerüstet, die über den Ho-Chi-Minh-Pfad aus Nordvietnam in den Süden geschmuggelt worden waren.

die US-amerikanische Luftwaffe 70 Flugzeuge über Thanh Hoa verlor. Ebenso wie die Paul-Doumer-Brücke in Hanoi wurde die 160 Meter lange »Drachenkiefer-Brücke«, die immer wieder aufgebaut wurde, landesweit zu einem Symbol des unbeugsamen Durchhaltewillens des Nordens.

Der Song Ma, mit 382 Kilometern der längste Fluss der Nördlichen Zentralküste, macht seinem Namen »Galoppierendes Pferd« besonders in der Regenzeit alle Ehre, wenn seine Wassermassen eine Bedrohung für die hier ansässigen Bauern darstellen. Fluch und Segen liegen jedoch eng beisammen, sorgt er doch in dieser nahezu ausschließlich agrarisch geprägten Region für die Bewässerung von über 10 000 Hektar Ackerland.

Die Fruchtbarkeit mag mit ein Grund dafür sein, dass das Tal des Song Ma schon vor Jahrtausenden ein Siedlungsschwerpunkt gewesen ist, wie archäologische Funde beim Dorf **Dong Son**, acht Kilometer südöstlich von Thanh Hoa belegen. Die dort ausgegrabenen, bis zu einem Meter hohen Bronzetrommeln stammen aus dem 7. bis 2. Jahrhundert v. Chr. und wurden in ähnlicher Form in vielen anderen südostasiatischen Ländern gefunden. Die nach dem Fundort Dong-Son-Kultur genannte Epoche markiert das Ende der Bronzezeit und den Übergang zur Eisenzeit. Auch wenn sie von vielen Fachleuten als Beerdigungsurnen gedeutet wurden, herrscht bis heute in der Wissenschaft Uneinigkeit über die genaue Funktion dieser zylindrischen Objekte. Ungeachtet der kulturhistorischen Bedeutung des Ortes sind die Ausgrabungsstätten jedoch nur für absolute Fachleute von Interesse.

Das Gleiche gilt für die 30 Kilometer westlich von Thanh Hoa, beim Dorf Xuan Lam im Distrikt Tho Xuan, gelegenen **Gräber der Le-Dynastie**. Selbst vom weitläufigen Grabmal des Nationalhelden Le Loi, der nach dem Sieg gegen die Ming-Dynastie als Kaiser Le Thai To die Le-Dynastie begründete, sind nur noch Fragmente erhalten. Lohnenswert ist hingegen ein Abstecher zu den feinsandigen, kilometerlangen Stränden des 15 Kilometer östlich von Thanh Hoa gelegenen Küstenortes **Sam Son**.

# 🍀 VINH

**Region 4**
**Nördliche Zentralküste**

Die mit 250 000 Einwohnern mit Abstand größte Stadt der Nördlichen Zentralküste liegt etwa auf halber Strecke zwischen Hanoi und Hue. Dementsprechend übernachten hier fast alle über Land Reisenden. Mehr noch als viele andere Städte südlich von Hanoi wurde sie als Industrie- und Hafenstadt während der Kriege Ziel unzähliger Luftangriffe. Nachdem die ursprünglich recht ansehnliche Hauptstadt der Provinz Nghe An Anfang der 1950er Jahre von den Franzosen zerstört worden war, legten die US-Amerikaner das wieder errichtete Vinh 20 Jahre später ein zweites Mal in Schutt und Asche. Die Aufbauhilfe der DDR spiegelt sich in hässlichen Plattenbauten wider, zu denen sich in den letzten Jahren, nachdem der wirtschaftliche Aufbruch auch Vinh erreicht hat, zahlreiche Neubauten gesellt haben.

Im zernarbten Äußeren von Vinh zeigt sich die Leidensgeschichte der Provinz Nghe Anh, von einem der rückständigsten Gebiete des Landes. Naturkatastrophen, Ausbeutung und die Zerstörungen der Kriege haben die unter den ärmlichen Verhältnissen leidende Region von jeher zu einem besonders fruchtbaren Nährboden für Aufstände und Revolutionäre werden lassen. Berühmt wurde 1930 der Aufstand der Bauern und Arbeiter von Vinh gegen die Kolonialherren, der von den französischen Elitetruppen erst nach verlustreichen Kämpfen niedergeschlagen werden konnte. Zu ihren Ehren ist in den Überresten der 1803 von den Truppen Gia Longs errichteten Zitadelle ein kleines **Museum** eröffnet worden.

**Ho Chi Minh** wurde 1890 in dem 15 Kilometer von Vinh gelegenen Dorf Hoang Tru geboren, wuchs aber im benachbarten Dorf **Kim Lien** auf, in dem seinem Vater, der gerade die Literaturprüfung an der Nationalakademie in Hue bestanden hatte, ein bescheidenes Haus zur Verfügung gestellt worden war. Die Dorfbewohner haben die zwei Bambushütten, in denen die Familie lebte, originalgetreu wieder aufgebaut. Auch wenn im Inneren außer einem Schreibpult, einem Webstuhl und einigen Büchern kaum erwähnenswerte Ausstellungsobjekte zu sehen sind, lohnt sich ein Ausflug nach Kim Lien schon deshalb, weil man hier einen authentischen Einblick in die Lebensbedingungen eines vietnamesischen Dorfes von vor 50 Jahren bekommt.

*Senknetz-Fischer über den fischreichen Gewässern vor Vinh*

## Region 4
### Nördliche Zentralküste

**SERVICE & TIPPS**

ℹ **Nghe Anh Tourism**
Quang Trung, Vinh
© (038) 384-4692
Tägl. 10–17 Uhr

✕ **Thuong Hai**
144 Nguyen Thai Hoc, Vinh
Tägl. 11–21 Uhr
Außer den Hotelküchen das einzig empfehlenswerte Lokal. Einheimisches Essen. $–$$

### Ho Chi Minh

Vietnams berühmtester Sohn und Revolutionär wurde am 19. Mai 1890 als Nguyen Sinh Cung im Dorf Hoang Tru geboren. Als er sechs Jahre alt war, zog seine Familie in das nur zwei Kilometer entfernte Dorf **Kim Lien**. Während seiner Schulzeit, die er unter anderem in Hue am Lycée Quoc Hoc, der damals angesehensten Oberschule in Vietnam verbrachte, machte der jungen Ho, zu der Zeit als Nguyen Tat Thanh, bereits erste Erfahrungen mit der Unterdrückung und Ausbeutung seines Volkes durch die Franzosen. Jahre später erinnerte er sich an diese Zeit: »Die einzige Sorge der französischen Kolonisatoren war es, ihnen ergebene Diener heranzubilden und nicht Leute, die fähig sind, dem Volk und dem Land auf nützliche Weise zu dienen«.

Ohne einen Abschluss verließ er 1909 die Schule und arbeitete kurze Zeit als Lehrer an einer Privatschule in Phan Thiet. Einem spontanen Entschluss folgend, heuerte er 1911 in Saigon unter dem Namen Ba als Küchenjunge an Bord eines französischen Passagierschiffs an.

Zwischen 1912 und 1917 folgten seine Wander- und Lehrjahre, während der er unter anderem als Matrose, Küchenhilfe, Schneeschipper und Heizer in Spanien, Portugal, Afrika, England und Amerika arbeitete.

1917 machte er Paris, damals die Metropole der intellektuellen Linken, zu seinem festen Wohnsitz. Damit begann seine Karriere als Revolutionär. Unter dem Namen Nguyen Ai Quoc (Nguyen, der Patriot) wurde er innerhalb kürzester Zeit als Journalist und Herausgeber der Zeitschrift »Le Paria« zu einem der führenden Vertreter der asiatischen Unabhängigkeitsbewegung.

Die folgenden Stationen seines von revolutionärem Eifer getriebenen Lebens lesen sich wie die Bilderbuchkarriere eines kommunistischen Funktionärs: 1920 Gründungsmitglied der Kommunistischen Partei Frankreichs, 1923–25 Sekretär für Kolonialfragen bei der Kommunistischen Internationale (Komintern) in Moskau, 1925 Gründung der Revolutionären Jugend Vietnams in China, 1930 Gründungsmitglied der Kommunistischen Partei Indochinas in Hong Kong, 1931 Verhaftung, 1934–38 Komintern-Funktionär in Moskau.

Dennoch war Ho Chi Minh alles andere als ein klassischer Parteiideologe. Zuerst und vor allem war er ein Patriot und erst in zweiter Linie Marxist. Nachdem er 1940 den antikolonialen Widerstand im südchinesischen Grenzgebiet zu Vietnam organisiert hatte, kehrte er im Frühjahr 1941 nach 30-jährigem Exil in sein Heimatland zurück und gründete die Liga für die Unabhängigkeit Vietnams (Viet Minh). 1942 wurde der nun unter seinem Namen Ho Chi Minh (Ho mit dem klaren Willen) bekannte Revolutionär von den Truppen Chiang Kai-sheks verhaftet. Während der folgenden 14-monatigen Inhaftierung verfasste er sein berühmtes Gefängnistagebuch. Nach seiner Freilassung gründete er zusammen mit seinem alten Weggefährten Vo Nguyen Giap die Vietnamesische Befreiungsarmee, die Mitte Juni 1945 alle Provinzen nördlich von Hanoi unter ihre Kontrolle gebracht hatte.

Nach der Kapitulation Japans verlas Ho Chi Minh am 2. September 1945 auf dem Ba-Dinh-Platz in Hanoi die von ihm selbst entworfene Unabhängigkeitserklärung. Trotz weitgehender Zugeständnisse bei den folgenden Friedensverhandlungen in Paris, die ihm auch Kritik aus den eigenen Reihen eingetragen hatte, gelang es dem inzwischen zum Präsidenten des unabhängigen Vietnam gewählten Ho Chi Minh nicht, die Rückkehr der Franzosen zu verhindern.

Ho Chi Minh, oder einfach **Onkel Ho** *(Bac Ho)*, wie er von seinen Landsleuten liebevoll genannt wurde, setzte sich an die Spitze des Widerstandskampfes. Mitte der 1960er Jahre wurde er zum Idol der europäischen Studentenbewegung, die mit dem Kampfruf »Ho-Ho-Ho Chi Minh« durch die Straßen von Frankfurt, Berlin und Paris zog, um gegen den Imperialismus des internationalen Kapitalismus zu protestieren. Auch heute noch, vier Jahrzehnte nach seinem Tod am 2. September 1969, scheint Ho in Vietnam allgegenwärtig – keine Schule, in der nicht sein Bild hängt, keine Stadt ohne eine Statue von ihm und vor allem keine Sonntagsrede eines Politikers, in der nicht sein Name erwähnt würde. Das kann jedoch nicht darüber hinwegtäuschen, dass seine Lehren vor allem bei den konsumorientierten Jugendlichen auf taube Ohren stoßen.

**Region 4
Nördliche Zentralküste**

*Tierischer Nachwuchs*

## ❺ TUNNEL VON VINH MOC

In Vinh Moc, einem idyllischen Ort 13 Kilometer östlich der N1, herrschte Mitte der 1960er Jahre noch die Hölle auf Erden. Das Ende der Welt schien gekommen zu sein, als die riesigen B-52-Formationen ihre Bombenteppiche auf das kleine Dorf niedergehen ließen. Mehrere Tausend Tonnen Sprengstoff pro Quadratkilometer verwandelten das Bilderbuchdorf am Meer in eine Mondlandschaft. In ihrer Not vergruben sich die Menschen ohne jedes technische Hilfsmittel im wahrsten Sinne des Wortes unter der Erde, indem sie ein insgesamt zwei Kilometer langes unterirdisches **Tunnelsystem** anlegten, das heute besichtigt werden kann. Die Tunnel sind für europäische Größenverhältnisse sehr schmal angelegt und sollten nur von jenen betreten werden, die nicht an Klaustrophobie leiden. Außerdem sollte man sich immer in unmittelbarer Nähe des Guide aufhalten, da ansonsten die Gefahr besteht, in den unübersichtlichen Gängen die Orientierung zu verlieren.

Im angeschlossenen Museum dokumentieren zahlreiche Ausstellungsobjekte und historische Aufnahmen, unter welchen extremen Bedingungen die Dorfbewohner zur damaligen Zeit zu überleben versuchten. Besonders in der Erinnerung haften bleiben zwei Fotos aus den Jahren 1965 und 1967, die Vinh Moc einmal vor und nach den US-amerikanischen Luftangriffen zeigen. Die oft zitierte Politik der verbrannten Erde tritt einem hier ganz konkret vor Augen.

*Ben-Hai-Fluss*
*Der kleine Fluss diente 21 Jahre lang als Grenze zwischen dem kommunistischen Norden und dem kapitalistischen Süden. Der hier verlaufende 17. Breitengrad war 1954 während der Genfer Friedenskonferenz von den Weltmächten als militärische Demarkationslinie festgelegt worden. Die alte Brücke ist ein beliebtes Fotomotiv. Man kann auf ihr den alten Grenzfluss überqueren und die am Ende gelegenen Gedenktafeln studieren.*

### SERVICE & TIPPS

🏛 **Museum**
Vinh Moc

Tägl. außer So 10–17 Uhr
In dem kleinen Museum wird die Geschichte des Tunnelsystems nacherzählt.

---

**STREET WITHOUT JOY**

»Street Without Joy« nannte der Journalist Bernhard B. Fall sein 1961 erschienenes Buch, in dem er die Niederlage der Franzosen in Indochina beschreibt. Den Titel seines Buches, das bis heute als Klassiker der Kriegsberichterstattung aus Indochina gilt, entlehnte er dem Streckenabschnitt entlang der Nationalstraße 1 zwischen Quang Tri und Hue, den die französischen Soldaten aufgrund der dort besonders intensiven Kämpfe »la rue sans joie« nannten.

Bernhard B. Fall starb auf diesem Streckenabschnitt am 21. Februar 1967, als er in Begleitung einer US-amerikanischen Kompanie auf eine Landmine trat.

**Region 5
Zentrum**

# DAS ZENTRUM
## KAISERSTÄDTE, GEHEIMNISUMWITTERTE VÖLKER UND SHOPPING

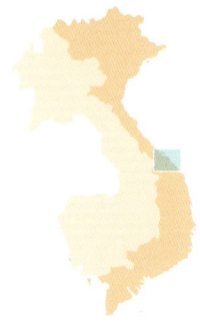

Die 140 Kilometer lange Strecke von Hue nach Hoi An belegt die bedeutende Rolle, die dem Zentrum im Wechselspiel der Kräfte des geteilten Landes zukam, zwischen dem von Hanoi regierten Norden und dem von Saigon angetriebenen Süden. Die alte chinesische Handelsstadt Hoi An, das wirtschaftlich boomende Da Nang und die Kaiserstadt Hue, noch heute Mittelpunkt von Kunst und Kultur, bilden die Schwerpunkte einer Region, die trotz aller Kriegswirren wieder an ihre alte Größe anknüpft. Welche zentrale Rolle sie bereits vor über 1000 Jahren spielte, belegt die alte Ruinenstadt My Son. Sie war das religiöse Zentrum der bis zum Ende des 1. Jahrtausends hier herrschenden Cham. Landschaftlicher Mittelpunkt ist der 500 Meter hohe Wolkenpass, der die Grenze zwischen dem subtropischen Norden und dem tropischen Süden bildet.

Als Schnittstelle zwischen dem kommunistischen Norden und dem kapitalistischen Süden war es eine der am stärksten umkämpften Regionen des Landes. Trotz der ähnlich wie an der Nördlichen Zentralküste versandeten Böden und der jährlich wütenden Taifune ist der ökonomische Aufschwung allerorts sichtbar. Keine andere Region Vietnams bietet auf solch engem Raum eine derartige Fülle an historischen, kulturellen und landschaftlichen Sehenswürdigkeiten. Hinzu kommt eine ausgezeichnete touristische Infrastruktur.

*Straßenszene in Hoi An*

# ❶ DA NANG – BOOMTOWN UND HEIMAT DES CHAM-MUSEUMS

**Region 5
Zentrum**

Touristisch gesehen hat die mit einer Million Einwohnern größte Stadt Zentralvietnams bis auf das Cham-Museum kaum etwas zu bieten. Weder kann sie mit der lieblichen Atmosphäre Hues konkurrieren, noch mit der historischen Baustruktur Hoi Ans. Da Nang hat Besseres zu tun. Fast wie ein Klein-Saigon verzeichnet sie die landesweit höchsten wirtschaftlichen Zuwachsraten und kaum eine andere Stadt hat in den letzten Jahren ihr Gesicht so rasant verändert: An die Stelle der grauen Betonblocks sind zahlreiche neue Wohnviertel getreten, wenn auch nicht immer mit attraktiven, so doch mit bunten, meist dreigeschossigen Häusern.

Die Metropole am Han-Fluss macht sich bei ihrem ökonomischen Höhenflug wieder jenen Standortvorteil zu Nutze, der bereits die Franzosen im 19. Jahrhundert anlockte. Mit den europäischen Kolonialherren begann der wirtschaftliche Aufstieg von *Tourane*, wie die Stadt zu jener Zeit genannt wurde. Dafür mussten ihre Bewohner jedoch einen sehr hohen Preis zahlen, denn Da Nang war während der Indochinakriege wiederholt Opfer verheerender Zerstörungen. Vor allem wegen ihres von hohen Bergen geschützten Hafens diente sie als natürliches Einfallstor für ausländische Invasoren. Auch die US-Amerikaner nutzten die günstige Lage und landeten am 7. März 1965 die ersten im Vietnamkrieg einge-

**Region 5
Zentrum**

setzten Bodentruppen in der Bucht von Da Nang an. Seine geografische Schlüsselstellung an einer der schmalsten Stellen des Landes, die Nähe zum laotischen Grenzgebiet und damit auch zum Ho-Chi-Minh-Pfad sowie als einer der größten Häfen des Landes ließen Da Nang zu einem der Brennpunkte des Vietnamkriegs werden.

Die Einwohnerzahl schwoll innerhalb weniger Jahre von 100 000 auf 700 000 an. Viele Menschen waren aus Angst vor den Bombardements aus den Dörfern der Umgebung in die Stadt geflohen. Dem Massenansturm nicht gewachsen, entwickelte sich Da Nang von einer ursprünglich friedlichen Provinzhauptstadt zu einem Moloch aus Armenvierteln, Korruption, Bordellen und Bars. Der Name wurde zu einem festen Begriff für die täglich mit Meldungen von der Front versorgten US-amerikanischen Wohnstuben. Auch in Deutschland stand Da Nang nicht zuletzt wegen des Lazarettschiffs »Helgoland«, eines umgebauten Seebäderschiffs, das hier 1967–72 ankerte, im Mittelpunkt der Berichterstattung. Ärzte, Krankenschwestern und Pflegepersonal des Malteser-Hilfsdienstes leisteten humanitäre Hilfe für Verwundete des Vietnamkriegs.

Wer nicht die Gelegenheit hat, den Haupttempel der Cao-Dai-Sekte in Tay Ninh (vgl. Region 7, S. 153 ff.) zu besuchen, sollte sich den 1956 an der Hai-Phong-Straße gelegenen Tempel, dieser fast ausschließlich in Südvietnam beheimateten Religionsgemeinschaft, nicht entgehen lassen. Wie bei allen **Cao-Dai-Gotteshäusern** wirkt die kunterbunte, mit Götterfiguren unterschiedlichster Religionen überladene Kirche auf westliche Besucher zunächst recht verwirrend. Weil sich hier im Gegensatz zum Haupttempel in Tay Ninh nur sehr selten westliche Touristen einfinden, lohnt sich ein Besuch der täglich um 6, 12, 18 und 24 Uhr stattfindenden Gottesdienste.

*Statue des Ganesha, des indischen Gottes der Schreibkunst und der Weisheit, im Cham-Museum in Da Nang*

Das pralle Leben erwartet einen auf den verschiedenen Etagen des Anfang der 1990er Jahre fertiggestellten **Cho Han** in der Nähe des Han-Flusses. Leider ist der größte Markt der Stadt in einem wenig ansehnlichen Betongebäude untergebracht. Die nicht weit von hier an der Tran-Phu-Straße gelegene **Kathedrale von Da Nang** wurde 1923 von den Franzosen erbaut. Ihre hübschen Glasfenster wurden von einem französischen Künstler entworfen. Noch heute dient sie den etwa 5000 Katholiken der Stadt als Gotteshaus. Die weitläufige und nur spärlich befahrene Uferstraße Bach Dang bietet interessante Ausblicke auf den breiten Han-Fluss. Besonders zum Sonnenuntergang laden die zahlreichen in den letzten Jahren eröffneten Cafés zu einem »Sundowner« ein.

Am südlichen Ende der Bach Dang befindet sich mit dem **Cham-Museum** das bedeutendste und größte Museum seiner Art weltweit. Das 1915 gegründete Museum beherbergt über 300 Ausstellungsstücke. Die von der französischen Regierung unterstützte Sammlung hat es sich zur Aufgabe gemacht, das Erbe dieses vom Aussterben bedrohten Volkes zu pflegen.

Einen ersten Überblick über die Ausdehnung des Champa-Königreichs und die einzelnen Fundorte vermittelt eine im Vorhof platzierte Wandkarte. Sehr informativ ist die am Eingang erhältliche, englischsprachige Broschüre, in der die einzelnen Stilrichtungen und ausgewählte Exponate beschrieben werden. Die Ausstellungsstücke wurden entsprechend ihren Fundorten in vier Räumen angeordnet. Einige der schönsten Funde finden sich im links vom Eingang gelegenen My-Son-Raum, benannt nach der 60 Kilometer südlich von Da Nang gelegenen bedeutendsten Tempelstadt der Cham. Bei den aus dem 8. und 9. Jahrhundert stammenden Exponaten handelt es sich in erster Linie um erstaunlich gut erhaltene Darstellungen von hinduistischen Gottheiten. Mittelpunkt des Ausstellungsraums ist der Sockel eines Altars, auf dem neben Szenen mit Priestern und Eremiten, die Kranke durch Massage heilen, auch Tänzer und Musikanten zu erkennen sind. In dem

Anbau hinter dem historischen Museumsgebäude sind neben weiteren Statuen Fotos der bedeutendsten Cham-Heiligtümer Vietnams ausgestellt.

**Region 5
Zentrum**

## SERVICE & TIPPS

ℹ️ **Da Nang Tourism**
82 Le Loi, Da Nang
☏ (05 11) 382-3160
Tägl. 10–17 Uhr

ℹ️ **Vietnam Tourism**
158 Phan Chu Trinh, Da Nang
☏ (05 11) 382-2990, tägl. 10–17 Uhr

🏛 **Cham Museum**
Südende der Tran Phu, Da Nang
Tägl. 7–17 Uhr
Eintritt 30 000 Dong
Mit über 300 Ausstellungsstücken das bedeutendste Museum zur Cham-Kultur weltweit.

✗ **Le Bambino**
122/11 Quang Trung, Da Nang
☏ (04) 389-6386
Tägl. 11.30–14 Uhr und 15–22 Uhr
Von einem vietnamesisch/französischen Ehepaar geführtes Restaurant mit köstlichen einheimischen wie französischen Speisen. Spezialität sind die Fischgerichte. $$

✗ **Bread of Life**
4 Dong Da, Da Nang
☏ (05 11) 356-5185
www.breadoflifedanang.com
Tägl. 8–22 Uhr
Gutes Essen für einen guten Zweck: Die meisten Angestellten sind taubstumm, der Service dennoch aufmerksam und die Burger, Pasta, Pizzen und Sandwiches schmecken köstlich. $$

✗ **Café Truc Lam Vien**
37 Le Dinh Duong, Da Nang
☏ (05 11) 358-2428
Tägl. 6.30–22.30 Uhr
Eine Oase der Ruhe inmitten eines wunderschönen Gartens. Leckere einheimische Gerichte, günstig. $–$$

✗ 🍷 **Waterfront**
150–152 Bach Dang, Da Nang
☏ (05 11) 384-3373
www.waterfrontdanang.com
Tägl. 10–22 Uhr
Restaurant in sehr schöner Lage am Han-Fluss. Man hat die Wahl zwischen Bier, Cocktails und Wein, kleinen Gerichten oder gepflegten Speisen – entweder in der coolen Bar oder im eleganten Restaurant. Im Innenhof, im Erdgeschoss oder im Obergeschoss mit schönem Flusspanorama – überall ist die Atmosphäre einnehmend. Jeden Abend Livemusik. $$

*Die Herrscher des Cham-Reiches sahen sich als Inkarnation des Gottes Shiva*

### DIE CHAM

Die Cham kontrollierten zwischen dem 6. und 10. Jahrhundert den gesamten Gewürzhandel Südostasiens und waren eine der mächtigsten Nationen der Region. Ihre Handelsbeziehungen reichten bis nach Indien, Arabien, Indonesien, China und Japan, ihre Flotte soll mehrere Hundert Schiffe umfasst haben. Der Hafen der Cham lag in der Nähe des heutigen Hoi An.

Im Gegensatz zum sinisierten-konfuzianistischen Nordvietnam waren die indisierten Cham gläubige Hindus. An der Spitze des Staates stand der als Gottkönig verehrte Herrscher, der sich als Inkarnation des Gottes Shiva sah. Fast alle Tempel sind diesem neben Vishnu und Brahma bedeutendsten Gott des Hinduismus gewidmet. Mit Beginn des Zuges der Vietnamesen nach Süden sowie dem Aufstieg des Khmer-Reichs gerieten die in Zentralvietnam siedelnden Cham ab Mitte des 10. Jahrhunderts in ständige kriegerische Auseinandersetzungen mit den beiden Nachbarstaaten. Zwar gelangen auch den Cham mit der zeitweiligen Eroberung Angkors (1177) und Hanois (1371) einige spektakuläre Erfolge, doch dafür konnten sie dem übermächtigen Druck der expansiven Nachbarstaaten nicht standhalten. Nach der Eroberung und Brandschatzung Vijayas (1471) durch die Vietnamesen zerfiel das Cham-Reich in eine Reihe zersplitterter und tributpflichtiger Fürstentümer. Die meisten der heute noch etwa 80 000 Cham leben unter ärmlichen Verhältnissen in der Küstenregion zwischen Nha Trang und Quy Nhon und sind zum Islam konvertiert (vgl. auch unter Phan Rang, S. 128).

*Vishnu, der hinduistische Gott der Erhaltung*

**Region 5
Zentrum**

## ❷ HOI AN – DAS ROTHENBURG OB DER TAUBER VIETNAMS

*Wer dem Touristentrubel in den engen Gassen Hoi Ans entgehen möchte, sollte früh aufstehen. Die ersten Stunden nach Sonnenaufgang sind die schönsten. Dann erlebt man noch eine romantische Provinzstadt, die nicht in erster Linie vom Kommerz, sondern vom Charme ihrer langen Geschichte geprägt ist.*

Von den zahlreichen Erfolgsgeschichten des touristischen Aufschwungs Vietnams der letzten Jahre ist die des kleinen Hafenstädtchens 5 **Hoi An** zweifelsohne die beeindruckendste. War es noch vor kaum mehr als 20 Jahren ein Geheimtipp für Individualtouristen und kaum einem westlichen Reisenden bekannt, gilt sie inzwischen als die Hauptattraktion des Landes schlechthin.

Anfang des 17. Jahrhunderts diente das damals noch unter dem Namen Hai Pho bekannte Städtchen quasi als Schlupfloch für japanische und chinesische Händler. Da sich beide Länder Ende des 16. Jahrhunderts abgeschottet hatten, bot sich das nahe gelegene Hai Pho als Warenumschlagplatz an. 40 Tage benötigten die japanischen Dschunken, um im Frühjahr mit den Nordostmonsunen nach Hai Pho zu segeln. Ebenso wie ihre chinesischen Kollegen verließen sie die Stadt vier Monate später mit den Sommermonsunen aus Südwesten Richtung Heimat. Aufgrund der lukrativer werdenden Geschäfte siedelten sich schließlich immer mehr Händler permanent an, um ganzjährig Handel treiben zu können. So entwickelte sich bereits im 17. Jahrhundert eine florierende multikulturelle Handelsstadt am Thu-Bon-Fluss.

Neben Chinesen und Japanern schlugen auch schwer beladene Handelsschiffe aus Batavia, Malacca und Siam ihre Waren hier um. Selbst als das japanische Kaiserreich 1636 jeglichen Kontakt mit Ausländern verbot und sich die meisten japanischen Kaufleute gezwungen sahen, in ihre Heimat zurückzukehren, tat das Hoi Ans ökonomischem Aufstieg zur führenden Hafenstadt der Region keinen Abbruch. An ihre Stelle traten europäische Händler, 1636 eröffnete die niederländische Vereinigde Oostindische Compagnie (VOC) eine Handelsniederlassung, 40 Jahre später taten es ihnen die Franzosen gleich.

Wesentlich bedeutsamer für die weitere Geschichte der Stadt waren jedoch politische Veränderungen in China. Nach der Machtübernahme

*Unterwegs in Hoi An*

der mandschurischen Qing im Jahr 1644 flohen Zigtausende Anhänger der gestürzten Ming-Dynastie nach Süden. Zahlreiche von ihnen fanden Zuflucht in Hoi An, wie es dann auch offiziell hieß.

Mitte des 17. Jahrhundert war Hoi An das, was es bis heute geblieben ist – eine im Kern chinesisch geprägte Handelsstadt. Anfang des 19. Jahrhunderts setzte der langsame Niedergang ein. Die Versandung des Thu-Bon-Flusses und der Aufstieg Da Nangs waren die Hauptgründe. Hinzu kam der Bau größerer Schiffstypen, die einen Zwischenstopp in kleineren Häfen wie Hoi An nicht mehr nötig machten. Immer mehr Händler wichen nach Da Nang aus, das 1888 von den Franzosen zur Hauptstadt von Annam erklärt wurde. Als 1930 Da Nang statt Hoi An an das von den Franzosen erbaute Eisenbahnnetz angeschlossen wurde, geriet Hoi An vollends in Vergessenheit.

### Region 5
### Zentrum

Der vermeintliche Niedergang sollte sich in Zeiten der Indochinakriege als großer Segen erweisen, blieb die Stadt doch so im Gegensatz zu Da Nang von Zerstörungen verschont. Damit konnte sie das bewahren, was seit Mitte der 1990er Jahre jedes Jahr Hunderttausende Touristen anzieht – ihre seit Ende des 19. Jahrhunderts im Kern unveränderte historische Bausubstanz. An die 1000 Gebäude wurden unter Denkmalschutz gestellt und 1999 erhielt Hoi Ans Altstadt den Status eines UNESCO-Weltkulturerbes.

*Hoi An: Empfehlenswert sind Fisch- und Krebsgerichte*

Hoi An ist ein Musterbeispiel dafür, wie nahe Segen und Fluch einer rasanten wirtschaftlichen Entwicklung beieinanderliegen. Die mit dem Massentourismus einhergehende ungebremste Kommerzialisierung hat »die Stadt des Friedens«, wie Hoi An übersetzt heißt, in einen Ort des schnellen Profits verwandelt. Die urigen Kramläden, in denen früher landestypische Waren angeboten wurden, und sich die zumeist ältere Bevölkerung zum Plausch traf, sind völlig verschwunden. An ihre Stelle sind Hunderte von Souvenirshops, Restaurants, Bars, Internet-Cafés, Reisebüros und Hotels getreten. Häufig werden sie von außerstädtischen Geschäftsleuten geführt, während die Einheimischen in Neubausiedlungen am Rande umziehen. Hoi An entwickelt sich zu einem Museumsdorf, das nur noch nach außen Authentizität vorgaukelt.

So problematisch diese Entwicklung ist, so unübersehbar sind jedoch auch die enormen Chancen, die der Aufschwung mit sich bringt. Fast alle der vorher kurz vor dem Verfall stehenden Häuser wurden inzwischen restauriert und auch die Tempelanlagen erstrahlen mit Hilfe von Eintrittsgeldern in neuem Glanz. Wer noch die von Müll und Dreck übersäte Uferpromenade entlanggegangen ist, wird die heutige Prachtstraße mit den vielen Cafés und Restaurants schwerlich als Rückschritt betrachten kön-

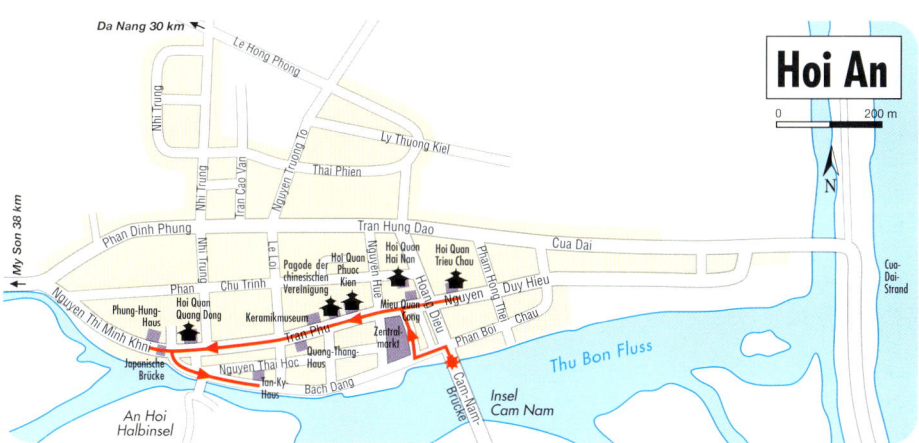

**Region 5
Zentrum**

*Da die Innenstadt am Nachmittag von Tausenden in- und ausländischer Touristen besucht wird, empfiehlt es sich, antizyklisch vorzugehen: vormittags die dann noch recht beschaulichen Straßen und Gassen entlangschlendern und nachmittags einen Ausflug zu den zahlreichen attraktiven Zielen in der Umgebung einplanen.*

*Eine Karte mit dem eingezeichneten Rundgang finden Sie auf S. 83.*

nen. Schließlich finden viele jüngere Bewohner von Hoi An eine Anstellung in der boomenden Tourismusindustrie, während sie noch vor ein paar Jahren nach Da Nang, Hue oder Saigon umziehen mussten.

## Stadtrundgang

Hoi Ans Anfänge liegen am Fluss Thu Bon, deshalb beginnt dort der Stadtrundgang. Die **Cam-Nam-Brücke** verbindet den Südwesten Hoi Ans mit der **Flussinsel Cam Nam**. Einstmals berühmt für ihre hervorragenden Holzschnitzer, die für fast alle Handelshäuser und Pagoden in Hoi An verantwortlich zeichnen, bietet sie sich für einen kleinen Spaziergang abseits des vom Massentourismus geprägten Stadtzentrums an. Von der Brücke selbst genießt man einen schönen Blick auf den breiten Fluss. Eine geruhsame Bootstour lässt einen das friedvolle Leben am Fluss erleben. Fünf Kilometer Richtung Osten erstreckt sich der Cua-Dai-Strand, an dem in den letzten Jahren zahlreiche attraktive Resortanlagen am Meer entstanden sind.

Wendet man seinen Blick nach Westen, sieht man den Markt und die dahinter gelegene Altstadt. Es bedarf nicht viel Fantasie, um sich vorzustellen, wie hier vor etwa 300 Jahren Hunderte von Kulis die wertvolle Ladung der Segelschiffe aus Malacca, Nagasaki, Batavia, Manila, Kanton und Surabaya entluden. Heute landen nur noch die meist bis auf den letzten Platz mit Fahrrädern, Gemüsekörben und Menschen gefüllten Holzfähren, die Hoi An mit den umliegenden Inseln verbinden.

Am Ende der Cam-Nam-Brücke biegt rechter Hand die nach dem vietnamesischen Unabhängigkeitskämpfer benannte Straße **Phan Boi Chau** ab. Viele der restaurierten Herrscherhäuser im französischen Kolonialstil beherbergen attraktive Restaurants und Geschäfte.

Wer behauptet, Hoi An hätte im Zuge des Massentourismus jegliche Art von Authentizität verloren, wird auf dem urigen **Zentralmarkt** eines Besseren belehrt. Besonders frühmorgens, wenn die Verkaufsstände der Fischerfrauen am Pier Bach Dang überzuquellen scheinen, bieten sich hervorragende Fotomotive.

---

**AUFBAU DER CHINESISCHEN ALTSTADTHÄUSER**

Das Quan Thang ist ein Musterbeispiel für den Aufbau chinesischen Altstadthäuser, die Hoi Ans Innenstadt prägen. Bei der Gestaltung lag das Hauptaugenmerk der Architekten darauf, den religiösen, geschäftlichen und privaten Notwendigkeiten des täglichen Lebens den nötigen Raum zu bieten. Daneben galt es, die klimatischen Bedingungen zu berücksichtigen.

Das Quan Thang besteht aus zwei Gebäuden, die durch einen Innenhof miteinander verbunden sind. In dem zur Straße gelegenen Vorderhaus wurden Waren verkauft, beziehungsweise Geschäftsverhandlungen abgehalten. Die waagerechten Holzplanken, die die Hauswand zur Straßenseite verkleiden, konnten problemlos aus der Verankerung genommen werden. Tagsüber wurden Waren zum Kauf angeboten. Zu besonderen Anlässen wie Geburtstagen und Hochzeiten fanden im angrenzenden Wohnzimmer die großen Familienfeste statt. Dieser repräsentative Teil des Hauses sollte den Reichtum der Familie widerspiegeln und wurde, falls es die finanziellen Verhältnisse zuließen, besonders schmuckvoll eingerichtet.

Im Vorderhaus der Familie Quan Thang fallen besonders die kunstvoll geschnitzten, mit Intarsienarbeiten aus Perlmutt verzierten Möbelstücke ins Auge. Integraler Bestandteil der vorderen Gebäudehälfte ist der meist an einem zentraler Platz aufgestellte Ahnenaltar. Das schwere Gewicht der Ziegeldächer wird von runden Holzsäulen aufgefangen. In Häusern wohlhabender Familien sind die Stützbalken meist mit geschnitzten Blumenornamenten verziert.

Um im Sommer und Winter angenehme Temperaturen zu gewährleisten, wurden die Außenwände aus Backstein sowie das Dach von innen mit Teakholz verkleidet. Der sich anschließende Innenhof diente als Licht- und Luftfang, zum Anlegen kleinerer Gewürzgärten und zum Sammeln von Regenwasser. Im hinteren Teil des Hauses folgten die Schlafräume und ganz zum Schluss Küche und Toilette sowie eventuell ein Lagerraum. Bei zweigeschossigen Häusern wurden einige Schlaf- und Lagerräume auch im Obergeschoss untergebracht. Der Hintereingang wurde von Lieferanten und Bediensteten genutzt.

**Region 5
Zentrum**

Am nördlichen Ende des Marktes treffen mit der Nguyen Hue und der Tran Phu zwei der wichtigsten Straßen der Altstadt aufeinander. Dementsprechend betriebsam geht es an diesem Drehkreuz zu. Hauptschlagader Hoi Ans ist die von der Kreuzung nach Westen zur Japanischen Brücke verlaufende Tran Phu. In den Häusern entlang der Tran Phu Richtung Westen schufteten noch bis Anfang der 1990er Jahre mehrere Hundert Frauen an halbautomatischen Webstühlen und fertigten jährlich zwei Millionen Meter Stoff. Weil sich die Produktion als unrentabel erwiesen hat, haben sich hier inzwischen Cafés, Restaurants und Souvenirshops angesiedelt – eine Entwicklung, die man sicherlich nicht bedauern muss.

Um etwas abseits des Trubels einen ersten Eindruck von den für Hoi An so charakteristischen Versammlungshäusern zu erhalten, empfiehlt es sich, mit der Besichtigung der **Hoi Quan Trieu Chau** zu beginnen. Sie befindet sich an der Nguyen Duy Hieu, der östlichen Verlängerung der Tran Phu. Seit Ende des 17. Jahrhunderts begannen die chinesischen Auswanderer, die sich in Hoi An niederließen, sogenannte Hoi Quans wie in ihrer Heimatregion zu errichten. Dabei handelte es sich um Orte, in denen sie ihre regionalen Traditionen pflegen konnten, Dinge des täglichen Lebens besprachen, Geschäfte abschlossen, Feste feierten und ihre Ahnen und Götter anbeteten. Im Laufe der Jahrhunderte wurden die Versammlungshallen ausgebaut und schmuckvoll verziert.

Der Aufbau der Versammlungshalle der Trieu Chau ähnelt dem der anderen vier in Hoi An errichteten Hoi Quans. Durch ein Eingangstor betritt man einen Vorhof, an den sich ein weiteres Tor mit einer Geistermauer anschließt. Gewöhnlich ist der Vorhof mit Bonsais und Steingärten verschönert. Über eine hohe Eingangsschwelle gelangt man zum Versammlungsraum, dessen Seiten von Büros und Geschäftsräumen flankiert werden. Daran schließt sich der eigentliche Tempelbereich an, der je nach Wohlstand der Gemeinde aus einer oder mehreren Hallen besteht. Neben den Hauptgottheiten werden auf dem zentralen Altar meist noch weitere Schutzgötter verehrt. Die Dachfirste sind mit detailgenauen Mosaiken aus bunten Porzellanscherben ausgeschmückt.

Besonderes Kennzeichen der Trieu Chau sind ihre kunstvollen Holzschnitzarbeiten. Um die auf dem Haupttempel verehrte Statue des Marinegenerals Ong Bang verläuft ein mit Tierornamenten verzierter Fries. Ihm zur Seite stehen der Gott des Reichtums (links) und der Gott der Tugend. Noch raffinierter sind die Schnitzarbeiten um den davor platzierten Altar mit Szenen aus der Unterwasserwelt und den neun himmlischen Feen.

Die etwa 100 Meter weiter westlich gelegene **Versammlungshalle der Chinesen von Hainan** (Hoi Quan Hai Nan) ist 108 Bewohnern der südchinesischen Insel gewidmet. Obwohl sie ihre Unschuld beweisen konnten, wurden sie 1851 als Piraten gebrandmarkt und getötet. Kaiser Tu Duc ließ den dafür verantwortlichen General hinrichten. Auch dieser innen recht schlicht gehaltene Tempel ist nach dem klassischen Muster angelegt.

Der 1653 erbaute **Mieu Quan Cong** liegt gegenüber dem Nordeingang des Markts. Das Innere des farbenfrohen Tempels wird beherrscht von der Statue Ong Quan Congs, eines sagenumwobenen Generals aus dem 3. Jahrhundert. Neben der Statue des grimmigen, recht bedrohlich dreinschauenden Feldherrn steht der Militärmandarin Chau Xuong zur Linken und der Zivilmandarin Quang Binh zur Rechten. Im ehemaligen Tempel Quan Am, der sich nach hinten anschließt und zum Museum umfunktioniert wurde, sind neben archäologischen Funden aus der Region interessante historische Fotografien zur Stadtgeschichte von Hoi An zu sehen.

Hundert Meter weiter entlang der Tran Phu Richtung Westen erreicht man die **Versammlungshalle der Chinesen aus Fukien** (Hoi Quan Phuoc Kien). Sie ist das größte und am prächtigsten ausgestattete aller Versammlungshäuser in Hoi An. Man betritt den Ende des 17. Jahrhundert erbauten, seither jedoch mehrfach erweiterten und restaurierten Hoi Quan Phuoc Kien durch ein dreigeteiltes Eingangstor. Von hier führt der

*Bonsais verschönern die Vorhöfe der »Hoi Quans«, der chinesischen Versammlungshäuser, in Hoi An*

*Als Mandarin bezeichnete man hohe chinesische Staatsbeamte. Durch die erfolgreiche Teilnahme an Prüfungen konnte jeder, unabhängig vom Alter und von seiner Klasse, ein Mandarin werden.*

### Region 5
### Zentrum

*Eine ebenso geruhsame wie interessante Besichtigungstour abseits der Innenstadt verspricht eine Bootstour, die von vielen Bootsführern entlang der Uferpromenade angeboten wird. Besonders beliebt sind die etwa einstündigen Fahrten Richtung Cua-Dai-Strand. Die Tour wartet mit schönen Aussichten auf die kleinen Dörfer und die tropische Natur entlang dem Fluss auf.*

Weg durch einen mit Bonsaibäumen und Steinbrunnen verzierten Vorhof zur Versammlungshalle. Beachtenswert sind dessen detailgenau mit Legenden und Alltagsszenen verzierten Giebel. Nach Überschreiten der hohen Eingangsschwelle ist auf der rechten Seite ein überdimensionales Wandbild mit Thien zu sehen. Die Versammlungshalle ist der Schutzgöttin der Seefahrer gewidmet.

Die 1773 gegründete **Pagode der chinesischen Vereinigungen** (Chua Ba) wurde zunächst von allen chinesischen Gemeinden in Hoi An genutzt. Nachdem diese jedoch ihre eigenen Versammlungshäuser errichtet hatten, geriet sie in Vergessenheit. Hieraus erklärt sich, warum sie kleiner und schmuckloser als die anderen ist. Auch hier wird Thien Hau verehrt.

Wenige Meter weiter an der Tran Phu Nr. 80 wurde ein **Keramikmuseum** eingerichtet. Besonderes Augenmerk wird hier auf die für Hoi An so typische Dachziegeltechnik gelegt. Schräg gegenüber findet sich mit dem **Quan-Thang-Haus** (Tran Phu 77) eines der ältesten Gebäude von Hoi An. Das annähernd 300 Jahre alte Haus wird in der achten Generation von einer chinesischen Familie bewohnt, die mit dem Handel chinesischer Kräuter zu Wohlstand gelangte.

In der Versammlungshalle der **Chinesen aus Kanton** (Hoi Quan Quang Dong) fällt besonders der Brunnen im Vorhof mit einem Fabelwesen, halb Drache, halb Fisch ins Auge. Während der Drachen im chinesischen Kulturkreis langes Leben symbolisiert, steht der Karpfen für Wohlstand. Kein Wunder, dass er in der Händlerstadt Hoi das meistverehrte Symboltier ist und als Glücksbringer häufig an Türen und Dachbalken befestigt wird. Auf dem Hauptaltar General Quan Cong verehrt. Die 1786 erbaute Anlage wurde Anfang der 1990er Jahre aufwendig restauriert.

Neben der Versammlungshalle der Fukian-Chinesen ist die **Japanische Brücke** am Ende der Tran Phu das meistbesuchte Bauwerk der Stadt. Die 18 Meter lange Brücke überspannt einen kleinen Seitenarm des Thu-Bon-Flusses und verbindet das chinesische Viertel mit dem weitaus kleineren japanischen Stadtteil. Bereits Ende des 16. Jahrhundert errichteten japanische Kaufleute an dieser Stelle eine Brücke über den kleinen Seitenarm des Thu Bon, um eine Verbindung zwischen ihrem Viertel und dem der Chinesen herzustellen. Da am Ende der Brücke auf der japanischer Seite zwei Affenskulpturen aus Stein und auf chinesischer Seite zwei Hunde stehen, wird angenommen, dass die Bauarbeiten 1593, im Jahr des Affen, begonnen und zwei Jahre später, im Jahr des Hundes, beendet wurden.

*Fünf chinesische Versammlungshallen reihen sich mit ihren Tempeln an der Hauptstraße von Hoi An: hier die Pagode der chinesischen Vereinigungen (Chua Ba)*

In ihrer heutigen Form stammt sie aus dem Jahr 1763. Durch den Anbau der unscheinbaren, in der Mitte angesetzten Chua Cau (Brückenpagode) sollte ein Drachen besänftigt werden, der durch die Bewegung seines mächtigen Körpers Erdbeben auslöste.

**Region 5 Zentrum**

Mit den über 80 Säulen aus Eisenholz, wertvollen Möbeln und den von Holzschnitzern kunstvoll verzierten Balken im Dachgeschoss gehört das zweigeschossige **Phung-Hung-Haus** in der Nguyen Thi Minh Kai zu den attraktivsten Wohnhäusern der Stadt.

Verglichen mit der Straße Tran Phu und der Uferstraße Bach Dang haben sich in der parallel dazwischen verlaufenden **Nguyen Thai Hoc** noch einige traditionelle Läden und kleine Handwerksbetriebe erhalten. Von der Japanischen Brücke kommend, findet man gleich am Anfang dieser Straße auf der rechten Seite das **Tan-Ky-Haus**, das neben dem Quan Thang wohl interessanteste Handelshaus von Hoi An. Tan Ky ist der Name des Urgroßvaters von Herrn Le Chuan, des jetzigen Bewohners des Anwesens. Verglichen mit dem Phung-Hung-Haus ist das Tan Ky zwar wesentlicher kleiner, besticht dafür jedoch durch die detailgenaue Verzierung der einzelnen Bauelemente. In diesem Schmuckkästchen mittelalterlicher Wohnkultur finden sich neben chinesischen Stilelementen auch vietnamesische, japanische und französische Einflüsse. Durch den Hinterausgang gelangt man zu der pittoresken Uferstraße Bach Dang.

*Die Herstellung von papierenen Lampions hat Tradition in der »Lampion-City« Hoi An*

Auf der von Cafés und Restaurants dominierten Uferpromenade geht es geschäftig zu. Wer es etwas geruhsamer mag und die Aussicht auf die Bach Dang genießen möchte, sollte die Fußgängerbrücke zur Halbinsel **An Hoi** überqueren. Hier wird man kaum von Souvenirhändlern behelligt und kann dafür in aller Ruhe die einzigartige Atmosphäre der Stadt auf sich wirken lassen.

## SERVICE & TIPPS

### ℹ Tourist Office
Nguyen Hue/Ecke Phan Cu Trinh
Hoi An, tägl. 10–17 Uhr
Mit den Erwerb eines hier erhältlichen Sammeltickets (75 000 Dong) kann man einige von der Stadtverwaltung offiziell zur Besichtigung freigegebene historische Gebäude besichtigen: z. B. Altstadthäuser, chinesische Versammlungshallen und das Museum. Diese Sehenswürdigkeiten sind tägl. 8–18 Uhr geöffnet.

Ansonsten wenig auskunftsfreudig, deshalb sollte man sich mit Fragen an eines der zahlreichen Reisebüros entlang der Tran Phu wenden.

### 🎉 Vollmondnacht
Hoi An

In besonders schönem Licht erstrahlt die historische Altstadt einmal im Monat zur Vollmondnacht. Entlang den Straßen, die dann stimmungsvoll mit Lampions geschmückt sind, werden traditionelle Tänze und Lieder dargeboten. Ganz Hoi An ist auf den Beinen und jeglicher motorisierte Verkehr verboten.

### 🍴 Cafe des Amis
52 Bach Dang
Hoi An
✆ (05 10) 386-1616
Tägl. 11–23 Uhr
Der Klassiker unter den ansonsten häufig nur mittelprächtigen Restaurants entlang der Uferpromenade. Eine Speisekarte existiert nicht, dafür gibt es die Auswahl zwischen einigen 5-Gänge-Menüs – ausgezeichnet! $$$

*Hoi An leuchtet abends wie ein Lampionfest*

> **Region 5**
> **Zentrum**

Die Küche Zentralvietnams gilt als die vielfältigste und raffinierteste des ganzen Landes. Speziell Hoi An hat dabei den Ruf als eine der besten Gourmetadressen ganz Vietnams. Zu den bekanntesten lokalen Spezialitäten gehören: »Banh Vac«, eine mit Krabben gefüllte und gebratenenen Zwiebeln garnierte Teigtasche, »Cao Lau«, mit frischen Kräutern, Salat und Bohnensprossen garnierte Nudeln mit geröstetem Schweinefleisch und »Banh Bao«, eine mit gehacktem Schweine- oder Hühnerfleisch, Zwiebelringen, Eiern und Pilzen gefüllte Teigtasche.

### Café Tam Tam
110 Nguyen Thai, Hoi An
Tägl. 7–22 Uhr
Altes Stadthaus, das mit viel Geschmack in ein Restaurant/Café/Bar umgewandelt wurde. Serviert werden italienische und französische Gerichte; große Weinkarte. $$$

### Mango Mango
111 Nguyen Thai Hoc, Hoi An
℃ (05 10) 391-0839
www.mangorooms.com
Tägl. 7–22 Uhr
Das dritte und beste Schmuckstück von Hoi Ans Starkoch Duc Tran. Ungewöhnliche vietnamesische und europäische Gerichte in sehr schöner Lage mit Blick über den Thu-Bon-Fluss auf die Altstadt. $$$

### Cargo Club
107 Nguyen Thai Hoc, Hoi An
℃ (05 10) 391-1227
www.restaurant-hoian.com
Tägl. 8–23 Uhr
Wegen seiner relaxten Atmosphäre eins der beliebtesten Café-Restaurants im Herzen der Altstadt. Unten gibt es köstliche Kuchen, Sandwiches und Kaffeegetränke, oben vietnamesische und westliche Gerichte. Wer auf der Terrasse speisen möchte, sollte vorbestellen. $$–$$$

### Hai's Scout Café
98 Nguyen Thai Ngoc, Hoi An
℃ (05 10) 386-3210
Tägl. 7–22 Uhr
Restaurant, Café, Bar. Hübscher Innenhof mit BBQ, Sandwiches, Cappuccino etc. $$–$$$

### Morning Glory Street Food Restaurant
106 Nguyen Thai Hoc, Hoi An
℃ (05 10) 224-1555
Tägl. 8–23 Uhr
Eines der besten einheimischen Restaurants der Stadt mit ungewöhnlich guter Auswahl an vegetarischen Gerichten. Ein weiteres Plus ist das stilvolle Ambiente in einem schön restaurierten Altstadthaus. $$–$$$

### Ganesh Indian Restaurant
24 Tran Hung Dao, Hoi An
Tel. (0410) 386-4538
Tägl. 11–22 Uhr
Das beste indische Restaurant von Hoi An. $$

### Sleepy Gecko
5 Khoi Xuyen Trung, Hoi An
Tägl. 9–23 Uhr
Ideal, um den Touristenmassen zu entgehen und bei einem eiskalten Bier das Treiben auf der Uferpromenade zu beobachten.

### River Lounge
35 Nguyen Phuc Chu, Hoi An
www.lounge-collection.com
Tägl. 7–23 Uhr
Bei einem der zahlreichen Cocktails lässt sich die herrliche Aussicht auf die Altstadt auf der gegenüberliegenden Flussseite genießen. Happy Hour 18–21 Uhr.

Früchte, Samenkerne und …

## ❸ HUE – DIE ALTE KAISERSTADT

Alle Wege führen nach 6 Hue. Die alte Kaiserstadt liegt etwa auf halbem Wege zwischen Hanoi und Saigon und entwickelte sich deshalb schon zwangsläufig zur meistbesuchten Stadt Zentralvietnams. Doch auch ohne diesen »Standortvorteil« würde die ehemalige Hauptstadt zu den attraktivsten Orten des Landes gehören. Zu verdanken hat sie das in erster Linie ihrer idyllischen Lage beiderseits des von sanften Hügeln flankierten, träge dahinfließenden Flusses Huong Giang (Fluss der Wohlgerüche oder Parfümfluss). Über den Ursprung seines poetischen Namens kursieren die verschiedensten Versionen. Eine Theorie macht die wohlriechenden Edelhölzer für den Namen verantwortlich, die auf dem in Laos entspringenden Fluss von dort transportierten wurden. Eine andere die im Frühjahr auf ihm treibenden duftenden Blüten.

Der 350 000-Einwohner-Ort strahlt die Ruhe und Gelassenheit einer traditionsreichen Stadt aus, deren Geschichte viele Jahrhunderte zurückreicht. Obwohl sich im Bereich des heutigen Hue bereits im 12. Jahrhundert einige kleinere Ansiedlungen befanden, geht die erste nachgewiesene Stadtgründung auf das Jahr 1636 zurück. Kim Long nannten die zu jener Zeit den Süden des Landes beherrschenden Nguyen-Fürsten das nur etwas zwei Kilometer westlich vom heutigen Hue gelegene Dorf, das sie zu ihrer Hauptstadt machten. Mit dem Bau einer ersten Zitadelle 1687 ließen sie sich endgültig im heutigen Hue nieder, das zu jener Zeit noch Phu Xuan hieß. Nachdem die Stadt während des Tay-Son-Aufstandes von den rivalisierenden Trinh aus dem Norden zerstört worden war, proklamierten die Nguyen sie 1801 nach der Rückeroberung des Landes von Süden her zur ihrer neuen Hauptstadt. Damit begann der steile Aufstieg der inzwischen Hue genannten Stadt zur Kaiserhauptstadt und zum Zentrum von Kunst und Kultur. Aus jener Zeit stammen die herausragendsten Sehenswürdigkeiten der Stadt wie die Zitadelle, der Kaiserpalast, und die Kaisergräber.

Auch die bereits fast acht Jahrhunderte lang in Hanoi beheimatete Nationalakademie siedelte man in Hue an. Die traditionelle Bedeutung als Beamten- und Gelehrtenstadt konnte Hue bewahren, nicht zuletzt durch einige der angesehensten Hochschulen des Landes. Je mehr sich die Nguyen-Herrscher hinter den dicken Mauern ihres Kaiserpalastes vor den Veränderungen der Moderne verschlossen, die mit den französischen Eroberern ins Land gekommen waren, umso mehr entfernten sie sich von den Bedürfnissen ihrer ausgebeuteten Untertanen. So war es nur folgerichtig, dass die Kommunisten unter der Führung Ho Chi Minhs, dem feudalistischen Treiben ein rasches Ende bereiteten. Als Bao Dai, der letzte Kaiser der Nguyen-Dynastie, im August 1945 abdanken musste und ins Exil nach Frankreich ging, endete nicht nur die über 1000 Jahre alte vietnamesische Monarchie, sondern auch Hues kurzzeitiges Intermezzo als Hauptstadt. Für die nächsten 20 Jahre fiel es in einen Dornröschenschlaf, aus dem es Mitte der 1960er Jahre abrupt erwachte.

Während im kommunistischen Hanoi die Politik und im kapitalistischen Saigon das Geld regierten, hatte sich das intellektuelle Hue zu einer Hochburg des politisch engagierten Buddhismus entwickelt. Nachdem die Stadt auf der Genfer Friedenskonferenz dem Süden zugeordnet wurde, formierte sich eine breite Widerstandsfront gegen das Regime des katholischen Präsidenten Diem, der von den US-Amerikanern eingesetzt worden war. Viele der Mönche, die durch spektakuläre Selbstverbrennungen vor den Kameras der internationalen Presse Aufsehen erregt hatten, stammten aus Hue.

Im Mittelpunkt weltweiter Berichterstattung stand Hue noch einmal im Frühjahr 1968, als die Stadt während der Tet-Offensive für über drei

**Region 5
Zentrum**

… Blüte des Indischen Lotos, des buddhistischen Symbols für den Lauf der Zeiten

Die alte Kaiserstadt Hue: Einheimische pflegen die zahlreichen, künstlich angelegten Seen und Teiche

**Region 5
Zentrum**

Wochen in die Hände der nordvietnamesischen Befreiungsarmee fiel. Erst nach massiven Bombardierungen durch die US-amerikanische Luftwaffe konnten die Marines Hue in einer der erbittertsten Straßenschlachten des gesamten Krieges zurückerobern.

Mit der historisch wie kunsthistorisch hochinteressanten Zitadelle, den Kaisergräbern der Umgebung, einer Fülle von interessanten Tempeln, Pagoden und Museen sowie der landschaftlichen Anmut der die Stadt einrahmenden Natur gehört Hue zu den attraktivsten Staedten Vietnams. Hinzu kommt eine hervorragende touristische Infrastruktur, die freundliche einheimische Bevölkerung und schließlich die ausgezeichnete einheimische Küche.

### Zitadelle, Kaiserstadt, Verbotene Purpurne Stadt und die Thien-Mu-Pagode

Kaum ein anderes Bauwerk Vietnams bringt die wechselvolle Geschichte des Landes während der letzten 200 Jahre so exemplarisch zum Ausdruck wie die **Zitadelle** mit der darin eingeschlossenen **Kaiserstadt** (Hoang Thanh) und der **Verbotenen Purpurnen Stadt** (Tu Cam Thanh). Die 150 Jahre währende Periode der letzten Kaiserdynastie, der Sieg der Kom-

munisten, die Teilung des Landes, die erbitterten Kämpfe zwischen dem kommunistischen Norden und dem kapitalistischen Süden, die Wiedervereinigung sowie die wirtschaftliche Blütezeit seit Mitte der 1990 Jahre – jede Epoche hat ihre Spuren in der Anlage hinterlassen.

Der Mauerwall, der den Kaiserpalast und die Verbotene Stadt auf einer Gesamtlänge von elf Kilometern umschließt, ist bis zu 21 Meter dick und sechs Meter hoch. Das quadratisch angelegte Fort wurde zur zusätzlichen Sicherung von einem über 20 Meter breiten und vier Meter tiefen Wassergraben
umgeben. Abgesehen von seiner Schutz- und Verteidigungsfunktion für die kaiserlichen Stätten, diente die Zitadelle als Wohn- und Arbeitsort für Tausende von Beamten, Handwerkern und Händlern und bildete eine Art Stadt in der Stadt. Noch heute leben und arbeiten über 100 000 Menschen auf dem 520 Hektar großen Areal.

Unübersehbares Wahrzeichen der Zitadelle ist der 37 Meter hohe **Flaggenturm** (Cot Co). Die heute an seiner Spitze wehende überdimensional große Fahne mit gelbem Stern auf rotem Grund, das Zeichen der Sozialistischen Republik Vietnam, beschließt vorerst den Reigen der Herrschaftssymbole, die den Fahnenmast auf- und abgestiegen sind. Der ursprünglich 1809 durch Kaiser Gia Long errichtete und seither mehrfach erneuerte Cot Co hat so viele Flaggen gesehen wie Hue Herrscher. Allein seit 1945 flatterten die Banner fünf verschiedener Regierungen über der ehemaligen Hauptstadt des Landes.

Teil des Gesamtensembles sind die Gebäude zwischen dem Huong Giang und dem Cot Co, die man leicht übersieht. Der **Pavillon der Frischen Luft** (Nghinh Luong Dinh), direkt am Flussufer, diente dem Kaiser und seinem Gefolge als Bootsanlegestelle. Von hier fuhren die prunkvoll geschmückten kaiserlichen Barken zu den kaiserlichen Gräbern im Südwesten der Stadt. In dem 1824 von Kaiser Minh Mang errichteten **Phu Van Lau** wurden die kaiserlichen Edikte verlesen. Der heutige Bau stammt vom Anfang des 20. Jahrhunderts, nachdem der ursprüngliche durch einen Taifun zerstört worden war.

**Region 5
Zentrum**

*Ein Drachen bewacht den Eingang zur Zitadelle in Hue*

*Hue: Ein elf Kilometer langer Mauerwall umschließt die Kaiserstadt und die Verbotene Purpurne Stadt*

**Region 5
Zentrum**

*Der ursprünglich von den Westindischen Inseln stammende Frangipani-Baum findet sich heute in ganz Asien. Der Baum mit seinen kurzen knorrigen Ästen, der häufig vor Tempeln wächst, wird deshalb auch Tempelbaum genannt. Die roten, weißen oder gelben Blüten verbreiten einen süßlichen Duft und blühen vor allem während der Regenzeit.*

*Regierungszeit der Nguyen-Kaiser von Hue*

| | |
|---|---|
| Gia Long | 1802–20 |
| Minh Mang | 1820–41 |
| Thieu Tri | 1841–47 |
| Tu Duc | 1847–83 |
| Duc Duc | 1883 |
| | (3 Tage) |
| Hiep Hoa | 1883 |
| | (4 Monate) |
| Kien Phuc | 1883–84 |
| | (7 Monate) |
| Ham Nghi | 1884–85 |
| Dong Khanh | 1885–89 |
| Thanh Thai | 1889–1907 |
| Duy Tan | 1907–16 |
| Khai Dinh | 1916–25 |
| Bao Dai | 1925–45 |

Als eine Art symbolische Wächterfiguren dienen die **neun heiligen Kanonen** an den beiden links und rechts vom Flaggenturm zum Kaiserpalast führenden Straßen. Ursprünglich standen sie unmittelbar neben dem Eingang zur Kaiserstadt, wurden jedoch Anfang des letzten Jahrhunderts von Kaiser Khai Dinh an ihre heutige Stelle verlegt. Trotz ihres imposanten Aussehens waren die fünf Meter langen und jeweils elf Tonnen schweren Ungetüme nie dazu ausersehen, eine Kugel abzufeuern. Kaiser Gia Long ließ sie als Siegestrophäe aus Bronzegefäßen der niedergeschlagen Tay-Son-Rebellen gießen.

In axialer Verlängerung zum Cot Co bildet das hoch aufragende, 1833 zur Regierungszeit Minh Mangs erbaute **Ngo Mon** (Mittagstor) das Haupteingangstor zur Kaiserstadt (Hoang Thanh), dem administrativen und politischen Zentrum des Landes. Ebenso wie die Zitadelle wird sie von einem Wassergraben und einer Mauer umgeben. Vier Tore führen in jede der vier Himmelsrichtungen. Während die Dächer der vier äußeren Pavillons mit glasierten Ziegeln in Grün, der Farbe des Adels, gedeckt sind, ist der zentrale, nur dem Kaiser vorbehaltene Aufbau in majestätischem Gelb gehalten. Vom ersten Stock des Fünf-Phönix-Pavillons, über zwei seitliche Treppen zugänglich, hat man einen guten Überblick über die recht verschachtelten kaiserlichen Bauten.

Bei der Anlage der einzelnen Gebäudeteile sowie deren harmonischer Einbettung in die Natur orientierten sich die Nguyen-Herrscher an der chinesischen Palastarchitektur. So entsprechen die exakt quadratischen Grundrisse der Zitadelle und der Kaiserstadt der alten chinesischen Herrschaftsideologie, wonach die Erde eine quadratische Scheibe ist und der Palast die Herrschaft des Kaisers auf Erden repräsentieren soll. Auch die Anordnung aller bedeutenden Gebäude entlang einer zentralen Achse wurde grundsätzlich beibehalten. Da sich jedoch die gesamte Anlage dem Flusslauf anpassen musste, verläuft die Hauptachse des Palastes nicht genau in Nord-Süd-Richtung, sondern auf einer nach Südosten gerichteten Achse. Dennoch ist der kaiserliche Bezirk ein Musterbeispiel der chinesischen Baubiologie. So zeigen alle Gebäude mit ihrer Eingangsseite nach Süden, der Himmelsrichtung, die im chinesischen Kulturkreis mit dem Yang gleichgesetzt wird. Yang steht für alle positiven männlichen Elemente wie Licht, Wärme, Wasser, Macht und Sicherheit.

Zu den bedeutendsten Zeremonien gehörten die jährliche Verkündung des neuen Mondkalenders und die Ehrung der erfolgreichen Kandidaten der Beamtenexamen. Die immer pompöseren Feste konnten jedoch nicht darüber hinwegtäuschen, dass die Nguyen-Herrscher seit Mitte des 19. Jahrhunderts zu machtlosen Marionetten der französischen Kolonialherren geworden waren. So war es auch nur noch die offizielle Bestätigung eines de facto schon längst vollzogenen Niederganges, als Bao Dai, der letzte Kaiser der Nguyen-Dynastie, am 24. August 1945 auf der Balustrade des Mittagstores einer Gesandtschaft von Ho Chi Minh seine Abdankungsurkunde übergab. Damit war das letzte Kapitel in der über 1000-jährigen Geschichte der vietnamesischen Monarchie geschrieben.

Hinter dem Mittagstor führt die von einem Ehrenbogen überspannte **Trung-Dao-Brücke**, die einzig dem Kaiser zugänglich war, über den Thai-Dich-See zum **San Dai Trieu** (Hof des Großen Empfanges). Der von schönen Frangipani-Bäumen umgebene Platz wird an beiden Seiten von kleinen Stelen flankiert. Diese wiesen den Mandarinen entsprechend ihrer Stellung in der neunstufigen Hierarchie den Platz bei den hier abgehaltenen offiziellen Audienzen des Kaisers zu. Der Kaiser nahm auf seinem Thron auf der angrenzenden **Dien Thai Hoa** (Halle der Höchsten Harmonie) Platz. Die Audienzhalle wurde ursprünglich von Gia Long erbaut, der sich 1806 in ihr krönen ließ. Der Kaiser war der einzige, der während der oft stundenlangen Zeremonien sitzen durfte. Seine Untertanen, einschließlich der kaiserlichen Familie, mussten diese im Stehen über sich ergehen lassen.

Durch zwei seitliche Durchgänge gelangt man in den hinteren Teil der Audienzhalle, in dem sich früher der Kaiser umkleidete und auf seine offiziellen Auftritte vorbereitete. Von besonderem Interesse ist ein hier unter Plexiglas ausgestelltes **Modell der Kaiserstadt und der Verbotenen Purpurnen Stadt**. Es lohnt sich, ein wenig genauer hinzuschauen, bekommt man so doch zumindest en miniature einen Eindruck von der einstigen Größe und Pracht der Verbotenen Stadt. Leider ist von den Palästen, Pavillons, Tempeln, Theatern und Gartenanlagen so gut wie nichts mehr zu sehen. Was nicht bereits bei der Belagerung Hues durch die Franzosen 1947 zerstört wurde, legten die US-Amerikaner während der Tet-Offensive im Frühjahr 1968 in Schutt und Asche. Schließlich trugen auch noch die Einheimischen zur Zerstörung dieser einmaligen Kulturgüter bei, indem sie die kläglichen Überreste als Baumaterial für ihre Häuser abtransportierten.

Von den ursprünglich über fünfzig Gebäuden innerhalb der Verbotenen Stadt wurden fast alle zerstört. Das **Kaiserliche Theater** (Duyet Thi Duong) wurde als eine der wenigen originalgetreu wieder aufgebaut. Mehrmals täglich werden dort für die fast ausschließlich ausländischen Besucher die traditionellen kaiserlichen Theaterstücke in Kurzform aufgeführt. Der **Lese-Pavillon** (Thai Binh Lau), Mitte der 1990er Jahre als erstes Gebäude der Verbotenen Stadt restauriert, musste inzwischen wieder geschlossen werden. Hier zeigt sich, dass nicht nur Kriege, sondern auch das ganzjährig feucht-heiße Klima in Hue für den architektonischen Verfall mitverantwortlich ist.

Bevor man die Besichtigung beendet, empfiehlt sich ein Abstecher zu den in der südwestlichen Ecke der Kaiserstadt gelegenen Tempeln und Wohnkomplexen, von denen einige in den letzten Jahren restauriert wurden. Hierzu zählt der **Palast der Ewigkeit** (Cung Dien Tho), der Anfang des 20. Jahrhundert von Gia Long als Audienzhalle für seine Mutter erbaut wurde. Ein Blickfang bildet auch der sich links anschließende **Cung Tinh Mang**. Der letzte Kaiser Bao Dai nutzte den ursprünglich für die Frau von Kaiser Dong Khanh errichteten Bau als Privatresidenz. Der südlich hiervon

**Region 5
Zentrum**

*Zum Gesamtensemble der von Bao Dai für seine Mutter errichteten Anlage gehören auch die erst kürzlich, nach längeren Restaurierungsarbeiten wieder eröffneten Gebäude Ninh Anh Kieu und Phuoc Tho Am. Mit einem hübschen, an einem kleinen Teich platzierten Café mit interessanten historischen Aufnahmen gehören sie zu den besuchenswertesten der gesamten Kaiserstadt.*

### AUS DEM ALLTAG EINES KAISERS

Ein Blick in die Aufzeichnungen der kaiserlichen Chronisten gewährt trotz der Zerstörungen einen lebendigen Eindruck in das Leben innerhalb der Palastmauern. Danach stand der Kaiser gewöhnlich jeden Morgen um 6 Uhr auf. Seine drei täglichen Mahlzeiten nahm er zu festgesetzten Zeiten ein: Frühstück um 6.30, Mittagessen um 11 und Abendessen um 17 Uhr. Zu jedem Mahl hatte er die Auswahl zwischen 50 verschiedenen Gerichten. Während des Essens leisteten ihm fünf auf dem Boden kniende Konkubinen Gesellschaft. Der Reis musste strahlend weiß sein und wurde von Dienern Setzling für Setzling handverlesen, bevor er in speziellen Tonkrügen gekocht wurde.

Die Essstäbchen waren aus Bambus und mussten nach jedem Essen gewechselt werden. Das Lieblingsgetränk des Kaisers war mit Kräutern versetzter Alkohol, der als besonders gesundheits- und potenzfördernd galt. Kaiser Dong Khanhs (1885–89) Lieblings-Whiskey wurde aus getrockneten Lotossamen hergestellt. Als erster vietnamesischer Kaiser trank er auf Anraten seiner Ärzte französischen Wein.

Meist arbeitete der Kaiser allein in einem großen, luftigen Raum mit gläsernen Fenstern im östlichen Flügel des Can-Chanh-Palastes. Jeden zweiten Tag wurde er auf einer Sänfte zur Kaiserin Mutter getragen, um ihr seinen Respekt zu erweisen. Tu Duc (1847–83) verpasste diesen traditionellen Besuch im Laufe seiner 36-jährigen Regentschaft nicht ein einziges Mal.

*Der Lieblings-Whiskey Kaiser Dong Khanhs wurde aus getrockneten Lotossamen destilliert*

Während des Mittagsschlafs standen dem Monarchen fünf Konkubinen zur Seite, jede mit einer besonderen Aufgabe. Eine fächerte ihm kühlende Luft zu, eine zweite massierte ihn, die nächste sang ihn in den Schlaf, eine weitere drehte Zigaretten und präparierte die Betelmischung, während die fünfte auf eventuelle Befehle des Kaisers wartete. Nachts wurde sein Bett von 30 Konkubinen umlagert, die seinen Schlaf zu beobachten hatten. Gia Long war Vater von 31 Kindern, Minh Mang von 142 und Thieu Tri von 64. Weniger Glück hatte Tu Duc, der trotz seiner 103 Konkubinen kinderlos blieb.

> **Region 5**
> **Zentrum**

*Das ideale Fahrzeug, um die idyllische Landschaft und friedvolle Atmosphäre von Hue und Umgebung zu erleben, ist das Fahrrad. Räder können in vielen Hotels und Geschäften ausgeliehen werden.*

gelegene Hofkomplex umschließt mit dem Ahnentempel der Nguyen-Herrscher und den Dynastischen Urnen die bedeutendsten Gebäude im südwestlichen Teil der Kaiserstadt. Der 1821 von Minh Mang erbaute The Mieu beherbergt die zehn Altäre zu Ehren der Nguyen-Kaiser.

Ursprünglich waren es nur sieben; drei weitere zu Ehren der unter den Franzosen ausgewiesenen Kaiser, die in der Kolonialzeit nicht verehrt werden durften, wurden anlässlich einer feierlichen Zeremonie 1959 hinzugefügt. Von den insgesamt 13 Nguyen-Herrschern fehlen Duc Duc und Hiep Hoa, die nur drei Tage, beziehungsweise vier Monate regierten und deshalb bisher keine offizielle Anerkennung fanden, sowie Bao Dai, der letzte Kaiser von Vietnam, der im Sommer 1997 in Südfrankreich starb.

Die hinter dem Tempelhof ausgestellten **Cuu Dinh** (Neun Dynastischen Urnen) gehören zu den meistfotografierten Sehenswürdigkeiten Hues. Mit ihren beeindruckenden Ausmaßen – zwei Meter hoch und jeweils zweieinhalb Tonnen schwer – sollen sie die Macht und Stabilität des Landes versinnbildlichen. Jede einzelne der zwischen 1835 und 1837 von Minh Mang in Auftrag gegebenen Urnen ist mit Motiven vietnamesischer Landschaften, Pflanzen und Tiere ziseliert. Sie sind Meisterwerke der Bronzekunst des 19. Jahrhundert. Der die Urnen überragende **Hien-Lam-Pavillon** (Pavillon der Glorreichen Ankunft) war mit 13 Metern Höhe das größte Gebäude der Kaiserstadt. Es diente als überdimensionaler Schrein zu Ehren derjenigen, die für die Nguyen-Herrschaft ihr Leben gaben.

Für all jene die noch über genügend Energie verfügen bietet sich das **Hue-Museum** in der südöstlichen Ecke der Zitadelle als ideale Ergänzung zum Rundgang an. Im Innern erwartet den Besucher eine Auswahl erstklassiger Gegenstände aus kaiserlichem Besitz. Auch das auf der anderen Straßenseite gelegene **Provinzmuseum** ist in einem sehr schönen Gebäude untergebracht, das den Kindern hoher Mandarine als Schule diente.

*Gigantisch: die Neun Dynastischen Urnen Cuu Dinh sind jeweils zweieinhalb Tonnen schwer (Hue)*

Die prähistorischen Funde und Cham-Skulpturen im Inneren sind weniger interessant als die im Garten vor sich hinrostenden Panzer und Luftabwehrgeschütze.

Entlang der Uferstraße führt ein Weg zur vier Kilometer südwestlich der Zitadelle gelegenen **Pagode Thien Mu**. Eingerahmt von zwei Ehrenbögen ragt oberhalb einer steilen Treppenflucht der 1844 errichtete **Phuoc-Duyen-Turm** auf. Die sieben Stockwerke des achteckigen, 21 Meter hohen Baus sind ein Wahrzeichen der alten Kaiserstadt. Über die Baugeschichte des Pagodenturms, der der eigentlichen Klosteranlage vorgelagert ist, berichtet die auf einer Schildkröte ruhende Steinstele im Pavillon rechts.

*Buddhistische Mönche in den Straßen von Hue*

Glaubt man der Legende, soll an dieser Stelle dem Fürst Nguyen Hoang im Jahr 1601 eine Himmlische oder Gnädige Frau (Thien Mu) erschienen sein, die ihm den Standort der späteren Hauptstadt der Nguyen-Familie weissagte. Seither wurden hier von den Nguyen-Fürsten verschiedene Sakralbauten errichtet, die jedoch im Laufe der Jahrhunderte durch Taifune mehrfach zerstört wurden. Der heutige Bau stammt aus dem Jahr 1844. Die ebenfalls in einem Pavillon auf der linken Seite hängende Bronzeglocke wurde 1710 gegossen. Der Klang der über zwei Tonnen schweren Glocke soll über zehn Kilometer weit zu hören gewesen sein.

Durch ein dreigeteiltes Tor verlässt man den Vorhof und betritt die eigentliche Tempelanlage. Am Ende des Gartens steht die 1907 nach einem Taifun wieder aufgebaute **Haupthalle**. Beherrscht wird die Vorhalle von der in der Mitte platzierten Messingstatue des dickbäuchigen, lachenden **Buddha Di Lac**.

In einer kleinen Garage links von der Haupthalle findet sich ein Objekt, dessen Foto Mitte der 1960er Jahre um die Welt ging. Mit dem dort ausgestellten blauen Austin fuhr der aus Hue stammende **Mönch Thich Quang Duc** am 11. Juni 1963 zu einer viel befahrenen Kreuzung in Saigon. Nachdem er sich inmitten des Straßenverkehrs in Meditationshaltung niedergelassen hatte, übergossen ihn befreundete Mönche mit Benzin und zündeten seinen Körper an. Dies war die erste einer Reihe von Selbstverbrennungen buddhistischer Mönche gegen das von den US-Amerikanern gestützte Regime des katholischen Präsidenten Diem.

Nachdem Madame Nhu, die Schwägerin Diems die Selbstverbrennungen als »buddhistische Barbecues« verspottet hatte und damit die Bevölkerung noch mehr gegen das sowieso schon verhasste Regime aufgebracht hatte, entzogen die US-Amerikaner dem Diem-Regime die Unterstützung. Wenige Monate später wurde Diem zusammen mit seinem Bruder bei einem Putsch in Saigon ermordet.

Rechts von der Garage schließen sich **Lehr- und Schlafräume** der in der Klosteranlage lebenden etwa 30 Mönchen und Novizen an. Abgeschlossen wird die Anlage durch die im Stil des Phuc-Duyen-Turms gestaltete Beerdigungsstupa des im Jahre 1992 verstorbenen ehemaligen Abtes des Klosters.

## Vom europäischen Viertel zu Tempeln und Pagoden

Auf den ersten Blick meint man, dass ein Besuch des in einem hässlichen Betonbau untergebrachten **Dong-Ba-Markts** nicht lohnt. Im Inneren entpuppt er sich jedoch als ein typisches Beispiel für die lebendige Vielfalt asiatischer Märkte. Neben übervollen Gemüse-, Obst- und Lebensmittelständen findet sich hier eine große Auswahl an kunstvoll verzierten Strohhüten.

*Etwa 500 Meter westlich der Thien-Mu-Pagode befindet sich entlang der Uferstraße der restaurierte Literaturtempel. In dem historisch bedeutenden Gebäude wurden zwischen 1802 und 1918 die konfuzianistischen Mandarinatsprüfungen abgehalten.*

### Region 5 Zentrum

**SCHULUNIFORM DER OBERSCHÜLERINNEN** *(Ao Dai):*
Das berühmte Kleidungsstück Vietnams besteht aus einem schmal geschnittenen, bis zu den Knien herabfallenden Oberteil, das seitlich bis zu den Hüften geschlitzt ist, und einer weiten Hose, die darunter getragen wird. Nachdem der aus hauchdünner, transparenter Seide bestehende ao dai bei den Sozialisten lange Zeit verpönt war, hat er in den letzten Jahren vor allem in Südvietnam eine Renaissance erlebt.

*Am Dong-Ba-Kanal in Hue*

Die **Trang-Tien-Brücke**, die nur wenige Meter südwestlich des Marktgebäudes den Fluss der Wohlgerüche überspannt, wurde Ende des 19. Jahrhunderts von den Franzosen erbaut. Während der Tet-Offensive 1968 wurde sie zerstört und 1971 wieder aufgebaut. Von hier bietet sich ein schöner Blick über den träge dahin fließenden Huong Giang. Die meisten der auf den Hausbooten lebenden Menschen verdienen ihren kargen Lebensunterhalt mit dem Ausheben von Flusssand, der zur Zementverarbeitung verwendet wird.

Ein Ausflug entlang dem Kanal, der bei der Hen-Insel beginnt, zur 14 Kilometer entfernten **Halbinsel von Thuan An** bietet unvergessliche Einblicke in ein vom Tourismus noch völlig unberührtes Flussleben.

Am Ende der Trang-Tien-Brücke stößt man auf die parallel zum Flussufer verlaufende Straße **Le Loi**. Während der Kolonialzeit war sie die Flaniermeile des französisch geprägten Stadtviertels der südlichen Flussseite. Die vielen Hochschüler in ihren Schuluniformen, die man an der Straße sieht, spiegeln den Ruf von Hue als traditionsreiche, aber auch intellektuelle Stadt.

Von den zahlreichen Kolonialbauten entlang der drei Kilometer langen Uferstraße ist das **Grand Hotel Morin** eines der schönsten. Der vom französischen Geschäftsmann Morin erbaute Prachtbau war seit seiner Eröffnung im Jahre 1903 die erste Adresse für alles, was Rang und Namen hatte. Während der sozialistischen Periode verkam er zu einer einzig von Fledermäusen bewohnten Ruine. Seit der Generalüberholung Mitte der 1990er Jahre gilt es wieder als eines der besten Hotels der Stadt.

Dagegen erscheint die etwa ein Kilometer südlich an der Nguyen-Hue-Straße gelegene **Kathedrale Notre Dame** wie ein Fremdkörper. Das 1962 von dem Erzbischof von Hue, Ngo Dinh Thuc, dem Bruder des berüchtigten südvietnamesischen Präsidenten Diem, eingeweihte Gotteshaus stellt eine Mischung westlicher und östlicher Stilelemente dar. Die für die 1960er in Europa typische Stahlbetonbauweise, der pagodenähnliche, über 50 Meter hohe Kirchturm und die graue Fassade verleihen dem Kirchengebäude eine ebenso massive wie kalte Ausstrahlung.

Etwas zurückversetzt von der Le-Loi-Straße und von einer Mauer umgeben wirkt die 1896 von den Franzosen eröffnete **Quoc-Hoc-Schule** zunächst recht unscheinbar. Reines Understatement möchte man meinen, wenn man weiß, dass es sich um eine der angesehensten Eliteschulen des

Landes handelt. Kaum ein vietnamesischer Politiker, der Eingang in die vietnamesischen Geschichtsbücher des 20. Jahrhunderts gefunden hat, der hier nicht zur Schule gegangen ist. Angefangen von Ho Chi Minh, über seinen langjährigen Weggefährten und legendären General Vo Nguyen Giap bis zu Pham Van Dong, dem langjährige Ministerpräsidenten von Nordvietnam, und Ngo Dinh Diem, dem von den US-Amerikanern eingesetzten Präsidenten Südvietnams. Ob sich Ho Chi Minh über das ihm zu Ehren im Hof aufgestellte Denkmal freuen würde, ist zu bezweifeln, äußerte er sich doch in seiner Biografie äußerst kritisch über die seiner Meinung nach »Sklavenerziehung« der Kolonialzeit.

**Region 5 Zentrum**

Besucher in der Verbotenen Purpurnen Stadt (Hue)

Ebenfalls in einem hübschen Kolonialgebäude untergebracht ist das **Ho-Chi-Minh-Museum** wenige Meter weiter südwestlich auf der anderen Straßenseite. Historische Aufnahmen, Zeitungsausschnitte und persönliche Gegenstände geben einen Einblick in Leben und Schaffen des großen Revolutionärs.

Ein absolutes Schmuckstück des für die 1920er Jahre repräsentativen Art-déco-Stils ist die **ehemalige Residenz des französischen Gouverneurs**, die nur durch die Straße Dien Bien Phu vom Museum getrennt wird. Der an exponierter Stelle am Flussufer, mit Blick auf den Kaiserpalast, gelegene Prachtbau wurde äußerst stilvoll in ein Luxushotel umgewandelt. Ein letztes Relikt französischer Kolonialarchitektur ist der **Hauptbahnhof** am Ende der Le-Loi-Straße.

Die **Dien-Bien-Phu-Straße** wurde von den Nguyen-Herrschern ganz bewusst als Verlängerung des Kaiserpalasts angelegt und endet nach etwa drei Kilometern am Himmelsaltar. Entlang dieser bedeutenden Ausfallstraße wurden im Laufe der Jahrhunderte mehrere Kloster- und Tempelanlagen errichtet.

Die Ursprünge der **Chua Bao Quoc**, die gleich rechts hinter dem Bahnübergang auf dem Ham-Long-Hügel liegt, gehen auf das Jahr 1674 zurück, als sie von einem chinesischen Mönch gestiftet wurde. Nachdem sie Mitte des 18. Jahrhunderts offiziell zu einer Nationalen Pagode (Bao Quoc) erklärt und damit dem kaiserlichen Schutz unterstellt wurde, erfuhr sie noch mehrfache Erweiterungen und Umbauten. Da sie 1949 bei einem Feuer fast vollständig abgebrannt ist, stammt ein Großteil des Klosters aus den 1950er Jahren.

*Eine Umgebungskarte von Hue finden Sie auf Seite 98.*

Die Atmosphäre der Anlage ist von Ruhe und Friedfertigkeit geprägt. Der Altar im Hauptraum beherbergt die drei Buddhas der Vergangenheit, Gegenwart und Zukunft sowie einige Bodhisattwa-Figuren und den Jadekaiser Ngoc Hoang. Hinter dem hübschen mit Orchideen geschmückten Innenhof findet sich ein Raum mit einer vielarmigen Quan Am. Historische Relevanz haben die an der Rückwand aufgehängten vergilbten Fotos von Mitgliedern des Königshauses. Die Beerdigungsstupas von verstorbenen Äbten finden sich links vom Hauptgebäude.

Wenige hundert Meter weiter südlich liegt die **Chua Tu Dam** aus dem 17. Jahrhundert. Von der traditionellen Bausubstanz ist nach einer Totalrenovierung 1936 nichts mehr erhalten. Die Pagode lohnt dennoch einen kurzen Besuch, wegen der hier Anfang der 1950er Jahre gegründeten Vereinigten Buddhistischen Gesellschaft. Sie wurde zur Keimzelle der buddhistischen Renaissance in Vietnam und des landesweiten Widerstands gegen das südvietnamesische Regime. Dort, wo heute ein hübscher

**Region 5
Zentrum**

Teich das Tempelgelände schmückt, verbrannte sich 1963 ein Mönch des Klosters aus Protest gegen das Diem-Regime.

Entlang der Tu-Dam-Straße, die von hier nach Westen abzweigt, stößt man auf die Gedenkstätte zu Ehren des im Westen kaum bekannten Nationalhelden **Phan Boi Chau** (1876–1940). Er galt Anfang des 20. Jahrhunderts als der führende Kopf der antikolonialen Bewegung in Vietnam. Ähnlich wie Ho Chi Minh, als dessen Vorgänger er gilt, ging er in den 1920er Jahren ins chinesische Exil, wo er diverse Anschläge verübte. Nach seiner Verhaftung 1925 in Shanghai wurde er nach Vietnam ausgewiesen und von den Franzosen zum Tode verurteilt. Die landesweiten Demonstrationen der einheimischen Bevölkerung nötigten die französische Regierung, das Todesurteil in einen lebenslangen Hausarrest umzuwandeln, den Phan Boi Chau in Hue verbrachte.

Den südlichen Abschluss der Dien Bien Phu bildet der **Nam Giao**. Der 1806 von Kaiser Gia Long eingeweihte Himmelsaltar war während der Kaiserzeit Hues die bedeutendste religiöse Stätte des Landes. Seiner Bedeutung entsprechend hatten ihn die Geomanten genau in der Mitte zwischen dem Haupteingangstor zur Verbotenen Stadt und dem Ngu-Binh-Berg anlegen lassen. Zwischen 1806 und 1945 brachten die Herrscher der Nguyen-Dynastie einmal im Jahr dem Himmelgott ihre Opfergaben dar und dokumentierten damit ihre göttliche Stellvertreterrolle auf

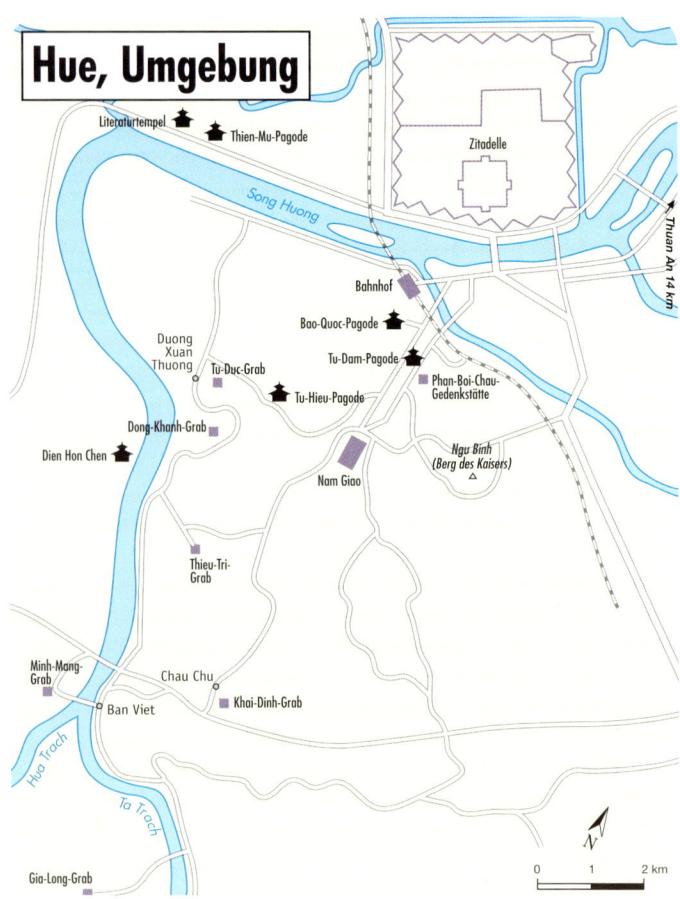

Erden. An den nächtlichen Zeremonien nahmen bis zu 5000 Angehörige des kaiserlichen Hofes teil.

Die Zeremonienstätte bestand ursprünglich aus einer ganzen Reihe von Gebäuden, von denen die meisten inzwischen verfallen sind. So auch der rechts vom Himmelsaltar gelegene **Trai-Cung-Palast**, in den sich der Herrscher einige Tage vor der Zeremonie zum Fasten und Meditieren zurückzog. Auch von dem aus drei übereinander liegenden Plattformen bestehenden Himmelsaltar sind nur Fragmente erhalten. Die unterste, die Erde repräsentierende Ebene und die darüber liegende, die Menschen symbolisierende Plattform werden von der obersten, dem Himmel geweihten Stufe abgeschlossen. Von hier bietet sich ein weiter Blick auf den im Norden gelegenen Kaiserpalast.

Die attraktive Lage inmitten eines Pinienwaldes sowie die meditative Ruhe machen den **Chua Tu Hieu** zu einer der schönsten Pagoden Hues. Die »Pagode des Mitgefühls« war Thich Nhat Hanhs Heimat während seiner Jugendjahre. Der im Ausland wohl berühmteste vietnamesische Mönch, der vor fast 50 Jahren in Frankreich lebt, trägt mit seinen großzügigen Spenden dazu bei, dass Tu Hieu zu einer der gepflegtesten Pagoden Hues gehört.

Zwei Obelisken auf der rechten Seite der von der Dien Bien Phu nach Osten zu den Kaisergräbern abzweigenden Duong Le Ngo Cat markieren die Einfahrt. Nach etwa 100 Metern entlang einem Waldpfad gelangt man zu einem halbmondförmigen See. Gegründet wurde der Tempel 1843 während der Regierungszeit Thieu Tris. Ein Großteil des Geldes für die 1893 durchgeführte Erneuerung und Erweiterung der Klosteranlage trugen Eunuchen des kaiserlichen Hofes zusammen, die nach ihrem Tod auf dem Klostergelände beigesetzt wurden. Im Garten der auch als **Chua Thai Giamb** (Pagode der Eunuchen) bekannten Anlage finden sich noch heute die Gräber von 20 Eunuchen. Ein besonders beeindruckendes Erlebnis sind buddhistischen Zeremonien in der Haupthalle, die jeden Tag zwischen 11 und 16 Uhr abgehalten werden.

Nichts für sensible Gemüter waren dagegen die zur Unterhaltung des Kaisers veranstalteten Kampfspiele zwischen Tigern und Elefanten in der **Arena Ho Quyen**. Die etwas versteckt in einem kleinen Dorf am Ufer des Huong Giang gelegene Freiluftarena wird nur sehr selten von westlichen Besuchern wahrgenommen. Von Fair Play konnte bei diesen Kämpfen keine Rede sein, stand doch mit dem Elefanten als Sinnbild kaiserlicher Macht der Sieger von Beginn an fest. Während dieser wohlgenährt die Arena betrat, wurden dem Tiger, der die aufständischen, gegen das Kaisertum gerichteten Rebellen repräsentierte, vor dem Kampf die Krallen gezogen.

*Wächtertiere im Ehrenhof des Tu-Duc-Grabmals in Hue*

## Die Kaisergräber von Hue

Die Kaisergräber (Lang) im Süden der Stadt sind beeindruckende Monumente der individuellen Charaktere von sieben der insgesamt 13 Nguyen-Kaiser. Gleichzeitig legen sie Zeugnis von einer Lebensphilosophie ab, nach der der Tod eines Kaisers den Übergang in ein ewiges Paradies markiert.

Von den sieben Kaisergräbern sind drei besonders interessant. Jedes ist ein Ausdruck seiner zeitgeschichtlichen Epoche. Gleichzeitig tragen die Grabmäler von Minh Mang, Tu Duc und Khai Dinh auch unverkennbar die Handschrift ihrer Herrscher.

Das in sich geschlossenste Mausoleum ist das **Grab des Mitgefühls von Minh Mang** (1820–41). Noch unbeeinflusst von westlichen Stilelementen, ist es das klassischste aller in Hue errichteten Mausoleen. Das zwölf Kilometer südlich von Hue auf der Westseite des Huong Giang gelegene Grab trägt deutlich

*Nichts wurde beim Bau der kaiserlichen Mausoleen in Hue dem Zufall überlassen*

## PLANUNG UND BAU DER KAISERGRÄBER

Fast alle Monarchen begannen zu ihren Lebzeiten mit der Planung und dem Bau ihrer Mausoleen und überprüften den Fortgang der Bauarbeiten bis ins kleinste Detail. Nichts wurde dem Zufall überlassen, konnte man hier doch der Enge und den Intrigen des Kaiserpalastes entfliehen und sein ganz persönliches Refugium schaffen.

Die Kaiser gingen wie heute noch alle Vietnamesen davon aus, dass ihre Seele *(ma)* nach dem Tod auf der Suche nach einer Bleibe umherirrt. Falls sie dabei nicht fündig wird, wandelt sich die *ma* zum *quy*, einem bösen Geist, der schlechten Einfluss auf die Menschen und vor allem die Angehörigen des Verstorbenen ausübt. Um dies zu verhindern, begannen alle Kaiser unmittelbar nach ihrer Thronbesteigung mit dem Bau ihrer Mausoleen.

Um die Seele des Kaisers günstig zu stimmen, sollte sie all jene Annehmlichkeiten vorfinden, die der Regent auch während seiner Herrschaft als seinem Rang entsprechend ansah. So vermitteln die Grabanlagen weit eher den Eindruck eines Palastes denn einer Grabstätte. Da die vietnamesischen Kaiser das irdische Leben nur als flüchtigen Übergang zu dem unendlichen Paradies nach dem Tod ansahen, scheuten sie keine Kosten und Mühen, um sich ihre Wohnstätte für das zeitlose Leben nach dem Tod so luxuriös und angenehm wie möglich zu gestalten.

Nur die besten Handwerker und edelsten Materialen waren gut genug. Tausende von Arbeitern und Strafgefangenen mussten unter menschenunwürdigen Bedingungen Tag und Nacht schuften, um das kaiserliche Paradies auf Erden zu schaffen. Ein Großteil der insgesamt 10 000 Arbeiter am Grabmahl Khai Dinhs erkrankte während der elfjährigen Bauzeit schwer beziehungsweise starb. Um die enormen Kosten für sein Grab zu finanzieren, musste Khai Dinh die Bodensteuern im ganzen Land um 30 Prozent erhöhen. 1866 revoltierten 3000 Bauarbeiter der Tu-Duc-Grabstätte gegen die unerträglichen Bedingungen, was beinahe zum Sturz des Kaisers geführt hätte.

Als Vorbild bei der Konzipierung ihrer Grabanlagen dienten ihnen die Ming-Gräber nördlich von Peking. Zunächst mussten Geomanten die Lage auswählen. Als ideal galt ein Berg im Norden, um die von dort einfallenden bösen Geister abzuwehren, im Süden sollte sich die Grabanlage zum Wasser hin öffnen. Hieraus erklärt sich auch die Lage aller sieben Kaisergräber im Südwesten von Hue, in der Nähe des Huong Giang. Der Sonnenuntergang im Südwesten symbolisiert das Ende des irdischen Lebens, während der träge dahin fließende Huong Giang den Weg zum paradiesischen Ruheplatz weist. Waren diese Gegebenheiten nicht vorhanden, mussten sie künstlich in Form von aufgeschütteten Hügeln und künstlich angelegten Seen geschaffen werden.

Abgesehen von der Lage gibt es mehrere Merkmale, die sich bei allen Grabanlagen wiederfinden. So sind die Mausoleen von einem Mauerwall umgeben. In dem meist über eine steile Treppe zu erreichenden Tempel werden der Kaiser und die Kaiserin verehrt. Häufig waren die Gebäude, in denen heute Gedenkaltäre und Ahnentafel aufgestellt sind, ursprünglich Wohn- oder Arbeitshallen des Potentaten, die erst nach seinem Tod zu Ehrentempeln umgewandelt wurden.

Der Hof vor dem Tempel wird flankiert von weniger wichtigen Gebäuden für die Mandarine, Konkubinen und auch Häusern zum Aufbewahren der kaiserlichen Insignien. Fester Bestandteil jeder Grabanlage ist die von einem Pavillon überdachte Marmorstele, auf der in blumigen Worten das Leben des Monarchen glorifiziert wird. Bis auf den von Tu Duc wurden alle Texte von den jeweiligen Nachfolgern verfasst. Die hinter dem Stelenpavillon aufragenden Obelisken sollen die Macht des Herrschers und sein Eingehen in das Paradies symbolisieren. Ganz zum Schluss folgt das von einer Mauer umschlossene eigentliche Grabmahl in Form eines Grabhügels oder eines Steinsarkophags.

> **Region 5**
> **Zentrum**

die Handschrift des wohl konservativsten Kaisers der Nguyen-Dynastie. Wie viel Wert Minh Mang auf die exakte Einhaltung der von Geomanten aufgestellten Regeln legte, lässt sich allein daran erkennen, dass es 14 Jahre dauerte, bis man die geeignete Stelle zum Bau der Anlage ausfindig gemacht hatte. Ein Jahr vor seinem Tod wurde mit dem Bau begonnen, der erst unter seinem Nachfolger Thieu Tri 1843 fertiggestellt wurde. Die in strenger Achsensymmetrie angelegte Ausrichtung aller Gebäude spiegelt die stark hierarchisch geprägte konfuzianistische Herrschaftsideologie Minh Mangs. Alle wichtigen Gebäude der Anlage sind entlang einer 700 Meter langen von Süd nach Nord verlaufenden Achse angeordnet. Da das Haupteingangstor seit der Bestattung des Herrschers verschlossen ist, gelangt man durch ein rechts davon gelegenes Seitentor in das Mausoleum.

Zunächst betritt man den von Wächterfiguren gesäumten **Ehrenhof**. Je zwei Pferde und Elefanten sowie fünf Zivil- und Militärmandarine flankieren den Hof, bieten dem verstorbenen Herrscher letztes Geleit und sorgen für seinen Schutz. Der sich anschließende **Stelenpavillon** muss über steile Treppenstufen erklommen werden. Die in chinesischen Schriftzeichen in den Stein eingravierten, von seinem Sohn und Nachfolger Thieu Tri verfassten Zeilen glorifizieren die Taten und die Regentschaft Minh Mangs.

Durch das **Tor der Glorreichen Tugend** (Cua Hien Duc) führt der Weg zum **Tempel der Segensreichen Wohltat** (Dien Sung An). Das harmonische Gebäude diente zur Verehrung des Herrscherpaares. Das **Hoang-Trach-Tor** bietet einen eindrucksvollen Blick auf den Minh-Lau-Pavillon, das schönste Gebäude der Anlage. Minh Mang nutzte diesen auf einem dreistufigen Unterbau in luftiger Höhe errichteten Prachtbau, um die kühle Brise und die schöne Aussicht zu genießen. Über den **See des Zunehmenden Mondes** (Ho Tan Nguyet) führt eine Brücke zu dem hinter einer runden Mauer verborgenen Grabhügel Minh Mangs.

Obwohl zwischen dem Tod Minh Mangs und der Thronbesteigung **Tu Ducs** (1847–1883) nur sechs Jahre liegen, könnte der Kontrast zwischen den beiden Grabanlagen kaum größer sein. Hierin spiegeln sich nicht nur die gänzlich verschiedenen Charaktere der beiden Potentaten, sondern auch die veränderte politische Lage Indochinas Mitte des 19. Jahrhunderts. War Minh Mang eine starke Persönlichkeit, dessen Herrschaft basierend auf den klaren Prinzipien des Konfuzianismus unangefochten war, ist die Regentschaft Tu Ducs, des vierten Kaisers der Nguyen-Dynastie, geprägt von einer Vielzahl politischer und privater Schicksalsschläge. Während seiner 36-jährigen Regierungszeit vollzogen sich die Machtübernahme der Franzosen und der Niedergang der Monarchie.

Trotz seiner offiziell 103 Konkubinen blieb der Kaiser kinderlos und konnte so keinen Nachfolger präsentieren. Zudem hatte er zeit seines Lebens mit diversen Krankheiten zu kämpfen und war mit 1,53 Metern selbst für vietnamesische Verhältnisse klein gewachsen. Den Herausforderungen des Alltags war der von seinen Biographen als äußerst musisch und feinsinnig beschriebene Kaiser nicht gewachsen.

Tu Duc fungierte nicht nur als Architekt, sondern beaufsichtige auch die Bauarbeiten bis ins kleinste Detail. Mit den künstlichen Seen, Bergen, Palästen, Pavillons und einem Theater wirkt denn sein am Ende einer Stichstraße gelegenes Grabmal auch wie eine Art Refugium vor der feindlichen Außenwelt. Tu Duc verbrachte einen Großteil seiner noch verbliebenen 20 Herrschaftsjahre in der Anlage, die 1867 nach nur dreijähriger Bauzeit fertiggestellt wurde und mehr einem Sommerpalast als einem Mausoleum ähnelte.

Der romantische **Luu-Khiem-See** mit dem dahinter gelegenen **Xung-Khiem-Pavillon** versinnbildlicht die romantische Atmosphäre des Lang Tu Duc. In dem 1986 von der UNESCO restaurierten Holzpavillon soll Tu Duc viele seiner über 600 Gedichte verfasst haben. Von dem Bootspier Du Khiem ließ er sich mit einem Ruderboot zum Jagen auf die im See künstlich angelegte Tinh-Khiem-Insel übersetzen.

*Wer die weltabgewandte, friedvolle Stimmung der Kaisergräber erleben möchte, sollte sich Zeit nehmen. Anstatt wie die meisten Touristen im Eilschritt die Hauptgebäude hastig zu fotografieren, empfiehlt es sich, ein beschauliches Plätzchen abseits der Hauptwege zu suchen und dort die Atmosphäre zu genießen.*

## Region 5
## Zentrum

*Weltentrückt liegt das Grabmal des Khai Dinh in der sanften Hügellandschaft von Hue*

Der eigentliche Grabbezirk liegt auf einer zweiten parallel verlaufenden Achse gen Norden. Durch das dreigeteilte **Khiem-Cung-Tor** gelangt man zu einem von zwei Gebäuden flankierten Innenhof. Während der **Phap-Khiem-Palast** zur Linken als Wächterhaus für die Militärmandarine diente, hielten im Le Khiem zur Rechten die Zivilmandarine Wache. Nach Norden schließt der **Hoa-Khiem-Palast** den Innenhof ab. Er diente dem Herrscher als Arbeitsraum und war zu Lebzeiten Tu Ducs das bedeutendste Gebäude der Grabanlage. Nach seinem Tod wurde es in einen Ahnentempel zu Ehren des Kaisers und seiner Gemahlin umgewandelt.

Nördlich an den Palast schließt sich erneut ein Innenhof an, der auf der rechten Seite vom **Minh-Kiem-Palast** begrenzt wird, der als Theater genutzt wurde. Das 1866 errichtete Haus gilt als das älteste erhaltene Theater Vietnams. Die kaiserlichen Besucher mussten eine Menge Geduld mitbringen, dauerten die Aufführungen doch bis zu 100 Tage. Der **Luong-Khiem-Tempel** diente dem Kaiser als Wohn- und Schlafstätte. Seit seinem Tod wird hier seine Mutter verehrt. Die Gebäude des **Haremsbereichs** westlich von dem zur Aufbewahrung königlicher Insignien genutzten On-Khiem-Haus sind fast vollständig verfallen, sollen jedoch in den nächsten Jahren renoviert werden.

Auch am eigentlichen Grabdistrikt gibt eine **Ehrengarde** aus Pferden, Elefanten und Mandarinen dem Monarchen letztes Geleit und bietet ihm Schutz. Direkt dahinter steht mit dem hoch aufragenden **Stelen-Pavillon** der imposanteste Bau der gesamten Anlage.

Oberhalb des mondsichelförmigen **Tieu-Kiem-Sees** liegt das Grab Tu Ducs. Die Eisentür, die in den von einer Mauer umgebenen Hof mit dem Steinsarkophag führt, wurde früher nur einmal im Jahr an seinem Todestag geöffnet. An seinem Todestag brachten Tu Ducs Nachfolger auf dem kleinen Altar vor dem Steinsarkophag Opfer dar.

Auf dem Weg zurück zum Ausgang der Grabanlage lohnt noch ein Besuch zweier weiterer in einem Kiefernwald nördlich des Sees gelegenen Beerdigungsstätten. Das **Grab der Kaiserin** ist eine Art Miniaturausgabe ihres Mannes und befindet sich in relativ gutem Zustand. Die **Grabstätte seines Adoptivsohnes Kien Phuc**, der nach nur siebenmonatiger Regierungszeit einer Palastintrige zum Opfer fiel, findet sich in unmittelbarer Nähe.

Obwohl nur wenige Hundert Meter südlich des Tu-Duc-Grabes am Ende eines Feldweges gelegen, wird das Grabmahl des **Dong Khans** (1886–1889) nur selten besucht. Da der dritte Adoptivsohn Tu Ducs bereits im Alter von 25 Jahren verstarb, wurde sein Mausoleum von seinem Nachfolger Kaiser Thanh Thai erbaut.

Unterschieden sich die Grabstätten Minh Mangs und Tu Ducs bereits frappierend aufgrund ihrer Charaktere und der historisch-machtpolitischen Umstände, so fühlt man sich bei der drei Kilometer nördlich gelegenen **Grabanlage Khai Dinhs** in eine andere Welt versetzt. Das von Khai Dinhs Sohn und Nachfolger Bao Dai nach elfjähriger Bauzeit 1931 fertiggestellte Mausoleum ist ein imposantes wie trauriges Monument für die zu reinen Marionetten der französischen Kolonialherren degradieren

*Khai Dinh (1916–25), der vorletzte Kaiser Vietnams*

Nguyen-Herrscher. Nicht spielerisch in die liebliche Landschaft integrierte Holzpavillons und Tempel bestimmen hier das Bild, sondern der dunkelgraue Beton einer in die Höhe strebenden Monumentalarchitektur.

Khai Dinhs Versuch, in seinem Mausoleum vietnamesische und europäische Stilelemente in Einklang zu bringen, spiegelt das Dilemma des vietnamesischen Kaiserhauses zu Beginn des 20. Jahrhunderts. Während er den Geschmack der französischen Kolonialherren zu imitieren suchte, ging der Bezug zur eigenen Kultur verloren. Das Resultat war eine Entwurzelung, die ihnen auch den letzten Rückhalt in der eigenen Bevölkerung raubte. Der Untergang der vietnamesischen Monarchie, nur 20 Jahre nach Khai Dinhs Tod, ist somit in seinem Mausoleum bereits vorgezeichnet.

Durch ein schmiedeeisernes Tor führt der Weg über eine steile und breite, von Betondrachen gesäumten Treppenfront nach 36 Stufen zu der ersten Plattform mit der **Ehrengarde**. Beim genauen Hinsehen fällt auf, dass einige der Wächterfiguren europäisch anmutende Gesichtszüge aufweisen. Noch einmal 26 Stufen höher folgt die zweite Terrasse mit einem achteckigen, von zwei Säulen flankierten **Stelenpavillon**. Von der wenige Stufen noch höher gelegenen Plattform bietet sich ein beeindruckender Blick auf die typische Hue-Landschaft mit den sich in der Ferne abzeichnenden Hügelketten.

In eine Art Rokoko-Schlösschen versetzt fühlt man sich beim Betreten des **Thien-Dinh-Palastes**, des Hauptgebäudes der Grabanlage. Boden, Wände und Decken des ersten der drei unmittelbar hintereinander gelegenen Räume sind mit einer verwirrenden Vielfalt unterschiedlichster Materialien, Farben und Motive geschmückt. So wurden die Wände mit Tausenden bunter Glasscherben verziert, die verschiedene Blumen darstellen sollen. Die Bodenfliesen und ein monumentales Deckengemälde mit neun Drachen, die einen wolkendurchsetzten Himmel bevölkern, vervollständigen den kitschigen Gesamteindruck. Am Ende des zweiten Raums findet sich die auf einem Thron sitzende und von einem Baldachin beschützte, vergoldete Bronzestatue des Kaisers. Khai Dinh selbst ließ sie anlässlich eines seiner vielen Frankreich-Besuche in Marseille fertigen. Das Sonnenmotiv hinter der lebensgroßen Statue erweckt sicherlich nicht zufällig Assoziationen an den Sonnenkönig Ludwig XIV. Der hinter der lebensgroßen Statue kaum zu erkennende dritte Raum dient zur Verehrung des Kaisers.

## Region 5
## Zentrum

*Einer der steinernen Mandarine aus der Ehrengarde Kaiser Khai Dinhs*

## SERVICE & TIPPS

**ⓘ Tourismusbüro der Provinz**
30 Le Loi, Hue
☏ (054) 382-2369
Tägl. 10–17 Uhr

**ⓘ Hue City Tourism**
9 Ly Thuong Kiet, Hue
☏ (054) 382-3577
Helfen beim Organisieren von Ausflügen in die nähere Umgebung, verlangen dafür jedoch überdurchschnittlich hohe Preise. Detaillierte Informationen und günstigere Angebote erhält man in den meisten Hotels..

**🏛 Ho-Chi-Minh-Museum**
(Bao Tang Ho Chi Minh)
6 Le Loi, Hue
☏ (054) 352-0445
Tägl. 7.30–10.30 und 13.30–16.30 Uhr, Eintritt frei
Erinnerungsstücke aus dem Leben des Revolutionärs.

**🏛 Hue-Museum**
(Vien Bao Tang Hue), 3 Le Truc, Hue
Tägl. 7–17 Uhr
Eintritt 22 000 Dong
Umfangreiche Sammlung kaiserlicher Wertgegenstände wie Möbel, Musikinstrumente, Schmuck und Porzellan, in einem der schönsten kaiserlichen Gebäude.

**🏛 Provinzmuseum**
(Bao Tang Tinh)
5 Le Truc, Hue
Tägl. 7–11.30 und 13.30–17 Uhr
Eintritt 22 000 Dong
Prähistorische und archäologische Funde der Cham-Kultur, im angrenzenden Garten Kriegsrelikte.

## Region 5
## Zentrum

◉ **Kaisergräber**
Zwischen 7 und 14 km südlich von Hue
Tägl. 7–17 Uhr
Sieben harmonisch in die Landschaft integrierte Mausoleen mit Palast- und Tempelbauten der Hue-Kaiser. Viele Unterkünfte in Hue bieten Ausflüge an. Fahrräder oder Mopeds zum »Selbsterkunden« können ebenfalls an mehreren Herbergen ausgeliehen werden.

◉ 🏛 **Kaiserstadt und Verbotene Stadt**
(Hoang Thanh und Tu Cam Thanh)
23 Thang 8, Hue
Tägl. 7–17 Uhr
Seit 1802 von den Nguyen-Herschern errichtete Stadt der vietnamesischen Monarchie, während der Kriege stark zerstört

◉ **Bootstouren**
Die sehr beliebten Halbtagesausflüge per Boot entlang des Huong Giang zur Thien-Mu-Pagode und den Kaisergräbern werden von vielen Hotels und Reiseagenturen angeboten. Preis ca. $ 15 pro Person für eine Halbtagestour.

✕ **Y Thao Garden**
3 Thach Han, Hue
✆ (054) 523-018, Tägl. 11.30–22 Uhr
Mit Antiquitäten dekoriertes Restaurant in der Zitadelle, das sich auf originalgetreue Gerichte des kaiserlichen Hue spezialisiert hat.
$$$

✕ ◉ **Confetti Restaurant & Art Gallery**
1 Chu Van Anh, Hue
✆ (054) 382-4148
Tägl. 11.30–23 Uhr
Essen, Ambiente, Service und Preise – das freundliche und stilvolle Restaurant überzeugt. Mit Kunstgegenständen (Gemälden). Einheimische und internationale Küche.
$$–$$$

### DIE KAISERLICHEN KONKUBINEN

Wie die historischen Überlieferungen zu berichten wissen, kamen alle kaiserlichen Konkubinen aus Manadarinatsfamilien. Nachdem sie in den Harem aufgenommen worden waren, mussten sie den Rest ihres Lebens innerhalb der Palastmauern verbringen. Zu genau festgelegten Zeiten wurde den Müttern ein kurzer Besuch ihrer Töchter gestattet. Die Väter hingegen durften ihnen nie wieder ins Gesicht schauen, was faktisch eine lebenslange Trennung zur Folge hatte. Sie boten ihre Töchter dennoch freiwillig als Mitglieder des kaiserlichen Harems an, weil sie sich davon einen Aufstieg in der Beamtenhierarchie versprachen.

Das Leben der Konkubinen in der Verbotenen Purpurnen Stadt war von zahllosen Regeln und Gesetzen bestimmt, die ihr Leben stark einschränkten. Die Verbote waren so zahlreich, dass die neu angekommenen Konkubinen aus Angst, eine der Regeln zu brechen, in den ersten Monaten kaum ein Wort sprachen. So war der Gebrauch von anrüchigen oder negativen Worten verboten. Auch die Art der Kleidung unterlag strengsten Auflagen. Rot und Grün waren bevorzugte Farben, während gelb ausschließlich dem Kaiser vorbehalten war. Schwarz galt generell als verpönt, wurde es doch mit allem Negativen wie Dunkelheit, Unglück und Tod gleichgesetzt. Ein Mittelscheitel galt ebenso als obligatorisch wie schwarz gelackte Zähne, eines der Schönheitsideale jener Tage.

Im Falle einer Erkrankung musste die Frau im Bett bleiben, das vom Rest des Raumes mit einem Vorhang abgegrenzt wurde. Die Konkubine musste einen Arm heraushalten und auf einem bereitgestellten Stuhl ablegen. Erst dann durfte der Arzt den Raum betreten, in dem sich noch ein Eunuch und eine Dame des Hofes aufhielten, um auf die genaue Einhaltung der kaiserlichen Regeln zu achten. Da die Patientin nicht von dem Arzt berührt werden durfte, wurde ihr Arm mit einem Seidenband umwickelt. Danach legte der Arzt seinen Finger auf das Band um den Puls zu fühlen. Mehr an ärztlicher Untersuchung war wegen des strikten Berührungsverbots mit fremden Männern nicht erlaubt. Keine Fragen nach dem Befinden, kein Blick in die Augen der Patientin. Die vielfältigen Verbote und Restriktionen hatten zur Folge, dass viele Konkubinen trotz ihres scheinbar luxuriösen Lebens unter Depressionen litten und früh starben.

### Zucca Restaurant
03 Doi Cung, Hue
(054) 242-7375, tägl. 11–22.30 Uhr
Mediterrane Küche mit Pizza, Pasta sowie einige gute einheimische Gerichte (Hot Pot) in Flussnähe. $$

### Lien Hoa
3 Le Quy Don, Hue
Tägl. 11–22 Uhr
Authentische vietnamesische Küche in ortstypischem Ambiente. $–$$

### Restaurant Bloom
14 Nguyen Cong Tru, Hue
Tägl. 7–22 Uhr
Genau der richtige Ort für jene, denen es nach köstlichen Sandwiches, Kuchen und Kaffee gelüstet. $–$$

### The Hanh
11 Pho Duc Chinh, Hue
(054) 383-552, tägl. 11–22 Uhr
Immer ein gutes Zeichen – keine überdesignte Inneneinrichtung, sondern einfaches, dafür originäres Ambiente. Bei Einheimischen wie Touristen gleichermaßen beliebtes Restaurant mit köstlichen vietnamesischen Speisen. $–$$

### Mandarin Cafe
24 Tran Cao Van, Hue
Tägl. 7–22 Uhr
Alteingesessener Favorit der Travellerszene mit »Fried Rice« bis »Pancake«. Sehr nette Atmosphäre, viele Infos vom freundlichen Besitzer. $

### Ca Thi
64 Le Loi, Hue, tägl. 8–21 Uhr
Sehr gepflegte Café-Bar in schöner alter Villa mit Garten. Umfangreiches Angebot an Kaffee, Tee, Wein, Cocktails, Snacks. Ein Ort zum Wohlfühlen und Genießen.

### Vy Da Xua
131 Nguyen Sinh Cung, Hue
Tägl. 7.30–21 Uhr
Man sitzt oberhalb des Huong Giang und genießt die Aussicht.

### Dong Ma-Markt
Tran Hung Dao, Hue
Große Auswahl an Reisstrohhüten. Ausführung, Qualität, Preise schwanken gewaltig, unbedingt handeln.

**Souvenirläden** reihen sich am nördlichen Ende der Le Loi. Das Angebot reicht von Seidenhemden über Keramiken bis zu alten Tabakdosen und Wasserpfeifen. Nicht alles ist antik, was als solches angeboten wird.

> Region 5
> Zentrum

# ❹ LANG CO

Die unmittelbar nördlich des Wolkenpasses gelegene Landzunge von Lang Co bietet mit ihren kilometerlangen, breiten und dazu fast menschenleeren Stränden, dem azurblauen Meer im Osten und der von Fischernetzen durchsetzten Lagune im Westen alle Voraussetzungen für eine touristische Bilderbuchkarriere. Tatsächlich halten hier täglich fast alle Busse auf dem Weg zwischen Hue und Hoi An. Doch trotz der Resortanlagen, die in den letzten Jahren hier errichtet wurden, haben sich die Hoffnungen auf ein zweites Nha Trang nicht erfüllt. Das während der Wintermonate häufig regnerische Wetter, die zum Baden gefährlichen Unterströmungen und die weit entfernten Sehenswürdigkeiten von Hue und Hoi An sind hier als Hauptgründe zu nennen. Die meisten Bewohner sind Katholiken, die 1954 nach der Teilung des Landes aus dem Norden hierher flohen.

*Ein sehr schöner Blick auf Lang Co bietet sich von der N 1 unmittelbar nach Verlassen der Landzunge Richtung Süden. Vielleicht hat man Glück, und das Motiv wird von einer der an der Straße vorbeiratternden Eisenbahnen bereichert.*

## SERVICE & TIPPS

### Lang Co Beach Resort
Lang Co, (054) 387-3555
www.langcobeachresort.com.vn
Tägl. 6.30–23 Uhr
Zwar in erster Linie auf die vielen hier täglich haltenden Tourbusse eingestellt, doch man sitzt schön auf der weitläufigen Terrasse mit Blick auf das Meer. Für einen Zwischenstopp geeignet.

**Region 5
Zentrum**

# ❺ MARMORBERGE UND MY KHE BEACH

Die acht Kilometer südlich von Da Nang aus der Ebene aufragenden fünf Felskegel gehören zu den beliebtesten Ausflugsstätten Zentralvietnams. Am Fuße der Berge haben sich zahlreiche Geschäfte mit angeschlossenen Werkstätten angesiedelt, in denen man von der fingergroßen Lotosblume bis zu meterhohen Wächterfiguren und Löwen für jeden Geldbeutel und Geschmack Marmorstatuen erstehen kann. Im Westen als Marmorfelsen bekannt, heißen sie eigentlich **Berge der Fünf Elemente** (Ngu Hanh Son). Jeder der Marmorfelsen steht für eines der fünf im chinesisch-vietnamesischen Kulturkreis bekannten Elemente Thuy (Wasser), Kim (Metall), Hoa (Feuer), Tho (Erde) und Moc (Holz). Seit Jahrhunderten werden den in den Bergen gelegenen Höhlen magische Kräfte zugeschrieben. Bereits die Cham stellten ihre hinduistischen Götterfiguren hier auf. Später folgten chinesische und buddhistische Pilger. Während des Vietnamkriegs dienten sie dem Vietcong als geheimes Waffen- und Sanitätslager. Im Zeichen des neuen Wohlstandes sind in den letzten Jahren zahlreiche Götterstatuen aufgestellt worden.

Seit Kaiser Minh Mang Treppen und Pfade zur Erschließung und Verknüpfung der diversen Höhlen des Thuy Son anlegen ließ, ist er der meistbesuchte der fünf Marmorberge. Bei Regen sollte man jedoch Vorsicht walten lassen, da die Stufen gefährlich glatt werden können. Sinnvoll ist auch die Mitnahme einer Taschenlampe für die zum Teil nur sehr spärlich beleuchteten Höhlen.

*Am Fuß der Marmorberge fertigen Steinmetze Marmorskulpturen und Tausende von Souvenirs*

Über den ersten Aufstieg, von der Hauptstraße aus, gelangt man nach dem schweißtreibenden Erklimmen von über 100 steilen und hohen Treppenstufen zur ersten Ebene der Thuy Son, der wie die anderen vier Berge einst eine vom Meer umspülte Insel gewesen sein soll. Oben angekommen führt links ein kleiner Pfad zur Spitze eines Hügels, von dem sich ein herrlicher Panoramablick auf die übrigen vier Berge und die umliegende Landschaft bietet.

Geht man vom Aussichtspunkt wieder herunter und begibt sich dort nach links, gelangt man zu der im Eingangsbereich nur sehr schwach beleuchteten Höhle **Huyen Khong**. Der Blick von der obersten Stufe des von je zwei zivilen und militärischen Mandarinen geschützten Einganges bleibt lange in Erinnerung. Aus einer Höhe von etwa 30 Metern fällt das von mehreren Stalaktiten gebrochene Sonnenlicht in den kathedralenähnlichen Raum. Auch wenn die einzelnen buddhistischen und daoistischen Statuen in den verschiedenen Nischen nur von geringer Qualität sind, fasziniert die mystische Stimmung.

*Der enorme wirtschaftliche Aufschwung Vietnams hat auch an den Marmorbergen in den letzten Jahren deutliche Spuren hinterlassen – leider nicht nur gute. So zeichnen sich die zahlreichen neuen Götterfiguren auf den diversen Hügeln nicht in erster Linie durch stilistische Schönheit, sondern durch Monumentalität aus. Auch der überdimensionale gläserne Aufzug ist sicher nicht im Sinne der Naturschützer.*

Wieder zurück im Freien findet sich links vom Hauptweg die **Tam-Thai-Pagode**. Auf dem Hauptaltar stehen unter anderem Statuen von Shakyamuni und Quan Am. Von den rechts dahinter gelegenen Wohnräumen der Mönche geht es zu fünf Beerdigungsstupas.

Der Weg bringt einen weiter zur **Van-Thong-Höhle**. Am Ende der Grotte kann man sich durch einen sehr schmalen, natürlichen Kamin zwängen, der im Volksmund auch »Tor zum Himmel« genannt wird, um auf die Spitze des Felsens zu gelangen. Von dort bietet sich eine großartige Aussicht auf das Südchinesische Meer.

Auf dem Weg bergab passiert man einen links von der Treppe erbauten Pavillon, der eine große Quan-Am-Statue überdacht. Von den drei Götterfiguren im Hauptraum der unmittelbar daneben gelegenen Linh-Ung-Pagode fällt besonders die Höllenkönigin zur Linken ins Auge, die ihre überlange Zunge weit herausstreckt. Die Dong-Tang-Chon-Höhle links hinter der Pagode besteht aus mehreren Grotten, in denen diverse buddhistische und daoistische Skulpturen aufgestellt sind. Den Abschluss des etwa einstündigen Rundganges bildet die vier Meter hohe Buddhastatue unterhalb der Pagode **Linh Ung**.

Der ideale Ort, um sich von dem schweißtreibenden Spaziergang zu erholen, ist der nur knapp einen Kilometer von hier entfernte **My Khe Beach** (auch bekannt als China Beach). Mitte der 1960er Jahre vergnügten sich hier Tausende amerikanische Soldaten. Neben Schwimmen und Alkohol bestand für die kriegsgestressten jungen Burschen aus der US-amerikanischen Provinz das Unterhaltungsprogramm aus »Sex, Drugs and Rock'n'Roll«. In einem selbst für das wirtschaftlich prosperierende Vietnam bemerkenswerten Bauboom sind in den letzten 15 Jahren entlang des weitläufigen Strandes von den Marmorbergen bis zu dem 25 Kilometer südlich gelegenen Hoi An über 50 First Class-Resorts entstanden.

### Region 5
### Zentrum

## ❻ MY SON

My Son war zwischen dem 4. bis 13. Jahrhundert das religiöse und kulturelle Zentrum der Cham. Ab dem 7. Jahrhundert wurden die ersten aus Holz errichteten Sakralbauten durch die heute zu sehenden Ziegelbauten ersetzt. Ein französisches Archäologenteam fand Anfang des 20. Jahrhunderts die 70 Sakralbauten, die die Jahrhunderte unterhalb des Berges My Son (Schöner Berg) in relativ gutem Zustand überstanden hatten.

Das sollte sich mit der von den US-Amerikanern während des Vietnamkriegs verfolgten Politik der verbrannten Erde radikal ändern. Nachdem die Vietcong-Guerillas den entlegenen Talkessel als vermeintlich sicheres Versteck entdeckt hatten, erklärte die US-Armeeführung die Region zur *Free Fire Zone* (zum uneingeschränkten Beschuss freigegebene Zone). Die nachfolgenden Flächenbombardements durch B-52-Bomber überlebte nur ein Bruchteil der Sakralbauten. Noch heute ist die gesamte Ausgrabungsstätte mit großen Bombenkratern durchzogen.

Das polnische Archäologenteam, das 1980 nach My Son kam, listete in einer ersten Bestandaufnahme 20 Tempelbauten auf, von denen die meisten nur noch in Ruinen erhalten waren. Anfangs des 20. Jahrhunderts wurden die verschiedenen Tempelgruppen von den französischen Archäologen mit Buchstaben von A bis L, die einzelnen Gebäude mit Zahlen versehen.

Besonders schön ist der erste Eindruck der zum UNESCO-Welterbe zählenden Ruinenstätte, die in einem von dicht bewachsenen Bergkuppen umgebenen Talkessel liegt. Die von Moosen, Ästen und Farnen umrankten Tempeltürme sind stumme Zeugen einer untergegangenen Kultur. Vom Besucherzentrum führt der Fußweg zunächst zu der Tempelgruppe C. Als erstes stößt man auf den an der Nordostecke gelegenen Kalan C7 aus dem 9. Jahrhundert. Mit dem Kalan C1 schließt sich der Hauptturm der Tempelgruppe unmittelbar im Zentrum an. Mit seinem gewölbten Dach und dem lang gezogenen Grundriss weist er untypische Merkmale der Cham-Architektur auf. An den Außenwänden sind in den Ziegelstein eingearbeitete Wächterfiguren zu erkennen.

Bei den als D bezeichneten Bauwerken handelt es sich nicht um eine selbständige Gebäudegruppe, sondern um die Mandapa der Gruppen B und C. Der Haupttempel der Gruppe B wurde fast vollständig zerstört. Die mit finanzieller Unterstützung deutscher Fir-

*My Son: Stummer Zeuge einer untergegangenen Kultur*

**Statt sich den Touristenmassen anzuschließen, die am Vormittag nach My Son streben, sollte man den Nachmittag wählen. Dann hat man die Ruinenstätten häufig fast für sich allein.**

*Wächterfiguren, sogenannte Dvarapalas, schmücken die Außenmauern von My Son*

### Region 5
### Zentrum

*Am Ende des Service von A bis Z finden Sie ein Glossar, das u. a. Begriffe wie Mandapa und Kalan erklärt.*

*Henri Parmentier (1870–1949) war ein bedeutender französischer Archäologe in Indochina, der die Richtlinien für Ausgrabungen und Klassifizierungen festlegte. Sein bekanntestes Buch: »Henri Parmentier's Guide to Angkor«.*

men in Ausstellungsräume umgewandelten Mandapa D1 und D2 gehören zu den schönsten und am besten erhaltenen Gebäuden von My Son. Besonders gelungen sind die feinen Ornamentierungen an den Pilastern und den Fensterrahmen. Man nimmt an, dass der ursprünglich mit einem Holzdach bedeckte Mandapa D1 aus dem 10. Jahrhundert stammt. Im Innern sind neben Plastiken, Friesen und Altären auch Bomben ausgestellt, die My Son so großen Schaden zugefügt haben.

Den besten Überblick über die Anlage erhält man von der Gruppe A, die auf der anderen Seite des Flusses liegt, der das Tal durchzieht. Mittelpunkt der aus ursprünglich 13 Türmen bestehenden Anlage soll nach den Aufzeichnungen des französischen Archäologenteams ein 24 Meter hoher Kalan gewesen sein, den der Expeditionsleiter Henri Parmentier als den schönsten Ziegelbau Asiens beschrieb. Auch dieser Kalan wurde während des Vietnamkriegs zerstört. Von hier führt der Rundweg über die Tempelgruppen G, E und F zurück zum Anfang. Die nach jahrelangen Restaurierungsarbeiten wieder neu eröffnete, auf einem kleinen Hügel gelegene F-Gruppe ist hier besonders sehenswert.

## SERVICE & TIPPS

**ℹ️ 🏛 Tempelstadt My Son**
Tägl. 8–17 Uhr
Eintritt 60 000 Dong
Im Besucherzentrum werden die Eintrittskarten verkauft, im Preis inbegriffen sind das Museum sowie die Hin- und Rückfahrt per Jeep vom Parkplatz zu den 2 km entfernten Ruinen. My Son liegt etwa 50 km von Hoi An entfernt.

✖ Kleine **Garküchen** im Umkreis des Besucherzentrums sorgen für das leibliche Wohl.

### CHAM-ARCHITEKTUR

Ein Gang durch die Ruinenstätte von My Son ist wie ein Lehrpfad in die Architekturgeschichte der Cham. Entsprechend der hinduistischen Religion, sollten die *kalan* genannten Tempeltürme den Weltenberg Meru repräsentieren, der als Mittelpunkt der Erde und Wohnsitz der Götter angesehen wird. Er besteht aus drei Bauteilen: dem quadratischen Sockel (das Quadrat als Symbol der Erde), dem geraden Baukörper und einem sich stufenförmig nach oben verjüngenden Dachaufbau. Sockel und Pilaster sind meist mit umlaufenden Sandsteinfriesen oder Schmuckbändern verziert, auf denen Musiker und Tänzerinnen sowie Tierszenen und Pflanzenornamente dargestellt wurden.

Kalane wurden fast immer nach Osten, zur aufgehenden Sonne ausgerichtet. Nur für den seltenen Fall, dass ein Heiligtum zur Verehrung eines verstorbenen Königs erbaut wurde, öffnet sich der Kalan nach Westen. Im Zentrum des dunklen und schmucklosen Inneren des Tempelturms wurde das Kultbild der Gottheit verehrt, der der Tempel geweiht war. Bei den Cham handelte es sich fast immer um den *lingam*, ein Phallussymbol, das den obersten Gott Shiva repräsentiert. Die umlaufende Abflussrinne symbolisiert *yoni*, die weibliche Gottheit.

Alle Kalane wurden mit Holztüren verschlossen. Die Aussparungen für die Türangeln sind bis heute im Mauerwerk vieler Tempel zu erkennen. Einige Kalane sollen früher mit Goldblechen bedeckt gewesen sein, die My Son allabendlich im Widerschein der Sonne erstrahlen ließen.

Südlich des Kalan befindet sich ein als Bibliothek bezeichneter rechteckiger Bau, in dem der Tempelschatz aufbewahrt wurde.

Über dem meist recht zierlichen Bau wölbt sich ein schweres Dach. Die Dächer waren mit Holz gedeckt, das mit Ziegeln und Stroh belegt wurde. Außerhalb der Tempelmauer liegt der sogenannte *mandapa*, eine rechteckige Halle, die zur Vorbereitung der Tempelkulte und als Raum für Tempeltänze diente (vgl. auch S. 81).

*Umgeben von undurchdringlichem Urwald: die rostrote, in mörtelloser Bauweise errichtete Tempelstadt My Son*

# ❼ WOLKENPASS

**Region 5
Zentrum**

Der **Deo Hai Van** ist einer der markantesten geografischen Punkte Vietnams. Obwohl nur 496 Meter hoch, bildet er die Wetterscheide zwischen dem subtropischen Norden und dem tropischen Süden. Gleichzeitig galt die höchste Erhebung entlang der N1 bis zum 15. Jahrhundert als Grenze zwischen dem konfuzianistischen Norden und dem hinduistischen Champa im Süden Vietnams. Die alte Mandarin-Route, ursprünglich von Kaiser Minh Mang Anfang des 19. Jahrhunderts für seine reitenden Boten zur besseren administrativen Durchdringung des Reiches angelegt, wurde 1888 von den Franzosen und später noch einmal von den US-Amerikanern entsprechend den Anforderungen ihres modernen Kriegsgeräts erweitert und modernisiert.

*Von Januar bis April ist der Wolkenpass Hai Van ganz in Wolken gehüllt*

An der 22 Kilometer langen Serpentinenstraße bieten sich immer wieder spektakuläre Ausblicke. Mit etwas Glück erspäht man die Eisenbahn, die sich durch diverse Tunnel und verschlungene Pfade über den Pass quält. Auf der Passhöhe, die von über 1000 Meter hohen Bergen umgeben ist (höchster Berg 1170 m), sollte man sich auf einen pfeifenden Wind und tiefhängende Wolken gefasst machen. Bei jedem Wetter lohnend ist ein kurzer Spaziergang auf dem Bergrücken oberhalb des Halteplatzes. Die hier von Vietnamesen, Franzosen, Japanern und Koreanern angelegten Befestigungsanlagen und Bunker sind stille Zeugen der heftigen Kämpfe, die an dieser strategisch äußerst wichtigen Stelle noch vor wenigen Jahrzehnten tobten.

Die chemische Kriegsführung der US-Amerikaner hat den bis zum Vietnamkrieg vorherrschenden dichten Dschungel vernichtet. An seine Stelle sind in den letzten Jahrzehnten Eukalyptus-Bäume getreten.

Im Juni 2005 wurde nach achtjähriger Bauzeit der Hai-Van-Tunnel, mit einer Länge von 6,3 Kilometern der längste Südostasiens, fertiggestellt. Die Baukosten des vietnamesisch-japanischen Joint Ventures belaufen sich auf geschätzte 250 Millionen Euro – eine Menge Geld, wenn man bedenkt, dass man durch ihn nur eine halbe Stunde Fahrzeit einspart.

## POLITIK DER VERBRANNTEN ERDE

Die von den US-Amerikanern während des Vietnamkriegs gezielt betriebene »Politik der verbrannten Erde« wurde niemals zuvor und danach in irgendeinem Land der Erde derart systematisch umgesetzt. Zum ersten Mal in der Menschheitsgeschichte machte dabei eine Kriegspartei die planmäßige Zerstörung der Umwelt zu einem ihrer Hauptkriegsziele. Abgesehen von den 13 Millionen Tonnen Bomben, die Nordvietnam in eine Kraterlandschaft verwandelten, richteten die 72 Millionen Liter Chemikalien, die über Südvietnam versprüht wurden, die verheerendsten Schäden an.

Das Agent Orange, von dem 42 Millionen Liter über das Land nieder ging, enthielt Dioxin, eine der giftigsten Substanzen der Erde, das Einheimische und US-Soldaten erkranken ließ. In den ersten zehn Jahren nach Ende des Vietnamkriegs wurden über 50 000 Kinder mit Missbildungen zur Welt gebracht. Noch heute befinden sich Rückstände des Giftes im Boden und gelangen so über die Nahrungsmittel in den menschlichen Körper. Es wird noch rund 50 Jahre dauern, bis die Folgewirkungen der Giftgaseinsätze ökologisch gänzlich neutralisiert sind.

Ebenso nachhaltig war der Einsatz von Bulldozern, mit denen große Schneisen in die Wälder gewälzt und die gesamte Humusschicht weggerissen wurde. Nach vietnamesischen Schätzungen wurden durch den Vietnamkrieg 20 000 Quadratkilometer Wald- und landwirtschaftliche Anbaufläche zerstört. Auf einer Fahrt von Hanoi entlang der N1 Richtung Saigon treten die Auswirkungen dieses ökologischen Kahlschlages offen zu Tage. Nicht mehr Jahrhunderte alte Primärwälder prägen hier das Landschaftsbild, sondern Eukalyptus- und Kiefernbäume. Diese sind zwar als Feuerholz und zur Festigung des Bodens von Nutzen, können jedoch das über Jahrtausende gewachsene Ökosystem nicht ersetzen.

**Region 6**
Südliche Zentralküste

# SÜDLICHE ZENTRALKÜSTE UND ZENTRALES HOCHLAND
## TRAUMSTRÄNDE, GOLFPLÄTZE UND LIEBESPÄRCHEN

Ähnlich wie die Nördliche leidet die Südliche Zentralküste unter den naturgegebenen Nachteilen und dem Manko, immer nur Durchgangsstation gewesen zu sein. Bis zum 14. Jahrhundert war sie Siedlungsschwerpunkt der Cham, die erst nach zahlreichen Kämpfen von den nach Süden ziehenden Vietnamesen besiegt werden konnten. Die Tempelbauten, die entlang der gesamten Küste wie Leuchttürme aufsteigen, sind Zeugen jener Epoche.

Trotz einiger größerer Städte wie Quy Nhon und Nha Trang ist die Region mit zehn Millionen Einwohnern auf 45 000 Quadratkilometern für vietnamesische Verhältnisse nur sehr dünn besiedelt. Je weiter man nach Süden fährt, desto tropischer wird die Vegetation. In den letzten Jahren hat sich neben dem »alteingesessenen« Seebad Nha Trang auch die Halbinsel Mui Ne im äußersten Süden zu einem sehr beliebten Touristenziel entwickelt.

*Blick auf die Strandpromenade von Nha Trang*

Das Zentrale Hochland setzt sich aus mehreren Bergmassiven und flachen Hochebenen mit fruchtbaren Basaltböden zusammen. Aufgrund einer Bevölkerungsdichte von 45 Einwohnern pro Quadratkilometer ist es das mit Abstand am spärlichsten besiedelte Gebiet Zentralvietnams. Bis vor wenigen Jahrzehnten stellten Angehörige ethnischer Minderheiten die Mehrzahl der Bewohner. Dies änderte sich erst nach dem Ende des Vietnamkriegs durch die Zwangsumsiedlung Hunderttausender Städter in sogenannte neue ökonomische Zonen. Ähnlich wie im Norden sehen viele Ethnien durch den Zuzug ihre Kultur bedroht.

Das ganzjährig milde Klima eignet sich zum Anbau von Kaffee und Tee, deren Ausfuhr eine immer größere ökonomische Bedeutung gewinnt. Noch Anfang des 20. Jahrhunderts war der größte Teil des Hochlands mit dichtem Wald bedeckt. Aufgrund der Plantagenwirtschaft, der mit der Bevölkerungszunahme einhergehenden Brandrodung und illegalen Abholzung sowie den US-

**Region 6**
Südliche Zentralküste

Zwiebelernte bei Da Lat im Zentralen Hochland

amerikanischen Entlaubungsaktionen während des Vietnamkriegs ist vom dichten Wald heute kaum noch etwas geblieben. Die Region um den von den Franzosen errichteten Bergort Da Lat gilt wegen der dort im großen Stil gezüchteten Blumen und angebauten Obst- und Gemüsesorten als Supermarkt Saigons. Landschaftlich unterscheidet sich die auf einer flachen Hochebene gelegene Region mit ihren ausgedehnten Waldgebieten und savannenartigen Plateaus, auf denen große Rinderherden grasen, deutlich vom Rest des Landes.

Verglichen mit den Besuchermassen, die jedes Jahr über Da Lat herfallen, kommt man sich in den nordwestlichen Provinzen des Zentralen Hochlandes fast verloren vor. Da die gesamte Region bis Ende der 1990er Jahre für Ausländer gesperrt war, ist es kein Wunder, dass sie zu den von ausländischen Touristen am wenigsten besuchten des ganzen Landes gehört. Bedeutende Sehenswürdigkeiten gibt es hier nicht, doch der Reiz der Region mag gerade in ihrer Abgeschiedenheit liegen.

## ❶ BANH IT

Wie Leuchttürme ragen vier Gebäude auf einem Hügel, etwa einen Kilometer südlich der Abzweigung der N19 von der N1, aus der Landschaft auf. Die Anlage von Banh It ist ein letztes Monument der **Cham-Kultur** entlang der N1 zwischen Hoi An und Nha Trang. Obwohl die Bauten Anfang des 11. Jahrhunderts nach der Verlegung der Hauptstadt von Indrapura nach Vijaya als erste größere Tempelgruppe errichtet wurden, sind sie relativ gut erhalten geblieben. Dies gilt insbesondere für die südlich vom Hauptturm stehende Bibliothek mit ihrer reich verzierten Fassade. Vor allem am späteren Nachmittag lohnt der Ausblick in die liebliche, von Flüssen durchzogene Reislandschaft.

*Jedes Jahr im März finden in Buon Ma Thuot die bei Einheimischen wie Touristen besonders beliebten Elefantenrennen statt. Unter den Anfeuerungsrufen der Einheimischen und lautem Getrommel rennen zehn Elefanten mit Höchstgeschwindigkeiten von über 30 km pro Stunde entlang einer gut 1 km langen Strecke.*

## ❷ BUON MA THUOT

Die auf einer Höhe von 450 Metern gelegene Provinzhauptstadt Buon Ma Thuot ist mit ihren hässlichen Plattenbauten wahrlich keine Schönheit. Da passt es ins Bild, dass der mitten im Stadtzentrum auf einem Steinpodest platzierte sowjetische Panzer als Hauptsehenswürdigkeit der 65 000 Einwohner zählenden Stadt gilt. Weit mehr Aufmerksamkeit verdient das nur wenige Meter entfernte **Ethnografische Museum**. Von den dort ausgestellten Kleidungsstücken, Jagd- und Handwerkzeugen gehören die meisten den Ede, der größten Gruppe unter den über 30 Bergstämmen, die in der Provinz Dac Lac leben.

Hauptattraktion der Gegend ist jedoch das in ganz Vietnam bekannte **Elefantendorf Buon Don**, 60 Kilometer nordwestlich von Buon Ma Thuot. Seit Jahrhunderten gelten die hier ansässigen Mnong als die besten Jäger und Abrichter von Elefanten. Schon die Kampf- und Repräsentationselefanten der Nguyen-Kaiser von Hue stammten ausschließlich aus der Region um Buon Don. Touristen können bei den täglichen Vorführungen zusehen, wie die Elefanten für ihre Waldarbeit trainiert werden. Selbstverständlich besteht auch die Möglichkeit, auf diesen majestätischen Tieren zu reiten.

### Region 6
### Südliche Zentralküste

*Auge in Auge mit dem Elefanten im Mnong-Dorf Buon Don*

## SERVICE & TIPPS

### ℹ Da Lac Tourism
3 Phan Chu Trinh, Bon Ma Thuot
✆ (050) 385-2324, tägl. 10–17 Uhr
Freundliches Personal, organisiert Ausflüge zu allerdings recht hohen Preisen.

### 🏛 Ethnografisches Museum
1 Me Mai, Bon Ma Thuot
Tägl. außer Mo 7.30–11 und 13.30–17 Uhr, Eintritt 20 000 Dong
Kleidung, Arbeitsgeräte und Fotos der Bergstämme des Zentralen Hochlandes, speziell der Ede und Muong.

### ◉ Dray-Sap-Wasserfälle
Die 27 km südwestlich von Buon Ma Thuot gelegenen Wasserfälle können im Zuge einer Halbtagestour besichtigt werden. Ihren Namen – »Rauchende Wasserfälle« – erhielten die mit 150 m größten Wasserfälle Südvietnams aufgrund der Wassergischt. Dass sich der Ausflug auch bei Einheimischen gerade am Wochenende großer Beliebtheit erfreut, belegen die am Wochenanfang herumliegenden Abfälle.

### ✕ Black & White Restaurant
171 Nguyen Cong Tru
Bon Ma Thuot
Tägl. 7–22 Uhr
Das mit Abstand beste Restaurant der Stadt mit freundlicher Bedienung offeriert auf zwei Etagen köstliche vietnamesische Gerichte, frisch zubereitet – die Auswahl reicht von Fisch bis zu Täubchen.
$$–$$$

*In Buon Don werden die Arbeitselefanten vor allem für den Transport von Edelhölzern eingesetzt*

**Region 6**
Südliche Zentralküste

## ❸ CAM RANH

Schon die Japaner machten sich während des Zweiten Weltkriegs die exzellenten Bedingungen des Naturhafens von Cam Ranh zunutze. Später, von 1964 bis 1973, bauten ihn die US-Amerikaner zur **größten Marinebasis Vietnams** aus. Seit 1980 war Cam Ranh neun Jahre lang der größte russische Marinestützpunkt außerhalb der Sowjetunion.

Die Cham-Türme von **Hoa Lai**, 14 Kilometer nördlich von Phan Rang bei dem Dörfchen Tan Hai, stammen aus dem 8. und 9. Jahrhundert und gehören damit zu den ältesten Ziegelsteinbauten der Cham. Auch hier haben der Zahn der Zeit und die Kriege ihre Spuren hinterlassen. Von den ursprünglich drei Kalan sind nur noch zwei erhalten. Der Nordturm mit seinem markanten dreistufigen Dach ist mit den feinen Verzierungen ein schönes Beispiel für die hochstehende Kultur der Cham zu diesem relativ frühen Zeitpunkt ihrer Geschichte. Die Türme von Ho Lai entstanden kaum mehr als ein Jahrhundert nachdem die Cham vom Holz- zum Ziegelsteinbau übergegangen waren. Besonders schön sind die mit feinen Tier- und Pflanzenornamenten verzierten Pilaster.

## ❹ CHIEN DAN

*Das Ramayana ist das zweite große indische Nationalepos. Eine Dichtung, die dem Weisen Valmiki zugeschrieben wird (4./3. Jh. v. Chr.–2. Jh. n. Chr.).*

Die drei 20 Kilometer südlich von Hoi An errichteten Cham-Türme sind die ersten einer Reihe von **Cham-Heiligtümern**, die einem auf dem Weg von Hoi An entlang der Südlichen Zentralküste begegnen. Von den drei Kalan, die zwischen dem 11. und 12. Jahrhundert erbaut wurden, ist der mittlere am besten erhalten.

Bei den 1989/90 durchgeführten Restaurierungsarbeiten wurden an den Sockeln Hunderte von Reliefs freigelegt. Besonders beeindruckend

### MINDERHEITEN DES HOCHLANDS

Während die Bergvölker des Nordens bereits durch ihre bunten Trachten auffallen, haben sich die Minderheiten des Zentralen Hochlands durch ihre moderne Kleidung den Vietnamesen angepasst. Aufgrund ihrer dunkleren Hautfarbe und weniger ausgeprägten mongoliden Gesichtszügen unterscheiden sie sich deutlich von den Bergstämmen des Nordens. Bei einigen Völkern wie den Jarai und den Ede haben sich matriarchalische Gesellschaftsstrukturen erhalten.

Viele dieser Minderheiten, etwa die ursprünglich halbnomadisch als Rinder- und Pferdezüchter lebenden **Jarai**, sind als sesshafte Pflanzer durch den Anbau von Tabak- und Kaffee zu bescheidenem Wohlstand gelangt. Die **Ede** (240 000), nach den Jarai (320 000) die zweitgrößte ethnische Gruppe des Zentralen Hochlands, genießen als Handwerker einen ausgezeichneten Ruf.

Die traditionellen hölzernen Pfahlbauten machen immer häufiger ebenerdigen Häusern Platz. Allerdings finden sich zuweilen noch die charakteristischen, auch als Sulawesi und Sarawak genannten, bis zu 90 Meter langen Langhäuser. Auch wenn durch die zunehmende wirtschaftliche Verzahnung eine immer stärkere Angleichung der Sitten und Gebräuche stattfindet, sind die meisten von Minderheiten des Hochlands bis heute Animisten.

Man unterscheidet die malayo-polynesischen Stämme (Jarai, Ede) und die Gruppe der Mon-Khmer (Bahnar, Sedang, Kohor, Mnong). Die **Bahnar** (190 000) und **Sedang** (120 000) sind Viehzüchter und Pflanzer. Die als Töpfer und Schmiede bekannten **Kohor** (110 000) bekennen sich schon seit dem 18. Jahrhundert zum Christentum. Als Elefantenzüchter und Jäger haben sich die **Mnong** (72 000) einen Namen gemacht.

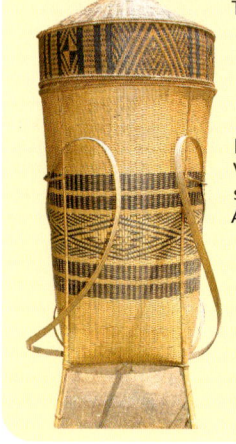

*Tragekorb der Sedang aus dem Zentralen Hochland*

ist das Basrelief auf der Südseite mit Szenen aus dem Ramayana. An der Nordseite sind Tänzerinnen und Musikanten sowie zwei Elefanten, die mit einer Lotosblume spielen, zu erkennen.

Die Vielzahl der Funde lässt vermuten, dass Chien Dan der ursprüngliche Kern einer größeren Cham-Siedlung war. Die meisten sind nur noch bruchstückhaft erhalten. Dennoch gelang es den Restauratoren, einige der Sandsteinreliefs wieder an der Originalstelle einzusetzen. Einige der schönsten Reliefs und Skulpturen sind in einem bescheidenen Museum ausgestellt.

**Region 6
Südliche
Zentralküste**

## ❺ DA LAT – STADT DES EWIGEN FRÜHLINGS

*In Vietnam ist die Betreuung der jüngeren Kinder durch die älteren Geschwister eine Selbstverständlichkeit*

Nadelwälder statt Palmen, Kolonialvillen statt Tunnelhäuser, Pullover statt T-Shirt, Pferdekutschen statt Cyclos, Golf statt Fußball, Erdbeeren, Blumenkohl und Spargel statt Rambutan, Durian und Drachenfrucht. Da Lat ist anders – und irgendwie auch ein Unikum. Kurios war schon die Entstehungsgeschichte der auf 1500 Meter Höhe gelegenen Stadt des ewigen Frühlings, wie sie aufgrund ihrer Durchschnittstemperatur von 18 Grad auch genannt wird.

Mehr oder weniger zufällig entdeckte der schweizerisch-französische Arzt Alexandre Yersin 1897 den Ort auf einer seiner vielen Reisen durch das Hochland. Danach dauerte es jedoch noch einmal 15 Jahre, bis sich die ersten Europäer in Da Lat ansiedelten. Nach diesen »Startschwierigkeiten« entwickelte sich die Stadt schnell zu einem der florierendsten Orte des Landes. Die hitzegeplagten Europäer fühlten sich angesichts der über 2000 Meter hohen, mit Kiefern bewachsenen Berge, der Wasserfälle und Seen in ein mitteleuropäisches Bergdorf versetzt – ideal um ihr Heimweh ein wenig zu kurieren.

Spätestens 1932, nachdem die 310 Kilometer lange Straße nach Saigon eröffnet wurde, strömte die High Society Vietnams nach Da Lat. Man wohnte im mondänen Palace Hotel oder baute sich gleich seine eigene Villa in die umliegenden Hänge. Speziell während der heißen Sommermonate traf man sich in den vornehmen Clubs; die Damen zeigten ihre neueste Hutmode beim Spaziergang um den Xuan-Huong-See, während die Herren sich auf dem Rücken von Elefanten auf die Großwildjagd in den damals noch dichten Wäldern der Umgebung begaben. Da Lat reihte sich ein in den exklusiven Klub asiatischer Bergkurorte wie Bandung (Indonesien), Shimla (Indien) oder Maymyo (Myanmar), in denen sich die Kolonialherren ganz wie zu Hause fühlen konnten.

Ein gutes halbes Jahrhundert ist seitdem vergangen und die Franzosen sind längst abgezogen, doch der Popularität hat das keinen Abbruch getan. Die Tourismusindustrie ist inzwischen neben der Landwirtschaft der größte Arbeitgeber. Von den jährlich über 800 000 Touristen sind weit über 90 Prozent Einheimische. Hatten sich die Franzosen in Da Lat wegen der heimisch-vertrauten Umgebung und des »europäischen« Klimas verliebt, zieht es die Vietnamesen in Scharen nach Da Lat, weil nur sie die Stadt gerade wegen ihres »Andersseins« als exotischen Ort sehen. Besonders beliebt ist Da Lat bei Jungvermählten, für die die zahlreichen Seen, Wasserfälle und Wälder der Inbegriff von Romantik sind. Die »Vietnamisierung« Da Lats blieb naturgemäß nicht ohne Folgen für das ursprünglich von Kolonialgebäuden und Villen geprägte Stadtbild. Die französischen Gebäude werden immer mehr zu Randerscheinungen neben den gesichtslosen Neubauten, die den ökonomischen Aufschwung der letzten

**Region 6**
Südliche
Zentralküste

zehn Jahre dokumentieren. Auch die in der Umgebung lebenden Angehörigen der Bergstämme sieht man in den Gassen und um den Zentralmarkt kaum noch ihre Waren anbieten.

## Stadterkundung

*Da Lat ist in ganz Vietnam für ausgezeichnetes Gemüse und saftige Früchte bekannt. Nirgendwo ist die Auswahl so groß. Unbedingt probieren sollte man die köstlichen Erdbeeren, Pflaumen und Pfirsiche, die überall an Ständen rund um den Markt feilgeboten werden.*

Da Lats Charme entfaltet sich vornehmlich auf der ursprünglich von den Franzosen bebauten südlichen Seite des Xuan-Huong-Sees. Die einzige »Sehenswürdigkeit« im Stadtzentrum ist der **Zentralmarkt**. Der hässliche Bauklotz aus den 1960er Jahren ist zwar eine Bausünde, doch dafür sind die im Innern mit Gemüse und Blumen überfüllten Stände ein einziger Augenschmaus. Ein Großteil der Ware wird nach Saigon transportiert, weshalb Da Lat auch als »Supermarkt Saigons« bezeichnet wird.

Der nach einem vietnamesischen Schriftsteller benannte **Xuan-Huong-See** wurde erst 1919 durch die Stauung des Flusses Cam Ly geschaffen. Dass der fünf Quadratkilometer große See später einmal Lieblingstreffpunkt Zigtausender vietnamesischer Liebespaare sein würde, hätten sich die französischen Kolonialbeamten sicher nicht träumen lassen. Händchenhaltend sitzen sie in einem der zahlreichen Cafés, lassen sich von Pferdekutschen auf der sechs Kilometer langen Uferstraße um den See fahren oder genießen die Aussicht von den weißen Schwan-Tretbooten. Als beliebtes Fotomotiv dienen den Frischvermählten auch die **Blumengärten** am Nordende des Sees. Der sich südöstlich daran anschließende Golfplatz war der erste und gilt immer noch als einer der besten ganz Vietnams.

Das ehemalige **Lycée Yersin** ist eines von zahlreichen Kolonialgebäuden auf der westlichen Seite des Xuan-Huong-Sees. Der Backsteinbau diente als Eliteschule und beherbergt noch heute ein Gymnasium. Eines der schönsten Relikte der französischen Kolonialzeit ist das Anfang der 1990er Jahre stilvoll renovierte **Bahnhofsgebäude**. Die historischen Fotos an den Wänden des kleinen Museums, das in den Räumlichkeiten des leuchtend gelb gestrichenen Bahnhofs untergebracht ist, geben einen lebendigen Eindruck von den Anfangstagen der Eisenbahn in Da Lat. Zwischen 1928 und 1964 war Da Lat über eine Eisenbahnlinie mit dem Küstenort Phan Rang verbunden. Wegen des großen Höhenunterschieds musste ein Teil der landschaftlich schönen Strecke mit einer aus der Schweiz importierten Zahnradbahn überbrückt werden. Der Zugverkehr wurde Anfang der 1970er Jahre eingestellt, aber inzwischen kann man wieder ein acht Kilometer langes Teilstück bis zum Dorf Trai Mat befahren.

Die Exponate des **Lam-Dong-Museums**, das oberhalb des Bahnhofs an der Hung-Vuong-Straße liegt, spannen einen weiten Bogen von der Steinzeit bis zum Befreiungskampf gegen die Franzosen und Amerikaner. Schwerpunkt der Ausstellung sind die im Umkreis von Da Lat ansässigen Bergstämme der Ma und Kohor. Vom Museumsgelände bietet sich ein weiter Blick in die Umgebung.

Ein typisches Beispiel des Art-déco-Stils ist die von einer weitläufigen Gartenanlage umgebene ehemalige **Residenz des französischen Generalgouverneurs**. Der 1933 errichtete 25-Zimmer-Palast an der Tran Hung Dao war nach Abzug der Franzosen beliebtes Domizil südvietnamesischer Politiker. Der zurzeit leer stehende Bau soll in ein Luxushotel umgewandelt werden.

Wie man koloniale Bauten stilvoll renovieren kann, beweist das **Palace Hotel**. Unter dem Namen Grand Hotel galt die 1922 eingeweihte Nobelherberge Jahrzehnte lang als die erste Adresse von Da Lat. Nach der aufwendigen Renovierung durch eine französische Hotelgruppe erstrahlt das Palace wieder im alten Glanz. Den Blick vom Garten über den Xuan-Huong-See sollte man sich nicht entgehen lassen. Auch das in den 1930er Jahren erbaute **Dalat Hotel** wurde nach Renovierungsarbeiten durch die Novotel-Gruppe wieder eröffnet.

**Region 6**
Südliche
Zentralküste

Das markante Sandsteingebäude der 1942 von den Franzosen eingeweihten **Kirche Nha To Lon** markiert die Weggabelung zwischen dem westlichen und östlichen Teil des europäischen Viertels. Geht man weiter Richtung Westen durch die kurvenreichen Straßen des ehemaligen europäischen Viertels, erwartet einen am Ende der Tran-Phu-Straße das **Hang Nga**, eines der skurrilsten Gebäude ganz Vietnams. Mit den vorspringenden Erkern, Türmchen, tunnelartigen Öffnungen und riesigen Spinnennetzen aus Draht würde die knallbunte Villa selbst in Disneyland für Aufsehen sorgen – kein Wunder, dass es bei den Einheimischen unter dem Namen »Crazy House« bekannt ist. Wem dieses Ambiente keine Alpträume beschert, der kann hier auch übernachten.

Ebenso schrill wie das Spinwebhaus gibt sich die exzentrische Besitzerin, Mrs. Dang Viet Nga. Meist ist sie schon von Weitem an ihren wehenden Kleidern zu erkennen. Madame Nga genießt eine gewissen Narrenfreiheit im sozialistischen Vietnam, weil sie die Tochter von Truong Chinh ist, dem ehemaligen Ministerpräsidenten von Vietnam.

An Entscheidungsfreiheit was die Gestaltung seines Sommerpalastes betraf, mangelte es selbstverständlich auch Kaiser Bao Dai nicht. Doch wie der auf einem Bergrücken am Ende der steil ansteigenden Straße Le Hong Phong stehende **Bao Dai Palast** aus dem Jahr 1933 belegt, entschied sich das Staatsoberhaupt für eine eher konservative Lösung. Einige der insgesamt 25 Zimmer der zweigeschossigen, in die Jahre gekommenen Villa können besichtigt werden. Interessant sind neben den im Originalzustand erhaltenen Möbelstücken, Antiquitäten und Geschenken vor allem die zahlreichen historischen Aufnahmen. Vom Garten des Hauses bietet sich ein schöner Blick auf Da Lat. Auf dem Rückweg kann man noch einen Blick auf das Pasteur-Institut werfen.

Die fünf Kilometer südöstlich, auf einem Berg inmitten eines Pinienwaldes gelegene Tempelanlage von **Thien Vuong** wurde 1958 von einem chinesischen Mönch gegründet. Die auch unter dem Namen Chua Tau (Chinesische Pagode) bekannte Pagode besteht aus drei gelb gestrichenen Holzgebäuden. Besonders interessant ist der dritte Tempel mit drei jeweils über vier Meter hohen Buddhastatuen, die dem Kloster 1960 als Geschenk übergeben wurden. Jede der aus Sandelholz hergestellten Skulpturen wiegt 1,4 Tonnen. Sie stellen von links nach rechts Dai The Chi Bo Tat, einen Schüler Amitabhas, den Buddha der Vergangenheit, Sakya-

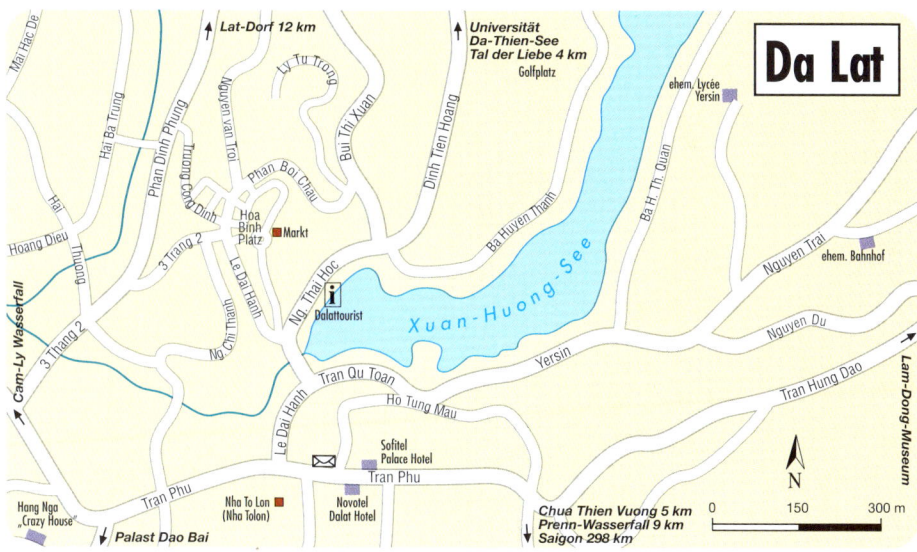

> **Region 6**
> **Südliche Zentralküste**

muni, den historischen Buddha, und Quan Am, die Göttin der Barmherzigkeit, dar.

Das **Tal der Liebe**, fünf Kilometer nördlich von Da Lat, wird jedes Wochenende von Tausenden Vietnamesen heimgesucht. Die unzähligen Souvenirshops und Verleihstellen für Ponys und Tretboote erinnern inmitten des Pinienwaldes an einen Rummelplatz. Die Landschaft weckt bei den hier besonders häufig anzutreffenden Flitterwöchnern, die sich von den überall bereitstehenden Fotografen ablichten lassen, offenbar besonders romantische Gefühle – Mitteleuropäer erinnert sie in erster Linie an zu Hause.

*Wer landschaftliche Schönheit und friedliche Atmosphäre in einem Halbtagesausflug zu vereinen sucht, dem sei ein Ausflug zum ca. 4 km südlich von Dalat gelegenen Truc Lam Garden Monastery empfohlen. Das pittoresk oberhalb des Thuyen Lam-Sees gelegene Zen-Kloster liegt innerhalb einer sehr gepflegten Gartenanlage und beherbergt ca. 100 Mönche.*

*Vom Stadtzentrum sind es etwa eine Stunde zu Fuss oder 20 Minuten mit dem Auto oder Motorrad. Als dritte Möglichkeit bietet sich eine Seilbahn an, die die weitläufige Klosteranlage mit dem Hügel verbindet. Am Wochenende wird sie häufig von Hunderten von Ausflüglern besucht.*

## SERVICE & TIPPS

### ℹ️ Dalattourist
2 Nguyen Thai Hoc, Da Lat
☎ (090) 884-5573
http://dalattourist.info
Tägl. 10–17 Uhr

### ⓘ Hang Nga (Crazy House)
3 Huynh Thuc Khang, Da Lat
Tägl. 7.30–19 Uhr
Eintritt 40 000 Dong
Exzentrisch gestaltetes Haus der Tochter eines ehemaligen Ministerpräsidenten, das besichtigt werden kann.

### 🏛 Lam-Dong-Museum
4 Hung Vuong, Da Lat
Di–Sa 8–11.30 und 14–16.30 Uhr
Eintritt 10 000 Dong
Museumsschwerpunkt: Bergstämme der Region.

### 🚆 Bahnfahrten
Bahnhof Da Lat
Tägl. viermal
Fahrpreis 100 000 Dong
Nicht nur für Eisenbahn-Nostalgiker ein reines Vergnügen sind die angebotenen Fahrten zum 7 km entfernten Dorf Trai Mat.

### ✕ Le Rabelais
35 Tran Phu Dao (im Sofitel Da Lat Palace Hotel), Da Lat
www.dalatresorts.com
Tägl. 7–22 Uhr
Ausgezeichnete Küche in stilvollem Ambiente im Restaurant des Palace Hotel, französische und vietnamesische Gerichte. $$$$

### ✕ Cafe de la Poste
Tran Phu, Da Lat
☎ (063) 382-5777
Tägl. 7–22 Uhr
Fine Dining im äußerst stilvollen Ambiente eine französischen Villa. Interessante Auswahl zwischen französischen Speisen und ausgezeichneten Nudelgerichten, Sandwiches und Salaten. $$–$$$$

### ✕ Da Quay
49 Truong Quong Dinh, Da Lat
Tägl. 8–22 Uhr
Trotz seines stilvollen Ambientes ein erstaunlich günstiges Restaurant mit einer großen Auswahl an schmackhaften einheimischen Gerichten. besonders empfehlenswert sind die Fischgerichte im Tontopf. $$

### ✕ Trong Dong
Phan Dinh Phung, Da Lat
☎ (063) 382-1889
Tägl. 11.30–14.30, 17–21.30 Uhr
Authentisch vietnamesisches Restaurant mit köstlichen Salaten (Papayasalat), Hauptgerichten (Sweet & Sour Fish) und Nachspeisen (hauseigenes Yoghurt), das alles bei sehr freundlichem Service und günstigen Preisen. $$

### ✕ V Café
1/1 Bui Thi Xuan, Da Lat
☎ (063) 352-0215, tägl. 7–22 Uhr
»Essen wie bei Großmutter« heißt der hauseigene Slogan. Tatsächlich kocht die Frau des (amerikanischen) Besitzers köstliche Gerichte, wobei die Bandbreite von einheimisch über mexikanisch bis westlich reicht.
Beste hausgemachte Kuchen. $$

### 🏌 Dalat Palace Golf Club
Phu Dong Thien Vuong, Da Lat
☎ (063) 382-1201
www.dalatresorts.com
Der am Nordufer des Xuan Huong-Sees gelegene Golfplatz darf auch von Nichtmitgliedern gegen eine Gebühr von $ 65 benutzt werden.

### 🛍 Zentralmarkt
Da Lat, tägl. geöffnet
Hier gibt es auch Erdbeeren, Kartoffeln und Blumenkohl.

**Region 6
Südliche
Zentralküste**

*Am Lien-Khang-
Wasserfall bei Da Lat*

## ❻ DAM MON

Dam Mon ist der pittoreske Fischerhafen der 30 Kilometer langen **Halbinsel Hon Gom**. Aufgrund der sehr reizvollen Landschaft mit hoch aufragenden Dünen und schneeweißen Stränden sowie den exzellenten Tauchmöglichkeiten, haben sich hier in den letzten Jahren einige hübsche Gasthäuser und Hotels angesiedelt.

Die meisten Touristen kommen aus Frankreich, tauchte hier doch bereits Mitte der 1930er Jahre der heute legendäre Meeresforscher und Dokumentarfilmer Jacques Cousteau. Wenn man um die ehrgeizigen Pläne der Tourismusindustrie weiß, bleibt zu hoffen, dass das bis jetzt noch relativ unberührte Dam Mon mit seinen einzigartigen Korallenriffen nicht allzu viel Schaden nimmt.

## ❼ DOC LET

Der 35 Kilometer nördlich von Nha Trang gelegene Strand von Doc Let braucht den Vergleich mit vielen anderen, weitaus bekannteren des Landes nicht zu scheuen. Die hier in den letzten Jahren entstandenen Luxusresorts bieten sich als Alternative zum umtriebigen Nha Trang an.

## ❽ KHUONG MY

Der Name Khuong My mag Besuchern des Cham-Museums in Da Nang ein Begriff sein. Dem Kunststil, der nach dem kleinen Städtchen 30 Kilometer südlich von Hoi An benannt ist, ist dort ein ganzer Ausstellungsraum gewidmet.

Ähnlich wie in Chien Dan stehen hier drei nach Osten ausgerichtete Kalan. Die mächtigen Pilaster des Südturms sind mit Mustern in Form von Traubenblättern dekoriert. Wegen der in unmittelbarer Umgebung gefundenen Überreste weiterer Bauwerke und Begrenzungsmauern nimmt man an, dass die Türme ursprünglich Teil einer wesentlich größeren Anlage waren.

**Region 6**
Südliche Zentralküste

*Palmenstrand in Mui Ne*

## ❾ MUI NE

Mit seinem sieben Kilometer langen, schneeweißen, von Kokospalmen gesäumten Strand, dem türkisfarbenen Meer, der fast immer strahlenden Sonne und der stets wehenden Brise scheint Mui Ne einer Bacardi-Reklame entsprungen zu sein. Bis Mitte der 1990er Jahre lag die Halbinsel noch völlig im touristischen Abseits. Einzig Modefotografen störten zuweilen die von der Welt abgeschiedene Ruhe der fast ausschließlich vom Fischfang lebenden Einheimischen. Die feuerrot leuchtenden Sanddünen finden sich als Hintergrund vieler Hochglanzfotos internationaler Modemagazine.

Heute buhlen etwa siebzig Hotels um die Gunst der jährlich wachsenden Zahl von Touristen aus aller Welt. Neben Nha Trang und Phu Quoc gehört Mui Ne zu den beliebtesten Badeorten Vietnams. Trotz aller Veränderungen hat er sich erstaunlicherweise eine angenehm geruhsame Atmosphäre bewahrt. Die meisten Hotels sind stilistisch gelungen in die Landschaft eingefügte Bungalowanlagen. Die austauschbare Anonymität großer Hotelketten ist Mui Ne bis jetzt erspart geblieben. Auch die mit dem Massentourismus Einzug haltenden Freizeit- und Shoppingangebote stecken erst in den Kinderschuhen.

Wegen des ganzjährig frischen Brise (von November bis Februar kann es auch stürmisch werden) gilt Mui Ne als ein Eldorado für Drachenflieger, Surfer und Windsurfer.

*Mit Glück entdeckt man die inzwischen selten gewordenen kreisrunden Bambuskörbe, mit denen die Fischer vom Festland zu den Booten rudern. Wie es ihr Name **Thung Chai** (Thung = Korb, Chai = Pech) schon sagt, werden die geflochtenen Bambuskörbe von etwa zwei Metern Durchmesser mit Pech abgedichtet (Mui Ne).*

### SERVICE & TIPPS

ℹ️ **Binh Thuan Tourism**
Phan Thiet, 82 Trung Trac
Mui Ne
☏ (062) 382-2494
www.muinebeach.net
Tägl. 10–17 Uhr

Neben den oftmals sehr guten Resort-Restaurants:

✗ **La Taverna**
229 Nguyen Dinh Chieu
Mui Ne
☏ (062) 372-3242
Ausgezeichnete Pizza, Pasta und Fleischgerichte, dazu auch einige gelungene vietnamesische Speisen. $$–$$$

✗ **Lam Tong**
92 Nguyen Dinh, Mui Ne
☏ (062) 384-7598
Tägl. 11.30–22 Uhr
Das nette Familienrestaurant macht auf den ersten Blick wenig her. Doch werden hier ausgezeichnete Fischgerichte zu kleinen Preisen serviert. $–$$

✗ 🪁 **Wassersport/Drachenfliegen**
– **Airwaves**
☏ (062) 384-7440
www.airwaveskitesurfing.com
– **Jibe's Beach Club**
☏ (062) 384-7405
www.windsurf-vietnam.com
– **Windchimes Center**
☏ (062) 390-9720
www.kiteboarding-vietnam.com

**Ausflugsziele:**

🌐 Wer sich seine im besten Sinne faulen Tage in Mui Ne ein wenig auffrischen will, dem bieten sich mit dem Bau-Ba-See, Ke Ga und Nui Ta Cu drei sehr schöne Ausflugsziele in der Umgebung, die sich im Rahmen eines Tagesausfluges kombinieren lassen.

Beim Anblick des trotz seines Namens (Weißer See) tiefblau schimmernden **Bau-Ba-Sees** mit den schneeweißen Sanddünen im Hintergrund meint man sich nach Afrika verirrt zu haben. Diese Kulisse bietet sich ebenso für einen gemütlichen Stopp an wie die Fahrt nach **Ke Ga** zum höchsten Leuchtturm Vietnams. Der Rundblick von dem auf einer kleinen Insel direkt vor der Küste gelegenen Turms ist einfach spektakulär.

Etwas mehr Engagement bedarf die Besteigung des **Nui Ta Cu**, des 588 Meter hohen Bergs. Nach dem etwa 90-minütigen Aufstieg erblickt man auf der Spitze eine Pagode und die erst 1972 aufgestellte Statue eines liegenden Buddhas. Mit einer Länge von 49 und einer Höhe von zehn Metern handelt es sich dabei um die größte Statue dieser Art im ganzen Land.

**Region 6**
**Südliche**
**Zentralküste**

*Vielerorts ist das Fahrrad noch immer Transportmittel Nummer eins*

## 🔟 MY LAI

Die Provinz Quang Ngai, bereits während der französischen Kolonialzeit ein Zentrum des Widerstandes gegen die ausländischen Invasoren, war während des Vietnamkriegs eine der am heftigsten umkämpften Regionen des Landes. 70 Prozent aller Dörfer waren durch Bombardements oder Artilleriebeschuss zerstört worden. *Search and Destroy*-Aktionen der US-Amerikaner und Guerillaübergriffe der Vietcong wechselten einander ständig ab.

Der Name My Lai wurde weltweit zu einem Synonym für die Grausamkeit und Sinnlosigkeit des US-amerikanischen Krieges in Vietnam. Das unscheinbare Dorf inmitten friedlicher Bilderbuchlandschaft, zwölf Kilo-

---

**MISSING IN ACTION**

»They won the war and lost the peace.« Dieses zynische Motto war lange Zeit das Dogma der US-amerikanischen Politik, wonach die Vietnamesen zwar den Befreiungskrieg gegen die US-Amerikaner gewonnen, aber die nachfolgenden Jahre durch Misswirtschaft verloren haben. Nicht nach Aussöhnung oder gar nach Wiedergutmachung für die von ihnen verursachten massiven Kriegsschäden, sondern nach Revanche für die schmachvolle Niederlage sannen die Politiker in Washington.

Das von den US-Amerikanern initiierte weltweite Wirtschaftsembargo und der Ausschluss aus allen nichtkommunistischen Organisationen wurde nicht zuletzt mit dem Vorwurf gerechtfertigt, dass die Hanoier Regierung über 30 Jahre nach Kriegsende immer noch ehemalige amerikanische Soldaten in geheimen Gefängnissen inhaftiert.

Seit die Hanoier Regierung im Frühling 1973 im Zuge der »Operation Homecoming« die letzten 591 Kriegsgefangenen an die USA übergeben hatte, sind nach wie vor über 2000 ehemalige GIs verschollen *(Missing in Action)*. Eine vergleichsweise geringe Zahl, wenn man bedenkt, dass insgesamt drei Millionen US-amerikanische Soldaten während des Kriegs in Vietnam stationiert waren. Darüber hinaus verloren geschätzte 800 Piloten ihr Leben, als sie auf offener See abgeschossen wurden oder mit ihren Maschinen in den Dschungel stürzten.

Dass die konservativen Interessengruppen in den USA, die mit großer medialer Unterstützung behaupteten, es gebe nach wie vor mehrere Hundert Kriegsgefangene in Vietnam, es mit der Wahrheit nicht so ganz genau nahmen, zeigte sich Mitte der 1980er Jahre. Die von ihnen verbreiteten Fotos von angeblich in vietnamesischer Kriegsgefangenschaft gehaltenen GIs stellten sich recht bald als Fälschungen heraus. Auch die Tatsache, dass die Vorwürfe nach der Aufnahme diplomatischer Beziehungen unter der Clinton-Regierung (1995) sehr schnell an Vehemenz verloren, legt den Verdacht nahe, dass die Anschuldigungen von politischen Motiven getragen wurden.

Die schätzungsweise 300 000 verschollenen vietnamesischen Soldaten waren übrigens bis heute keine Schlagzeile wert.

**Region 6
Südliche
Zentralküste**

meter östlich der Provinzhauptstadt Quang Ngai, war am 16. März 1968 Schauplatz eines der schlimmsten Kapitel des Vietnamkriegs. Innerhalb von knapp zwei Stunden hatte eine US-amerikanische Kompanie unter der Leitung des damals 24-jährigen Leutnants William Calley in einer *Search and Destroy*-Aktion, in der sie nicht ein einziges Mal unter feindlichen Beschuss geriet, 504 Dorfbewohner, darunter 173 Kinder, 76 Babys und 60 Greise, getötet – nur fünf Bewohner überlebten das Massaker. Der einzige US-amerikanische Verletzte war ein Soldat, der sich selbst in den Fuß geschossen hatte, um sich der Schlächterei zu entziehen.

Nachdem von führenden Militärs alles getan worden war, um die Aktion zu verschleiern, führten erst die Aussagen des Soldaten Ron Ridenhour und hartnäckige Nachforschungen einiger Journalisten dazu, dass die wahren Hintergründe des Massakers von My Lai an die Öffentlichkeit gelangten. Als dann auch noch Fotos eines der in My Lai beteiligten Armee-Fotografen in den Zeitungen auftauchten, ging ein Aufschrei der Entrüstung durch die US-amerikanische Öffentlichkeit. Angeklagt wurde jedoch mit Calley nur einer der 27 am Massaker beteiligten Soldaten. Zu einer lebenslangen Haftstrafe verurteilt, wurde er nach nur drei Jahren von US-Präsident Nixon begnadigt. In seiner 1972 veröffentlichten Autobiografie mit dem bezeichnenden Titel »Ich war gerne in Vietnam« zeigt Calley keinerlei Reue.

Die 1976 eingerichtete Gedenkstätte hält auf beeindruckende Weise die Erinnerung an die Gräueltaten vom März 1968 wach. Die Tragik des Ortes ist auch heute noch spürbar. Steinstelen wurden an jenen Stellen platziert, wo die in Todesangst flüchtenden Dorfbewohner von den US-amerikanischen Soldaten erschossen wurden. In einem kleinen Museum sind die während und unmittelbar nach dem Massaker von US-amerikanischen Armeefotografen gemachten Aufnahmen zu sehen, die 1969 die Weltöffentlichkeit entsetzten.

## ⑪ NHA TRANG – NIZZA AM SÜDCHINESISCHEN MEER

Liegt man am breiten, fünf Kilometer langen Sandstrand, vor sich das türkisblaue Meer, über sich im Winde wiegende Palmen, neben sich ein erfrischendes Getränk, kann man verstehen warum Nha Trang das meistbesuchte Seebad Zentralvietnams ist. Und es verwundert nicht, dass sich die Franzosen bei dem Anblick an die Côte d'Azur erinnert fühlten.

Mit dem Bau des mondänen Grandhotels und der Uferpromenade, die von Cafés und Restaurants gesäumt ist, entwickelte sich Nha Trang schon vor über 100 Jahren zu einem der bekanntesten Orte des Landes. Die Gästeliste des Hotels las sich wie ein Who's who der vietnamesischen High Society. Selbst Bao Dai, der letzte Kaiser von Vietnam, war derart begeistert, dass er fünf Villen in bester Lage mit Meerblick erwarb.

Bereits Ende des 19. Jahrhunderts ließ sich der schweizerisch-französische Arzt

Alexandre Yersin, einer der bekanntesten europäischen Wissenschaftler, in Nha Trang nieder. Das von ihm gegründete Pasteur-Institut ist heute eine der Hauptsehenswürdigkeiten Nha Trangs.

In den letzten zehn Jahren sind eine Reihe ausgezeichneter Hotels und Restaurants eröffnet worden, die an sich schon beeindruckende Uferpromenade wurde erweitert und verschönert und zudem einige der über siebzig vorgelagerten Inseln für die Ansprüche des modernen Tourismus entwickelt. Dass die Stadtplaner bereits über die Landesgrenzen hinaus denken, verdeutlicht der internationale Flughafen im 35 Kilometer südlich gelegenen Cam Ranh. Da sich die knapp 400 000 Einwohner zählende Großstadt neben den naturgegebenen Schönheiten auch noch durch einige echte Sehenswürdigkeiten und ein heiteres wie friedliches Flair auszeichnet, bietet sie sich für einen längeren Zwischenstopp auf dem Weg von Zentral- nach Südvietnam an.

**Region 6
Südliche
Zentralküste**

## Stadterkundung

Lange bevor die Franzosen die Stadt für sich entdeckten, war Nha Trang nicht zuletzt wegen seiner günstigen Lage an der Mündung des Flusses Cai in das Südchinesische Meer eines der Zentren des Südreiches der Cham. Herausragender Beleg für jene Zeit ist der zwischen dem 9. und 13. Jahrhundert erbaute **Po-Nagar-Tempel**, die bedeutendste Sehenswürdigkeit der Stadt. Gewidmet ist die Tempelgruppe Po Nagar, der Schutzgöttin von Nha Trang. Wie bei so vielen Gottheiten hat sich ihre Bedeutung im Laufe der Jahrtausende mehrmals geändert. Ursprünglich von den Cham als Fruchtbarkeitsgöttin verehrt, wandelte sie sich unter dem Einfluss des Hinduismus, mit dem Kult der Bhagavati, zur Gattin von Shiva.

*Kinder am Strand in Nha Trang*

**Region 6**
Südliche
Zentralküste

Die zwei Kilometer nördlich des Zentrums auf einem Hügel erbaute Tempelgruppe bietet sich allein schon wegen der hervorragenden Aussicht über die Stadt und den Hafen mit seinen buntbemalten Fischkuttern als Ausgangspunkt für die Erkundung Nha Trangs an.

Ursprünglich betraten die Gläubigen den Tempelkomplex durch eine rechteckige Eingangshalle am Fuß des Hügels. Von diesem aus dem Jahr 817 stammenden **Mandapa** sind nur noch die Säulenreste zu erkennen. Auch die hinter dem Berg nach oben verlaufenden Treppenstufen sind verfallen, so dass man die Anlage ein Stück weiter links über die meist mit zahlreichen Bettlern besetzten Stufen erreicht. Der heute als **Nordturm** bezeichnete ehemalige Hauptkalan, der in direkter Verlängerung des Mandapa liegt, ist eine von vier noch erhaltenen Bauten der Anlage. Ursprünglich waren es 14, von denen die meisten jedoch im Laufe der Jahrhunderte durch Plünderungen zerstört wurden.

Der 23 Meter hohe Turm stammt aus dem 11. Jahrhundert. Mit seinem dreistufigen, an den Eckpunkten mit Minikalanen durchsetzten Dach und den aus dem Bau heraustretenden, spitz nach oben zulaufenden Scheintüren wirkt er sehr beeindruckend. Über dem, wie bei hinduistischen Tempeln üblich, nach Osten ausgerichteten Eingangstor sticht das Tymphanon mit einer detailgenauen Darstellung von Shivas Gemahlin heraus. Sie hält die Lotosblüte, ein Rad und den Dreizack symbolisch für die Attribute der drei höchsten hinduistischen Gottheiten Brahma, Vishnu und Shiva in ihren Händen. Nach Ablegen der Schuhe gelangt man in das dunkle Innere. Die an der Innenseite der Türrahmen zu erkennenden Sanskrit-Inschriften erzählen von königlichen Schenkungen im 11. und 13. Jahrhundert.

Die aus dem Dunkel auftauchende Hauptgottheit im Sanktum am Ende des tunnelartigen Durchganges wirkt mit ihren bunten Gewändern, den übereinander geschlagenen Beinen und zehn Armen zunächst etwas verwirrend. Ursprünglich stand hier ein vergoldeter Lingam, der jedoch bereits im 10. Jahrhundert von den Khmern entwendet wurde. Die deutlich animistische Züge aufweisende ehemalige Fruchtbarkeitsgöttin **Po Nagar** sitzt auf einem Lotosthron, der wiederum auf einer Yoni ruht. Zwei ihrer zehn Hände ruhen auf den Beinen, die übrigen halten jeweils eines ihrer Symbole. Der Kopf der Schutzgöttin ist eine Kopie – das Original haben die Franzosen entwendet. Ihre verschiedenen Gewänder werden im Kleiderschrank in einer Ecke des Innenraums aufbewahrt. Dreimal im Jahr, zum Tet-Fest, am 30. März und am 15. Juli, werden im Rahmen einer Zeremonie die Gewänder Po Nagars gewechselt. Als eine Art Wächterfiguren dienen zwei Elefanten aus Eisenholz. Sie sind über 1000 Jahre alt und gelten als die ältesten ihrer Art in Vietnam.

Das kleine **Museum** rechts vom Eingang zum Nordturm wirkt leider etwas vernachlässigt. Auch wenn die übrigen drei Tempeltürme in Ausführung und Größe nicht mit dem Nordturm konkurrieren können, sollte man sich die Aussicht hinter dem Westturm auf das mit Inseln durchsetzte Mündungsgebiet des Cai-Flusses nicht entgehen lassen.

Im Südwesten, auf der anderen Flussseite, fällt eine imposante Buddhastatue aus dem Jahr 1967 ins Auge. Sie ist Teil der ursprünglich aus dem 19. Jahrhundert stammenden **Klosteranlage Chua Long Son**. Rechts von dem modernen Hauptgebäude führt eine Treppe auf den sogenannten Drachenhügel. Auf dem Sockel der 14 Meter hohen, schneeweißen Buddhastatue sind die von stilisierten Flammen umrahmten Gesichter von Mönchen und Nonnen zu sehen, die sich aus Protest gegen das Diem-Regime verbrannt hatten. Von der Plattform bieten sich sehr schöne Ausblicke ins bäuerliche Hinterland.

Auf der schmalen, im Osten hinter dem Fischereihafen ins Meer ragenden Landzunge wohnen vornehmlich Fischerfamilien, aber das bunte Treiben wird weniger, und immer mehr Neubauten ersetzen die traditionellen Holzhäuser und Pfahlbauten.

Das wenig attraktive, 1972 erbaute **Marktgebäude** und die umliegenden Straßen bilden das geschäftige Zentrum von Nha Trang. Über die Le-Loi-, vorbei an der Hauptpost, gelangt man zur Tran-Phu-Straße. Die palmengesäumte Uferpromenade verläuft auf einer Länge von fünf Kilometern parallel zum Strand. Nach etwa 200 Metern Richtung

**Region 6**
**Südliche**
**Zentralküste**

*Am Ende des Service von A bis Z finden Sie ein Glossar, das u. a. Begriffe wie Mandapa und Kalan erklärt.*

*Auf dem Drachenhügel in Nha Trang thront dieser 14 Meter hohe, schneeweiße Buddha der Long-Son-Pagode*

**Region 6
Südliche
Zentralküste**

Süden erscheint auf der rechten Seite eines der wenigen aus der französischen Kolonialzeit stammenden Bauten Nha Trangs – das 1895 von Alexandre Yersin eingerichtete **Pasteur-Institut**.

Der 1863 in der Schweiz geborene Arzt machte sich in vielerlei Hinsicht um Vietnam verdient. Als ein ehemaliger Schüler Louis Pasteurs widmete er sich dem Aufbau eines Gesundheitssystems und entwickelte verschiedene Impfstoffe wie etwa gegen die Beulenpest und Cholera. Yersin befasste sich auch mit der Anpflanzung des Kautschukbaumes in Vietnam, und ihm wird die Gründung des Kurorts Da Lat zugeschrieben. Bis zu seinem Tod 1943 lebte er in Nha Trang. Das bescheidene Grabmahl des Europäers liegt 20 Kilometer südlich von Nha Trang. In einem Seitentrakt des Pasteur-Instituts können die ehemaligen Arbeitsräume und Yersins Bibliothek besucht werden.

Für einen kulinarischen Zwischenstopp oder einfach nur zum Entspannen bieten sich die hübschen Restaurants und Strandbars entlang der **Uferpromenade** an. Das azurblaue Meer mit dem von Palmen gesäumten Strand, der attraktiven Promenade und die daran in den letzten Jahren entstandenen hoch aufragenden First-Class-Hotels verleihen Nha Trang das Flair eines mondänen Seebades. Wenig gelungen ist jedoch der ziemlich genau in der Mitte stehende Thap Tram Huong. Der offensichtlich einer Lotosblume nachempfundene Turm ist an Hässlichkeit kaum zu überbieten.

Dass der letzte Kaiser von Vietnam trotz seiner faktischen Machtlosigkeit in Bezug auf die Auswahl seine Residenzen immer noch das Sagen hatte, beweist die von ihm bewohnte Anlage am südlichen Ende der Uferpromenade. Die von Bao Dai Mitte der 1920er Jahre erstandenen **fünf Villen** auf einer Halbinsel inmitten eines tropischen Gartens können heute von Touristen gemietet werden. Doch selbst wer sich diesen Luxus nicht leisten kann oder will, sollte einen Blick auf die herrliche Anlage werfen. Zu erreichen ist sie über eine links abzweigende, steil ansteigende Stichstraße.

Das von außen attraktive Ozeanographische Institut aus dem Jahr 1923 ist wegen seines vernachlässigten Aquariums und der schlecht ausgeschilderten, verstaubten Ausstellungsobjekte keinen Besuch wert. Die Tran-Phu-Straße führt hier weiter entlang und endet beim **Fischerdorf Cau Da**, von wo die meisten Bootstouren zu den vorgelagerten Inseln beginnen. Diese Touren werden von fast allen Hotels und Reisebüros angeboten. Die größte der Inseln, **Hon Tre** (Bambus-Insel), weist zwei pittoreske Fischerdörfer auf und ein geschmackvolles Tourist Village. Die beiden südlichen Nachbarinseln **Hon Mun** und **Hon Mot** gelten als Tauchparadiese. **Hon Laos** (Monkey Island) Hauptattraktion ist seine große Affenpopulation, während **Hon Mieu** aufgrund seiner Fischfarm und dem angeschlossenen Aquarium in- wie ausländische Touristen anzieht. Der Hafen von Cau Da ist auch Ausgangspunkt der Seilbahn zur Vinpearl-Insel. Die Insel selbst beherbergt unter anderem eine ausgezeichnetes Aquarium, einen der größten Wasserparks Asiens sowie eine Art vietnamesisches Disneyland mit Achterbahnen und vielen weiteren Attraktionen.

### SERVICE & TIPPS

**ⓘ Sing Tourist**
154 Bach Dang, Nha Trang
☏ (058) 382-2753
Tägl. 7–21 Uhr

**🏛 ◉ Pasteur-Institut**
8–10 Tran Phu
Nha Trang
Di–Sa 13.30–16.30 Uhr
Arbeitsräume und Bibliothek des Biologen Alexandre Yersin können besichtigt werden.

**◉ 🏛 Po Nagar**
Nördl. der Innenstadt, am linken Ufer des Flusses Cai, Nha Trang
Hauptsehenswürdigkeit vor Ort: Überreste eines Cham-Zentrums.

**✕ Die Spezialität von Nha Trang** sind Fischgerichte, wobei die berühmte Schwalbennestersuppe sicherlich nicht jedermanns Sache ist. Die Strandlokale bieten zwar eine schöne Lage, aber eher durchschnittliche bis schlechte Küche.

### ✕ Le Petite Bistro
26 D Tran Quang Khai, Nha Trang
ⓒ (058) 352-7201
Tägl. 11.30–2.30 und 5–23 Uhr
Beste Adresse für gepflegte französische Küche. Umfangreiche Weinkarte. $$$

### ✕ Truc Linh
21 Biet Thu, Nha Trang
ⓒ (058) 382-0089
Tägl. 6.30–22 Uhr
Populäres Restaurant, das besonders wegen seiner Fischgerichte und dem hübschen Garten gefällt. $$–$$$

### ✕ Ganesh Indian Restaurant
82 Nguyen Thien Thuat, Nha Trang
ⓒ (058) 352-6776
Tägl. 11–22 Uhr
Schmackhaftes, nicht zu scharfes indisches Essen in freundlichem Ambiente zu günstigen Preisen. $$

### ✕ Ngoc Suong
96A Tran Phu, Nha Trang
Tägl. 7–22.30 Uhr
Wegen seiner großen Auswahl an vorzüglichem Seafood und dem gepflegten Ambiente die erste Adresse für Seafood-Liebhaber. $$

### ✕ Veranda
66 Tran Phu, Nha Trang
Tägl. 7–22 Uhr
Kleines, aber feines Restaurant, das vor allem wegen seiner gelungenen Mischung vietnamesisch-internationaler Speisen gelobt wird. $$

### ✕ Lac Canh
44 Nguyen Binh Kiem
Nha Trang
ⓒ (058) 382-1391
Tägl. 11–19 Uhr
Seit vielen Jahren das In-Restaurant von Nha Trang, besonders die BBQ- und Rindfleisch-Speisen sind zu empfehlen. $

### 🍸 Guava
17 Biet Thu, Nha Trang
Tägl. 7–1 Uhr
www.louisianabrewhouse.com.vn.
Der In-Treff im Stadtzentrum, ebenso gemütliche wie coole Bar, Palmengarten, Fastfood, Drinks etc.

### 🍸🍽🍺 Louisiana Brewhouse
86A Tran Phu, Nha Trang
Tägl. 7–2 Uhr
Alteingesessene Strandbar mit leckeren Kuchen, Kaffees, Snacks, Bier und Terrasse.

### 🍸 Rooftop Lounge
3/2 Tran Quang Khai, Nha Trang
ⓒ (058) 352-5454
Tägl. 16–23 Uhr
Die auf der Dachterrasse des Hai Van Hotels gelegene Lounge ist wegen der entspannten Atmosphäre, angesagten Musik, hervorragenden Cocktails und tollen Aussicht eine der angesagtesten »After Hour«- Orte von Nha Trang.

### 🍸✕🍺🏊 Sailing Club
72 Tran Phu, Nha Trang
www.sailingclubvietnam.com
Tägl. 7–2 Uhr
Mehrere Restaurants, Pool, Café, Terrasse, große Speisekarte und schöne Lage mit Palmen umgeben direkt am Meer. Spätabends Disco.

> **Region 6**
> **Südliche**
> **Zentralküste**

*Schülerinnen in ihren traditionellen Schuluniformen, den »Ao Dai«, am Strand in Nha Trang*

**Region 6
Südliche
Zentralküste**

## ⑫ PHAN RANG

In Phan Rang, der 45 000 Einwohner zählenden Hauptstadt der Provinz Ninh Thuan, zweigt die N20 Richtung Da Lat gen Westen ab. Nach sieben Kilometern, überquert man eine verwitterten Gleise einer stillgelegten Eisenbahnlinie, auf denen sich bis Mitte der 1960er Jahre der Zug von Phan Rang in das 1475 Meter hoch gelegene Da Lat quälte. Unmittelbar danach ragen auf der rechten Seite die vier **Ziegeltürme des Po Klong Garai** in die Luft.

Neben der imposanten Lage auf der Spitze eines 100 Meter hohen Hügels beeindruckt der klassische Aufbau und der sehr gute Zustand der hintereinander aufgereihten Gebäude der Anlage. Es wird angenommen, dass der Tempel zwischen dem 13. und 14. Jahrhundert, während der Regentschaft von König Simhavarman III., erbaut wurde.

Die Anlage besteht aus einem nach Osten ausgerichteten Kalan, vor dem ein Mandapa und ein mit ihm verbundener Torbau stehen. Südlich des Mandapa befindet sich eine Bibliothek. Im Innern des Kalan gibt es einen Muchalingam, einen stilisierter Phallus als Symbol Shivas mit den Gesichtszügen des Königs Po Klong Garai, zu entdecken.

Ein Besuch lohnt besonders im September/Oktober, wenn die Cham anlässlich ihres Neujahrsfestes auf dem Tempelgelände traditionelle Lieder und Tänze aufführen. In den Dörfern um Phan Rang hat sich ein Großteil der derzeit etwa 80 000 Cham angesiedelt. Die meisten sind ab dem 15. Jahrhundert zum Islam konvertiert und leben in ärmlichen Verhältnissen. Die **Cham-Türme von Po Rome**, 15 Kilometer südlich von Phan Rang, sind eine wenig gelungene Kopie von Po Klong Garai. Erbaut im 16. oder 17. Jahrhundert gelten sie als der letzte große Tempelbau der Cham und zeugen in ihrer einfachen Ausführung vom Verfall des Reichs.

*Das Relief eines tanzenden Shiva schmückt das Eingangstor zum Hauptturm der Cham-Stätte Po Klong Garai*

*Weitere Infos zu den Cham finden Sie im Kasten auf Seite 81.*

### SERVICE & TIPPS

ⓘ **Ninh Thuan Tourism**
2 Hung Vuong
Phan Rang
✆ (068) 382-2542
Tägl. 10–18 Uhr

✕ **Hai Nam**
18 Hung Vuong, Phan Rang
✆ (068) 376-6443
Einzig empfehlenswertes Restaurant mit einer Auswahl an einheimischen und einigen westlichen Gerichten. $$

## ⑬ CON-DAO-INSELN

Die Geschichte vom unentdeckten Juwel, das man bald besuchen sollte, bevor es vom globalen Tourismus entdeckt wird, ist wahrlich nicht neu, doch nirgendwo sonst in Vietnam trifft sie so zu wie bei dem Inselarchipel Con Dao. Bilderbuchstrände, azurblaues Meer mit vorgelagerten, gänzlich unberührten Korallenriffen und ein von tropischem Wald bedecktes Inselinneres machen die Hauptinsel Con Dao zu einem Paradies für Taucher, Wanderer und Trauminselliebhaber. Hinzu kommt, dass die insgesamt 16 Eilande wegen der hier lebenden seltenen Meerestiere zum Nationalpark erklärt wurden. Besonders die Meeresschildkröten werden vom World Wildlife Fund im Rahmen eines großangelegten Projekts geschützt.

Der Grund, warum dieses 20 Quadratkilometer große Paradies erst vor Kurzem touristisch entdeckt wurde, ist neben seiner abgeschiedenen Lage 200 Kilometer vor der Küste Südvietnams seiner tragischen Vergangenheit zuzuschreiben. Während der französischen und amerikanischen Kolonialzeit wurden in mehreren speziell hierfür errichteten Gefängnissen Zigtausende von Widerstandskämpfern interniert. Bei einem Besuch der heute wieder zugänglichen Internierungslager werden einem auf bedrückende Weise die unmenschlichen Lebensbedingungen der Insassen vor Augen geführt. Insgesamt sollen über 20 000 Einheimische von den Kolonialherren hingerichtet worden sein.

Con Dao ist insofern auch ein Symbol für das neue Vietnam, als hier das Erinnern an die tragische Vergangenheit einhergeht mit einer durch die Betonung der natürlichen Schönheit des Landes getragenen Erneuerung durch den Tourismus. Seit mit dem Bau des **Six Senses Resort** eine Luxuskette den Grundstein legte, wurden eine Reihe weiterer Hotels errichtet. Noch handelt es sich dabei jedoch um nicht mehr als die ersten Schritte einer touristischen Entwicklung, die einen ökologisch verantwortlichen, qualitativ hochwertigen und damit auch hochpreisigen Tourismus zum Ziel hat. Ein weiterer Meilenstein der touristischen Entwicklung sind die drei täglichen Flugverbindungen von Ho-Chi-Minh-Stadt. Wer das von vielen immer wieder beschriebene Robinson-Crusoe-Gefühl von Con Dao erleben möchte, sollte sich beeilen.

**Region 6
Südliche
Zentralküste**

## SERVICE & TIPPS

✕ **Thu Tam**
Nguyen Hue, Con Dao
Tägl. 11-30–21 Uhr

Bei einem der bekanntesten Restaurants der Insel stehen fast ausschließlich Fischgerichte auf der Karte.
$$

*Schnorcheln in den Korallenriffen vor Con Dao*

**Region 6**
**Südliche Zentralküste**

## ⓮ PLEIKU

Die Hauptstadt der Provinz Gia Lai 200 Kilometer nördlich von Buon Ma Thuot, bietet keine Sehenswürdigkeiten. Wenn sich Pleiku in letzter Zeit bei westlichen Touristen dennoch größerer Beliebtheit erfreut, so liegt das an den von hier aus angebotenen Touren zu den in den umliegenden Dörfern wohnenden Bergvölkern. Bei allem gut gemeinten Interesse an der Kultur der Bergbewohner kann man nur hoffen, dass ihnen eine Entwicklung wie etwa in Nordthailand erspart bleibt, wo viele Bergstämme zu reinen Museums- und Fotoobjekten degradiert wurden.

Die knapp 800 Meter hoch gelegene Stadt war 1975 Ausgangspunkt eines der tragischsten Ereignisse im Vietnamkrieg. Nachdem Präsident Thieu angesichts der militärischen Übermacht der Vietcong die Räumung der Stadt befohlen hatte, flohen über 100 000 Zivilisten in panischer Angst vor den anrückenden Truppen Richtung Süden. Tausende von ihnen kamen auf dem langen Marsch bei glühender Hitze ums Leben. Kurz vor ihrem Abzug hatten die Soldaten noch große Teile der Stadt in Brand gesteckt, damit den Kommunisten keinerlei verwertbare Gegenstände in die Hände fielen. Die von der Sowjetunion in den 1970er und 1980er Jahren geleistete Wiederaufbauhilfe dokumentiert sich heute in hässlichen Zweckbauten.

### KAFFEEANBAU

Vietnam hat sich in den letzten zehn Jahren zum größten Kaffeeexporteur der Welt entwickelt. So wurden im Jahr 2013 fast 1,3 Millionen Tonnen im Gesamtwert von 2,5 Milliarden Dollar exportiert. Weit über 90 Prozent des im Land angebauten Kaffees stammt aus dem Zentralen Hochland. Bedingt durch die Höhenlage, die mittlere Sonnenbestrahlung und die geringen Niederschläge, bieten sich hier ideale Anbaubedingungen. Nur fünf Prozent der jährlich geernteten Kaffeebohnen werden in Vietnam selbst konsumiert.

In der boomenden Kaffeeindustrie wurden innerhalb weniger Jahre 800 000 neue Arbeitsplätze geschaffen. Um der Nachfrage Herr zu werden, zogen, ermuntert die Regierung mittels finanzieller Anreize die Umsiedlung von Arbeitskräften aus dem übervölkerten Norden ins Zentrale Hochland.

Doch diese vermeintliche wirtschaftliche Erfolgsstory entpuppt sich bei näherem Hinsehen als eine Geschichte mit mehr Verlierern als Gewinnern. Unter dem Motto »Quantität statt Qualität« wurde, finanziell großzügig durch Kredite der Weltbank und des Internationalen Währungsfonds unterstützt, der Aufbau der lukrativen Kaffeeproduktion vorangetrieben.

Den mit 90 Prozent größten Anteil hält der billige Robusta-Kaffee. Die Qualitätssorte Arabica spielt nur eine untergeordnete Rolle. Durch die Überschwemmung des Weltmarkts mit vietnamesischem Billigkaffee kam es über Nacht zu einem Kaffee-Preisrutsch. Als Folge konnten Kaffeebauern ihre Rechnungen nicht mehr zahlen und wurden so in den Ruin getrieben.

Anfang 2001 gingen die ersten Kaffeebauern auf die Straße, um auf ihre prekäre Lage aufmerksam zu machen. Abgesehen von ihrer wirtschaftlichen Misere protestierten sie gegen den zunehmenden Einfluss der neuen Siedler aus dem Norden, die ihnen nicht nur Land und Arbeitsplätze streitig machten, sondern häufig auch aus einem gänzlich anderen sozio-kulturellen Umfeld stammten.

Der kommunistischen Regierung waren diese lokalen Ausschreitungen ein Gräuel. Doch nachdem einige Rädelsführer festgenommen waren, bewiesen die Hanoier Bürokraten, dass sie sehr wohl dazu in der Lage sind, Fehlentwicklungen zu erkennen und angemessene Gegenmaßnahmen zu ergreifen. Die schrittweise Erhöhung der Anbauflächen für den ökologisch verträglicheren und wirtschaftlich profitableren Arabica-Kaffee sowie die Steigerung des einheimischen Kaffeekonsums haben innerhalb weniger Jahre bereits Wirkung gezeigt. Trotz eines Exportrückganges von sechs Prozent konnten die Exporteinnahmen um über 20 Prozent gesteigert werden.

### SERVICE & TIPPS

[i] **Pleiku Tourist**
184 A Hung Vuong
Pleiku
© (059) 386-2888
Tägl. 10–17 Uhr

[X] **Ngoc Lam**
127 Pham Dinh Phung, Pleiku
Tägl. 9–22.30 Uhr
Das größte Restaurant der Stadt. Große Auswahl an leckeren einheimischen und (weniger leckeren) westlichen Speisen. $–$$

> **Region 6**
> **Südliche Zentralküste**

## ⓯ QUY NHON

Die Hauptstadt der Provinz Binh Dinh liegt etwa zehn Kilometer östlich der N1 auf einer Halbinsel. Während des Vietnamkriegs befand sich hier eine der vier Marinebasen der US-Amerikaner. Wegen ihrer Lage auf halber Strecke zwischen Hoi An und Nha Trang und einer guten touristischen Infrastruktur übernachten hier viele Touristen.

Besondere Sehenswürdigkeiten hat die 270 000-Einwohner-Metropole an der Mündung des Song Cai allerdings nicht zu bieten. Wer ein wenig Erholung von der langen Fahrt sucht, kann sich in den zahlreichen am südlichen Ende des Strandes entstandenen Hotels einquartieren. Einen Besuch lohnen noch die **Long-Khanh-Pagode** mit einer 17 Meter hohen Buddhastatue und der Zentralmarkt.

> *Gut 15 km südlich von Quy Nhon bietet sich das hübsche Fischerstädtchen Bai Xep mit seinem sehr schönen Strand für einen Ausflug an. Tropenfeeling abseits der Touristenpfade – ein echter Geheimtipp!*

### SERVICE & TIPPS

[i] **Binh Dinh Tourist**
10 Nguyen Hue, Quy Nhon
© (056) 389-2953, tägl. 10–18 Uhr

[X] **2000**
Tran Bat Ho, Quy Nhon
Tägl. 10–22 Uhr
Spezialität sind die Fischgerichte, wobei man sich das schwimmende Exemplar am Eingang aus dem Aquarium auswählen kann. Am schönsten sitzt man auf dem Balkon. $–$$$

[X] **C.ine**
494 Juan Dieu, Quy Nhon
© (056) 651-2675
Tägl. 11–21 Uhr
Die ausgezeichneten Fischgerichte, das nette Ambiente und die prima Lage mit Blick über die Bucht machen das C.ine zu einer der besten Adressen für »Foodies« in Qui Nhonfood. $$

## ⓰ THOC LOC UND CANH TIEN

Weithin sichtbar ragt auf einem Hügel zwei Kilometer östlich der N1 der **Thoc-Loc-Turm** (auch Phuoc Loc) aus der hügeligen Landschaft. Der etwa 20-minütige Aufstieg Cham-Turm (13. Jh.) lohnt vor allem wegen der herrlichen Aussicht auf die umliegende Landschaft. Nach der Brandschatzung der Hauptstadt Indrapura durch die Vietnamesen im Jahr 982 ließ der Cham-König Sri Yang Pu Ku Vijaya eine neue, nach ihm benannte Hauptstadt rund 300 Kilometer weiter südlich errichten.

Der zwei Kilometer südlich des Thoc Loc stehende **Canh-Tien-Turm** ist so gut wie alles, was von Vijaya nach dessen Zerstörung 1472 durch die Truppen Le Thanh Tongs heute noch zu sehen ist. Der am Rande eines Friedhofs gelegene und von einer Dornenhecke umgebene Turm wurde ebenso wie der Thoc Loc zu Beginn des 13. Jahrhunderts errichtet. Ursprünglich bildete der Turm das Zentrum der ehemaligen Hauptstadt, die in chinesischen Quellen auch Cha-Ban-Zitadelle genannt wurde. In Aufbau und Form ähnelt er dem Thoc Loc, ist allerdings deutlich größer. Bei Restaurierungsarbeiten Anfang der 1990er- Jahre wurde das Fundament, ursprünglich aus Sandstein, mit Zement wieder aufgefüllt. Während das Dach mit den Eckaufbauten relativ gut erhalten blieb, ist das Vestibül vollkommen zerstört.

**Region 7**
Ho-Chi-Minh-
Stadt/Umgebung

# NAM BO – DER SÜDEN VIETNAMS

# HO-CHI-MINH-STADT/SAIGON UND UMGEBUNG
## BOOMTOWN VIETNAMS

Ist Hanoi die große alte Dame Vietnams, so könnte man Saigon als den jungen Aufsteiger des Landes bezeichnen. Das atemberaubende Tempo, das die seit der Mitte der 1980er Jahre eingeführte wirtschaftliche Öffnungspolitik (Doi Moi) vorgibt, wird hier hautnah spürbar. Die Politik sitzt in Hanoi, doch die Musik, nach der sich die Politiker zu richten haben, spielt in Ho-Chi-Minh-Stadt. Das Lied, das hier 24 Stunden am Tag läuft, heißt: »Money Makes the World Go Around«, denn Saigon ist die Verkörperung des Doi Moi.

Der ununterbrochene Strom der vier Millionen Motorräder, die sich täglich wie in einem Ameisenstaat durch die Straßen der Großstadt schieben, ist ohren- wie »nasenbetäubend«. Ho-Chi-Minh-Stadt ist immer auf Achse und symbolisiert Vietnam auf der Überholspur: eine durch und durch kapitalistische Stadt. Die etwa acht Millionen Einwohner wollen keine Gelegenheit verpassen, den nächsten Deal an Land zu ziehen.

Die Stadt strotzt nur so vor Selbstbewusstsein. Die wirtschaftlichen Erfolgsdaten sind in der Tat beeindruckend: Ho-Chi-Minh-Stadt besitzt den größten Hafen und Flughafen, ist Sitz der größten Börse; rund 20 Prozent des Bruttoinlandsprodukts, 30 Prozent der Industrieproduktion sowie 35 Prozent der gesamten Exporte Vietnams werden hier erwirtschaftet. Der Anteil am Staatshaushalt liegt bei etwa 33 Prozent, 60 Prozent aller Auslandsinvestitionen fließen in die Region und das durchschnittliche Pro-Kopf-Einkommen ist etwa dreimal so hoch wie im Rest des Landes. Noch nicht mitgerechnet sind dabei die jährlich etwa 4,5 Milliarden US-Dollar, die die etwa 3,5 Millionen Auslandvietnamesen an ihre Verwandten, von denen die meisten im Großraum Ho-Chi-Minh-Stadt leben, überweisen.

Als die Vietnamesen im ausgehenden 16. Jahrhundert, am Ende ihres langen Zuges nach Süden, an jenem Ort ankamen, der heute Ho-Chi-Minh-Stadt heißt, stießen sie auf die entlang des Saigon-Flusses in Fischersiedlungen lebenden Khmer. Wahrscheinlich geht auf sie auch der

*Im Internetcafé in Ho-Chi-Minh-Stadt*

**Region 7**
Ho-Chi-Minh-Stadt/Umgebung

Name »Saigon« zurück, soll es sich doch um die vietnamesische Übersetzung des Wortes Prei Nokor (Wald aus Kapokbäumen) handeln. Die Baumriesen machten zu jener Zeit einen Großteil der waldreichen Region rund um das Ufer des Saigon-Flusses aus. Die ersten vietnamesischen Siedler nannten ihren Ort Gia Dinh, wie das kleine Fischerdorf, das sich hier vor ihrer Ankunft befand.

Mitte des 17. Jahrhunderts gründeten chinesische Flüchtlinge, die nach dem Zusammenbruch der Ming-Dynastie im Jahr 1644 auf der Suche nach einer neuen Heimat waren, den Handelsumschlagsplatz Cho Lon (großer Markt). Mit dem Bau der Zitadelle durch den späteren Kaiser Gia Long im Jahr 1790 war endgültig der Grundstein zum Aufstieg des kleinen Fischerdorfes zur Wirtschaftsmetropole gelegt. Mitte des 19. Jahrhunderts zählte die Stadt bereits 50 000 Einwohner. Neben dem Geschäftssinn der chinesischen Händler profitierte die Stadt dabei vor allem von ihrer günstigen Lage am Zusammenfluss des Song Dong Nai und des Song Sai Gon.

Doch Erfolg weckt Begehrlichkeiten. Die geopolitische und ökonomische Schlüsselstellung Saigons war der Grund, warum die Franzosen die Stadt zum Mittelpunkt ihrer Kolonialpolitik in ganz Indochina machten. Nachdem sie im Februar 1859 die Zitadelle erobert hatten, veränderte sich das Gesicht der Stadt radikal. In dem Bestreben, die Hauptstadt der Kolonie Cochinchina in ein Paris des Ostens umzuwandeln, wurde eine am Reißbrett geplante Großstadt mit breiten Boulevards und Alleen aus dem Boden gestampft. Auch die bis heute das Stadtbild prägenden Gebäude wie die Kathedrale, die Hauptpost, das Rathaus und die Oper entstanden in jener Zeit. Mit dem Ausbau des Hafens, über den große Mengen an Kautschuk, Kaffee und Reis nach Europa verschifft wurden, hatte sich Saigon endgültig als die führende Handels- und Wirtschaftsmetropole des Landes etabliert.

Wie stark die Franzosen der Stadt ihren Stempel aufgedrückt hatten, belegt das Zitat eines deutschen Reisenden aus dem Jahr 1931: »Reisende haben Saigon das Paris des Ostens genannt. Um die Wahrheit zu sagen, hätte ich mir dennoch nicht träumen lassen, eine derart französische Stadt vorzufinden, sowohl in ihrem Aussehen als auch ihrer gesamten Lebensart nach.«

Mindestens genauso dramatisch waren die mit dem Abzug der Franzosen fast genau 100 Jahre später einhergehenden Veränderungen. Innerhalb weniger Jahre verwandelte sich die romantische Stadt durch US-Militärhilfe in Form von Milliarden von Dollar und dem Ansturm Zigtausender junger, vergnü-

Ho-Chi-Minh-Stadt: Ohren- und »nasenbetäubend« schieben sich täglich vier Millionen Motorräder durch die Stadt

**Region 7**
Ho-Chi-Minh-Stadt/Umgebung

gungssüchtiger GIs zu einer lauten Mischung aus Garnisonsstadt, Vergnügungspark und Supermarkt. Nicht mehr Cafés, sondern Bars, Spielhallen und Massagesalons säumten die Alleen der Innenstadt. Ein Schock nicht nur für die Franzosen,

**Region 7
Ho-Chi-Minh-
Stadt/Umgebung**

die Saigon immer noch wie einer Geliebten nachtrauerten, die mit dem hässlichen Reichen durchgebrannt war. Die vor den Gefechten im Umland in die Stadt fliehenden Vietnamesen hausten in riesigen Slums. Die Straßen wurden von Bettlern, Prostituierten und Schuhputzern bevölkert. Die immensen Geldsummen, die die US-amerikanische Regierung zum Unterhalt ihres Regimes unter dem südvietnamesischen Präsidenten Diem in die Stadt gepumpt hatte, sorgten für einen künstlichen Wirtschaftsboom.

Die Dollarschwemme und der vor den Toren der Stadt tobende Krieg ließ die Einwohnerzahl von 1960 bis 1975 von 2,3 auf 4,5 Millionen in die Höhe schnellen. Selbst für die US-Amerikaner hatte Saigon jegliche Art von Exotik verloren, wie ein Augenzeugenbericht der Journalistin Mary McCarthy aus dem Jahr 1967 zeigt: »Als wir uns durch einen Verkehrsstau hindurch in die Innenstadt vorgekämpft hatten, hatte ich den schockartigen Eindruck, in einer amerikanischen Stadt zu sein, einem schäbigen Ort an der Westküste mit Chinatown und einer schlitzohrigen Minorität. Für einen Amerikaner ist Saigon heutzutage weniger romantisch als Florenz.« Viele der grauen, gesichtslosen Zweckbauten aus jener Zeit werden erfreulicherweise zurzeit durch moderne Bauten ersetzt.

Der Einmarsch der siegreichen nordvietnamesischen Kommunisten am 30. April 1975 markiert den dritten tief greifen-

*Das nächtliche Ho-Chi-Minh-Stadt vom Bitexco Financial Tower aus gesehen*

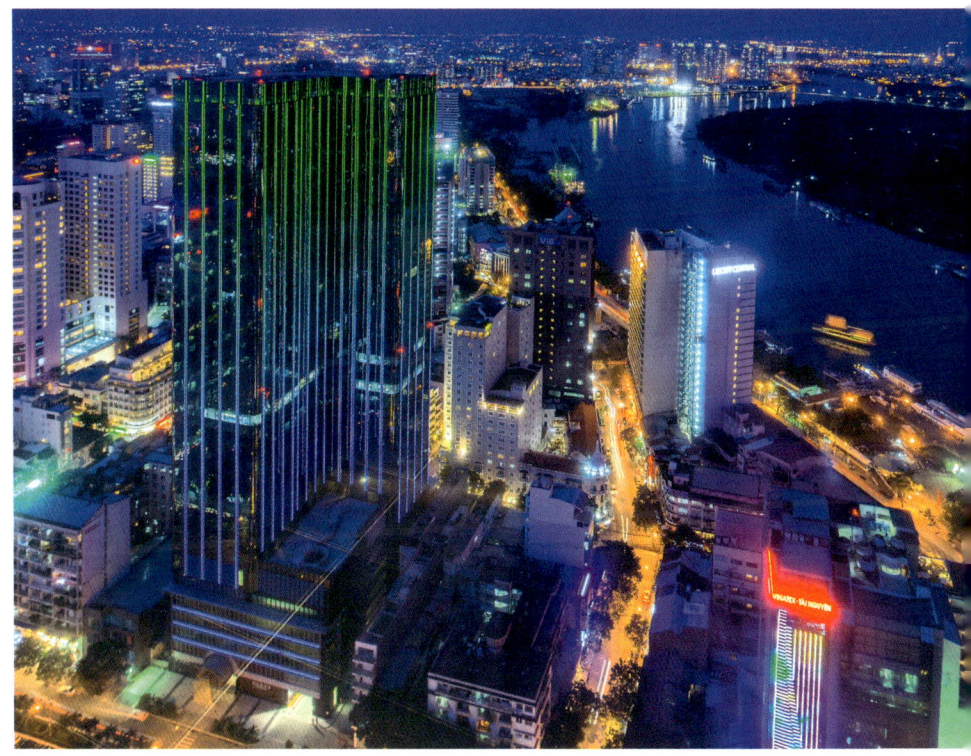

**Region 7**
Ho-Chi-Minh-Stadt/Umgebung

den, für die meisten Beteiligten sogar traumatischsten Einschnitt in die ebenso kurze wie dramatische Geschichte Saigons. Für die traditionell auf ihre Unabhängigkeit bedachten Südvietnamesen kam die vom kommunistischen Regime Hanois erfolgte Umbenennung ihrer heimlichen Hauptstadt in Ho-Chi-Minh-Stadt einer Demütigung gleich. Verglichen mit der Zwangsumsiedlung Hunderttausender Saigoner in das Zentrale Hochland und der Flucht der intellektuellen Elite ins Ausland war diese »linguistische Fremdbestimmung« jedoch vergleichsweise harmlos. Als schließlich 1978 die Chinesen von Cho Lon, die bis dahin praktisch den gesamten Handel der Stadt kontrolliert hatten, enteignet wurden und sie scharenweise als »Boat People« mitsamt ihrem Vermögen ins Ausland flohen, kam die gesamte Wirtschaft zum Erliegen.

Aussichtsplattform des Bitexco Financial Tower (Ho-Chi-Minh-Stadt)

Doch wie der rasante Aufstieg nach der wirtschaftlichen Öffnungspolitik Mitte der 1980er Jahre beeindruckend belegt, hat man Saigon seiner zutiefst verankerten kapitalistischen Wurzeln nicht berauben können. Die Wirtschaft blüht und mit dem damit einhergehenden Selbstbewusstsein pochen die Saigoner immer lauter auf den alten Namen. Im Übrigen hieß der Innenstadtkern immer noch Saigon.

Im Gegensatz zu Hanoi ist Saigon keine mit den Jahrhunderten gereifte Schönheit. Sie ähnelt eher einem dynamischen Neureichen, der sich nie groß um die Vergangenheit gekümmert hat. Ein einzigartiger Bauboom hat die Stadt erfasst, und in den nächsten zehn Jahren wird sich HCMC in eine asiatische Megapole wie Singapur oder Hong Kong verwandeln. In den Glasfenstern der neuen Hotel- und Bürohochhäuser spiegelt sich das Lächeln einer Stadt, deren wirtschaftliche Dynamik die Zukunft des Landes bestimmt.

Zwei der wichtigsten Sehenswürdigkeiten dieser Gegend liegen außerhalb der Stadt und sollten Bestandteil einer Vietnam-Rundreise sein. Das Tunnelsystem von Cu Chi, in dem sich die Vietcong aus Schutz vor den US-amerikanischen Bombenangriffen vergruben, veranschaulicht wie kein anderer Ort Vietnams die Widerstandsfähigkeit und den Pragmatismus der Vietnamesen. Tay Ninh ist das Zentrum der skurrilen und farbenfrohen Cao-Dai-Sekte, die nur in Vietnam ansässig ist. Beide Orte liegen im Nordwesten von Saigon in der Nähe der kambodschanischen Grenze. Ihr Besuch lässt sich ideal im Rahmen eines Tagesausfluges kombinieren.

# ❶ HO-CHI-MINH-STADT/SAIGON

## Vom Saigon-Fluss zum Ben-Thanh-Markt

So sehr sich auch Saigon und Hanoi unterscheiden – beiden gemeinsam ist, dass es sich lohnt, früh aufzustehen. Und genauso wie in Hanoi beginnt man einen Stadtrundgang am besten am Wasser.

Am **Saigon-Fluss** erreichten die Vietnamesen vor gut 400 Jahren, nach ihrer knapp 700-jährigen Südwanderung, das damals noch unter dem Namen Gia Dinh bekannte Saigon. Bis heute ist der Fluss die Lebensader der Stadt geblieben. Frühmorgens treffen sich die Einheimischen bei der dann noch frischen Luft an der Hafenmole zu ihren Tai-Chi-Übungen und abends besuchen sie die bunt beleuchteten Ausflugs- und Restaurantboote die nach Einsetzen der Dunkelheit laute Musik und köstliches Essen bieten. Fähren befördern den ganzen Tag über Tausende Pendler von der anderen Flussseite ins Stadtzentrum.

Die Siedlung auf dem gegenüberliegenden Ufer ließen die US-Amerikaner abreißen, weil die Vietcong während des Vietnamkriegs von dort angegriffen haben.

Die etwa eineinhalb Kilometer lange **Dong Khoi**, die den Hafen mit der Kathedrale Notre Dame verbindet, kommt einem Lehrpfad durch die letzten 150 Jahre der vietnamesischen Geschichte gleich. Die erste von den Franzosen angelegte Straße ist auch heute wieder Flaniermeile derjenigen, die sich einen Besuch der ebenso teuren wie eleganten Hotels, Restaurants oder Geschäfte leisten können. Fast alle bedeutenden Kolonialbauten liegen entlang der mit Schatten spendenden Tamarinden gesäumten ehemaligen Rue Catinat, die seit der kommunistischen Machtübernahme »Straße der Volkserhebung« heißt.

Das altehrwürdige **Majestic Hotel** ist eines der schönsten Beispiele der Kolonialarchitektur der 1920er Jahre an der südwestlichen Ecke der Dong Khoi. Von der Dachterrasse bietet sich ein grandioser Blick über den Saigon-Fluss und das Umland. Ähnlich wie Graham Greene, der sich hier zu seinem Roman »Der stille Amerikaner« inspirieren ließ, sollte man sich dort einen Cocktail gönnen.

Eine weitere Institution im Leben der High Society war das **Maxim's**, gleich nebenan. Heute ist das ehemalige Varieté-Theater eine kuriose Mischung aus Restaurant, Kleinkunsttheater und Diskothek und ein beliebter Treffpunkt neureicher Vietnamesen. Das nur wenige Meter weiter nördlich gelegene, ehemalige Catinat-Hotel fiel der Abrissbirne zum Opfer. An seiner Stelle ragt jetzt das neueröffnete Hotel und Einkaufszentrum **Times Square** auf. Ein weiteres Relikt der französischen Kolonialzeit ist das schräg gegenüberliegende **Grand Hotel**. Am Ende der kleinen, nach Osten abzweigenden Straße Ho Huan Nghiep taucht die **Statue des Feldherrn Tran Hung Dao** auf, der im 13. Jahrhundert die Mongolen besiegte.

Zurück zur Dong Khoi führt der Weg vorbei am schön instand gesetzten Restaurant »Vietnam-House« und dem unscheinbaren Bon-Sen-Hotel, einem typischen Bau der US-Ära.

Die nach Osten abzweigende Dong-Du-Straße war während des

---

**Region 7**
**Ho-Chi-Minh-Stadt/Umgebung**

*In den nächsten zehn bis 20 Jahren wird unter dem Namen Thu Thiem ein völlig neues Stadtviertel entstehen. Mit gläsernen Hochhäusern, Einkaufszentren sowie U-Bahnen und Hochstraßen soll das etwa 200 000 Einwohnern Platz bietende Quartier das neue, moderne Vietnam symbolisieren. Über Brücken und Tunnel wird es mit dem historischen Saigon auf der anderen Flussseite verbunden werden und sich zum neuen, dynamischen Zentrum Ho Chi Minh Citys entwickeln.*

*Ein Musterbeispiel französischer Kolonialarchitektur: das Hôtel de Ville (Rathaus)*

**Region 7**
Ho-Chi-Minh-Stadt/Umgebung

Vietnamkriegs aufgrund der unzähligen hier angesiedelten Bars, Spielhallen und Bordelle auch als »Hure Vietnams« bekannt.

Inmitten der ehemaligen Amüsiermeile ragen die vier Minarette der 1935 von südindischen Muslimen errichteten **Jamia-Moschee** auf. Sie ist eines von zwölf über die Stadt verteilten islamischen Gotteshäusern.

*Gottesdienst in der Kathedrale Notre Dame (Ho-Chi-Minh-Stadt)*

Vorbei am **Café Brodard**, das zu einem der Lieblingstreffpunkte der Kriegsberichterstatter aus aller Welt zählte, gelangt man zum lang gezogenen **Lam-Son-Platz**, dem Herzen des kolonialen Saigons. Der von stilvollen Kolonialbauten und luxuriösen Geschäften umgebene Platz wird stets von Händlern und Motorradfahrern belebt und spiegelt die Lebensfreude Saigons wider.

Zu den schönsten Kolonialbauten der Stadt gehört fraglos das von dem französischen Architekten Ferret entworfene, 1899 fertiggestellte **Opernhaus**. Es spiegelt die abwechslungsreiche Geschichte Saigons der letzten 100 Jahre: Während der französischen Kolonialzeit war das Gebäude, das 800 Zuschauern Platz bietet, Mittelpunkt des gesellschaftlichen Lebens, in den 1960er Jahren dagegen Heimat der südvietnamesischen Nationalversammlung unter Diktator Diem, der sich vor der Weltöffentlichkeit gegenüber ein demokratisches Alibi verschaffen wollte. Im Zeichen des neuen Wohlstandes kann man hier heute Modeschauen, Popkonzerte und Ausstellungen besuchen. Hinter dem Repräsentationsbau befindet sich ein sehr beliebtes Gartencafé.

Das rechts vom Opernhaus aufragende **Hotel Caravelle** wurde Mitte der 1950er Jahre erbaut und war das erste Hochhaus der Stadt. Seit der Totalrenovierung Ende der 1990er Jahre zählt es zu deren besten Hotels.

*Eine Karte mit dem eingezeichneten Rundgang finden Sie auf S. 134.*

Dieses Privileg durfte lange Zeit das **Continental** für sich in Anspruch nehmen. In dem mit über 130 Jahren ältesten Hotel Saigons logierten die berühmtesten Schriftsteller ihrer Zeit von William Somerset Maugham bis Graham Greene. In Graham Greenes Bestseller »Der stille Amerikaner« und der gleichnamigen Hollywoodverfilmung mit Michael Caine nimmt es eine zentrale Rolle ein. Bis heute zählt es neben dem Oriental in Bangkok und dem Raffles in Singapur zu den legendären Kolonialhotels Asiens. Das auf der gegenüberliegenden Straßenseite entstandene **Vincom Center** zeugt mit seinen Luxusgeschäften vom wirtschaftlichen Boom der letzten Jahrzehnte.

An der Westseite des schmalen, kaum 100 Meter langen Lam-Son-Platzes, der nach dem Geburtsort des Nationalhelden Le Loi benannt wurde, stößt man auf einen Kreisverkehr. Mit der Richtung Süden und zum Saigon-Fluss verlaufenden Nguyen Hue und der nach Westen und zum Ben-Thanh-Markt verlaufenden Le Loi treffen hier zwei der bedeutendsten Boulevards der Innenstadt aufeinander.

*Um die enormen innerstädtischen Verkehrsprobleme zu bewältigen, werden zwei U-Bahn-Linien mit einer Gesamtlänge von 21 Kilometern gebaut. Man erwartet rund 70 Millionen Fahrgäste im ersten Jahr und rund 200 Millionen Fahrgäste im zweiten Jahr der Betriebsaufnahme.*

Das **Rex Hotel** an der nordwestlichen Seite des Kreisverkehrs stammt aus den 1920er Jahren und beherbergte mehrere Jahrzehnte lang das größte Autohaus Indochinas. 40 Jahre später diente es als Hauptquartier des US Information Service, wo täglich um 17 Uhr eine Pressekonferenz der US-amerikanischen Armeeführung stattfand. Die Journalisten nannten sie wegen der offensichtlich geschönten Frontberichte spöttisch »Fünf-Uhr-Märchenstunde«. Auch wenn das Rex, das erst 1985 in ein Hotel umgewandelt wurde, mit dem Charme anderer Kolonialhotels nicht konkurrieren kann, gilt die weit ausladende Dachterrasse mit Swimmingpool

**Region 7
Ho-Chi-Minh-
Stadt/Umgebung**

als eine der schönsten Saigons. Da man abends häufig keinen Platz mehr ergattern kann, empfiehlt sich besonders der späte Nachmittag, um den Sonnenuntergang zu genießen.

Das **Hôtel de Ville** (Rathaus) ist mit seinen Balkonen, Giebeln, Säulen, rotem Zierdach und hohem Uhrturm ein Musterbeispiel französischer Kolonialarchitektur. In dem für die Öffentlichkeit nicht zugänglichen Prachtbau (1908) nach dem Vorbild des Pariser Rathauses hat das Volkskomitee von Ho-Chi-Minh-Stadt seinen Sitz. Auf dem Vorplatz ist die Ho-Chi-Minh-Statue besonders bei Hochzeitspaaren ein beliebtes Fotomotiv.

Ein architektonischer Blickfang ist die ehemalige Residenz des Gouverneurs von Cochinchina an der Ly-Tu-Trong-Straße. Die neoklassizistische Villa aus dem Jahre 1886 beherbergt heute das **Ho-Chi-Minh-City-** ehemals **Revolutionsmuseum**, in dem man sich ausführlich über die Geschichte von Ho-Chi-Minh-Stadt informieren kann. Im Garten des Palastes sind mehrere Kampfflugzeuge zu besichtigen. Im Tunnelsystem, das vom Revolutionsmuseum bis zum Präsidentenpalast führt, soll sich Präsident Diem 1963 versteckt gehalten haben, bevor er in die Cha-Tam-Kirche von Cho Lon floh, wo er kurze Zeit später ermordet wurde.

Über die Straße Le Thanh gelangt man zurück zur Dong Khoi, die 200 Meter weiter nördlich vor der **Kathedrale Notre Dame** endet. Lange Zeit galt der 1883 nach sechsjähriger Bauzeit eingeweihte neoromanische Backsteinbau als eines der Wahrzeichen der Stadt. Heute wird die Kathedrale von der spiegelverglasten Fassade des Diamond Plaza, eines Einkaufszentrums im Hintergrund, überragt. Seine charakteristische schlanke Form verdankt das Gotteshaus den beiden spitz nach oben zulaufenden Dachaufbauten, die erst 1895 auf die je 40 Meter hohen Türme gesetzt wurden. An Sonn- und Feiertagen sind die Messen der innen recht kargen Kathedrale wieder derart gut besucht, dass der Platz nicht für alle Gläubigen ausreicht.

Unmittelbar neben der Kathedrale befindet sich die **Hauptpost**. Hervorstechendes Stilelement des 1891 fertiggestellten Baus sind die gusseisernen Verstrebungen, die aus der Werkstatt von Gustave Eiffel stammen. Mit dem umlaufenden schmiedeeisernen Zaun, den bunten Glas-

*Die im Jugendstil erbaute Hauptpost von Ho-Chi-Minh-Stadt*

**Region 7
Ho-Chi-Minh-
Stadt/Umgebung**

fenstern und den fließenden Linien der Eisendekorationen steht die Post exemplarisch für den zur Jahrhundertwende in Frankreich vorherrschenden Jugendstil. Im von Deckenventilatoren gekühlten Inneren sollte man einen Blick auf die Landkarten von Saigon und Südvietnam aus der Mitte des 19. Jahrhunderts an den Seitenwänden werfen. An den Schaltern kann man historische Briefmarken erstehen. In vielerlei Hinsicht fühlt man sich im Hôtel de la Poste in die Kolonialzeit zurückversetzt – wäre da nicht das Porträt von Ho Chi Minh an der Stirnseite des lang gezogenen Gebäudes.

Der **Boulvard Le Duan**, der hinter der Kathedrale verläuft, ist ebenfalls eine der ersten in Saigon angelegten Straßen. Der über 40 Meter breite Boulevard bildete einen würdigen Rahmen für große Paraden und Militäraufmärsche. Richtung Osten endet der Le Duan nach etwa 300 Metern am Eingang des 1864 angelegten **Botanischen Gartens**, auf dessen 20 Hektar großen Gelände sich auch der Zoo und das Historische Museum befinden. Während der Botanische Garten mit seinen jahrhundertealten Baumriesen, tropischen Pflanzen und künstlich angelegten Seen zu einem erholsamen Spaziergang einlädt, sollte man sich den Anblick der in viel zu kleinen und ungepflegten Käfigen vor sich hin dösenden Tiere besser sparen.

Das **Historische Museum** bietet einen exzellenten Überblick über die kunsthistorische Entwicklung Vietnams. Die über 3000 Ausstellungsobjekte in den um einen Innenhof angelegten Räumen sind verschiedenen Epochen zugeordnet und bieten einen ausführlichen Überblick über die 2000-jährige Geschichte. Besonders hervorzuheben sind die Abteilung, die den Bergstämmen Vietnams gewidmet ist, Raum 13 mit Cham-Plastiken und die Keramiksammlung.

Die inzwischen neu errichtete **Amerikanische Botschaft** hinter dicken Mauern war Schauplatz zweier historischer Momente des Vietnamkriegs. Der erste steht für den Wendepunkt des Krieges, der zweite für dessen Ende. Zu Beginn der Tet-Offensive im Februar 1968 besetzte ein Selbstmordkommando der Vietcong für wenige Stunden das Botschaftsgelände und damit das Herz der US-amerikanischen Präsenz in Vietnam. Obwohl die Botschaft innerhalb weniger Stunden zurückerobert werden konnte, bewirkten die vom US-Fernsehen live in die USA übertragenen Fernsehbilder einen fundamentalen Sinneswandel in der schockierten amerikanischen Öffentlichkeit.

### BOAT PEOPLE

Der Begriff »Boat People« weckt bei vielen Menschen noch heute Erinnerungen an Not und Elend. Viele haben noch die vor fast 40 Jahren ausgestrahlten Fernsehbilder der Flüchtlinge vor Augen, die auf überladenen und hochseeuntüchtigen Booten auf dem Meer trieben. In den von politischer Repression und massiven wirtschaftlichen Schwierigkeiten gekennzeichneten Nachkriegsjahren bis 1982 emigrierten über eine Million Vietnamesen und ließen sich in über 16 Ländern nieder.

Etwa 500 000 Vietnamesen, die sogenannten Boat People, versuchten in kleinen Booten über das Südchinesische Meer aus Vietnam zu fliehen. Die meisten waren Wirtschaftsflüchtlinge chinesischer Abstammung, die nach der Enteignung der Privatwirtschaft durch die kommunistische Regierung versuchten, ihr Privatvermögen in Sicherheit zu bringen. Viele hatten während des Krieges auf Seiten der US-Amerikaner ein Vermögen verdient. Unter den Kommunisten drohte ihnen ein Umerziehungslager.

Genaue Zahlen liegen nicht vor, doch gehen Schätzungen davon aus, dass zehn bis 20 Prozent der Bootsflüchtlinge auf hoher See ermordet (von Piraten) oder ertrunken sind. Besonders gefährlich war die Überfahrt nach Hong Kong, wohin es mit 160 000 Personen einen Großteil der Flüchtlinge zog. Viele Flüchtlinge lebten dort unter menschenunwürdigen Bedingungen in Auffanglagern bis Mitte der 1990er Jahre.

Besonders verdient machte sich bei der Rettung in Seenot geratener Flüchtlinge das deutsche Rettungsschiff »Cap Anamur«. Die Rettungsaktion initiierte der Journalist Rupert Neudeck. Die Bundesrepublik nahm insgesamt 33 000 Boat People auf, von denen die meisten im Rahmen eines von der Bundesrepublik und der EU finanzierten Rückführungsprogramms später in ihre Heimat zurückkehren konnten.

Die Anti-Kriegsdemonstrationen schwollen zu Massenkundgebungen an, Präsident Johnson verzichtete auf eine erneute Kandidatur, und im Mai desselben Jahres begannen in Paris die ersten Friedensverhandlungen. Ein kleines Denkmal vor der Botschaft ehrt jene Soldaten, die bei der Botschaftsbesetzung ums Leben kamen.

Das endgültige Ende kam am 30. April 1975. Millionen US-Amerikaner verfolgten ebenso gebannt wie bestürzt die dramatischen Bilder von der überstürzten Räumung der Botschaft aus Angst vor den anrückenden Kommunisten. Bis heute haben sich die Szenen tief in die Seele der US-amerikanischen Nation eingebrannt und sind Teil jenes Vietnam-Syndroms geworden, das die Nachkriegspolitik der USA entscheidend geprägt hat.

Während Tausende Südvietnamesen, die auf Seiten der Amerikaner standen und die Rache der Kommunisten fürchtend, verzweifelt versuchten, auf das Botschaftsgelände zu gelangen, flogen Helikopter im Minutentakt Botschaftsangehörige zu den im Südchinesischen Meer wartenden Flugzeugträgern in Sicherheit. Als letzter Amerikaner lief Botschafter Graham Martin mit der US-amerikanischen Flagge unter dem Arm auf das Dach der Botschaft. Wenige Stunden danach durchbrach ein Panzer das schmiedeeiserne Tor des Präsidentenpalastes, auf dem später die Flagge der Vietcong wehte. Effektvoller hätte kein Hollywoodregisseur das Finale des Vietnamkriegs in Szene setzen können.

Der nur wenige hundert Meter entfernte, am westlichen Ende des Le-Duan-Boulevards innerhalb einer großen Parkanlage gelegene ehemalige Präsidentenpalast wird jeden Tag von Hunderten in- wie ausländischen Touristen besucht. Seit hier nach der kommunistischen Machtübernahme die Gespräche zur Zusammenführung der beiden Landesteile stattfanden, heißt er offiziell **Wiedervereinigungspalast**. Der Panzer, der am 30. April 1975 als erster das Eingangstor durchbrach, ist auf einem Podest in der rechten Ecke des großen Parks vor dem Palast ausgestellt.

Ursprünglich stand auf dem Gelände der 1869 erbaute Palais Norodom, der Palast des französischen Generalgouverneurs. Nachdem das prachtvolle Kolonialgebäude 1962 bei einem Putschversuch stark beschädigt worden war, befahl Präsident Diem den Bau eines neuen Präsidentenpalastes. Da er ein Jahr später bei einem weiteren, von den US-Amerikanern gebilligten Putschversuch ums Leben kam, hat er selbst nie in der 1968 fertiggestellten Residenz gewohnt. Ein Großteil der knapp 100 Räume wurde so belassen, wie man sie 1975 vorfand. In den weitläufigen Empfangs-, Konferenz- und Speiseräumen der vier oberirdischen Stockwerke regiert der unterkühlte Charme der 1960er Jahre. Teil des Obergeschosses ist auch der private Hubschrauberlandeplatz, auf dem jener Helikopter ausgestellt ist, mit dem während des fehlgeschlagenen Putschversuches 1962 Angriffe auf den alten Palais Norodom geflogen wurden. Von der obersten Etage, die zum größten Teil von einem Tanzsaal eingenommen wird, bietet sich ein interessanter Blick über den Le-Duan-Boulevard Richtung Nordosten. Am beeindruckendsten ist jedoch die Kommandozentrale in den beiden unterirdischen Stockwerken. Die nur spärlich von gelbem Neonlicht erhellten, durch düstere Korridore verbundenen Räume mit den altertümlichen Telefonen, monströsen Computern und Lageplänen an den Wänden zeugen noch heute ebenso lebendig wie bedrückend von den Kriegstagen.

Das **Museums für Kriegsrelikte** knüpft nahtlos an die schreckliche Zeit des Vietnamkriegs an. Noch bis vor wenigen Jahren hieß die in den ehemaligen Räumen des US-amerikanischen Geheimdienstes untergebrachte Ausstellung »Museum für Kriegsverbrechen«. Im Innenhof ist neben mehreren Kampfflugzeugen, Helikoptern und Panzern auch eine Guillotine ausgestellt, die noch bis 1960 im Einsatz gewesen sein soll. Vor allem die zahlreichen, an vorderster Front entstandenen Fotos von Kampfhandlungen, Kriegsopfern, verwüsteten Städten und Landschaften geben einen unmittelbaren Eindruck von der Grausamkeit des Krieges. Beson-

## Region 7
## Ho-Chi-Minh-Stadt/Umgebung

*Im Botanischen Garten am Le-Duan-Boulevard (Ho-Chi-Minh-Stadt): exotische Pellionien*

**Region 7
Ho-Chi-Minh-
Stadt/Umgebung**

*Im Angebot auf Saigons Zentralmarkt Ben Thanh: exotische Früchte aus dem Mekong-Delta – Longan, Rambutan, Pompelos und Mangostan (v. l. n. r.) – und …*

ders betroffen machen die Abteilungen zum Massaker von My Lai und den Auswirkungen der chemischen Kriegsführung. Der häufig vorgebrachte Vorwurf der Parteilichkeit lässt außer Acht, dass die meisten Fotos von US-amerikanischen Fotografen stammen.

Nach dem bedrückenden Museumsbesuch ist der westlich vom Wiedervereinigungspalast gelegene **Tao-Dan-Park** der richtige Ort, um wieder auf andere Gedanken zu kommen. Die neben dem Botanischen Garten größte Grünanlage Saigons bietet sich mit gepflegten Blumenbeeten, Karussells, Cafés und Freiluftbühnen für eine Verschnaufpause an. Am Morgen treffen sich hier hunderte Einheimische zur Morgengymnastik. Gleichzeitig ist der Park ein beliebter Treffpunkt von Vogelliebhabern, die ihre Lieblinge in Käfigen zur Schau stellen. Im Nordosten des Parks steht das ehemalige Cercle Sportif. Dessen stilvolles Klubhaus war während der französischen Kolonialzeit eine der feinsten Adressen der Stadt. Inzwischen heißt er Sportclub der Arbeit. Die elf Tennisplätze und das Freibad stehen auch Normalsterblichen offen.

Mit seinen bunt gekachelten Wänden und dem gänzlich mit Götterfiguren bedeckten Turm ist der **Mariamman-Tempel** in der Truong-Dinh-Straße ein Beispiel südindischer Tempelarchitektur. Wenn es trotz der sehr wenigen in Saigon lebenden Hindus und Tamilen noch zwei weitere Hindutempel im Stadtzentrum gibt, dann liegt das daran, dass alle drei Andachtsstätten auch von vielen Vietnamesen besucht werden. Für die gerade in Religionsfragen überaus pragmatischen Vietnamesen (vgl. S. 39) bietet der reiche hinduistische Pantheon beste Voraussetzungen, eine Gottheit zu finden, die sich der eigenen Wünsche und Hoffnungen annimmt. Über eine Holztreppe gelangt man zum Dach des Tempels, von wo man einen schönen Blick auf die unzähligen bunten Götterfiguren entlang des Tempelturms werfen kann.

Der mit seinem großen Uhrturm über dem Haupteingang unübersehbare **Ben-Thanh-Markt** (1914) ist nicht nur der größte, sondern auch der schönste Markt von Ho-Chi-Minh-Stadt. Das Warenangebot im 11 000 Quadratmeter großen Innern reicht vom Hosenknopf über Lebensmittel bis zur Stereoanlage. Im westlichen Teil servieren Garküchen schmackhafte Gerichte. Jeden Abend nach Sonnenuntergang verwandeln sich die Gassen im Umkreis zu einem großen Nachtmarkt mit Hunderten von Ständen und Garküchen.

Im Südwesten läuft die Le-Loi-Straße, die bereits unter den Franzosen als eine der Haupteinkaufsadressen von Saigon galt, auch wegen der Cafés zum Sehen und Gesehenwerden. Sie verbindet die Oper und den Zentralmarkt und führt auf einen weiträumigen Kreisverkehr zu, an dem alle bedeutenden Straßen Zentralsaigons zusammentreffen. Dementsprechend lebhaft geht es hier von frühmorgens bis in die Nacht hinein zu. Während das historisch bedeutende Marktgebäude vor der Abrissbirne bewahrt bleibt, wird sich das Antlitz des gesamten Bereichs um den Kreisverkehr in den nächsten Jahren grundsätzlich verändern. An einem der Hauptumsteigeplätze für die im Bau befindliche U-Bahn werden riesige neue Büro- und Geschäftshäuser errichtet.

*… Leckereien wie Schweineohren*

Über die Dai Lo Ham Nghi kehrt man zum Ausgangspunkt des Stadtrundgangs, dem Saigon-Fluss zurück. An der Einmündung des Ben-Nghe-Kanals in den Saigon-Fluss ließen sich 1674 die ersten vietnamesischen Siedler nieder. In einigen schriftlichen Überlieferungen aus jener Zeit taucht auch Ben Nghe (Landeplatz der Wasserbüffel) als Städtename auf. Im Jahr 1863 errichteten die Franzosen an dieser geschichtsträchtigen Stelle das erste Kolonialgebäude Saigons. Das **Nha Rong** diente als Zollhaus und Warenlager.

Ganz in der Nähe heuerte 1911 ein 21 Jahre junger Mann mit dem Namen Nguyen Tat Thanh als Küchenjunge auf einem französischen Passagierdampfer an, um nach Marseille zu fahren. Erst drei Jahrzehnte danach

**Region 7
Ho-Chi-Minh-
Stadt/Umgebung**

*Garküche nahe dem
Ben-Thanh-Markt in
Saigon*

betrat er wieder vietnamesischen Boden, um vier Jahre später vor Hunderttausenden auf dem Ba-Dinh-Platz Hanois als Ho Chi Minh die Unabhängigkeit seines Heimatlandes zu verkünden. In Erinnerung an dieses historische Ereignis beherbergt das wegen seines geschwungenen Daches »Drachenhaus« genannte Nha Rong ein **Ho-Chi-Minh-Museum**. Die persönlichen Erinnerungsstücke und Fotografien geben einen interessanten Einblick in sein Leben.

Von hier ist der futuristische **Bitexco Financial Tower** nicht zu übersehen. Der vom Stararchitekten Carlos Zapata entworfene 265 Meter hohe Wolkenkratzer überragt die Innenstadt von Saigon und symbolisiert das moderne Vietnam. Eine Aussichtsplattform im 48. Stock bietet Besuchern einen großartigen Blick auf die quirlige Stadt. Am beeindruckendsten ist es hier kurz vor Sonnenuntergang, wenn Millionen Lichter die Stadt nach und nach erleuchten.

## Cho Lon – Im quirligen Chinatown

Spiegeln die Bauten der Innenstadt die koloniale Vergangenheit Saigons, so veranschaulicht eine Fahrt ins fünf Kilometer westlich davon gelegene Chinatown (Cho Lon) die einzigartige wirtschaftliche Dynamik. Mit jedem Kilometer, den man entlang der Hauptverbindungsstraße Hung Vuong Richtung Chinatown fährt, nimmt der Strom der Motorräder zu, bis es fast kein Weiterkommen mehr gibt. Niemand scheint still zu stehen, Straßen und Bürgersteige sind ständig menschenüberfüllt, die Geschäfte laufen prächtig. Der ohrenbetäubende Lärm, die bleiverseuchte und schwülheiße Luft sowie die Betriebsamkeit machen Cho Lon zu einem ebenso faszinierenden wie auf die Dauer ermüdenden Erlebnis.

Das im 18. Jahrhundert von Flüchtlingen der chinesischen Ming-Dynastie gegründete Cho Lon ist tatsächlich genau das, was sein Name besagt – ein einziger »Großer Markt«. Nach der Enteignung der chinesischen Geschäftsleute im Frühjahr 1978 hat der Stadtteil seine frühere Bedeutung als zentraler Handelsplatz von Saigon in den letzten Jahren wieder zurückerlangt. **Cho Binh Tay**, der größte Markt von Chinatown mit unzähligen Läden, dokumentiert die wirtschaftliche Bedeutung Cho Lons für ganz Saigon. Äußerst pittoresk sind auch die kleinen Gassen zwischen dem Marktgebäude und dem Ben-Nghe-Kanal, über den ein erheblicher Teil

*Kleine Keramikfigürchen erzählen aus der chinesischen Mythologie (Chua Thien Hau, Saigon)*

des auf dem Markt angebotenen Obstes und Gemüses per Boot, vom Mekong-Delta kommend, angeliefert wird.

Über die Straße Hai Thuong Lan Ong, vorbei am Busbahnhof von Cho Lon und der links davon abzweigenden, meist von Zigarettenhändlern flankierten Hoc-Lac-Gasse gelangt man zur **Cha-Tam-Kirche**. An sich wäre das um die Jahrhundertwende von den Franzosen errichtete, pastellfarbene Gotteshaus nicht sonderlich erwähnenswert, hätte hier nicht der südvietnamesische Präsident Ngo Dinh Diem seine letzten Stunden erlebt. Nach dem vom US-amerikanischen Geheimdienst mitgetragenen Putsch der Generäle war Diem zusammen mit seinem Bruder am 2. November 1963 hierher geflohen, um unter dem Schutz der katholischen Kirche über seine Freilassung zu verhandeln. Als dies von den Putschisten abgelehnt worden war, stimmte Diem gezwungenermaßen einer bedingungslosen Kapitulation zu. Während der Fahrt von der Kirche ins Gefängnis wurden er und sein Bruder von den Sicherheitskräften erschossen. Nachdem sich die Nachricht vom Tod des verhassten Diktators in Windeseile verbreitet hatte, tanzten die Menschen vor Freude auf den Straßen von Saigon.

Die Hoc-Lac-Gasse stößt gen Norden auf die stark befahrene Nguyen-Trai-Straße, die wegen der zahlreichen und besonders hübschen Gotteshäuser in ihrem Umkreis als Tempelstraße bezeichnet wird. Von den über 150 Pagoden in Chinatown ist der **Chua Thien Hau** eine der schönsten und meistbesuchten. Ebenso wie in Hoi An handelte es sich nicht in erster Linie um Gotteshäuser, sondern um Versammlungsorte, an denen sich die Einwanderer aus Südchina trafen, um gemeinsam zu essen, zu feiern und Geschäfte abzuschließen. Dementsprechend war dies kein Ort des Schweigens, sondern Teil des täglichen Lebens, in dem es laut und geschäftig zuging.

Über einen Vorhof gelangt man durch ein Eingangstor in einen großen Innenhof, der von Versammlungshallen, Speise- und Schlafräumen und

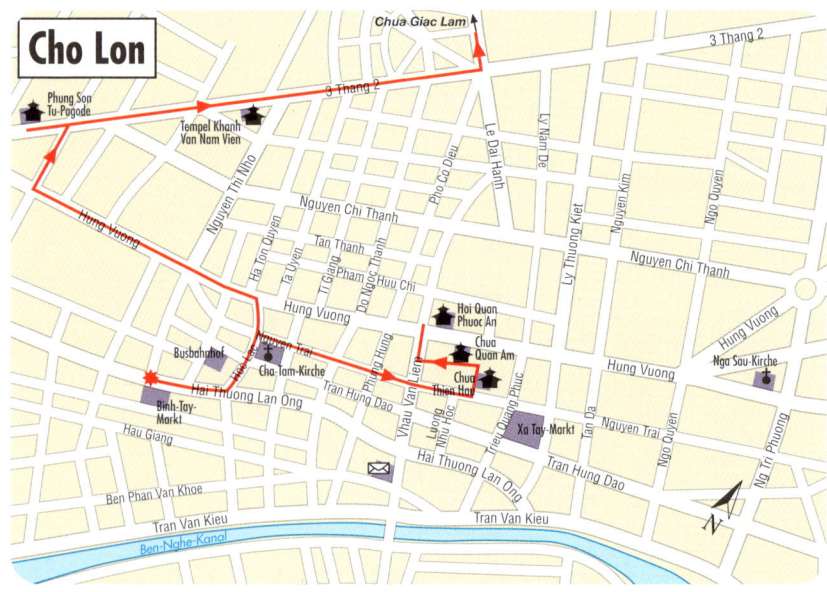

Büros eingerahmt wird. Der eigentliche Tempelbereich schließt sich erst dahinter an.

An der Rückseite des Eingangstors zur Thien-Hau-Pagode findet sich ein überdimensionales Bild, das Thien Hau, die Schutzgöttin der Seefahrer, darstellt, wie sie einem in Seenot geratenen Schiff zur Hilfe kommt. Betritt man den ersten Innenhof, sollte man seinen Blick nach oben richten. Die Mosaike aus Porzellan- und Keramikscherben an den Dachfirsten sind von besonderer Qualität und schildern chinesische Legenden und Szenen des täglichen Lebens aus dem Dorf der Tempelgründer.

In dem Metallofen in der Mitte des ersten Innenhofs werden symbolische Papiergeschenke verbrannt, die dadurch zu den verstorbenen Verwandten im Himmel aufsteigen. Meist handelt es sich um Geld, doch zuweilen sieht man auch Kleidung, Autos oder sogar Computer in den Flammen aufgehen. Sehr fotogen sind auch die fünf hoch aufragenden Behälter für Räucherstäbchen, wobei jeder eines der im chinesischen Kulturkreis verehrten Elemente symbolisiert. In der Mitte des Hauptaltars thront die in aufwendige Gewänder gekleidete Statue der Thien Hau. Flankiert wird sie von der Göttin der Fruchtbarkeit (rechts) und der Gattin des Beherrschers des Südens. Die Glocke rechts vom Altar wurde 1830 gegossen und ertönt immer dann, wenn Gläubige eine Spende überbringen. Die Zettel mit den Namen der Spender werden von den Tempelverwaltern an den Wänden angebracht. Ein Holzmodell stellt das Boot dar, das Thien Hau als kleines Mädchen vor einem Sturm gerettet haben soll.

Weit weniger Touristen, dafür viele Einheimische, besuchen die 1816 von Chinesen aus Fukien errichtete **Chua Quan Am**. Der Eingang zur Pagode liegt an der kleinen Lao-Tu-Straße, die mit ihren alten Häusern und dem lebhaften Treiben viel von jener »typisch chinesischen« Atmosphäre ausstrahlt, die man im übrigen Cho Lon häufig vermisst. Im Innern der verschachtelten Tempelanlage findet sich eine selbst für das polytheistische

**Region 7**
Ho-Chi-Minh-Stadt/Umgebung

*Der Chua Thien Hau: eine der schönsten und meistbesuchten Pagoden in Chinatown von Ho-Chi-Minh-Stadt*

## Region 7
## Ho-Chi-Minh-Stadt/Umgebung

*Der chinesische Jadekaiser Yo Di spielt eine zentrale Rolle im Daoismus*

Vietnam ungewöhnliche Vielzahl von Heilsfiguren. Die größte Ehrerbietung der vornehmlich weiblichen Gläubigen erfährt die ganz in Weiß gekleidete Quan Am, die Göttin der Barmherzigkeit, an der Rückwand des zweiten Tempelhofes. Geht man nach Verlassen der Quan Am die Lao-Tu-Straße nach rechts, erreicht man nach 100 Metern die Chau Van Liem, die Richtung Norden zur breiten und viel befahrenen Hung-Vuong-Straße führt. Trotz des Straßenlärms empfindet man das Innere der **Hoi Quan Phuoc An** als Oase der Ruhe. Besonders beeindruckend sind die filigran verzierten Arkaden und Säulen, die den Hauptraum mit den Seitenflügeln verbinden. Darüber hinaus finden sich hier einige der schönsten Holzschnitzarbeiten von Cho Lon. Links vom Eingang des 1902 ebenfalls von den Fukien-Chinesen erbauten Tempels steht das rote Pferd von General Quan Cong, dem der Tempel gewidmet ist. Der kleine Vorhof wird von einer Quan-Am- und einer Buddhastatue (rechts) beherrscht.

Zum Abschluss des Rundgangs empfiehlt sich der Besuch von zwei Tempelanlagen am nordwestlichen Rand von Cho Lon. Der **Chua Phung Son Tu** in der Duong 3 Thang 2, kurz vor der Einmündung des Huong-Vong-Boulevards, wurde 1820 auf den Fundamenten eines Funan-Heiligtums erbaut. Die eigentliche Bedeutung des Tempels liegt in der außergewöhnlichen Anzahl und der hervorragenden Qualität der Skulpturen. Der Hauptaltar fällt mit einer Vielzahl an Wächterfiguren, Bodhisattwas, Buddhastatuen und La Hans (Schülern des Buddhas) auf. Ungewöhnlich ist auch der künstlich aufgeschüttete Berg im Innenhof der zweiten Halle. Die 18-armige Quan Am und die Statuen des Tempelgründers sowie seines Nachfolgers sind ebenfalls besonders.

Der daoistische **Khan Van Nam Vien**, einen halben Kilometer weiter nordöstlich, gehört zu den ungewöhnlichsten Gotteshäusern von Cho Lon. Der im Zweiten Weltkrieg von Kanton-Chinesen erbaute Tempel beherbergt wieder eine bunte Mischung von Heilsfiguren unterschiedlicher Religionsgemeinschaften. Neben den Acht Unsterblichen des Daoismus findet sich eine buddhistische Quan Am, Huynh Dai Tien, ein Schüler des Religionsgründers Lao Tse, der konfuzianische Dichter Van Xuong und Hoa De, ein berühmter Arzt aus der Han-Dynastie.

Ausschließlich dem Religionsgründer Lao Tse ist das obere Geschoss gewidmet. Aus dem Sammelsurium einer kitschig-bunten Statue des Religionsstifters, alten Schriften der daoistischen Lehre und Erläuterungen zu Meditationspraktiken ragen besonders zwei Steintafeln hervor. Die auf ihnen dargestellten Landschaftsbilder sollen die einzelnen Organe des menschlichen Körpers veranschaulichen und sind als Anleitung für Atemübungen gedacht.

Die **Chua Giac Lam**, etwa drei Kilometer nordwestlich von Cho Lon gelegen, ist nicht nur eine der ältesten, sondern auch eine der schönsten Pagoden von Ho-Chi-Minh-Stadt. Ihre Ursprünge reichen in das Jahr 1744 zurück, als an dieser Stelle ein kleiner Tempel errichtet worden sein soll, der 1804 erweitert und 1908 erneuert wurde. Der Weg zum rechten Nebeneingang (der Haupteingang ist verschlossen) führt vorbei an mehreren Begräbnisstupas verstorbener Mönche. Zunächst gelangt man in die Vorhalle, die als Versammlungsraum bei feierlichen Anlässen dient. Zur Atmosphäre des Raums tragen vor allem die zahlreichen lackierten Ahnentafeln auf den Seitenaltären mit den Namen und Titeln der verstorbenen Gläubigen bei.

Der sich hinter dem Versammlungsraum anschließende Hauptraum wird bestimmt von einem der beeindruckendsten Altäre ganz Vietnams. Auf dem stufenartig nach oben ansteigenden Schrein finden sich über 100 vergoldete Holzstatuen, von denen einige mehr als 100 Jahre alt sind. Die den Schrein einrahmenden kunstvollen Schnitzarbeiten stellen neun Drachen dar, die der Geburt Buddhas beiwohnten. Auch die 18 La Han an den Seitenaltären des Hautraumes und die Diem Vuong, die zehn Höllenkönige, sind Meisterwerke der Holzschnitzkunst. Beim genauen Hinschauen entdeckt man, dass jeder einzelne der 18 Schüler Buddhas individuelle Gesichtszüge aufweist. Auf jedem der 49 Zweige des links vor dem Haupt-

**Region 7
Ho-Chi-Minh-
Stadt/Umgebung**

altar stehenden Wunschbaumes sitzt ein kleiner Bodhisattva mit einem Kerosinlämpchen. Gläubige, die gegen eine kleine Spende ein Zettelchen mit ihrem Namen an den Baum heften und das Lämpchen anzünden, können auf die baldige Erfüllung ihres Wunsches hoffen.

Fährt man vom Flughafen Richtung Innenstadt, taucht gleich nach Überqueren der Brücke über dem Nhieu-Loc-Fluss, an dem in den 1960er Jahren ein Bombenattentat auf den damaligen US-amerikanischen Verteidigungsminister Robert McNamara scheiterte, ein 40 Meter hoher Pagodenturm auf. Er gehört zu der 1971 von der Vietnamesisch-Japanischen Freundschaftsgesellschaft eingeweihten **Chua Vinh Nghiem**. Trotz des vergleichsweise jungen Alters und der Verwendung moderner Baumaterialien strahlt der weitläufige Tempelkomplex mit seinen drei hintereinander gelegenen Hallen eine stilvolle Ruhe aus. Zwar flossen beim Bau der bedeutendsten buddhistischen Pagode Saigons viele japanische Stilelemente ein, doch der Grundriss eines liegenden H entspricht dem klassisch nordvietnamesischen Stil.

Die mittlere Halle wird beherrscht von der sechs Meter hohen Statue des Thich Ca, des Buddhas der Gegenwart. Flankiert wird er von Van Thu, dem Bodhisattwa der Weisheit, und Pho Hien, dem Bodhisattva des Glücks. In einer dreistöckigen Halle hinter dem Hauptgebäude werden in nummerierten Regalen Tausende bunt verzierter Urnen mit der Asche von Verstorbenen aufbewahrt. Der Eingang zu dem über 40 Meter hohen Pagodenturm links vor dem Hauptbau ist nur an bedeutenden buddhistischen Feiertagen geöffnet.

Neben dem Chua Vinh Nghiem ist der **Chua Ngoc Hoang** in der von der Dien-Bien-Phu-Straße abzweigenden Mai Thi Luu der bedeutendste Tempel im Norden von Saigon. Obwohl der 1909 von den Chinesen aus Kanton eingeweihte Bau dem daoistischen Jadekaiser Ngoc Hoang gewidmet ist, wird er als Chua bezeichnet, weil in ihm auch buddhistische Gottheiten verehrt werden. Der Haupteingang zu der von außen unscheinbaren Pagode führt zu einem Altar mit den Statuen der Buddhas der fünf Himmelsrichtungen, dem Höllenkönig, Thang Hoang, dem Buddha der Zukunft, Maitreya, und der Göttin der Barmherzigkeit, Quan Am. In der Mitte des Hauptaltars thront die imposante Statue des prächtig geschmückten Jadekaisers, beschützt von vier Wächterfiguren, die aufgrund ihrer Stärke Vier Diamanten genannt werden.

*In der Chua Ngoc Hoang, der Pagode des Jadekaisers in Saigon, werden auch buddhistische Gottheiten verehrt*

**Region 7**
**Ho-Chi-Minh-Stadt/Umgebung**

*Empfehlenswert: Ente »glasiert«*

Keine andere Stadt Vietnams bietet sich derart zum relaxten Sundowner an wie Saigon. Wer sich etwa eine halbe Stunde vor dem Sonnenuntergang zu einem gepflegten Cocktail in einer der zahlreichen Hotelbars einfindet, wird von der Aussicht über die langsam erleuchtende Stadt begeistert sein. Hier einige der besten Adressen:

– **Alto Heli Bar**, Bitexco Financial Tower, 52. Etage, 2 Hai Trieu Street
– **Chill Sky Bar**, A&B Tower (27. Etage), 76 Le Loi Street
– **M Bar**, Majestic Hotel, 8. Etage, 1 Dong Khoi
– **Shri**, Centec Tower, 23. Etage, 72–74 Nguyen Thi Minh Khai

## SERVICE & TIPPS

**Saigon Tourism**
39 Le Thanh Ton, Ho-Chi-Minh-Stadt
(08) 829-5050, tägl. 9–18 Uhr

**Historisches Museum/ Bao Tang Lich Su**
2 Nguyen Binh Khiem
Ho-Chi-Minh-Stadt
Tägl. außer Mo 7.30–11.30 und 13.30–17 Uhr , Eintritt 15 000 Dong
Die in 17 Räumen ausgestellten Objekte bieten einen ausführlichen Überblick über die wichtigsten Epochen der 2000-jährigen vietnamesischen Geschichte.

**Ho-Chi-Minh-City-Museum**
25 Ly Tu Trong, Ho-Chi-Minh-Stadt
Tägl. außer Mo 8–11.30 und 13.30–16 Uhr, Eintritt 15 000 Dong
Historische Fotos, Lagepläne und Modelle historischer Orte wie des Cu-Chi-Tunnels veranschaulichen den Befreiungskampf gegen Chinesen, Franzosen und US-Amerikaner. Im Garten der ehemaligen Residenz des Gouverneurs von Cochinchina sind mehrere Kampfflugzeuge zu besichtigen. Ehemals Revolutionsmuseum.

**Ho-Chi-Minh-Museum**
1 Nguyen Tat Thanh
Ho-Chi-Minh-Stadt
Tägl. außer Mo und Fr Vormittag 8–11.30 und 14–18 Uhr
Eintritt 10 000 Dong
In den Räumlichkeiten des 1862 von den Franzosen errichteten Zollhauses geben persönliche Erinnerungsstücke und Fotografien einen interessanten Einblick in das Leben Ho Chi Minhs.

**Museum für Kriegsrelikte/ Bao Tang Toi Ac Chien Tranh**
28 Vo Van Tan, Ho-Chi-Minh-Stadt
Tägl. 7.30–11.45 und 13.30–17 Uhr
Eintritt 15 000 Dong
Im meistbesuchten Museum der Stadt kann man sich anhand von historischen Aufnahmen, Originalwaffen und Kriegsgeräten einen Überblick über die Kriege gegen Franzosen und US-Amerikaner verschaffen.

**Cho Lon**
Cho Lon (Großer Markt), das Chinesenviertel von Ho-Chi-Minh-Stadt, lebt von seiner einzigartigen Geschäftigkeit und Dynamik. Im Mittelpunkt des 5 km von der Innenstadt entfernten Stadtteils steht der **Cho Binh Tay**, der zweite große Zentralmarkt der Stadt. Von den über 100 Pagoden befinden sich einige der schönsten wie die **Chua Thien Hau** entlang der Nguyen-Trai-Straße, die deshalb auch als die **Tempelstraße** bekannt ist.

**Continental Hotel**
32–134 Dong Khoi
Ho-Chi-Minh-Stadt
www.continentalhotel.com.vn
Das älteste und berühmteste Hotel Vietnams. Sollte vor seiner anstehenden Luxussanierung besucht werden.

**Hauptpost**
Dong Khoi, Ho-Chi-Minh-Stadt
Die Ende des 19. Jh. im Art-déco-Stil errichtete Hauptpost zählt zu den beeindruckendsten Kolonialbauten der Stadt.

**Hôtel de Ville**
Nguyen Hue/Le Thanh Ton
Ho-Chi-Minh-Stadt
Das 1908 eingeweihte Rathaus dient heute als Sitz des Volkskomitees und darf leider nur von außen besichtigt werden.

**Kathedrale Notre Dame**
5 Han Thuyen, Ho-Chi-Minh-Stadt
Die neoromanische Kirche (1883) mit der Statue der Jungfrau Maria auf dem Vorplatz ist eines der Wahrzeichen der Stadt.

**Majestic Hotel**
1 Dong Khoi, Ho-Chi-Minh-Stadt
(08) 382-955 17
www.majesticsaigon.com.vn
Neben dem Caravelle-Hotel das

stilvollste Kolonialhotels Saigons. Von der großartigen Dachterrasse bietet sich ein herrlicher Ausblick auf den Saigon-Fluss.

### ◉ 🎵 🍽 🍸 Opernhaus
Lam Son Square, Ho-Chi-Minh-Stadt
Das markante Opernhaus (1899) war Jahrzehnte der gesellschaftliche Mittelpunkt der High Society. Heute finden hier u. a. Konzerte statt.

### ◉ 🏛 Palast der Wiedervereinigung/Dinh Thong Nhat
Eingang Nam Ky Khoi Nghia
Ho-Chi-Minh-Stadt
Tägl. 7.30–10.30 und 13–16 Uhr
Unterirdische Kommandozentrale, Konferenzräume und Empfangssäle können in dem von den Kommunisten eroberten Gebäude besichtigt werden.

### ◉ 🍽 🛏 🍸 Rex Hotel
141 Nguyen Hue
Ho-Chi-Minh-Stadt, ägl. nonstop
Nicht unbedingt hübsches, dafür aber geschichtsträchtiges Hotel mitten im Zentrum. Die berühmte Dachterrasse ist jeden Abend Treffpunkt von Touristen aus aller Welt.

### 🍽 🍸 Alibi
5A Nguyen Sieu
Ho-Chi-Minh-Stadt, www.alibi.vn
Restaurant und Bar mit New-York-Touch. Im Erdgeschoss eine der angesagtesten Cocktail-Bars, im Obergeschoss ausgezeichnete Fusion-Küche. $$$–$$$$

### 🍽 Temple Club
29 Ton That Thiep
Ho-Chi-Minh-Stadt
℡ (08) 382-992 44, tägl. 12–23 Uhr
Äußerst stilvoll eingerichtete Kolonialvilla mit raffinierten vietnamesischen Gerichten und einer großen Auswahl an Cocktails. $$$

### 🍽 Hoa Tuc
74/7 Hai Ba Trung
Ho-Chi-Minh-Stadt
℡ (08) 382-516 76
Tägl. 11.30–22 Uhr
Eines des besten und stilvollsten vietnamesischen Restaurants Saigons. Zudem sehr gemütliche Atmosphäre im Innenhof einer ehemaligen Opiumfabrik. Wer dem Geschmack der köstlichen Gerichte auf die Spur kommen will, kann an einem Kochkurs teilnehmen. $$–$$$

### 🍽 Nha Hang Ngon
160 Pasteur, Ho-Chi-Minh-Stadt
Tägl. 7–22 Uhr
Ein bei Einheimischen und Touristen beliebtes Restaurant mit besonderem Konzept. Um einen hübschen Innenhof finden sich diverse Essensstände, die originelle, köstliche und zudem preiswerte Gerichte vor den Augen der Gäste zubereiten. $–$$$

### 🍽 Al Fresco
27 Dong Du, Ho-Chi-Minh-Stadt
℡ (08) 822-7317
Tägl. 11.30–22.30 Uhr
Wem es mal wieder nach Pizza, Pasta, Steaks und Ribs gelüstet, ist

## Region 7
## Ho-Chi-Minh-Stadt/Umgebung

*Fächer aus dem Mekong-Delta als Souvenir*

*Kunstmarkt in Ho-Chi-Minh-Stadt*

## Region 7
## Ho-Chi-Minh-Stadt/Umgebung

hier an der richtigen Adresse. $$–$$$

### ✗ Ngoc Suong
70 Suong Nguyet Anh
Ho-Chi-Minh-Stadt
✆ (08) 832-5017, tägl. 10–23 Uhr
Riesenauswahl an ausgezeichneten Meeresgerichten zu relativ günstigen Preisen. $$–$$$

### ✗ 🍽 Floating Restaurants
Restaurantboote starten jeden Abend um 19 bzw. 20 Uhr beim Majestic-Hotel zu einer zweistündigen Fahrt auf dem Saigon-Fluss. Das Essen ist recht gut und günstig, die Stimmung meist laut und fröhlich. $$

### ✗ Huong Lai
38 Ly Tu Trong Street
Ho-Chi-Minh-Stadt
Tägl. 11.30–14 Uhr und 17–22 Uhr
Hier überzeugt das Ambiente (französische Kolonialvilla) ebenso wie das Essen (traditionelle vietnamesische Küche) als auch der karitative Hintergrund – die Angestellten sind Jugendliche aus benachteiligten Familien, die hier eine fundierte Ausbildung erhalten sollen. $$

### ✗ Mumtaz
226 Bui Vien, Ho-Chi-Minh-Stadt
✆ (08) 383-71767, tägl. 11–23 Uhr
Von den zahlreichen indischen Restaurants Saigons das zurzeit wohl beste. $$

### ✗ 🛍 Ben Thanh Market
Ho-Chi-Minh-Stadt
Tägl. 18–22.30 Uhr

Der jeden Abend ab 18 Uhr in den Straßen um den Ben-Thanh-Markt öffnende Nachtmarkt ist nicht nur für Kauflustige, sondern auch für Liebhaber schnell zubereiteter, schmackhafter und günstiger einheimischer Speisen eine immer beliebtere Adresse. Man hat die Auswahl zwischen über 20 Essensständen. $–$$

### ✗ Pho 24
5 Nguyen Thiep
Ho-Chi-Minh-Stadt
✆ (08) 354-7654
Tägl. rund um die Uhr geöffnet Restaurantkette mit inzwischen 24 Filialen über ganz HCMC verteilt, in der man die berühmte vietnamesische Nudelsuppe in verschiedenen Variationen serviert bekommt. $

### ☕ Bach-Dang-Eiscafé
Le Loi/Ecke Pasteur
Ho-Chi-Minh-Stadt
Tägl. 8–23 Uhr
Beste Eiskreationen, Spezialität: *kem trai dus* (Eiscreme in Kokosnuss).

### 🍸 🎵 Catwalk
1 Le Lai, Ho-Chi-Minh-Stadt
✆ (08) 824-3760, tägl. 17–2 Uhr
Edeldiskothek neben dem New World Hotel.

### 🍸 Lush
2 Ly Tu Trong, Ho-Chi-Minh-Stadt
✆ (08) 382-42496
Tägl. 8 Uhr bis nach Mitternacht
Mit seiner coolen Bar, Lounge, Restaurant, angesagten Sounds und noch angesagterem Publikum ist Lush seit Jahren ein Trendsetter in der Nacht-szene Saigons.

### 🍸 Phatty's
Ton That Thiep
Ho-Chi-Minh-Stadt
www.phattysbar.com
Mo–Do 17–23.30, Fr/Sa. 17–1.30,
Sa/So Brunch 10.30–14.45 Uhr
Bei Geschäftsleuten beliebte Bar, um bei einem Bier ein Sportereignis auf der Großbildleinwand zu genießen.

### 🎵 Sax 'n' Art
28 Le Loi, Ho-Chi-Minh-Stadt
✆ (08) 822-8472
Mehrfach zum besten Jazz-Club

*Breakdance in Ho-Chi-Minh-Stadt*

der Stadt gewählt, täglich Livemusik.

### 🍸🎵 Vasco's
16 Cao Ba Quat
Ho-Chi-Minh-Stadt
☎ (08) 824-3148, tägl. ab 16 Uhr
Stilvolle Bar in Villa mit BBQ. Freitags einheimische Bands.

### 🛍 Shopping
Die beste Adresse für Souvenirs ist die zentrale **Dong-Khoi-Straße**. Entlang dieser Straße und ihren Seitengassen haben sich zahlreiche spezialisierte Geschäfte angesiedelt. In den letzten Jahren ist hier das Preisniveau jedoch ebenso schnell gestiegen wie die Qualität der angebotenen Waren. Statt der früher häufigen Billigprodukte und Imitate finden sich in den Modegeschäften, Kunstgalerien, Kunstgewerbeläden und Souvenirgeschäften zumeist hochwertige Artikel.

Der **Vincom Center** im Zentrum ist ein Luxustempel: Gucci, Hermes und Dior sind nur einige der hier ausgestellten internationalen Nobelmarken. Eine günstigere Adresse ist der **Diamond Department Store** hinter der Notre Dame-Kirche. Ebenfalls preiswert: der **Benh-Thanh-Markt** am Ende der Le-Loi-Straße. Neben Kopien internationaler Mode- und Uhrenmarken bieten diverse Stände attraktive Souvenirs zu niedrigen Preisen – Handeln ist allerdings ein Muss! Auch in Chinatown, u. a. im Markt **Cho Binh Tay**, lässt sich das eine oder andere günstig erwerben.

### 🍴 Far East Tourist
158 Le Loi, Ho-Chi-Minh-Stadt
☎ (08) 952-6099
fareast-tour@hcm.fpt.vn
Von den zahllosen Reiseagenturen Saigons eine der besten. Hat sich auf Individualtouristen spezialisiert, denen ein auf ihre speziellen Wünsche zugeschnittenes Programm zusammengestellt wird. (Mehr-)Tagestouren ins Mekong-Delta und in die Umgebung.

> **Region 7**
> Ho-Chi-Minh-Stadt/Umgebung

## ❷ TUNNEL VON CU CHI

Ein Ausflug zu den 36 Kilometer nordwestlich von Saigon gelegenen **Tunneln von Cu Chi** gehört zum Pflichtprogramm jedes Vietnam-Touristen. Nirgendwo sonst erlebt man so beispielhaft die charakteristische Zähigkeit der Vietnamesen, ihren Widerstandswillen im Zeichen scheinbar unüberwindbarer Gefahren und ihren Pragmatismus im Angesicht ökonomischer Chancen.

Die Gefahren beschreibt der deutsche Journalist Winfried Scharlau in einem Bericht aus dem Jahr 1967 eindrucksvoll: »Die Bordschützen an den offenen Kabinentüren reagierten auf jede Bewegung im verdörrten grauen Bodensatz des Dschungels mit einer peitschenden Gewehrsalbe. Wir überflogen eine ‚free kill area', in der alles niedergeschossen wird, was sich bewegt. Am Horizont stiegen weiße Rauchsäulen auf, die die Einschläge der Artillerie markierten. Die seltenen Lichtungen waren von Bombentrichtern vernarbt.«

Das vietnamesische Grenzgebiet gehörte Mitte der 1960er Jahre zu den am heftigsten umkämpften Gebieten des Landes. Unter dem Druck der fast täglich intensiver werdenden Bombardierungen und dem Bestreben, die eigenen Soldaten von dem im kambodschanischen Grenzgebiet endenden Ho-Chi-Minh-Pfad so nah wie möglich an die Hauptstadt des verfeindeten Südens zu schleusen, entwickelten die Untergrundsoldaten der Vietcong eine besondere Taktik – sie vergruben sich im wahrsten Sinne des Wortes unter der Erde.

Bereits 1948 wurden bei der Kleinstadt Cu Chi einige Stollen in den Lehmboden gegraben, in dem Widerstandskämpfer ihre Waffen und Vorräte vor den französischen Kolonialherren verbargen. Seit Beginn der 1960er Jahre wurde das Tunnelsystem zu einem unterirdischen Netzwerk

*Touristen können zwischen zwei Sektionen der Cu-Chi-Tunnel (Ben Dinh und Ben Duoc, 5 km voneinander entfernt) wählen. Beide sind stark kommerzialisiert, doch die Tunnel von Ben Dinh sind die authentischeren und vermitteln ein ehrlicheres Bild der historischen Stätte.*

**Region 7
Ho-Chi-Minh-
Stadt/Umgebung**

*Tapioka ist eine nahezu geschmacksneutrale Stärke, die aus der bearbeiteten und getrockneten Maniokwurzel hergestellt wird.*

*Free Fire Zone: zum uneingeschränkten Beschuss freigegebenes Gebiet.*

von mehreren 100 Kilometern ausgebaut, das von der kambodschanischen Grenze bis an die Außenbezirke Saigons reichte. Die Soldaten, die während der Tet-Offensive im Frühjahr 1968 die US-amerikanische Botschaft angegriffen hatten, waren von hier in die Stadt geschleust worden.

Die Tunnel wurden mit einfachen Bambusschaufeln per Hand ausgehoben und lagen durchschnittlich drei bis fünf Meter unter der Erde. An einigen Passagen verliefen sie jedoch auch auf drei Ebenen und reichten bis zu 20 Meter in die Tiefe. Zigtausende Widerstandskämpfer und Zivilisten, die Schutz vor den Bombenangriffen der US-Amerikaner suchten, verbrachten in den Stollen oftmals mehrere Wochen, ohne das Tageslicht zu sehen. Küchen, Schlafräume, Kommandozentralen und Krankenstationen wurden unter der Erde eingerichtet. Nichts ahnend von der strategischen Meisterleistung ihres Feindes, errichteten die US-Amerikaner das Hauptquartier der 25. Division in der Nähe von Cu Chi. Während die dort stationierten 5000 GIs in klimatisierten Unterkünften lebten und durch den täglich aus Saigon anrollenden Convoy von 60 Lkws mit aus den USA importierten Luxusgütern versorgt wurden, versuchten die Vietcong in den dunklen und muffigen, von Ratten, Spinnen und Fledermäusen bevölkerten Tunneln mit Tapioka und schlecht gefiltertem Wasser zu überleben. Nachdem die US-Amerikaner die Tunnel schließlich doch entdeckt hatten, siedelten sie die Zivilbevölkerung zwangsweise um und erklärten das Gebiet zur *Free Fire Zone*. Zusätzlich wurde in Cu Chi mit dem massiven Einsatz von Entlaubungsmitteln und Napalm konsequent eine Politik der verbrannten Erde betrieben.

Da sich die Widerstandskämpfer nicht vertreiben ließen, versuchte man selbst in die Tunnel einzudringen. Hierzu wurden vom Bundesgrenzschutz trainierte deutsche Schäferhunde eingesetzt, die die feindlichen Kämpfer mit ihrem feinen Geruchssinn aufspüren sollten. Doch die Vietcong wussten sich wieder zu helfen: Indem sie Uniformen von US-amerikanischen Soldaten auslegten und sich mit amerikanischer Seife wuschen, wurden die Hunde im wahrsten Sinne des Wortes an der Nase herumgeführt. Darüber hinaus starben viele der Schäferhunde durch die Falltüren, die sie nicht orten konnten. Auch der Einsatz von sogenannten Tunnelratten, kleinwüchsigen Soldaten, meist aus Korea und den Philippinen, die in die Tunnel eindrangen, führte nicht zum Erfolg. Erst Ende der 1960er Jahre wurden große Teile des Tunnelsystems durch die Flächenbombardements der B-52-Bomber zerstört. Tausende von Soldaten kamen dabei ums Leben.

Heute können zwei kurze Abschnitte des Tunnelsystems, 20 Kilometer nordwestlich der Provinzhauptstadt Cu Chi besichtigt werden. Bevor man die unterirdischen Tunnel erreicht, führt der vorgegebene Weg zunächst durch einen wieder aufgeforsteten Wald, dessen Boden von metertiefen Bombenkratern übersät ist. In einem Informationscenter wird dem Besucher von einheimischen Führern, von denen die meisten während des Vietnamkriegs in Cu Chi in den Tunneln lebten, das System anschaulich erklärt.

Die ursprünglich etwa 60 Zentimeter breiten Gänge wurden zwar erheblich vergrößert, die Wände verputzt und mit elektrischem Licht ausgestattet. Von einem gemütlichen Spaziergang unter Tage kann dennoch keine Rede sein. Menschen, die unter Klaustrophobie oder Rückenbeschwerden leiden, sollten lieber auf die Exkursion verzichten, weil einige Streckenabschnitte nur auf allen Vieren zurückgelegt werden können. Wer aus den immer noch engen und stickigen, bis zu 50 Meter langen Gängen verschwitzt und lehmverschmiert wieder ans Tageslicht zurückkehrt, kann zumindest ansatzweise ermessen, welch ungeheure Strapazen die Vietnamesen zur damaligen Zeit durchleben mussten.

Umso mehr überrascht es, mit welchem Pragmatismus die Einheimischen mit ihrer einst so leidvollen Geschichte umgehen. Am Ende des Rundgangs wartet auf den ebenso beeindruckten wie erschöpften Touristen eine Auswahl an Souvenirs, die von der Patronenhülse bis zum Panzer für die »Kleinen zu Hause« keine Geschmacklosigkeit auslässt.

Dass Cu Chi heute nicht nur Symbol des unbeugsamen Widerstands, sondern ebenso ein Musterbeispiel für den Sieg des Kommerzes über die Ethik ist, verdeutlicht der am Ausgang platzierte Schießstand. Hier kann jeder, der will, mit scharfer Munition und Originalgewehren aus dem Vietnamkrieg auf Zielscheiben schießen – pro Schuss zwei Dollar.

**Region 7**
**Ho-Chi-Minh-Stadt/Umgebung**

## ❸ TAY NINH

Anfang der 1960er Jahre glich die Lage in Südvietnam einem Pulverfass. Angesichts der ausufernden Korruption, Vetternwirtschaft, Kommunisten- und Buddhistenverfolgungen herrschten anarchistische Zustände. Truppen der 1960 gegründeten Nationalen Befreiungsfront (FNL), in der sich alle südvietnamesischen Widerstandskämpfer gegen das Diem-Regime zusammengeschlossen hatten, kontrollierten 1963 bereits über die Hälfte des südvietnamesischen Territoriums. Hinzu kamen zahlreiche hochgerüstete Sekten, die große Gebiete unter ihre Kontrolle gebracht hatten. Darunter ist die Cao-Dai-Sekte bis heute die einflussreichste.

Durch die Schaffung einer effizienten Verwaltungsstruktur, den Bau von Schulen und Krankenhäusern sowie die Rekrutierung einer schlagkräftigen Armee hatte sich die Sekte zu einer politischen Macht in Südvietnam entwickelt. Mit ihren sozialen Einrichtungen und der pseudoreli-

### CAODAISMUS

Als Begründer der fast ausschließlich in Vietnam verbreiteten Religionsgemeinschaft gilt der 1878 in der Nähe von Saigon geborene Ngo Van Chieu. Dem im Dienst der französischen Kolonialherren stehenden Beamten soll 1919 auf der Insel Phu Quoc ein göttliches Wesen in Form eines strahlenden Auges erschienen sein. 1926 gilt als Gründungsjahr.

Der Caodaismus versteht sich als Idealreligion, die die positiven Aspekte von Konfuzianismus, Daoismus, Buddhismus und Christentum vereint. Gemäß der zyklischen Geschichtstheologie der Caodaisten beginnen die drei Epochen der Menschheitsgeschichte mit göttlichen Offenbarungen. Cao Dai, der Gott, wird als heiliges Auge symbolisiert. Caodaismus gilt als dritte und letzte Offenbarung.

*Die Caodaisten empfangen ihre Offenbarung in spiritistischen Sitzungen*

Nach der Wiedervereinigung 1975 konfiszierten die Kommunisten einen Großteil der Besitztümer, aber heute dürfen die Caodaisten ihre Religion wieder frei ausüben. Genaue Mitgliederzahlen gibt es nicht, Schätzungen gehen von derzeit etwa zwei Millionen Gläubigen aus.

An der Spitze der hierarchisch straff nach dem Vorbild der katholischen Kirche organisierten Sekte steht ein Papst *(ho phap),* gefolgt von drei Kardinälen *(cuong phap),* acht Erzbischöfen *(dan sus),* 38 Bischöfen *(phoi sus),* 72 höheren Priestern *(giao sus)* und 3000 einfachen Priestern. Jeder Rang, mit Ausnahme des Papstes, steht auch Frauen offen. Die in farbenprächtige Gewänder gekleideten Gläubigen versammeln sich täglich viermal zum gemeinsamen Gebet.

Ebenso bunt wie die Kleidung der Gläubigen sieht es im Inneren der von außen katholischen Kirchen ähnelnden caodaistischen Tempeln aus. Statuen und Porträts von Buddha, Lao Tse, Konfuzius und Jesus Christus fehlen ebenso wenig wie das über dem Altar wachende, allwissende Auge des Cao Dai am Ende des lang gezogenen Kirchenschiffs. Der britische Autor Graham Greene, dessen anfängliche Sympathie für die Sekte später in spöttische Kritik umschlug, fühlte sich beim Anblick dieses skurrilen Nebeneinanders unterschiedlichster Stilelemente an ein »Fantasiebild des Ostens im Stil Walt Disneys« erinnert. (G. Greene, »Der stille Amerikaner«.)

**Region 7
Ho-Chi-Minh-Stadt/Umgebung**

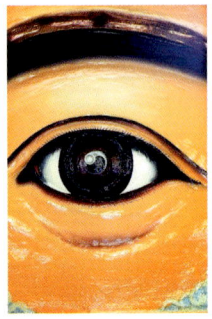

*Symbol für den von den Caodaisten verehrten einen Gott ist das »göttliche Auge«*

giösen Ideologie bot sie der Bevölkerung eine lang ersehnte Stabilität. Mitte der 1940er Jahre kontrollierte die 25 000-köpfige Privatarmee der auf zwei Millionen Mitglieder angewachsenen Sekte weite Teile des Mekong-Deltas. Je nachdem, wer ihren Interessen am meisten diente, paktierte sie während der ständig wechselnden Machtverhältnisse in den 1940er und 1950er Jahren mit den Japanern, Franzosen und US-Amerikanern. Erst der südvietnamesische Präsident Diem machte dem Spuk 1956 ein Ende, indem er den Cao-Dai-Papst Pham Cong Tac des Landes verwies und die Armee auflösen ließ.

Offiziell gegründet wurde die Sekte im Oktober 1926 in Saigon. Ein Jahr später wurde Tay Ninh, die Hauptstadt der gleichnamigen Provinz 100 Kilometer nordwestlich von Saigon, zum Sitz der Caodaisten erklärt. Beim Anblick des Kirchengebäudes mit einem verwirrenden Stilgemisch östlicher und westlicher Formen mag man sich genauso verwundert die Augen reiben wie der US-amerikanische Journalist Norman Lewis: »Aus der Ferne betrachtet konnte man das Gebäude noch als das Resultat einer Vermählung zwischen einer Pagode und einer barocken Kirche abtun. Von nahem erwies sich die Vulgarität des Bauwerks jedoch als derart unbeschreiblich, dass meine milde Antipathie in fasziniertem Horror umschlug. Diese Kathedrale muss das hässlichste Gebäude sein, welches je mit ernster Absicht erbaut wurde«.

Wohlwollender formuliert könnte man den Haupttempel der Caodaisten auch als gelungene architektonische Widerspiegelung ihrer zusammengewürfelten Religionsphilosophie bezeichnen. Das von zwei hohen Türmen flankierte Hauptportal des lang gezogenen Baus schmückt das allwissende Auge, das als Symbol des höchsten Wesens verehrt wird. Ein Wandbild im Vestibül vereint mit dem chinesischen Revolutionär Dr. Sun Yat Sen, dem französischen Schriftsteller Victor Hugo und dem vietnamesischen Dichter Trang Trinh drei der im Caodaismus am meisten verehrten Personen. Während Victor Hugo die Worte »Gott und Menschlichkeit/Liebe und Gerechtigkeit« in französischer Sprache niederschreibt, verewigt Trang Trinh denselben Leitsatz mit einem Tuschepinsel in chinesischen Schriftzeichen auf der Wand.

Im Inneren der 1937 nach zehnjähriger Bauzeit eingeweihten Kirche erinnert das Durcheinander der mit grellen Farben bemalten Figuren von Buddha über Christus bis zu Schlangen und Drachen an ein »Phantasiebild aus Technicolor« (Graham Greene). Zu den täglich viermal um 6, 12, 18 und 24 Uhr abgehaltenen Zeremonien lassen sich die in bunte Roben gekleideten Gläubigen entsprechend ihrem Rang auf der neunstufigen Leiter zum Himmel auf einer der neun zum Altar ansteigenden Ebenen im Kirchenschiff nieder.

Das himmelblaue Kirchendach ruht auf 24 von Drachen umschlungenen Säulen. Die etwa halbstündige Zeremonie wird untermalt von den Klängen eines im ersten Stock spielenden, traditionellen vietnamesischen Orchesters. Ordentlich gekleidete Touristen dürfen der Zeremonie von der umlaufenden Balustrade im ersten Stock beiwohnen.

### ❹ NUI BA DEN

**Region 7
Ho-Chi-Minh-Stadt/Umgebung**

Vor der Rückfahrt nach Saigon sollte man noch den 15 Kilometer nordöstlich von Tay Ninh gelegenen Nui Ba Den besuchen. Der Anblick des 986 Meter hohen, unvermittelt aus der Ebene aufsteigenden Vulkankegels gehört zu den beeindruckendsten Landschaftsbildern Südvietnams.

Glaubt man der Legende, so soll sich das junge Mädchen Thien Huong aus Verzweifelung vom »Berg der Schwarzen Frau« gestürzt haben, weil sie, anstatt des von ihr geliebten einfachen Bauernjungen, den Sohn eines reichen Mandarin heiraten sollte.

Speziell während der ersten drei Monate nach dem Tet-Fest pilgern Tausende Wallfahrer zu dem heiligen Berg. Da die Atmosphäre in dieser Zeit eher einem lauten Volksfest gleicht, sollte man sich mit dem Blick aus der Ferne zufrieden geben. Ansonsten empfiehlt sich der steile etwa zweistündige Aufstieg zum Gipfel allein schon wegen der herrlichen Aussicht.

*Zeremonie in der Kirche der Caodai-Sekte, der wohl farbenprächtigsten Religion der Welt (Tay Ninh)*

# DAS MEKONG-DELTA

## AMPHIBISCHE ERKUNDUNGEN

**Region 8**
Mekong-Delta

Südvietnam ist der historisch jüngste, nach Einwohnern zweitgrößte, klimatisch heißeste, kulturell vielfältigste und ökonomisch bedeutendste Teil des Landes. Von den Vietnamesen wurde er erst Mitte des 17. Jahrhunderts besiedelt. Von der Eroberung durch die Franzosen Mitte des 19. Jahrhunderts, die die Region Cochinchina nannten, bis zum Ende des Vietnamkriegs war der Süden über 100 Jahre unter westlicher Vorherrschaft.

Die damit nach Nam Bo (Südvietnam) eingeflossenen Wertvorstellungen wie Neuerungs- und Risikobereitschaft, Pioniergeist und Individualitätsdenken unterscheiden die 17 Millionen Einwohner deutlich von ihren Landsleuten im Norden. Diese Eigenschaften haben entscheidend dazu beigetragen, dass Südvietnam mit dem Stadtstaat Saigon heute die wirtschaftlich mit Abstand führende Region Vietnams ist.

Das Herzstück der Region bildet das ⑨ Mekong-Delta, in dem 90 Prozent der vietnamesischen Reisexports produziert werden. Lebensader des mit 39 000 Quadratkilometern nach dem Amazonas und dem Brahmaputra weltweit größten Mündungsgebiets ist der Mekong. Bevor der im Hochland von Tibet entspringende Fluss die vietnamesische Grenze erreicht, hat er bereits 4000 Kilometer zurückgelegt.

Nahe der kambodschanischen Hauptstadt Phnom Penh teilt er sich in zwei große Ströme, den Tien Giang (Oberer Fluss) und den Hau Giang (Unterer Fluss). Kurz vor der Mündung ins Südchinesische Meer verzweigt sich der obere Mekong noch

*Korbhändlerin auf dem Mekong*

**Region 8
Mekong-Delta**

einmal in sieben, der untere in zwei Arme. Die Vietnamesen nennen den Mekong deshalb auch Cuu Long, Fluss der Neun Drachen. Obwohl die Wassermassen des Mekong im September und Oktober, am Ende der Regenzeit, größtenteils durch das natürliche Stauregulativ des Tonle-Sap-Sees in Kambodscha aufgefangen werden, kommt es in dieser Zeit immer wieder zu Überschwemmungen.

*Typisch auf dem Mekong: hölzerne Boote mit schmalen Ruderblättern*

### ❶ CAN THO

Im Zentrum des Mekong-Deltas gelegen ist Can Tho mit 340 000 Einwohnern nicht nur die größte, sondern auch die wirtschaftlich bedeutendste Stadt der Region. Vom offensichtlichen Wohlstand zeugen die vielen schmucken neuen Häuser, die Universität, ein großes Fußballstadion und das ausgezeichnete Victoria Hotel. Der buddhistische Chua Muniransay, die lange, von Cafés gesäumte Uferpromenade mit einer Ho-Chi-Minh-Statue und der lebhafte Markt bieten sich für einen entspannten Stadtbummel an.

Die eigentliche Attraktion von Can Tho sind jedoch die **Schwimmenden Märkte** von Cai Rang (sieben Kilometer südöstlich), Phong Dien (15 Kilometer südwestlich) und Phung Hiep (25 Kilometer südöstlich). Sie sind die letzten ihrer Art in ganz Südostasien und es ist nur eine Frage der Zeit, bis auch ihnen durch die zunehmende Motorisierung und Individualisierung der Gesellschaft die Grundlagen entzogen werden. Deshalb sollte man sich einen Besuch auf keinen Fall entgehen lassen.

In **Phung Hiep** kann man die Auswirkungen bereits an der zurückgegangenen Zahl der Boote deutlich erkennen. Dennoch ist der Markt

---

**DIE INSEL DES KOKOSNUSSMÖNCHS**

Das politische und religiöse Machtvakuum und die Suche nach spirituellem Halt inmitten der von Fremdherrschaft und Krieg bestimmten Zeit Mitte des 20. Jahrhunderts bildete den idealen Nährboden zur Gründung verschiedener Sekten und politisch-religiöser Vereinigungen. Einige von ihnen, wie die 1939 von dem Mönch Huynh Phu So gegründete Hoa-Hao-Sekte, die vordergründig eine Erneuerung des Buddhismus anstrebte, waren gleichzeitig kriminelle Vereinigungen, die, ähnlich der Mafia, an Glücksspiel und Prostitution verdienten. Andere wie die Cao Dai hatten ganze Provinzen unter ihrer Kontrolle und bildeten einen ernstzunehmenden Machtfaktor im Mekong-Delta.

Das wohl skurrilste Relikt jener Zeit ist die sogenannte Insel des Kokosnussmönchs. »Vietnamesisches Disneyland« ist wohl wie in Tay Ninh die erste Assoziation beim Anblick der ebenso bunten wie obskuren Bauten auf der zwischen Can Tho und Ben Tre gelegenen Phönix-Insel (Con-Phung-Insel), dem Sitz der Sekte. In grellen Farben gestrichene drachenumwobene Säulen, ein über mehrere Plattformen aufragender Turm, der am oberen Ende von einer gewaltigen Erdkugel abgeschlossen wird, sowie kunterbunte christliche und buddhistische Statuen sind nur einige der erstaunlichen Objekte auf der verlassenen Anlage.

Der Kokosnussmöch selbst saß auf einem reich ornamentierten, von Elefantenstoßzähnen flankierten Thron. Seinen Namen »Kokosnussmönch« erhielt der 1909 als Nguyen Thanh Nam geborene Sektengründer von seinen Anhängern, weil er sich über mehrere Jahre einzig von Kokosnüssen ernährt haben soll. Erklärtes Ziel seiner 1945 gegründeten christlich-buddhistischen Vereinigung war die Schaffung einer pazifistischen Oase inmitten der von Chaos und Gewalt geprägten Zeit, unmittelbar vor dem Ende des Zweiten Weltkriegs. Nach dem Sieg der Kommunisten wurde er 1975 ins Gefängnis von Can Tho gesteckt, später unter Hausarrest gestellt. Seit seinem Tod am 17. Mai 1990 ist die Insel verwaist, kann jedoch besichtigt werden.

besonders pittoresk, weil hier fünf Wasserstraßen sternförmig aufeinandertreffen. Phung Hiep kann zwar auch problemlos über die Nationalstraße 1 angefahren werden, doch zumindest für die Hinreise empfiehlt sich die zweistündige Schifffahrt.

Unaufhörlich klicken die Kameras der Touristen beim Anblick der scheinbar ohne jede Ordnung durcheinande fahrenden Boote. Es herrscht ein reges und buntes Treiben, wobei neben den Händlern auch die schwimmenden Minirestaurants, oftmals kaum größer als Nussschalen, auf Kundensuche sind. Ein Boot bietet Nudelsuppe an, beim nächsten gibt es dampfende Maiskolben.

**Region 8**
**Mekong-Delta**

*Obsthändlerin im Mekong-Delta*

**Region 8**
**Mekong-Delta**

### SERVICE & TIPPS

**ℹ️ Can Tho Tourism**
20 Hai Ba Trung, Can Tho
☎ (071) 382-1852
Tägl. 7–17 Uhr

*Can Tho: Fähre über den Mekong, den »Fluss der Neun Drachen«. Die Bug-Gesichter sollen den Flussgott milde stimmen.*

✕🍴 **Sao Hom**
In der Markthalle, Can Tho
Tägl. 8–23 Uhr
Die beste Wahl, wenn man in schönem Ambiente und zu akzeptablen Preisen speisen will. Mit Terrasse am Mekong und Bar. $$$

✕ **L'Escale**
1 D Ngo Quyen, Can Tho
»Fine-Dining-Restaurant« mit europäischen Gerichten im Obergeschoss des Nam Bo-Hotels. Besonders schön sitzt es sich auf dem Balkon mit Blick auf den Mekong. $$–$$$$

✕ **Nam Bo**
50 Hai Ba Trung, Can Tho
☎ (071) 382-3908
Tägl. 8–23 Uhr
Das bei Ausländern beliebteste Restaurant der Stadt in einer renovierten französischen Villa. Serviert werden sowohl einheimische als auch europäische Gerichte, vom Balkon im zweiten Stock bietet sich ein schöner Blick. $$–$$$

✕ **Hoa Cau**
4 Hai Ba Trung, Can Tho
Tägl. 7–22 Uhr
Bei Einheimischen wie Touristen beliebtes Cafe-Restaurant mit schöner Terasse am Mekong. $–$$

🚤 **Bootstouren**
Überdachte Motorboote für bis zu zehn Personen Platz können entweder direkt am Kai oder durch Can Tho Tourism (s. o.) gemietet werden. Die Preise schwanken zwischen 80 000 und 100 000 Dong pro Stunde.

## ❷ CHAU DOC

Seit der Öffnung der Grenzübergänge ins benachbarte Kambodscha hat der Grenzort Chau Doc in den letzten Jahren einen deutlichen Aufschwung genommen. Dennoch haftet der 100 000-Einwohner-Stadt immer noch ein Hauch von Abgeschiedenheit an. Ihre attraktive Lage am Westufer des Hau Giang, auf dem Hunderte von Hausbooten vor Anker liegen, die hübsche Innenstadt mit der französischen Markthalle und das bunte Völkergemisch aus Vietnamesen, Cham, Kambodschanern und Chinesen machen Chau Doc zu einer der interessantesten Städte des Mekong-Deltas. Eine gute Möglichkeit, die ansonsten kaum in Erscheinung tretenden Cham zu sehen, bietet die **Chau-Giang-Moschee** auf der anderen Flussseite.

Rund um den **Sam Berg** (Nui Sam), vier Kilometer südwestlich von Chau Doc, hat sich eines der lebhaftesten Pilgerzentren ganz Südvietnams entwickelt. Am Fuße und an den Hängen des 230 Meter aus der Ebene aufsteigenden Bergs wurden zahlreiche Tempel und Pagoden errichtet. Besonders munter geht es hier zwischen dem 22. und 26. Tag des vierten Mondmonats zu, wenn die Pilger scharenweise anreisen, um der sagenumwobenen Dame Xu zu huldigen.

Ihr zu Ehren wurde bereits Anfang des 19. Jahrhunderts der **Tempel Mieu Ba Chua Xu** erbaut. Die heute an dieser Stelle stehende Anlage

*Auf dem fruchtbaren Schwemmlandboden des Mekong-Deltas gedeihen exotische Früchte wie die Mangostane, die mit und ohne Schale verzehrt werden kann*

stammt aus dem Jahr 1972 und wirkt mit ihrer Betonverschalung wenig einladend. Im Innern wird die reich geschmückte Statue der Fruchtbarkeitsgöttin Chua Nu verehrt. Die jährlich bis zu zwei Millionen Pilger erfüllen die Gebetshalle mit einer ebenso geschäftigen wie religiösen Atmosphäre. Häufig werden ganze Schweine zur Verehrung der Göttin auf dem Opfertisch abgelegt.

Nicht weit von hier findet sich das **Grabmahl des Mandarins Thoai Ngoc Hau**. In seinem Auftrag wurden Ende des 18. Jahrhunderts die beiden Kanäle zwischen Chau Doc und Ha Tien beziehungsweise Long Xuyen und Rach Gia angelegt. Damit schuf er die Grundlage für die Erschließung der bis dahin kaum bewohnten Region durch vietnamesische Siedler. Die von mehreren Mönchsgräbern umgebene **Tay-An-Pagode** wurde 1847 errichtet und ist für ihre mehrere Hundert Götterfiguren aus Holz bekannt. Für die Mühen des etwa zweistündigen Aufstiegs zum Gipfel des Nui Sam wird man mit einem beeindruckenden Panoramablick bis nach Kambodscha belohnt.

## Region 8
## Mekong-Delta

### SERVICE & TIPPS

**ℹ Information – Mekong Tours**
53B Le Loi, Chau Doc
✆ (076) 356-3810, tägl. 7–17 Uhr
Sowohl für Chau Doc als auch die Weiterfahrt nach Kambodscha der richtige Ansprechpartner für Tickets, Bootstouren, Visa, Hotels usw.

**✕ Bassac**
32 Le Loi, Chau Doc
Tägl. 6.30–22 Uhr
Stilvolles Ambiente im Victoria Hotel mit Blick auf den Hau-Giang-Fluss, dazu köstliche vietnamesische, chinesische und europäische Gerichte. »Fine dining« in Chau Doc. $$$–$$$$

**✕ Chau Giang Floating Restaurant**
Tran Hung Dao, Chau Doc
Tägl. 7.30–21.30 Uhr
Das Essen dieses am Fluss verankerten Schiffes ist gut, aber auch nicht mehr. Dafür ist die Terrasse ein idealer Ort, um bei einem der zahlreichen Fischgerichte das Flussleben in aller Ruhe an sich vorbeiziehen zu lassen. $$

**✕ ℹ Chau Doc Market**
1 Bach Dang Street, Chau Doc
Tägl. ca. 5.30–18 Uhr
Authentisch leckeres Essen in lebhafter Atmosphäre zu unschlagbar günstigen Preisen bieten die Essensstände innerhalb des Zentralmarktes. $

*Chau Doc nahe der kambodschanischen Grenze: Hunderte von Hausbooten liegen am Westufer des Hau Giang vor Anker*

## ❸ HA TIEN

Das im äußersten Westen an der Grenze zu Kambodscha in einer von Hügeln geschützten Bucht gelegene Ha Tien ist die schönste Stadt des Mekong-Deltas. Seit der Eröffnung des Grenzübergangs zum benachbarten Kambodscha hat die Zahl der meist jedoch nur durchreisenden Touristen deutlich zugenommen. Das koloniale Herz mit dem Marktgebäude direkt am To-Chau-Fluss sowie die zahlreichen Pagoden und der Charme der Stadt lohnen jedoch durchaus einen zumindest eintägigen Stopp in diesem sympathischen Provinzstädtchen. Rund um den Dong-Ho-See treffen sich gegen Abend die Einheimischen zum Bummeln.

Bis Anfang des 18. Jahrhunderts war die Stadt Teil des kambodschanischen Herrschaftsbereichs, ehe sich der lokale Machthaber Mac Cuu dem Schutz Hues unterstellte. Auf einem Hügel drei Kilometer außerhalb der Stadt ließ Gia Long, der erste Kaiser der Nguyen-Dynastie von Hue, 1802 die **Gräber der Familie Mac** errichten.

Ein Mahnmal in der Höhlenpagode **Chua Thach Dong** dreieinhalb Kilometer westlich der Innenstadt erinnert an jene 130 Zivilisten, die bei einem Überfall der Roten Khmer am 14. März 1979 ermordet wurden. Von hier sind es noch einmal zwei Kilometer bis zum hübschen **Strand Bai Mui Nai** und dem aus der französischen Kolonialzeit stammenden Leuchtturm.

*My Tho südlich von Saigon: Die Häuser am Mekong sind alle auf Pfählen gebaut, um die Schwankungen des Wasserpegels auszugleichen*

### SERVICE & TIPPS

🗙 🄳 🍸 **Oasis**
42 Tuan Phu Dat, Ha Tien
℡ (077) 370-1553
www.oasisbarhatien.com
Tägl. 9–21 Uhr
Von einem sehr sympathischen Briten geführte Kneipe, Restaurant, Bar mit einem magenfüllenden, ganztägig erhältlichen Frühstück, kleinen Speisen, kaltem Bier und fröhlicher Atmosphäre. $

🄳 🍸 **Thuy Tien**
Ha Tien
Floating-Lokal, ein idealer Ort, um den Tag in aller Ruhe ausklingen zu lassen. Essen sollte man hier aber nicht.

## ❹ MY THO

Nur 70 Kilometer von Saigon entfernt und problemlos per Tagesausflug zu erreichen, liegt die Hauptstadt der Provinz Tieng Giang – die meistbesuchte Stadt des Deltas. Seit ihrer Gründung Ende des 17. Jahrhunderts bildet sie das Drehkreuz des Mekong-Deltas. Bereits die Franzosen erkannten die ideale Lage und bauten 1883 die erste Eisenbahnlinie Indochinas von Saigon nach My Tho, die aber inzwischen eingestellt wurde. Auch das schachbrettartige Straßenmuster der Stadt geht auf die Franzosen zurück.

Aufgrund ihrer geografischen Schlüsselstellung wurde My Tho während des Vietnamkriegs besonders stark zerstört. Dementsprechend unattraktiv ist der eigentliche Stadtkern. Einzig die **Chua Vinh Trang** in der Nguyen Trung Truc ist einen Besuch wert. Die bedeutendste Pagode My Thos wurde 1820 gegründet und gilt als die älteste noch erhaltene des Deltas. Während sie von außen überladen und in ihrer Buntheit fast schon kitschig wirkt, beeindruckt sie im Inneren durch einen sehr stilvollen Hauptaltar, der mit zahlreichen buddhistischen Statuen besetzt ist.

My Thos Charme entfaltet sich wie bei den meisten Städten dieser Region auf dem Markt und am Wasser. Besonders lebhaft geht es in den Gassen rund um die am Bao-Dinh-Kanal gelegene Markthalle zu. Die eigentliche Attraktion My Thos sind die Bootsausflüge zu den vier in unmittelbarer Nähe gelegenen Flussinseln.

Allein die Fahrt in kleinen Booten durch die engen, verwinkelten, von Palmen gesäumten und mit Fußgängerbrücken überspannten Kanäle ist ein unvergessliches Erlebnis. Auf der neun Kilometer langen **Einhorninsel** (Toi Son) kann man durch ausgiebige Obstgärten wandern und sich, je nach Saison, an köstlichen Ananas, Mangos, Pomelos oder Longan satt essen. Auch das Leben auf den benachbarten Inseln **Con Long** (Dracheninsel) und **Con Qui** (Schildkröteninsel) wird von der üppigen Natur und dem überreichen Angebot an Früchten bestimmt. Neben zahlreichen lokalen Souvenirs wie aus Kokosnussschalen gefertigten Zigarettendosen, bestickten Decken und Musikinstrumenten kann man auch den hier besonders beliebten Reisschnaps erstehen. Probieren sollte man ihn allerdings erst, nachdem man das rettende Ufer erlangt hat, weil die kleinen Ausflugsboote zuweilen recht wackelig sind.

**Region 8**
**Mekong-Delta**

### SERVICE & TIPPS

[i] **Tien Giang Tourist**
30 Thang 4, My Tho
℗ (073) 387-0779, tägl. 10–17 Uhr

[X] **Lac Hong**
3 Trung Trac, My Tho
℗ (073) 397-6459, tägl. 7–22 Uhr
Das eleganteste Restaurant von My Tho in einer alten Villa am Fluss mit einheimischen Gerichten. $$

[X] [ii] **Nachtmarkt**
Tägl. 18–22 Uhr
Bei der Anlegestelle am Mekong-Fluss bieten diverse Stände leckere einheimische Gerichte zu günstigen Preisen an. $

## ❺ PHU QUOC

40 Kilometer lange Strände, kristallklares Wasser – [10] **Phu Quoc**, die mit 562 Quadratkilometern größte Insel Vietnams hat alles, was man von einem tropischen Eiland erwartet. Kein Wunder, dass dieses Juwel im Golf von Thailand den Status eines Geheimtipps längst verloren hat. Wenn die touristische Entwicklung trotz der idealen Voraussetzungen dennoch nicht in einem derart rasanten Tempo wie etwa in Hoi An und Mui Ne vonstatten gegangen ist, so lag das wohl in erster Linie an der Abgelegenheit etwa 50 Kilometer vor der Küste. Seit dem Bau des Flughafens im Inselinneren hat sich das geändert. Inzwischen wird die Tropeninsel mehrfach täglich von Ho Chi Minh-City sowie von Can Tho und Rach Gia angeflogen. In Kürze sind auch Direktverbindungen von den Nachbarländern geplant. Internationale Hotelketten haben sich bereits die besten Strandabschnitte reserviert. So wird Phu Quoc bald weltweit als asiatisches Inselparadies wie Bali, Phuket, Koh Samui oder die Malediven vermarktet.

Noch beschränkt sich die touristische Entwicklung vor allem auf den an der Westküste gelegenen Long Beach und die äußerste Südostküste und ein Großteil der 90 000 Inselbewohner verdient seinen Lebensunterhalt in der Fischindustrie. In den Netzen der rund 2000 Fischerboote von Phu Quoc verfangen sich jedes Jahr rund 35 000 Tonnen Fisch und Meeresfrüchte. Im ganzen Land ist Phu Quoc für die erstklassige Qualität der hier produzierten Fischsauce bekannt. Besonders in der Inselhauptstadt **Duong Dong** ist der beißende Geruch der Fischverarbeitung allgegenwärtig.

Dass Phu Quoc weit mehr als Fischsauce zu bieten hat, erfährt man bei einer Durchquerung des tropfenförmigen Eilandes. Im Westen und Norden wird das gebirgige Innere der Insel von immergrünen Regenwäldern überwuchert, die gesetzlich vor der Abholzung geschützt sind. In der Nähe von **An Thoi**, der zweitgrößten Stadt im Süden der Insel, stößt man auf Ruinen, die eines der dunkelsten Kapitel der vietnamesischen Geschichte wachrufen. Zwischen 1967 und 1972 soll das südvietnamesische Regime in dem sogenannten Kokosnuss-Gefängnis über 40 000 Regimegegner gefangen gehalten und gefoltert haben. Bereits Anfang des 20. Jahrhunderts hatte die französische Kolonialmacht auf Phu Quc eines

*Schildkröteneier gelten in Vietnam als Delikatesse (Mekong-Delta)*

**Region 8**
**Mekong-Delta**

der größten Gefangenenlager Südostasiens errichtet. Die Sträflinge mussten riesige Schneisen in den Urwald schlagen, auf denen Pfefferplantagen für den Export angelegt wurden. Heute wachsen hier vor allem Cashew-Nüsse, Mangos und andere Obstsorten.

Die eigentliche Goldader von Phu Quoc liegt an der Westküste: scheinbar nicht enden wollende Strände mit weißem Pulversand, eingerahmt von türkisblauem, kristallklarem Wasser und einer grünen Berglandschaft.

So mag der Tag nicht mehr fern sein, an dem die Fischsauce nur noch als Rarität an westliche Touristen verkauft wird. Dann stinkt Phu Quoc zwar nicht mehr bis zum Himmel, doch genau das wird man dann wohl vermissen.

### SERVICE & TIPPS

#### ☒ Restaurants
Die meisten Touristen beschränken sich auf die Resort-Restaurants, entsprechend klein ist die Auswahl an Lokalen.

*Auf der Insel Phu Quoc*

#### ☒ Itaco
125 Tran Hung Dao, Phu Quoc
Tägl. 18–24 Uhr
Stilvolles Gartenrestaurant mit Betonung auf mediterraner Küche. Für vietnamesische Verhältnisse teuer, doch dafür auch außergewöhnlich guter Service, prima Weinkarte, leckere Desserts. $$$–$$$$

#### ☒ Chez Carole
Phu Quoc, tägl. 10–24 Uhr
Vietnamesische und westliche Speisen in nettem Ambiente mit angeschlossener Bar. $$–$$$

#### ☒ Dinh Cao Night Market
Vo Thi Sau, Duong Dong
Tägl. 17.30–23 Uhr
Mit seinen annähernd 20 Imbissständen, die alles vom BBQ-Hühnchen bis zu vegetarischen Gerichten anbieten, ist der atmosphärische Nachtmarkt im Hauptort Duong Dong eine der besten Adressen für gutes, preiswertes Essen auf Phu Quoc. $–$$

## ❻ SOC TRANG

Das kleine, verschlafene Städtchen im Süden des Deltas ist so etwas wie das kulturelle Zentrum für die etwa eine Million Khmer, die in der Region wohnen. Im November pilgern Zigtausende von ihnen nach Soc Trang, um am Fest Oc Om Boc teilzunehmen. Während des größten **Khmer-Fests** auf vietnamesischem Boden werden unter anderem Khmer-Tänze und Musikveranstaltungen aufgeführt. Hauptattraktion ist das Bootsrennen, bei dem etwa 30 sogenannte Ngo-Boote gegeneinander antreten. Bis zu jeweils 50 Männer rudern die extrem schmalen, 25 Meter langen Boote.

Die Khmer-Wurzeln von Soc Trang spiegeln sich in dem **Chua Khleang**, einem ursprünglich aus dem 16. Jahrhundert stammenden Khmer-Tempel. Im Inneren der Anfang des 19. Jahrhunderts errichteten Viharn (Versammlungshalle) sind noch einige Original-Buddhastatuen zu sehen. Im kleinen Khmer-Museum auf der anderen Straßenseite werden Kleidungsstücke, Musikinstrumente und Schmuck ausgestellt.

Die ungewöhnlichste Sehenswürdigkeit Soc Trangs ist zweifelsohne der **Buu-Son-Tu-Tempel**. Über einen Zeitraum von 42 Jahren widmete der Mönch Ngo Kim Tong sein Leben der Ausschmückung des Tempelinneren. Als Material verwendete er ausschließlich Ton. Das Resultat dieses ungewöhnlichen Lebenswerks ist eine ebenso beeindruckende wie bizarre Mischung aus Hunderten von Buddhafiguren, chinesischen Pagoden und mystischen Tieren. Allein der Bau des mit Hunderten von Statuen verzierten, vier Tonnen schweren Altars dauerte mehrere Jahre. Zu Ehren des 1992 verstorbenen Mönchs brennen im Hauptraum vier Kerzen.

Bekannt ist der Ort auch wegen der drei Kilometer westlich gelegenen **Chua Doi**. Der strenge Geruch in der Nähe des Gebäudes rührt von den Tausenden Fledermäusen, die die Bäume auf dem Tempelgelände bevölkern. Einen Abstecher lohnt auch die im klassischen Khmer-Stil errichtete **Pagode Xa Lon**, zwölf Kilometer südlich von Soc Trang, an der Straße Richtung Camau.

### Region 8
### Mekong-Delta

*Mit ihrer grellen, pinkfarbenen Schale ist die Drachenfrucht zweifelsohne eine der auffälligsten unter den zahlreichen tropischen Früchten des Mekong-Deltas. Das grauweißliche Fruchtfleisch schmeckt mildsäuerlich und leicht aromatisch. Die ursprünglich aus Mittelamerika stammende Kakteenpflanze wird heute vornehmlich in Vietnam und China angebaut.*

#### SERVICE & TIPPS

🛈 **Soc Trang Tourist**
131 Nguyen Chi Thanh, Soc Trang
✆ (079) 382-2292
www.soctrangtourism.com
Tägl. 10–17 Uhr

🏛 **Museum**
23 Nguyen Chi Thanh, Soc Trang
Mo–Fr 7–11 und 13–17 Uhr
Eintritt frei
Einblicke in die Kultur der Khmer-Bevölkerung im Mekong-Delta.

🍽 **Kitty**
Tran Phu/Ecke Ba Trieu, Soc Trang
Tägl. 7–17 Uhr
Café-Restaurant mit gutem Kaffee und Kuchen sowie kleinen Speisen.

## ❼ TRA VINH

Das hübsche Städtchen Tra Vinh erinnert den Besucher daran, dass das gesamte Mekong-Delta bis vor 200 Jahren fest in der Hand der Khmer war. Auch heute sind ein Großteil der Provinzbevölkerung Khmer. Etwas außerhalb der netten Stadt finden sich zwei der schönsten Khmer-Tempel des Deltas.

Während der in seinen Ursprüngen über 1000 Jahre alte **Chua Sam Rong Ek** besonders durch sein dreistufiges, an den Giebeln reich geschmücktes Dach an einen thailändischen Tempel erinnert, fallen bei dem zwei Kilometer entfernt am Ufer eines kleinen Sees gelegenen **Chua Ang** die Wandmalereien ins Auge. Wie die französischen Uniformen mehrerer abgebildeter Personen belegen, wurden einige Szenen nachträglich hinzugefügt.

*In der 1000 Jahre alten Khmer-Pagode Sam Rong im Mekong-Delta*

#### SERVICE & TIPPS

🛈 **Tra Vinh Tourist**
6 Le Loi, Tra Vinh
✆ (074) 386-3559, tägl. 10–17 Uhr

🍽 **Phuong Nam**
55 Chau Van Tiep, Tra Vinh
✆ (074) 385-3511, tägl. 11–22 Uhr
Schmackhaftes BBQ und Tonofen-Gerichte. $$

**Region 8
Mekong-Delta**

## 8 VINH LONG

Vinh Long repräsentiert das Mekong-Delta in Reinkultur, sein Reiz liegt, abgesehen vom besonders reich gefüllten Zentralmarkt und der hübschen Uferpromenade, am Wasser. In Vinh Long teilt sich der obere Mekong in eine Vielzahl von Mündungsarmen. Die daraus entstandenen kleinen Inseln laden zu erholsamen und interessanten Bootsfahrten ein. Bei der Fahrt entlang der winzigen von Wasserhyazinthen übersäten Kanäle fühlt man sich in einen bäuerlichen Garten Eden versetzt. Immer wieder muss man den Kopf einziehen, um den weit über das Ufer hinausragenden Kokospalmen auszuweichen. Zwischen den Mango-, Papaya-, Pomelo- und Longanbäumchen tauchen schmuck herausgeputzte Häuser auf, die von Blumenbeeten umgeben sind. Zwischendurch legt das Boot mehrfach an, sodass man die tropischen Früchte auch probieren kann.

Die Bauern der **Insel An Binh** sind mit dem überaus erfolgreichen Anbau von Früchten, Gemüse und Blumen ein Musterbeispiel für die in den letzten Jahren immer stärker vorangetriebene Abwendung von der bis dahin im Mekong-Delta vorherrschenden Reis-Monokultur. Wie der bescheide-

**REIS ALS NAHRUNGS- UND LEBENSGRUNDLAGE**

Nach wie vor spiegeln die Bilder der sich sanft im Winde wiegenden Reisfelder, der mit konischen Non-Hüten auf Reisfeldern arbeitenden Frauen oder der hinter einem Holzpflug auf einem Feld watenden Bauern den Lebensalltag und die Seele Vietnams am treffendsten wider. Fast zwei Drittel der vietnamesischen Bevölkerung ist nach wie vor in der Landwirtschaft beschäftigt. Und Landwirtschaft, dass heißt in Vietnam in erster Linie Reisanbau mit seinem immer wiederkehrenden Lebensrhythmus Säen, Pflanzen, Bewässern, Ernten und Dreschen.

Die meisten dieser Arbeitsprozesse müssen seit Jahrtausenden in mühseliger Handarbeit durchgeführt werden. Vieles, wie der Bau und die Instandhaltung der Deiche und die Bewässerung der Felder, muss in familienübergreifender Gemeinschaftsarbeit durchgeführt werden. So ist es auch kein Zufall, dass die für den Reisanbau unersetzlichen Eigenschaften Disziplin, Fleiß und soziales Verantwortungsbewusstsein für die Vietnamesen charakteristisch sind. Für sie ist Reis weit mehr als ein Nahrungsmittel, er ist eine Lebensphilosophie.

Mit der wirtschaftlichen Öffnung des Landes hat sich Vietnam innerhalb von nur einem Jahrzehnt von einem reisimportierenden Land zu einem der weltweit größten Reisexporteure entwickelt. 90 Prozent der durchschnittlich 5,5 Millionen Tonnen, die pro Jahr ins Ausland verschifft werden, stammen dabei aus dem Mekong-Delta. In dieser Reiskammer können im Gegensatz zum Norden drei Ernten pro Jahr eingefahren werden.

Der Preis für die der Natur innerhalb kürzester Zeit abgerungene Produktionssteigerung belastet die Umwelt zunehmend. Die Versalzung der Felder, der alarmierende Anstieg der Rattenpopulation und der explosionsartig angestiegene Einsatz von chemischen Düngemitteln sind nur einige Probleme.

*Im Mekong-Delta werden die Reiskörner auf der Straße zum Trocknen ausgelegt, und der Verkehr verläuft im Zickzack, um die Ernte zu schonen*

ne Wohlstand zeigt, hat sich dieser Mut zu neuen Wegen für die Bauern bereits ausgezahlt. Auch die Natur kann von der Diversifizierung nur profitieren.

### Region 8
### Mekong-Delta

## SERVICE & TIPPS

**ⓘ Cuulong Tourist**
1 Duong 1/5, Vinh Long
✆ (070) 382-3616
www.cuulongtourist.com
Tägl. 7–17 Uhr

**✗ Thien Tan**
56/1Pham Thai Buong, Vinh Long
✆ (070) 382-4001, tägl. 11.30–22 Uhr
Ausgezeichnete BBQ-Gerichte, aber auch der Fisch und das Hühnchen im Tontopf sind sehr empfehlenswert. $$

**✗ Phuong Thuy**
5 Duong 1/5
Vinh Long
✆ (070) 331-8762
Tägl. 7–22 Uhr
Einfache Gerichte mit Blick auf den Fluss. $

**Bootstouren**
Preis pro Boot ca. $ 10 pro Stunde. Cuulong Tourist veranstaltet Touren unterschiedlicher Länge mit Aufenthalten auf den diversen Inseln. Auch Fahrradtouren mit Übernachtung sind buchbar.

*Variationen in Garnelen*

## ❾ VUNG TAU

Das 130 Kilometer südöstlich von Saigon auf einer bergigen Halbinsel gelegene Fischerdorf wurde von den Franzosen unter dem Namen Cap Saint-Jacques zum mondänen Badeort ausgebaut. Heute zieht das am besten erschlossene Seebad des Landes besonders an den Wochenenden die Vietnamesen scharenweise aus dem nahegelegenen Saigon an. Entsprechend laut geht es dann an den vier Stränden zu. Auch der Unrat und die in den letzten Jahren in aller Eile hochgezogenen Betonbauten passen nicht in das von Tourismusbehörden so gern gezeichnete Bild eines idyllischen Seebades. Angesichts der unzähligen Bars, Diskotheken und Massagesalons fühlt man sich schon fast in ein zweites Pattaya versetzt.

Vung Tau bietet aber auch über einige Sehenswürdigkeiten: die 28 Meter hohe **Christus-Statue**, die mit ihren ausgebreiteten Armen jener von Rio nachempfunden wurde, die schöne **Pagode des liegenden Buddha** und den **Leuchtturm**, von dem sie eine tolle Aussicht bietet. Für einen Kurzurlaub von Saigon aus ist Vung Tau zu empfehlen, wenn auch nicht am Wochenende, für längere Badeferien sollte man etwa Nha Trang oder Phan Thiet vorziehen.

## SERVICE & TIPPS

**✗ ⓨ Nine**
9 D Truong Vinh Ky, Vung Tau
✆ (064) 351-1570, tägl. 8–22 Uhr
Vorzügliche mediterrane Küche und sehr schöne Terrasse. Eine angenehme Bar ist angeschlossen. $$$$

**✗ Taj Grill**
18 Hoang Hoa, Vung Tau
✆ (064) 264-6594, tägl. 10–23 Uhr
Ausgezeichnetes indisches Lokal mit Schwerpunkt auf der schweren nordindischen Mughlai-Küche. $$$

**✗ Ganh Hao 1**
3 Tran Phu, Vung Tau
✆ (064) 355-0909
Tägl. 11.30–21.30 Uhr
Populär bei Einheimischen, dementsprechend gibt es in dem am Wasser gelegenen Freiluftlokal alle Arten von Fischspezialitäten zu günstigen Preisen.
$–$$$

**✗ David Italian Restaurant**
130 Halong, Vung Tau
Tägl. 11.30–22 Uhr
Bester Italiener in Vung Tau mit frisch zubereiteten Nudelgerichten und köstlichen Pizzen. $$

167

# KAMBODSCHA
## EIN LAND SCHÖPFT WIEDER HOFFNUNG

*Buddha-Statue mit Lotosknospen*

Licht ist ein Zeichen des Fortschritts. Kambodscha ist dunkel. Wer abends aus der gleißenden Boomstadt Ho-Chi-Minh-Stadt oder der Metropole Bangkok nach Kambodscha kommt, der fliegt in ein Land fast ohne Licht. Nur ab und an blinzeln am Boden einige wenige helle Flecken auf. So, als wollten die Kambodschaner sagen: Wir leben noch. Selbst Phnom Penh, der Hauptstadt, fehlt das Licht. Nur in der unmittelbaren Innenstadt um den Monivong- oder Sihanouk-Boulevard stehen Lampen, am Sisowath-Kai dröhnt es aus Bars und Restaurants. Aber in den Seitenstraßen bleibt es auch in Phnom Penh finster.

Dabei ist es noch nicht lange her, dass Kambodscha mit Vietnam und Thailand gleich auf war. In den 1960er Jahren galt Kambodscha als einer der größten Reis-Exporteure der Welt. Seine Entwicklungschancen waren so gut wie die von Thailand oder Malaysia. Dann kam die Epoche, die weltweit unter den Stichworten Pol Pot und Rote Khmer als eine der größten Katastrophen des 20. Jahrhunderts in die Geschichtsbücher einging.

Drei Jahre, acht Monate und 20 Tage dauerte die Schreckenszeit, in der die Roten Khmer um Pol Pot versuchten, dem Land mit Mord und Terror einen steinzeitlichen Agrarkommunismus zu verpassen. Mindestens 1,7 Millionen Menschen kamen um, bevor Ende 1978 die Vietnamesen einmarschierten und die Roten Khmer vertrieben. Ein Fünftel der Bevölkerung verhungerte, wurde durch Krankheit dahingerafft, erschlagen und erschossen.

Danach war nichts mehr wie vorher. Kambodschas Straßen und Städte waren zerfallen, die Äcker zerstört und Eliten ausgelöscht. Ganze 19 Ärzte hatten das Schlachten überlebt. Ob Ingenieure, Lehrer, Apotheker, Richter oder Architekten – es gab sie kaum noch. Die Intellektuellen, die Profis, die Fachkräfte Kambodschas waren ausgerottet.

Zwischen den Wirtschaftswundernationen Thailand und Vietnam gelegen, zählt Kambodscha heute zu einem der ärmsten Länder Asiens. Auf dem Entwicklungsindex der UN steht es auf Rang 115; 175 Staaten sind insgesamt verzeichnet. Dabei hat Kambodscha seit 1992 so viel Hilfe erhalten wie kaum eine andere arme Nation der Erde: über eine halbe Milliarde Dollar jedes Jahr. Dazu sind Tausende Helfer aus dem reichen Ausland in seine Städte und Dörfer geströmt.

Statistiken belegen, welch kolossale Aufgabe noch vor ihnen liegt. 40 Prozent der Frauen und 20 Prozent der Männer sind Analphabeten. Nur jedes achte Kind bleibt länger als vier Jahre in der Schule. Gerade einmal 16 Prozent aller Straßen sind geteert, nur die Hälfte der Kambodschaner hat Zugang zu sauberem Wasser, 35 Prozent besitzen einen Stromanschluss. Neun Zehntel der Kulturfläche des Landes sind Reisfelder mit geringen Erträgen. Weil aus 30 Jahren Bürgerkrieg fünf Millionen Minen übrig geblieben sind und diese noch immer explodieren, gibt es in Kambodscha so viele verkrüppelte Menschen wie sonst nirgendwo auf der Welt.

*Originelles Transportmittel für den Nachwuchs in Siem Reap*

Das Pro-Kopf-Einkommen der heute etwa 15 Millionen Einwohner gehört immer noch zu den niedrigsten der Erde, ein Drittel der Kambodschaner gilt als völlig verarmt. Wie viel Geld in der Schattenwirtschaft der Korruption umgesetzt wird, weiß niemand. Aber allein durch den Schmuggel, der Kambodscha mit Waren aus dem Ausland überschwemmt, gehen dem Land Jahr für Jahr hunderte Millionen Dollar Zolleinnahmen verloren – viel Geld bei einem jährlichen Bruttosozialprodukt von etwas mehr als 15 Milliarden. Beides, Schmuggel und Korruption, behindert die wirtschaftliche Entwicklung.

Diese Statistiken sind für Kambodschaner noch schmerzlicher, wenn sie sich vor Augen führen, dass ihr Land vor über 1000 Jahren zu einem der mächtigsten Staaten der Erde zählte. Das Angkor-Reich dehnte sich vom heutigen Kambodscha über Vietnam und Laos bis nach Thailand aus. In seiner Hauptstadt lebten über eine Million Einwohner, mehr als in Rom, Paris oder Konstantinopel. Grundlage des Erfolgs war ein ausgeklügeltes Bewässerungssystem, das bis zu drei Reisernten pro Jahr ermöglichte. Heute, ein Jahrtausend später, ist es nur noch eine einzige. Dabei ist Kambodscha, mit einer Fläche von 145 000 Quadratkilometern etwa halb so groß wie Deutschland, ein äußerst fruchtbares Land und verfügt zudem mit dem Tonle-Sap-See und dem Fluss Mekong über zwei einzigartige Wasser- und Nahrungsquellen.

Touristisch gehört die Ausgrabungsstätte Angkor zu den am schnellsten wachsenden touristischen Zielen weltweit. Jeden Tag fliegen Tausende von internationalen Besuchern in die

**Kambodscha**

Provinzhauptstadt Siem Reap im Nordwesten des Landes, um von hier aus die größte Ansammlung sakraler Bauwerke auf der Erde zu besuchen. Niemand von ihnen verlässt das Land, ohne vom einzigartigen Zauber der – zum Teil seit über einem Jahrtausend – vom Urwald überwucherten Tempel gefangen worden zu sein. Angkor Wat, Ta Prom und Bayon, drei der meistbesuchten Tempel von Angkor, sind zum Synonym dieser faszinierenden Kultur geworden.

Die Welt schaut wieder auf Kambodscha, diesmal jedoch nicht mit Trauer und Schrecken, sondern mit Hochachtung und Bewunderung für eine der bedeutendsten sakralen Funde der Menschheitsgeschichte. So verkörpert Angkor für die Kambodschaner sowohl Mahnmal für den eigenen Niedergang als auch Hoffnungsschimmer für eine sich andeutende Wiedergeburt.

*Schläfrig in den Baumkronen: In den Tempelanlagen von Angkor finden sich eine Menge wildlebender Affen*

*Der Mundschutz zählt auf den staubigen kambodschanischen Straßen zur Grundausstattung*

# PHNOM PENH
## EINE STADT ENTDECKT SICH ERNEUT

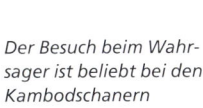

Kambodscha
Phnom Penh

Am Anfang war die Penh, die einen *Phnom* (Hügel) aufschütten ließ. Bei der Penh handelte es sich um eine Witwe, die im Jahr 1372 an den Ufern des heutigen Flusses Tonle Sap einen gestrandeten Baum fand. In dessen hohlem Stamm entdeckte sie vier bronzene Buddhastatuen und eine steinerne Götterfigur. Zur Verehrung dieser Götterfiguren, die bald im ganzen Land als besonders heilig angesehen wurden, ließ sie einen kleinen Erdhügel mit einer hölzernen Pagode errichten. Um den Hügel siedelten sich immer mehr Menschen an – die Keimzelle für die spätere Hauptstadt des Landes, Phnom Penh, war geboren.

So wie alle Legenden enthält auch diese Gründungslegende der heutigen Hauptstadt von Kambodscha einige für das Land typische Charakteristika. In diesem Falle die zutiefst vom Buddhismus geprägten Bewohner und die Bedeutung des Tonle Sap für die Stadt.

### Zur Geschichte Phnom Penhs

Die günstige Lage an der Mündung von Tonle Sap und Mekong prädestinierte das heutige Phnom Penh geradezu zu einem der bedeutendsten Warenumschlagplätze der Region zu werden.

Zwar wurde die Hauptstadt nach der offiziellen Gründung im Jahr 1434 in den Wirren der kambodschanischen Geschichte mehrfach verlegt, doch blieb sie in all diesen Jahrhunderten die wichtigste Handelsmetropole des Landes. Kaum hundert Jahre nach ihrer Gründung ließen sich mit spanischen und portugiesischen Seefahrern und Händlern die ersten Europäer in Phnom Penh nieder. Es folgten Briten und Holländer, die hier 1636 eine Niederlassung der Vereinigde Oostindische Compagnie (VOC) gründeten.

In der Folgezeit geriet Kambodscha immer mehr zwischen die beiden stetig mächtiger werdenden Nachbarn Vietnam und Siam. Wie stark die Gefahr war, zwischen den Mühlsteinen dieser Staaten aufgerieben zu werden, zeigte sich im Jahr 1772, als Phnom Penh von den Truppen des siamesischen Königs Thaksin fast vollständig zerstört wurde. Nur langsam erholte sich die damals vornehmlich aus Kanälen und kleinen Bambussiedlungen bestehende Stadt.

Der bis heute tiefgreifendste Einschnitt war die Kolonialisierung durch Frankreich, das Kambodscha 1876 zum Protektorat erklärte. Aus einer geschäftigen, aber doch geruhsamen asiatischen Handelsstadt am Wasser wurde eine im Kern französische Stadt. Jugendstilvillen, weitläufige Alleen, administrative Verwaltungsgebäude, Zentralmarkt, Königspalast – alle markanten Gebäude, die bis heute die Innenstadt prägen, entstanden zu jener Zeit. Mitte des 20. Jahrhunderts lebten über 400 000 Einwohner in Phnom Penh. Besonders die ansässigen ausländischen Journalisten und Geschäftsleute schwärmten von der friedvollen Atmosphäre.

*Der Besuch beim Wahrsager ist beliebt bei den Kambodschanern (Phnom Penh)*

## Kambodscha
## Phnom Penh

*Nach Einbruch der Dunkelheit sollte man sich als ausländischer Tourist nicht an dunklen Plätzen oder Nebenstraßen aufhalten, da Phnom Penh trotz aller Verbesserungen der letzten Jahre nach wie vor nicht als sichere Stadt gilt.*

1970 war es mit dem paradiesischen Frieden abrupt vorbei. Mit dem Putsch des von den US-Amerikanern gestützten Generals Lon Nol gegen den seit den 1940er Jahren regierenden König Sihanouk wurde das tragischste und dunkelste Kapitel der kambodschanischen Geschichte eingeläutet. Über drei Millionen Menschen suchten in der vollkommen überfüllten Stadt Zuflucht vor den immer heftiger werdenden Kämpfen zwischen den Truppen Lon Nols und den Soldaten Sihanouks sowie den mit ihm verbündeten Roten Khmer.

Als am 17. April 1975 die Roten Khmer in die Stadt einmarschierten, wurden sie von der ahnungslosen Bevölkerung zunächst mit Jubel begrüßt. Die Ernüchterung hätte jedoch kaum schneller kommen und größer sein können, befahlen sie doch der gesamten Bevölkerung, die Stadt innerhalb von 48 Stunden zu verlassen. So wurde aus der Perle Asiens innerhalb von zwei Tagen eine Geisterstadt.

Selbst nachdem die Vietnamesen im Januar 1979 einmarschierten und die Roten Khmer in den Nordwesten des Landes verdrängten, dauerte es noch Jahre, bis sich die vollkommen verwahrloste Stadt von dieser alptraumhaften Zeitperiode erholte. Die Straßen waren mit Unkraut und Unrat überwuchert, Flüsse und Kanäle zu stinkenden Kloaken verkommen, die einst so strahlenden Jugendstilvillen zerbombt oder mit Schusslöchern übersät. Da fast alle Fachkräfte während der Schreckensherrschaft der Roten Khmer ermordet wurden, fehlte es zudem an jeglichem Knowhow, um die überwältigenden Probleme lösen zu können.

Erst mithilfe des von der UNO initiierten Friedensprozesses, durch den über 20 000 Blauhelme im Jahr 1992 nach Kambodscha und speziell Phnom Penh kamen, setzte ein fundamentaler Wandel ein. Durch die Bereitstellung von westlichem Wissen und Millionen von Dollars schien die so lange vor sich hin dämmernde Stadt regelrecht zu explodieren. Das Meiste von dem, was dadurch eingeleitet wurde, war jedoch auf die Bedürfnisse der Ausländer zugeschnitten: Villen wurden restauriert, Hotels gebaut, Restaurants und Bars eröffnet, westliche Waren eingeführt. Gleichzeitig kam es im Zuge der Dollarschwemme zu einer exorbitanten Inflation, sodass Lebensmittel für die einfache Bevölkerung unerschwinglich wurden. Außerdem ist die bis heute extrem hohe Zahl von Aids-Infizierten auf die während der Friedensmission boomende Sexindustrie zurückzuführen.

*Wat Phnom Penh: der Ursprung der kambodschanischen Hauptstadt am Ufer des Tonle Sap*

Wenn auch Stromausfälle, mit Schlaglöchern übersäte Straßen, Bettelei und weitverbreitete Armut noch zum Alltag in Phnom Penh gehören, kann man doch gleichzeitig allerorten ein Gefühl des Aufbruchs verspüren.

### Stadtrundgang

Der Rundgang sollte dort beginnen, wo die Stadt ihren Ursprung hat – am **Wat Phnom Daun Penh**. Welch tiefe Verehrung die Legende der Witwe Penh noch heute in der Bevölkerung genießt, belegt das lebhafte Treiben rund um den von einer Parkanlage umgebenen, 30 Meter hohen Hügel: An Wochenenden und Feiertagen bevölkert eine bunte Mischung aus Einheimischen und Touristen, Straßenhändlern, Blumenverkäufern, Wahrsagern, Straßenkindern und Bettlern den Hauptzugang an der Ostseite.

Entlang einer von siebenköpfigen Nagaschlangen und Wächterlöwen gesäumten Treppe gelangt man zur Pagode auf der Spit-

ze des Hügels. Im Inneren der erstmals Anfang des 19. Jahrhunderts aus Stein errichteten und seitdem mehrfach restaurierten und erweiterten Pagode fallen besonders die stilvollen Wandmalereien mit Szenen aus den verschiedenen Vorleben des Buddha auf. Überragt wird der Vihar von einer Betonstupa, die sich direkt dahinter erhebt und die Asche von König Ponhea Yat enthält, der die Stadt im Jahr 1434 gründete. Volkstümlich bunt gestaltet ist der Schrein zur Verehrung der legendären Witwe Penh. Die Statue der mythischen Dame wird jeden Abend in eine safranfarbene Robe gehüllt.

**Kambodscha Phnom Penh**

Ein typisches Beispiel für den vietnamesischen Polytheismus ist der nördlich – etwas unterhalb des Gipfels – gelegene **Tempel Preah Chau**. Der stets mit Opfergaben wie Blumengirlanden, Obst und Räucherstäbchen gefüllte Altar belegt, dass dabei Preah Chau, dem Schutzgeist des Wat Phnom, die größte Verehrung zukommt. Daneben können sich die vornehmlich vietnamesischen und chinesischen Gläubigen mit ihren Wünschen an zwei daoistische Heilige, einen achtarmigen Vishnu und das Bildnis des Konfuzius wenden. Beim Abstieg auf der Südseite gelangt man zu einer vergoldeten Statue von König Sisowath (1904–27). Zu seiner Rechten sind in einem Halbrelief drei festlich geschmückte Frauen zu sehen. Sie repräsentieren die drei von Siam annektierten Provinzen Battambang, Siem Reap und Sisophon, die 1907 in einem feierlichen Staatsakt an Kambodscha zurückgegeben wurden.

*Das im traditionellen Stil errichtete rote Nationalmuseum in Phnom Penh besitzt die bedeutendste Sammlung von Khmer-Kunst weltweit*

Kaum 200 Meter östlich vom Wat Phnom Penh verläuft parallel zum Tonle Sap der **Sisowath Boulevard**. Bei einem Spaziergang Richtung Süden, entlang der Flaniermeile, präsentiert sich Phnom Penh von seiner Schokoladenseite. Zahlreiche Cafés, Restaurants, Geschäfte und Internetcafés haben sich ganz auf die Wünsche der hauptsächlich westlichen Klientel eingestellt. Für einen ebenso entspannenden wie informativen Zwischenstopp bietet sich die Terrasse des legendären **Foreign Correspondents Club of Cambodia (FCCC)** an. Die berühmte Bar war schon zu Zeiten des Vietnamkriegs Treffpunkt der ausländischen Journalisten. Von hier hat man einen herrlichen Ausblick auf den Fluss und über die Uferpromenade, auf der sich speziell am späten Nachmittag Hunderte von Touristen und Einheimische zum Sonnenuntergang versammeln.

*Eine Karte mit dem eingezeichneten Rundgang finden Sie auf S. 170.*

Schräg hinter dem FCCC findet sich der **Wat Ounalom**, eines der ältesten und bedeutendsten Klöster des ganzen Landes. Seine Ursprünge gehen auf 1434, das Gründungsjahr Phnom Penhs, zurück. Die weitere Geschichte des Klosters ist eng mit den Wirren der kambodschanischen Historie verbunden. Bis zur Machtübernahme der Roten Khmer lebten in den über 40 Gebäuden 500 Mönche. Fast alle fielen der Schreckensherrschaft zum Opfer. Mittelpunkt der Verehrung im ersten Stock der dreigeschossigen Pagode ist eine marmorne Buddhastatue aus Burma, die von den Roten Khmer zerstört wurde, jedoch 1979 wieder zusammengefügt werden konnte. Im zweiten Geschoss wird dem von den Schargen Pol Pots getöteten vierten Patriarchen der kambodschanischen Buddhisten, Samdech Huot Tat, gedacht. Die Wandmalereien im dritten Stock zeigen Szenen aus Buddhas früherem Leben und stammen aus dem Jahr 1952.

*Sandstein-Kopf der Göttin Uma (1010–1080) im Nationalmuseum in Phnom Penh*

Mit seinen gestaffelten Giebeldächern, den charakteristischen Flammengiebeln und den rotbraunen Außenmauern gehört das **Nationalmuseum** zu den markantesten Bauten der Hauptstadt. Mit über 5000 Ausstellungsobjekten verfügt das 1920 von König Sisowath eröffnete Museum über die größte und bedeutendste Sammlung von Khmer-Kunst weltweit. Die ungebildeten Soldaten der Roten Khmer waren sich der

**Kambodscha
Phnom Penh**

Bedeutung dieses Kunstschatzes nicht bewusst und ließen den Großteil der Exponate unangetastet. So konnte das Haus bereits im April 1979, wenige Monate nach Vertreibung der Roten Khmer, wiedereröffnet werden. Die Sammlung reicht von jahrtausendealten archäologischen Funden über Reliefs der Cham-Kultur, königlichen Kleidungsstücke, Sänften und Gebrauchsgegenstände bis zu Exponaten aus dem 20. Jahrhundert.

Unter Berücksichtigung des gerade für westliche Besucher im Zentrum des Interesses stehenden Angkor-Reichs, sollte man sich besonders auf die hinduistischen und buddhistischen Götterstatuen aus Holz, Stein, Terrakotta, Marmor und Bronze konzentrieren. Vor allem, weil in Angkor selbst praktisch alle freistehenden Götterfiguren von Kunsträubern gestohlen wurden. So bieten nur noch wenige Museen die Möglichkeit, die einzigartigen Plastiken und Skulpturen aus nächster Nähe zu bewundern.

Zu den herausragenden Exponaten gehört eine Harihara-Figur aus dem 7. Jahrhundert, die die Vereinigung von Vishnu und Shiva darstellt. Zu jener vorangkorianischen Periode war es den Bildhauern noch nicht gelungen, freistehende Statuen zu errichten, sodass die besonders feingliedrige Figur von einem Bogen gestützt wird. Die im anschließenden Raum ausgestellte Vishnu-Figur weist mit dem größer und fülliger dargestellten Körper, dem quadratischen Kopf, der hier zum ersten Mal zu sehenden Iris, dem angedeuteten Oberlippenbart und dem deutlich zu erkennenden Faltenrock zahlreiche Elemente der klassischen Angkor-Periode auf.

Eines der größten und gleichzeitig anmutigsten Ausstellungsobjekte ist die Statue von Jayavarman VII. Der größte Baumeister aller Angkor-Könige wird als armloser Torso, leicht nach vorn gebeugt, in tiefer Meditationshaltung dargestellt. Hinter der Statue findet sich eine Wandkarte des Angkor-Reiches zur Regierungszeit Jayavarmans VII. (1181–1220).

Ein gläserner Pavillon im Zentrum des Innenhofs beherbergt eine als Yama, den Herrscher der Unterwelt, gekennzeichnete Statue. Sie stand ursprünglich auf der nach ihr benannten Terrasse des Leprakönigs in Angkor Thom. Ihr Name bezieht sich auf König Yasovarman I., der Anfang des 10. Jahrhunderts an Lepra verstarb.

Bevor wir uns dem unmittelbar südlich des Nationalmuseums anschließenden Königspalast zuwenden, kehren wir noch einmal zum Sisowath Quay (Kai) zurück. Ein sehr schöner, im typischen Khmer-Stil errichteter, erhöhter Pavillon zieht dabei die Blicke auf sich. Auffällig ist jedoch, dass sich die Einheimischen um einen kleinen, unscheinbaren, unmittelbar daneben gelegenen Schrein versammeln. Berge von Lotosblumen, Jasmingirlanden und Räucherstäbchen umgeben eine kleine Steinsäule, die den **Erdgeist Preah Ang Dangka** symbolisiert. Hier zeigt sich wieder einmal, dass die einfachen, häufig in animistischer Tradition verankerten Heiligtümer eine weitaus größere Bedeutung besitzen als die monumentalen, meist von Königen finanzierten Staatstempel.

Von dem bereits erwähnten **Vetika-Oumtouk-Pavillon** aus beobachten das Königspaar und geladene Staatsgäste das **Fest der wechselnden Strömungen** (Bonn Om Touk), das jedes Jahr zum Vollmond (Ende Oktober/ Anfang November) stattfindet. Hintergrund dieses größten kambodschanischen Festes ist ein auf der Welt einzigartiges Naturphänomen. Während der Monate Mai bis November steigt der Wasserstand des im Himalaya entspringenden Mekong, bedingt durch die Schneeschmelze und den Monsunregen, um ein Vielfaches an. Über den Tonle-Sap-Fluss, der mit dem Mekong etwa auf der Höhe des Vetika-Oumtouk-Pavillons zusammentrifft, fließt dann ein Teil der Wassermassen des Mekong zum etwas mehr als 100 Kilometer nordwestlich und tiefer gelegenen Tonle-Sap-See. Am Ende der Regenzeit, wenn der Wasserpegel des Mekong wieder abnimmt, ändert sich die Fließrichtung des Flusses Tonle Sap wieder.

Welche Bedeutung diesem Datum und den damit verbundenen Festivitäten zukommt, belegen die in fast jedem Kloster gelagerten schmalen, bis zu 30 Meter langen Holzboote. Bereits Wochen vor dem Fest werden sie zu Wasser gelassen und die bis zu 40 Ruderer beginnen mit dem Training

*Letztlich handelt es sich bei dem Bonn Om Touk um ein Erntedankfest, mit dem sich die Einheimischen für den ungeheuren Fischreichtum bedanken. Gleichzeitig demonstrieren die Herrscher durch ihre exponierte Stellung bei den Festivitäten ihre im Angkorreich verankerte gottähnliche Stellung. Nach kambodschanischem Glauben waren sie es, die dem Fluss seine »Rückwärtsbewegung« befahlen und somit ihnen der naturgegebene Reichtum des Landes zu verdanken ist.*

## Kambodscha
## Phnom Penh

für das Bootsrennen in Phnom Penh. Wenige Tage zuvor werden die Boote farbenfroh gestrichen, mit Blumengirlanden geschmückt und in einer aufwendigen Prozession, begleitet von Mönchen und einem Dorforchester, in die Hauptstadt transportiert. Unter den frenetischen Anfeuerungsrufen der Besucher und den Klängen der Musikkapellen liefern sich die Teams dann spannende Rennen. Das Siegerboot, das dem Dorf landesweiten Ruhm verleiht, darf ein vom König über den Fluss gespanntes Banner überqueren.

Hunderttausende Kambodschaner aus der Provinz kommen nach Phnom Penh, um den dreitägigen Feierlichkeiten beizuwohnen. Parks, Boulevards und Uferpromenaden sind mit fröhlichen, feiernden Einheimischen überfüllt. Bis spät in die Nacht bleiben die Familien auf, um das allabendliche Feuerwerk, die aufgeführten Theaterstücke und Bootsprozessionen zu bewundern.

Einen Einblick in das von Luxus und königlichem Glanz geprägte Leben der kambodschanischen Monarchen bietet der nur knapp 200 Meter östlich des Vetika-Om-Touk-Pavillons gelegene **Königspalast**. Die meisten der hinter einer zinnenbewehrten Außenmauer aufragenden Bauten stammen aus der zweiten Hälfte des 20. Jahrhunderts und wurden von den Franzosen finanziert. Ursprünglich aus Holz errichtet, wurden sie während der Regierungszeit von König Sisowath durch Stein- und Betonbauten ersetzt. Das insgesamt 1,5 Quadratkilometer große Areal unterteilt sich in drei, jeweils durch Mauern voneinander getrennte Bereiche: die nicht zugängliche Königliche Residenz im Nordwesten, den repräsentativen Teil mit der Thronhalle im Zentrum und den religiösen Bereich mit der Silberpagode im Süden.

Vom Eingang am Samdech Sothearos Boulevard gelangt man zunächst in den repräsentativen Bereich. Mittelpunkt des weitläufigen Geländes ist der prachtvolle **Thronsaal** (Preah Tineang Tevea Vinichhay). Seit seiner Einweihung 1919 durch König Sisowath wird er zu Krönungs- und Staatszeremonien sowie für offizielle Empfänge genutzt. Mit seiner erhöhten Terrasse, den von Nagaschlangen gesäumten Treppenaufgängen, den Mosaiken und Spiegelchen entlang den Stützsäulen und dem gestaffelten Dach weist es typisch thailändische Stilelemente auf.

Im Inneren zieren zwölf Gemälde von Fabelwesen die Wände, und an der Decke sind Szenen aus dem Ream Ker, der kambodschanischen Version des Ramayana, dargestellt. Am Ende des etwa 100 Meter langen Raumes ragt der von einem neunstufigen Baldachindach überspannte Thron auf. Letztmals nahm hier König Sihanouks Sohn Sihamoni bei seiner Inthronisierung am 29. Oktober 2004 Platz.

Von der Nordostseite der die gesamte Thronhalle umlaufenden Galerie bietet sich ein schöner Blick auf die von König Monivong nach zehnjähriger Bauzeit 1941 eingeweihten Privatgemächer des Königs, die allerdings für die Öffentlichkeit verschlossen bleiben. Von hier aus kann man auch gut den Preah Tineang Chanchhaya erkennen – einen nach allen Seiten offenen Pavillon an der Nordostseite des Palastkomplexes. Der Bau diente zur Aufführung der klassischen Khmer-Tänze sowie für offizielle Ansprachen und die Abnahme von Paraden durch den König.

In einem kleinen Gebäude unmittelbar südlich der Haupttreppe zum Thronsaal werden die königlichen Insignien aufbewahrt. Skurriles Relikt der französischen Kolonialzeit ist ein zweigeschossiger, viktorianisch anmutender Bau südwestlich des Thronsaals. Er wurde ursprünglich 1869 auf Veranlassung von Napoleon III.

*Der Königspalast in Phnom Penh gibt Einblick in Glanz und Luxus der Monarchen Kambodschas*

**Kambodscha
Phnom Penh**

als vorübergehende Unterkunft für Königin Eugénie von Frankreich zu den Einweihungsfeierlichkeiten des Suezkanals in Ägypten errichtet. Nachdem er seine Pflicht erfüllt hatte, wurde er in Einzelteile zerlegt, nach Kambodscha verschifft und König Norodom I. offiziell als Staatsgeschenk Frankreichs übergeben. Heute beherbergt er ein kleines Museum, in dem unter anderem interessante Porträtaufnahmen der Königsfamilie ausgestellt sind. Durch ein Tor, südlich des Pavillons, gelangt man in den als Wat Preah Keo Morokot (Kloster des Smaragd-Buddha) bezeichneten religiösen Bereich des Königspalastes.

Umschlossen wird das gesamte Areal von einer über 600 Meter langen Galerie, deren Rückwand Anfang des 20. Jahrhunderts mit Wandmalereien aus dem Ream Kher verziert wurde. Am Osttor beginnend wird die gesamte kambodschanische Version des hinduistischen Ramayana erzählt. Leider ist ein Großteil der Szenen durch die hohe Luftfeuchtigkeit im Laufe der letzten Jahrzehnte in Mitleidenschaft gezogen worden.

*Die Silberpadode birgt in ihrem Inneren die heiligste Statue des Landes, den Preah Keo, eine grüne Buddha-Figur aus Baccarat-Kristall (Phnom Penh)*

In strahlendem Glanz präsentiert sich hingegen die **Silberpagode**, das zentrale Heiligtum der Anlage. Ursprünglich 1892 aus Holz errichtet, stammt der heutige Bau aus dem Jahr 1962. Die Roten Khmer ließen dieses Kleinod kambodschanischer Kunst unangetastet, um dem Ausland ihre Wertschätzung gegenüber der kambodschanischen Kultur zu suggerieren. Im Inneren erschließt sich einem auch der Name, weil der Boden mit 5329 Silberplatten ausgelegt ist, von denen jede über ein Kilogramm wiegt. Die heiligste Statue des Landes, der **Preah Keo**, eine dem Phra Keo in Bangkok nachempfundene grüne Buddhafigur aus Baccarat-Kristall, thront weit oben in der Mitte des Raumes. Den eigentlichen Blickfang bildet jedoch eine fast lebensgroße, 90 Kilogramm schwere Buddhastatue aus purem Gold. Die 1904 angefertigte Plastik gilt mit ihren 2086 Diamanten als eine der weltweit wertvollsten Statuen. In diversen Vitrinen sind Hunderte weitere, äußerst wertvolle Buddhastatuen sowie Geschenke verschiedener Staatsgäste ausgestellt. Die Silberpagode ist von vier Stupas umgeben, die die Asche von Mitgliedern der Königsfamilie enthalten, sowie einer Reihe von Denkmälern.

Nach der abgeschirmten Märchenwelt des Königspalastes fällt der Schritt zurück in die reale Welt zunächst etwas schwer. Dies umso mehr, da die von ausländischen Touristen aufgesuchten Sehenswürdigkeiten meist von Minenopfern, die um Almosen bitten, belagert werden. Kein anderes Land der Erde weist, gemessen an der Gesamtbevölkerung, so viele Amputierte auf wie Kambodscha. Keines der etwa 40 000 Opfer erhält staatliche Unterstützung, sodass viele von ihnen auf das Betteln angewiesen sind.

An die Befreiung Phnom Penhs von der Schreckensherrschaft der Roten Khmer durch die vietnamesischen Truppen am 7. Januar 1979 erinnert das **Kambodscha-Vietnam-Monument** im Friedenspark, der sich südlich an den Königspalast anschließt. Zwei ständig vor der Statue wachende Soldaten zeigen, dass die östlichen Nachbarn aufgrund jahrhundertealter Animositäten bei den Kambodschanern bis heute nicht beliebt sind.

*Fassadenrelief einer Tempeltänzerin (Phnom Penh)*

In eine Oase der Ruhe meint man auf dem Gelände des **Wat Botum** einzukehren. Nach der umfangreichen Renovierung des »Tempels der aufgehenden Lotosblume« im Jahr 1989 gehört die mit großen Bäumen und gepflegten Teichen durchzogene Anlage zu den schönsten der etwa 40 Pagoden der Hauptstadt. Bevor man in den Vihar gelangt, fallen die zahlreichen, geschmackvoll verzierten Stupas innerhalb des parkähnlichen Geländes ins Auge. Sie bergen die Asche von hochrangigen Mönchen aber auch »Normalsterblichen«. Die höchste von ihnen enthält die Asche eines Bruders von König Sihanouk. Im Inneren des Haupttempels, der wiederum deutlich thailändische Stilelemente aufweist, verehren die Gläubigen die große Statue des Buddha Somanakodom, eine der schönsten Buddha-Darstellungen ganz Kambodschas. In den gepflegten Kutis (Unterkünfte) leben etwa 70 Mönche des Klosters.

Das dem Bakong-Tempel der Roluos-Gruppe in Angkor nachempfundene **Denkmal der Unabhängigkeit** ragt inmitten des Kreisverkehrs am Samdech Preah Sihanouk Boulevard auf. Der rötliche, Mitte der 1950er Jahre errichtete Bau soll an die Unabhängigkeit von den französischen Kolonialisten erinnern. Das unmittelbar südöstlich gelegene **Wat Lanka** gehört, ähnlich wie das Wat Ounalom, zu den ältesten und bedeutendsten Pagoden Phnom Penhs. Der Name des eher schmucklosen Baus, der zu Zeiten Pol Pots als Waffenlager missbraucht wurde, stammt von Missionaren aus Sri Lanka, die hier vor Jahrhunderten gelebt haben sollen.

Das **Tuol-Sleng-Museum**, das sich in einem unscheinbaren Wohnviertel an der Ecke 103./350. Straße befindet, ist sicherlich das bewegendste Monument, das an die vierjährige Schreckensherrschaft der Roten Khmer erinnert. In den Gebäuden eines ehemaligen Gymnasiums folterten die Roten Khmer zwischen Mai 1975 und Januar 1979 insgesamt 17 000 Männer, Frauen und Kinder, bevor sie sie in den Killing Fields von Choung Ek (vgl. S. 179) vor den Toren Phnom Penhs bestialisch ermordeten. Unmittelbar nach der Vertreibung der Roten Khmer wandelten die Vietnamesen das Konzentrationslager in eine Gedenkstätte um, die heute noch besucht werden kann.

Je weiter man entlang dem repräsentativen Monivong Boulevard Richtung Norden läuft, desto dichter wird der Verkehr. Biegt man nach etwa einem Kilometer nach rechts auf den Charles de Gaulle Boulevard ab, stößt man nach wenigen Metern auf den **Psah Thmey**, eines der auffälligsten Gebäude von Phnom Penh. Der 1935 von den Franzosen erbaute Zentralmarkt gehört mit seinen vier von einem zentralen Kuppelbau in alle Himmelsrichtungen ausschweifenden Seitenflügeln zu den herausragenden Beispielen des Art déco. Gleichzeitig ist er ein Musterbeispiel dafür, wie die Architekten vor der Zeit der Klimaanlage die stickig-heißen Temperaturen bekämpften: mit hohen Räumen, schattenspendenden Gebäudeelementen und natürlicher Ventilation. Selbst bei Außentemperaturen um die 35 Grad weht immer ein angenehmer Luftzug durch die Hallen.

Im Inneren entfaltet sich die ganze Pracht asiatischer Märkte vor den Augen und Nasen der Besucher. Dabei sind allerdings viele der auf offenen Verkaufstischen ausgelegten Waren, wie die neben Eingeweiden liegenden Schweineschnauzen, für hygienebewusste Mitteleuropäer gewöhnungsbedürftig. Auffällig ist das große Angebot an raubkopierten CDs, DVDs, Computerprogrammen und -spielen. Kambodscha ist zwar Mitglied der Welthandelsorganisation, doch bis die strengen Gesetze konsequent durchgesetzt werden, genießt das Land noch eine Schonfrist. Während der westlichen Besucher von der Vielfalt und Exotik des Zentralmarktes begeistert sind, zieht es die Einheimischen in das in unmittelbarer Nachbarschaft entstandene **Soriya Shopping Center**.

Auf dem Rückweg zum Monivong Boulevard gelangt man nach etwa 300 Metern Richtung Norden zu einer reich geschmückten **Stupa**, in der ein Knochen Buddhas aufbewahrt wird. Dabei handelt es sich um ein Geschenk der Regierung Sri Lankas anlässlich des 2500. Geburtstages des Erleuchteten im Jahr 1957. Ein buntes Treiben kennzeichnet den sich etwas weiter nördlich, etwa auf Höhe der 110. Straße, ausbreitenden **Nachtmarkt**.

> **Kambodscha Phnom Penh**
>
> *Im Gebäude A des aus vier Trakten bestehenden Gefängnisses sind jene markerschütternden Räume zu besichtigen, in denen die Gefangenen an ihre rostigen Bettgestelle gekettet zu Tode gefoltert wurden. Die erschreckenden Fotos zeigen die 14 letzten in Tuol Sleng ermordeten Gefangenen, denen unmittelbar vor dem Einmarsch der Vietnamesen von ihren Peinigern die Kehlen durchschnitten wurden. Ihre sterblichen Überreste ruhen in weißgetünchten Gräbern im Innenhof.*

Tuol-Sleng-Museum in Phnom Penh: die Fotowand mit den Inhaftierten unter der Schreckensherrschaft der Roten Khmer

## Kambodscha
## Phnom Penh

Hinter der schneeweißen, 1994 errichteten Dubai-Moschee liegt der seichte **Boeng-Kak-See**. In seinem Umkreis haben sich viele günstige Pensionen für Individualtouristen angesiedelt.

Zum Abschluss des Tages steht eine typisch kambodschanische Einrichtung auf dem Programm, die den hoffnungsvollen Neuanfang einer Nation nach Jahrzehnten des Niederganges symbolisiert. Die ursprünglich 1965 von den Franzosen gegründete **Schule der Schönen Künste** wurde von den Roten Khmer geschlossen und die meisten Lehrer wurden ermordet. Umso bewegender ist es, die jungen Khmer-Mädchen beim Einüben der in jahrelanger harter Ausbildung erlernten Bewegungsabläufe des Khmer-Tanzes zu beobachten.

*Die $-Preiskategorien bei den Restaurants beziehen sich auf den durchschnittlichen Preis für ein Abendessen:*

$   – bis 4 Dollar
$$   – 4 bis 8 Dollar
$$$   – 8 bis 12 Dollar
$$$$   – über 12 Dollar

### SERVICE & TIPPS

#### 🏛 Nationalmuseum
Preah Bat Ang Eng St., Phnom Penh
Tägl. 8–17.30 Uhr, Eintritt $ 5
Das auch architektonisch gelungene Museum gibt einen ausgezeichneten Einblick in die kambodschanische Kunstgeschichte der letzten 1600 Jahre.

#### 🏛 Tuol-Sleng-Museum
Street 113, Phnom Penh
✆ (023) 300-698
Tägl. 7–17.30 Uhr, Eintritt $ 2
Das ehemalige Foltergefängnis der Roten Khmer gibt einen ebenso beeindruckenden wie erschütternden Überblick in das dunkelste Kapitel der kambodschanischen Geschichte.

#### ◉ Königspalast und Wat Preah Keo
Samdach Sothearos Blvd.
Phnom Penh
Tägl. 8–11 und 14–17 Uhr
Eintritt 25 000 Riel
Das Gelände des Königspalastes ist zum Teil für Besucher geöffnet. Neben dem Thronsaal ist das Königskloster mit der Silberpagode interessant.

#### ◉ Vetika-Oumtouk-Pavillon
Am Tonle-Sap-Fluss, Phnom Penh
Offener Pavillion im traditionellen Khmer-Stil.

#### ◉ Wat Botum
Street 13, Phnom Penh
Eines der schönsten Klöster Phnom Penhs innerhalb einer Parkanlage.

#### ◉ Wat Lanka
Preah Sihanouk Blvd, Phnom Penh
Eine der ältesten Pagoden der Stadt.

#### ◉ Wat Ounalom
Samdech Sothearos Blvd./St. 154
Phnom Penh
Sitz des religiösen Oberhauptes des Landes mit über 200 Mönchen.

#### ◉ Wat Phnom Dam Penh
Norodom Blvd./96 St.
Phnom Penh
Mehrere auf einem bewaldeten Hügel im Zentrum der Stadt errichtete Heiligtümer.

#### 🎭 Schule der Schönen Künste
Street 72, Phnom Penh
Tägl. außer So 10–12 Uhr
Den Tänzerinnen darf beim Unterricht zugeschaut werden.

#### ✗ Malis
136 Norodom Blvd., Phnom Penh
✆ (023) 221-022
Tägl. 6–14 und 18–22 Uhr
Das zurzeit beste Khmer-Restaurant von Phnom Penh in einem von der Angkor-Periode inspirierten Ambiente. Große Auswahl an Weinen und Cocktails. $$$–$$$$

*Buddhistische Mönche in der Parkanlage des Wat Botum (Phnom Penh)*

## Kambodscha Phnom Penh

### ✗ Anise Restaurant
278 Street, Phnom Penh
www.anisehotel.com.kh
Das einheimische und westliche Essen ist schmackhaft, doch was das Anise heraushebt, ist seine romantische Atmosphäre besonders auf der Terrasse am Abend. $$–$$$

### ✗ ▼ Anjali Restaurant & Bar
273 Sisowath Quay, Phnom Penh
© (012) 457-901
www.anjalicambodia.com
Tägl. 7–24 Uhr
Schöner Ort, um bei einer großen Auswahl an internationalen und einheimischen Gerichten sowie bei Wein, Bier oder Cocktails das Leben am Boulevard an sich vorbeiziehen zu lassen. $$

### ✗ Friends
215 House Street/13, Phnom Penh
www.friends-international.org
Tägl. 11–21 Uhr
Weit über die Grenzen Kambodschas hinaus bekanntes und erfolgreiches Restaurant und Sozialprojekt, bei dem Straßenkinder in der Gastronomie und im Hotelgewerbe ausgebildet werden. Das einheimische Essen ist ebenso köstlich wie der Service äußerst bemüht. $$

### ✗ Samnang Kitchen
155 Street, Phnom Penh
Tägl. 7–23 Uhr
Samnang heisst glücklich und in der Tat verlassen fast alle Gäste in selbigem Gemütszustand das Restaurant. Die köstlichen kambodschanischen Gerichte, das freundliche Ambiente und die dafür günstigen Preise lassen einem gar keine andere Wahl. $$

### ✗ Lucky Pho
Street 178, Phnom Penh
Tägl. 8–21 Uhr
Stadtbekannt für seine köstlichen Suppen ist das von einer sehr freundlichen Familie geführte Restaurant. $

### ☕ ✗ Comme à la maison
Street 95, Phnom Penh
© (023) 360-801
Tägl. 6–22 Uhr
Ausgezeichnetes Frühstück, leckere Süßspeisen und Backwaren in gemütlichem Gartencafé. Neuerdings gibt es auch eine gute Abendessenauswahl.

### ▼ Elsewhere
Street 51, Phnom Penh
© (023) 211-348
Tägl. 10–24 Uhr
Gelungene Mischung aus Restaurant und Bar in einer alten Villa mit tropischem Garten. Wein, Cocktails und Biere aus aller Welt.

### ▼ Foreign Correspondents Club of Cambodia (FCCC)
363 Sisowath Quay, Phnom Penh
© (023) 210-142
Tägl. 6–24 Uhr
Ebenso stilvolle wie relaxte Atmosphäre im ersten Stock eines Kolonialbaus mit berühmter Bar und herrlichem Blick über den Tonle Sap. Kleine Speisen, guter Kaffee und große Auswahl an Spirituosen.

### 🛍 Psah Thmey
Kampuchea Krom/Monivong Blvd., Phnom Penh, tägl. 8–18 Uhr
Im Art-déco-Stil von den Franzosen erbauter Zentralmarkt.

**Ausflugsziel:**

### ☉ Choeung Ek (Killing Fields)
Tägl. 8–17 Uhr
Eintritt frei
12 km südlich von Phnom Penh befindet sich in einer auf den ersten Blick lieblichen Landschaft eines der bedrückendsten Mahnmale der jüngeren Geschichte. 1975–79 wurden in den sogenannten Killing Fields insgesamt 18 000 der zuvor im Tuol-Sleng-Gefängnis gefolterten Häftlinge auf grausame Weise hingerichtet. Viele von ihnen mussten sich an den Rand der Gruben knien, die zuvor von ihnen selbst ausgehoben wurden, um dann von den Schlächtern mit Knüppeln und Spaten erschlagen zu werden. Ebenso erschütternd wie makaber ist der 1988 in Form einer Pagode errichtete Turm, in dem insgesamt 8000 nach Geschlecht und Alter geordnete Schädel der Opfer hinter der Verglasung zu sehen sind. In den sich dahinter ausbreitenden Massengräbern sind immer noch Stoffreste und Knochen.

*Junge Mädchen beim Einüben des Khmer-Tanzes*

**Kambodscha
Angkor**

# ANGKOR
## KAMBODSCHAS KULTURELLES ERBE AN DIE WELT

Mit den Worten »magisch« und »mystisch« lässt sich die unvergleichliche Atmosphäre der Tempel von Angkor wohl am besten beschreiben. Dazu tragen nicht nur die gewaltigen Tempelanlagen selbst bei, sondern auch der tropische Urwald, der sie umgibt. Angkor ist einer jener »Sehnsuchtsorte«, zu denen man sich immer wieder hingezogen fühlt.

Angkor bezeichnet eine Region nahe der Stadt Siem Reap, die vom 9. bis zum 15. Jahrhundert das Zentrum des historischen Khmer-Königreichs Kambuja, des heutigen Kambodschas, bildete. 36 Könige ließen zwischen 802 und 1432 auf einer Gesamtfläche von 232 Quadratkilometern über 50 Tempelanlagen errichten. Die meisten der bedeutenden Bauwerke stammen aus der Hochzeit Angkors – zwischen dem 11. und 12. Jahrhundert. Damals lebten dort rund eine Million Menschen, mehr als in jeder europäischen Stadt dieser Zeit.

Grundlage der Hochkultur der Khmer war neben dem enorm fischreichen Tonle-Sap-See eine der ausgeklügeltsten Reisanbaumethoden der Menschheitsgeschichte. Reisanbau benötigt viel Wasser. Zwar fällt in Kambodscha etwa doppelt so viel Regen wie in Mitteleuropa, doch beschränken sich diese Niederschläge fast ausschließlich auf die Monsunmonate Juni bis September. Trotz des Regens war nur eine Reisernte pro Jahr möglich.

Die Revolution der Herrscher von Angkor bestand darin, zu verstehen, dass die Landwirtschaft nur dann gedeihen und das Reich mächtig werden kann, wenn es gelingt, die Reisernte zu verdoppeln, wenn nicht gar zu verdreifachen. Dazu war es nötig, während der Regenzeit Wasser zu speichern, um es dann während der Trockenzeit zur Bewässerung der Reisfelder zu nutzen. Die Khmer-Könige setzten diese Erkenntnis um, indem sie riesige Wasserspeicher oder künstliche Seen *(baray)* bauen ließen. Sie errichteten hierzu gewaltige Dämme, so-dass die Wasserreservoirs höher als die Reisfelder selbst lagen, wodurch das Wasser während der Trockenzeit mittels eines ausgeklügelten Kanalsystems ohne zusätzliche Hilfsmittel in die niedriger gelegenen Felder abgelassen werden konnte.

Mit diesem System gelang es den Khmern, den natürlichen Kreislauf zu durchbrechen und nun drei Reisernten pro Jahr einzufahren. Hierauf beruhte der Aufstieg Angkors zum mächtigsten Reich ganz Indochinas zwischen dem 9. bis 13. Jahrhundert. Es entwickelte sich zu einer wahren Reisfabrik; der Nahrungsüberschuss ließ die Bevölkerung so schnell wachsen, dass sowohl genügend Menschen zum Aufbau des Heeres als auch Handwerker zum Bau der einzigartigen Tempel zur Verfügung standen.

*Tempelrelief einer Apsara-Tänzerin, einer Himmelstänzerin, in Angkor Wat*

# Die Tempel von Angkor

**Kambodscha Angkor**

Der Anblick der Tempel von Angkor weckt beim westlichen Besucher gleichermaßen Staunen, Begeisterung und Verwirrung. Vertraut scheint einem die architektonische Ordnung; verwirrend sind hingegen das üppige Dekor und die komplexe Ikonografie. Am eindrucksvollsten ist der starke Gegensatz zwischen der strengen Raumgliederung der Bauten und dem dichtgedrängten Chaos des Dschungels, der sie umschließt.

Die Khmer übernahmen weitgehend das kosmologische Weltbild der Inder, für die die Welt auf eine Achse hin ausgerichtet ist, in deren Zentrum sich der heilige Berg Meru, der Sitz der Götter, erhebt. Diese Ordnung bringen die im Mittelpunkt jeder Khmer-Siedlung stehenden Tempelberge zum Ausdruck. Der sich fast immer nach Osten, zur aufgehenden Sonne öffnende Tempel stand nicht nur im Zentrum der Stadt, sondern bezeichnete gleichzeitig den Mittelpunkt der Welt. Als *axis mundis* symbolisiert er sozusagen die Macht des Herrschers und seine Mittlerfunktion zwischen Göttlichem und Weltlichem. Ferner wird nach diesem Weltbild die bewohnte Erde von Gebirgszügen und einem Urmeer umgeben. Symbolisch finden diese beiden Elemente in Form der Außenmauern und Wassergräben, die die Tempelanlagen umgeben, ihre architektonische Entsprechung.

Aus Indien stammt auch die Idee des Gottkönigtums, die von den Khmer-Herrschern auf die Spitze getrieben wurde. Das Konzept des Herrschers als irdischer Stellvertreter Gottes auf Erden implizierte, dass er nach seinem Tod selbst zum Gott wurde. So widmete man den während seiner Regentschaft errichteten Tempel einer Hauptgottheit, zu der der Herrscher nach seinem Tode transformierte. Der Tempel war nicht nur die Wohnstätte der Gottheit, sondern wurde nach dem Tod des Herrschers zu seinem Mausoleum. Mit den immer größer werdenden Kultstätten versuchten sie, sowohl ihre Macht als auch ihre Nähe zu Gott zum Ausdruck zu bringen.

Doch wie so häufig in der Weltgeschichte findet sich in dieser ursächlichen Größe des Reiches auch bereits der Keim für dessen Niedergang. Nach dem Tod des letzten großen Königs der Angkor-Periode, Jayavar-

Angkor Wat ist das größte religiöse Bauwerk der Erde: ein riesiger Tempelkomplex als Teil der Stadt Angkor Thom

**Kambodscha
Angkor**

man VII., im Jahre 1220, der noch einmal fast genauso viele Tempel errichten ließ wie all seine Vorgänger, kam die Bautätigkeit fast vollständig zum Erliegen. Die Staatskassen waren ebenso erschöpft wie die unter den Lasten des Frondienstes leidenden Bauarbeiter und Handwerker. Auch der Vorrat an grauem Sandstein, dem Material aus dem die meisten der Tempel errichtet wurden, neigte sich dem Ende zu. Im Laufe der nächsten Jahrhunderte wurden die gewaltigen Monumentalbauten von der tropischen Natur umschlungen.

### ❶ ANGKOR WAT

Der Tempel ist der bekannteste von insgesamt über 100 Sakralbauten, die zwischen dem 8. und 13. Jahrhundert im Umkreis der Stadt Siem Reap von den Khmer errichtet wurden. Im Gegensatz zu fast allen anderen Tempeln wurde Angkor Wat während der Jahrhunderte nicht vom Urwald vereinnahmt. Sein Name »Tempel, der zu einem Kloster wurde« verdeutlicht seine Geschichte. Da er stets von Mönchen bewohnt war und diese auch

**TIPPS ZUM TEMPELBESUCH**

Angkor kann überwältigen: Nicht nur in Bezug auf die einzigartige Schönheit, sondern auch auf die damit verbundenen Strapazen.

Selbst die enthusiastischsten Tempelfreunde sind angesichts der großen Entfernungen und der schwül-heißen Witterung nach drei bis vier intensiven Besichtigungstagen erschöpft. Um seine Zeit sinnvoll zu gestalten und die Tempel nicht nur schnell »abzuhaken«, gilt es, einige Dinge zu beachten.

Ein Kopfschutz ist ebenso Pflicht wie genügend Wasser und Sonnenschutz. Wegen des zum Teil unwegsamen Geländes und der steilen und schmalen Treppenstufen sind trittfeste Schuhe unverzichtbar. Um der Mittagshitze zu entgehen, empfiehlt es sich, früh aufzustehen und dafür eine längere Mittagspause im Hotel einzulegen. Die frühen Morgenstunden und der spätere Nachmittag eignen sich wegen der dann günstigen Temperaturen und Lichtverhältnisse besonders für die Besichtigung. Für Hitzebeständige haben die heißen Mittagsstunden zwischen 12 und 15 Uhr allerdings den Vorteil, dass Sie die Tempel fast für sich allein haben.

Bei der Zusammenstellung des Besichtigungsprogramms ist es ratsam, sich auf die wichtigsten Tempel zu beschränken. Es macht wenig Sinn, im Laufe eines viertägigen Programms 20 Tempelanlagen zu besuchen. Bei den in diesem Buch vorgestellten Tempeln handelt es sich um die jeweils schönsten ihrer Art. Zur Auflockerung könnte eine Bootsfahrt auf dem Tonle-Sap-See dienen oder eine Fahrt zu den außerhalb gelegenen Tempeln wie Banteay Srei. So erhält man zusätzlich landschaftliche Eindrücke und einen Einblick in das Alltagsleben der Kambodschaner.

*Banteay Srei: Stein war ausschließlich den Göttern vorbehalten, und sogar der König wohnte in einem Haus aus Holz*

Die noch bis vor wenigen Jahren ausgesprochene Warnung vor Landminen kann inzwischen gemildert werden, da alle für den Tourismus freigegebenen Tempel minenfrei sind. Nach wie vor strengstens abzuraten ist jedoch von Erkundungen abseits der ausgetretenen Wege und Touristenpfade.

Zum Preis von etwa $ 30 können bei der Khmer Angkor Tour Guide Association (℡ 063-964-347) deutschsprachige, lokale Touristenführer gebucht werden. Eine lohnende Investition, da die geschulten Führer nicht nur Hintergrundwissen zu Kunst und Kultur der Khmer vermitteln, sondern auch auf Details in den Anlagen aufmerksam machen. Ausgangspunkt für die Besichtigung von Angkor Wat ist die Stadt Siem Reap (vgl. S. 191 ff.). Dort können auch Fahrräder oder ein Tuc-Tuc mit Fahrer gemietet werden.

stets an seiner Erhaltung interessiert waren, konnten die Urwaldriesen ihn nie ernsthaft bedrohen.

Angkor Wat gilt nicht nur als eines der größten sakralen Monumente der Erde, viele betrachten ihn auch als einen der schönsten, jemals von Menschen geschaffenen Bau überhaupt. Mehrere Tausend Arbeiter benötigten Anfang des 12. Jahrhunderts 37 Jahre, um die gewaltige Tempelanlage fertigzustellen. Zu jener Zeit stand das im 9. Jahrhundert gegründete Reich von Angkor auf dem Höhepunkt seiner Macht und beherrschte große Teile Südostasiens.

## Kambodscha
## Angkor

König Suryavarman II. (1113–50), der Bauherr von Angkor Wat, war wie alle seine Vorgänger ein überzeugter Hindu. Angkor Wat, die Apotheose der Khmer-Kultur, ist eine perfekte architektonische Nachbildung der hinduistischen Weltsicht.

Das Urmeer wird durch den 190 Meter breiten **Wassergraben** dargestellt, der das Heiligtum in Form eines Rechtecks von 1500 mal 1300 Metern umschließt. Ein 220 Meter langer Damm führt über den Wassergraben zum turmgekrönten Haupteingang. Dieser liegt im Zentrum der Umfassungsmauer, die den Tempelbezirk eingrenzt und die Gebirgsketten darstellt. Durch die beiden Tore links und rechts vom **Haupteingang** marschierten einst zu den großen Zeremonien festlich geschmückte Elefanten in den Tempelbezirk. Bis heute ist die Antwort auf die Frage, warum der Haupteingang von Angkor Wat nicht nach Osten zur aufgehenden Sonne gerichtet ist wie bei fast allen anderen Heiligtümern Asiens, sondern nach Westen, strittig.

Kanäle und Teiche, auf denen Lotos wächst, dienen heute eher der Zierde, denn als Wasserreservoirs wie in der Blütezeit des Khmer-Reiches

Vom Hauptportal bietet sich ein unvergesslicher Blick auf die großartige Silhouette der fünftürmigen **Tempelpyramide**, aus deren Mitte der 65 Meter hohe Hauptturm herausragt, der den Weltenberg Meru symbolisiert. Zu sehen sind allerdings nur drei Türme, weil die beiden anderen verdeckt werden.

Aus optischen Gründen wurde der Haupttempel nicht wie sonst üblich im Zentrum der Tempelanlage platziert, sondern nach Osten zurückversetzt. Die unbekannten Baumeister machten sich dabei die schon bei den Griechen bekannte Erkenntnis zu Nutze, dass ein Bauwerk erst dann seine volle Wirkung entfaltet, wenn die Position des Betrachters das Doppelte der Breite des Objektes ausmacht. So entspricht die Länge von 350 Metern vom Eingangstor zum Tempel der zweifachen Breite der Westfassade von Angkor.

Man erreicht die Tempelpyramide über einen **Prozessionsweg**, der von Balustraden mit sich aufbäumenden Nagas flankiert wird. Die Nagaschlange wurde in allen reisanbauenden Kulturen Asiens als Schutzgeist für eine reiche Ernte verehrt und wird auch als Schutzgöttin für Tempelanlagen gepriesen. Etwa auf halber Strecke des Prozessionsweges stehen rechts und links zwei mehr als 40 Meter lange Gebäude. Sowohl die Bedeutung als auch das genaue Baudatum der gemeinhin als Bibliothek bezeichneten Bauten sind unbekannt. Eventuell wurden sie im 15. Jahrhundert von buddhistischen Mönchen zur Aufbewahrung von Kultgegenständen errichtet. Die freien Flächen innerhalb der Begrenzungsmauer wurden früher von den aus Holz errichteten Palästen und Wohnungen der Gottkönige, des Adels, der Priester, Tempeldiener und Hofbeamten bedeckt. Innerhalb der Tempelanlage sollen etwa 15 000 bis 20 000 Menschen gelebt haben.

Von der dreistufigen, jeweils von einem Kreuzgang umgebenen Tempelpyramide besticht die erste Stufe mit ihren auf der Welt einmaligen Reliefarbeiten. Auf einer Länge von 800 Metern sind auf den Innenwänden der umlaufenden **Galerien** in einzigartiger Detailgenauigkeit und Vollendung Szenen aus dem höfischen Leben, historische Schlachten sowie Darstellungen aus den indischen Epen Mahabharata und Ramayana dargestellt. Besonders anmutig erscheinen die über 2000 Göttinnen

*Trotz der täglich während der Hauptreisemonate Zigtausenden Besucher bietet das weitläufige Areal von Angkor Wat genügend Freiräume, um die einzigartige Ausstrahlung der Tempelanlage in Ruhe auf sich wirken zu lassen. Hierzu muss man sich nur etwas abseits der vom Zentraleingang im Westen zum Hauptturm verlaufenden Achse bewegen, und schon finden sich einsame Orte zum Verweilen.*

**Kambodscha
Angkor**

*Die wichtigsten Tempel liegen entlang dem Grand Circuit (Großer Rundweg, 26 km) und dem Petit Circuit (Kleiner Rundweg, 17 km). Diese hilfreichen, ausgeschilderten Rundwege gehen auf die École française d'Extrême-Orient zurück, deren Mitarbeiter sie bereits in den 1920er Jahren anlegten. Übersichtskarten liegen in fast allen Hotels aus. Die Hotels vermitteln auch sehr gern einen Guide.*

und himmlischen Tänzerinnen, die in die aus großen Sandsteinquadern zusammengefügten Wände gemeißelt sind. Um diese Meisterwerke ausführlich zu betrachten, bedürfte es mehrerer Tage. Sie bieten einen einzigartigen Einblick in das Leben der damaligen Zeit.

Während die erste Stufe für die einfache Bevölkerung zugänglich war, blieb die zweite Stufe den Priestern vorbehalten. Die dritte Stufe mit dem 64 Meter hohen Hauptturm ist nur über den mit Holzleitern entschärften Südaufgang zugänglich. Früher durfte die dritte Stufe ausschließlich vom König und dem Hohepriester betreten werden, die sich als Stellvertreter Gottes auf Erden definierten.

Am obersten Punkt stand eine Statue von Vishnu, der von König Suryavarman II., dem Erbauer von Angkor Wat, als höchster Gott verehrt wurde und dem er die Tempelanlage widmete. Seit der letzte große König von Angkor, Jayavarman VII., zum Mahayana-Buddhismus übergetreten war, steht an dieser exponierten Stelle eine Buddhastatue. Sie gehört zu den wenigen noch vorhandenen Götterstatuen in Angkor. Räuberbanden haben im Auftrag internationaler Antiquitätenhändler einen Großteil der Kunstschätze ins Ausland verschleppt.

Die Aussicht von der Spitze des Tempelturms auf die von tropischer Natur überwucherte Landschaft, aus der die Spitzen anderer in der Umgebung errichteter Khmer-Heiligtümer herausragen, bleibt lange in der Erinnerung.

## ❷ ANGKOR THOM

Angkor Thom war genau das, was sein Name besagt – eine große Stadt. Genau genommen die zu seiner Zeit größte Stadt Südostasiens mit einer Einwohnerzahl von mehreren Hunderttausend Menschen. Bauherr war Jayavarman VII., der während seiner fast 40-jährigen Regentschaft (1181–1220) mehr Bauwerke errichtet hat als alle seine Vorgänger zusammen. Auf dem neun Quadratkilometer großen Areal finden sich mit den fünf gewaltigen Eingangstoren, den Tempeln Bayon, Baphuon und Phimeanakas sowie der eigentlichen Königsstadt mit der Elefantenterrasse einige der bekanntesten Sehenswürdigkeiten von ganz Angkor. Der Grundriss der Stadt überlappt sich mit einer älteren, von Udayadityavarman II. erbauten Siedlung. Angkor Thom ist von einem mächtigen, quadratischen Mauerring aus Lateritgestein mit drei Kilometer Seitenlänge umgeben und wird von einem 100 Meter breiten und sechs Meter tiefen Wassergraben begrenzt. Für die Besichtigung all dieser Sehenswürdigkeiten muss man einen ganzen Tag berechnen.

*Angkor Thom: ein Pantheon der hinduistischen Götterwelt*

Fünf Straßen aus Lateritgestein, die den äußeren Wassergraben überqueren und an fünf monumentalen Toren enden, führen in die Stadt. Die meisten Besucher betreten die Königsstadt durch das anderthalb Kilometer nördlich von Angkor Wat gelegene **Südtor**. Das 23 Meter hohe Tor wird von einem Turm gekrönt, dessen vier Seiten mit Gesichtern des Bodhisattva Lokeshvara verziert sind. Der zum Buddhismus übergetretene Jayavarman VII. identifizierte sich mit diesem Bodhisattwa.

An den Seiten der Tore ist der dreiköpfige Elefant Airawata mit Indra, dem König der Götter, auf seinem Rücken zu erkennen. Darüber haben die Steinmetze eine Reihe von ehrfurchtsvoll betenden Gläubigen aus dem Stein gehauen. Mit seiner bis ins kleinste Detail ausgearbeiteten Ornamentierung wirkt das Südtor wie eine überdimensionale Skulptur. Damit vollzog Jayavarman VII. einen Stilwandel, lag doch die Betonung der Khmer-Architektur zuvor deutlich auf der Kolossalarchitektur, hinter der die Ornamentik gänzlich zurücktrat.

Dies zeigt sich auch bei der Gestaltung der Dämme. Auf den Balustraden zu beiden Seiten sitzen je 54 große Sandsteinskulpturen. Mit ihren mandelförmigen Augen machen die Götter zur Linken einen freundlichen Eindruck, während die Dämonen zur Rechten mit ihren aufgerissenen Kulleraugen furchteinflößend wirken. Beide ziehen an einer riesigen, siebenköpfigen Nagaschlange. Umstritten ist, ob es sich dabei um die Darstellung aus einer berühmten Episode des hinduistischen Heldenepos Ramayana handelt. Diese besagt, dass durch das Ziehen an der Nagaschlange das Milchmeer, das durch die Wassermassen dargestellt wird, aufgewühlt worden sei. Aus der daraus entstandenen Ur-Energie soll schließlich die Erde hervorgegangen sein.

Etwa eineinhalb Kilometer nach dem Südtor gelangt man zu dem wohl mysteriösesten und gleichzeitig faszinierendsten Bauwerk von Angkor. Auf den ersten Blick erscheint der genau im Zentrum von Angkor Thom errichtete **Bayon-Tempel** wie ein recht unattraktiver dunkler Steinhaufen. Erst wenn man sich dem Heiligtum nähert, entfaltet sich seine einzigartige Faszination. Am besten beginnt man seine Besichtigung von Osten entlang eines von Nagaschlangen und Löwenskulpturen gesäumten Prozessionsweges.

*Steinerne Epen aus Angkors Geschichte: Khmer-Krieger ziehen in die Schlacht (Basrelief am Bayon-Tempel in Angkor Thom)*

Von hier aus erreicht man einen Gopuram (Eingangspavillon), der in den dritten Mauerring des dreistufigen Tempels führt. Er besteht aus einer Galerie mit Blindmauer auf der Innen- sowie einer doppelten Säulenreihe auf der Außenseite. Die Kraggewölbe, die ursprünglich die Säulenhallen bedeckten, sind eingefallen. Auf der viereinhalb Meter hohen Blindmauer haben die Bildhauer in mehreren Ebenen herrliche Basreliefs in den Stein ziseliert. Im Gegensatz zu den streng stilisierten Reliefs am Tempel von Angkor Wat, die fast ausschließlich Themen der hinduistischen Epen zum Vorbild haben, wird hier sozusagen aus dem vollen Leben geschöpft: Kampfszenen, Prozessionen und Alltagsbilder ziehen am Auge des Betrachters vorbei.

Über die jeweils in der Mitte jeder Seite eingefügten Tortürme gelangt man auf die zweite Terrasse, deren umlaufende Galerie wiederum an den Innenseiten mit detailgenauen Reliefs verziert ist. Hier handelt es sich in erster Linie um Szenen aus hinduistischen Mythen. Über eine weitere Treppe gelangt man schließlich auf die dritte Plattform. In deren Mitte erhebt sich 43 Meter über dem Boden das Zentralheiligtum, das von 37 weiteren Türmen umstellt ist. Von jedem blicken drei bis vier Meter hohe Monumental-Gesichter in die vier Himmelsrichtungen. Zusammen mit den bereits auf der zweiten Terrasse an den Eckpunkten und den Mittelachsen errichteten Gesichtstürmen ergibt sich eine Gesamtzahl von 54 Turmheiligtümern mit 216 dieser steinernen Antlitze.

Im Allerheiligsten des von acht Nebenräumen umrahmten Zentralturms verehren die Gläubigen eine auf einer Nagaschlange in Meditationshaltung dargestellte Buddhastatue. Diese ist allerdings eine Plastik jüngeren Datums. Die Originalstatue wurde wenige Jahrzehnte nach dem Tod Jayavarmans VII. von seinem wieder zum Hinduismus konvertierten Nachfolger zerstört. Seit sie 1933 wiederentdeckt und restauriert wurde, steht sie in einem Pavillon etwa 300 Meter östlich der Elefantenterrasse. Das sublime Lächeln der einen beim Umschreiten des Hauptheiligtums aus unterschiedlichen Perspektiven anschauenden Gesichtstürme gehört zu den faszinierendsten und gleichzeitig geheimnisvollsten Eindrücken einer Kambodscha-Reise. Wie bei den großen Eingangstoren handelt es sich um die Darstellung des Bodhisattva Lokeshvara. Damit dokumentierte Jaya-

## Kambodscha
## Angkor

▷ Highlight jeder Kambodscha-Reise: die monumentalen Bodhisattvas mit ihrem aus Stein gehauenem sublimen Lächeln (Bayon-Tempel in Angkor Thom)

Angkor Thom: Die nackte Statue auf der Terrasse des Leprakönigs wurde nachträglich züchtig verhüllt

varman VII. nicht nur seine Güte, sondern auch seine gottähnliche Stellung. So blicken die über 200 Gesichter mit einer Mischung aus väterlicher Fürsorge und Strenge auf ihre Untertanen.

Verlässt man den Bayon über den westlichen Ausgang, gelangt man, vorbei an zahlreichen Erfrischungs- und Verkaufsständen, zunächst zu den von Udayadityavarman II. (1049–67) errichteten **Baphuon**. Das nach elfjähriger Bauzeit im Jahr 1060 eingeweihte Shiva-Heiligtum stand im Mittelpunkt der von ihm errichteten Hauptstadt Yashodharapura, die später von Jayavarman VII. in seine neue Metropole Angkor Wat integriert wurde. Mit einer Grundfläche von 130 mal 130 Metern und einer Höhe von 50 Metern überragte er den Bayon erheblich. Der imposante Gesamteindruck wurde noch durch den in Bronze eingefassten Hauptturm unterstrichen. Chinesische Pilger, die im 13. Jahrhundert Angkor besuchten, schwärmten in ihren Reiseberichten von der majestätischen Ausstrahlung des im Abendlicht golden strahlenden Tempelturms. Die oberste Terrasse des fünfstufigen Tempelbergs stürzte jedoch aufgrund des enormen Gewichts und der schlechten Statik ein und riss dabei weitere Teile des Bauwerkes mit sich.

Entlang dem Weg geben mehrere Informationstafeln interessante Einblicke in die jahrzehntelangen Aufbauarbeiten. Seit 2011 ist der Tempel wieder komplett zugänglich.

Auch der sich nördlich an den Baphuon anschließende, von ihm durch eine Umfassungsmauer getrennte **Phimeanakas** wurde unter der Regentschaft Udayadityavarmans II. fertiggestellt. Die Erfrischungsstände an der dreistufigen Lateritpyramide, unter Schatten spendenden Bäumen, nutzen viele Touristen für eine Erholungspause.

Einer Legende nach vereinte sich der König jede Nacht auf der Spitze des »himmlischen Palastes« mit einer Nagini, einem hübschen Mädchen, das sich tagsüber in eine Schlange verwandelte. Versäumte der König auch nur eine Nacht jenes Techtelmechtels, hatte das seinen baldigen Tod zur Folge. Obwohl der Tempelturm nur zwölf Meter über dem Boden lag, muss der Herrscher beim Erklimmen der äußerst steilen und schmalen Treppen des dreistufigen Heiligtums ordentlich ins Schwitzen geraten sein.

Wegen der dort eingearbeiteten hölzernen Hilfstreppen empfiehlt sich der westliche, von Löwenstatuen flankierte Aufgang zur obersten Plattform. Auch wenn der Tempelturm inzwischen eingefallen ist, lohnt der schweißtreibende Aufstieg wegen der Aussicht.

Die von hier gut zu erkennenden Wasserbasins im Norden dienten den Männern des Hofes als Bad, während das kleinere, sich östlich anschließende Wasserbecken den Konkubinen vorbehalten war. Von den prachtvollen Bauten des **Königspalastes**, die sich um den Phimeanakas bis zur Königsterrasse im Osten ausbreiteten, ist nichts mehr erhalten geblieben. Nach Osten wird der königliche Komplex von einer Elefantenterrasse abgeschlossen, die den ehemaligen Glanz und die Größe des Palastes erahnen lässt. Die auf einer Länge von 350 Metern verlaufende Terrasse verdankt ihren Namen den aus dem Stein herausgearbeiteten Elefanten, die sich über die gesamte Länge der bis zu vier Meter hohen Terrasse ziehen. Darüber hinaus sind Prozessionen, der mystische Vogel Garuda und der Hindu-Gott Vishnu zu sehen.

Unter dem Schutz der ursprünglich die Terrasse bedeckenden Holzpavillons, die mit bunten Kacheln verziert waren, hielt der König Paraden und Prozessionen ab. Der Königsplatz war auch Austragungsort für Pferderennen, Polo-Wettkämpfe und Büffelkämpfe. Die Bedeutung der zwölf im Hintergrund des Paradeplatzes aufragenden Laterittürme ist bis heute ungeklärt.

### Kambodscha
### Angkor

*Die gewaltigen Tentakeln, die Mauern und Gebäude umschlingen, sind Wurzeln der Würgefeige. Sie tragen zum einzigartigen Charme der Tempel von Angkor bei. Die Samen der Würgefeigen keimen auf dem Ast eines Baumes. Die Pflanze wächst dadurch von oben nach unten. Hat die Pflanze den Boden erreicht, ist es bald um die Wirtspflanze (Baum) geschehen. Die Würgefeige treibt selbst Wurzeln und umwächst den Wirtsbaum immer mehr, bis dieser allmählich erdrückt wird. Die Würgefeige ist nun kräftig genug, um selbst zu stehen.*

*Würgefeigen legen sich wie gewaltige Tentakeln um die Ruinen von Ta Prohm*

Die sich daran nördlich anschließende **Terrasse des Leprakönigs** bezieht sich auf eine dort platzierte Statue mit einem angewinkelten Bein. Während die Kambodschaner darin eine Abbildung des an Lepra erkrankten Königs Yashovarman I. sehen, gehen die meisten Wissenschaftler davon aus, dass es sich um Yama, den Herrscher der Unterwelt, handelt. Die Statue ist eine Kopie; das Original bildet eines der Schmuckstücke des Nationalmuseums von Phnom Penh. Vermutlich diente die Terrasse früher zur feierlichen Verbrennung der Könige und Mitglieder der royalen Familie. Nicht entgehen lassen sollte man sich die äußerst gut erhaltenen Basreliefs des schwer zu erkennenden Wandelganges unterhalb der Terrasse.

Wer am Ende des Rundgangs noch über genügend Energie verfügt, kann mit dem **Tep Pranam** und **Preah Palilay** zwei weitere, etwa 150 Meter nördlich der Terrasse des Leprakönigs im Urwald versteckte Kultstätten besuchen.

### ❸ TA PROHM

Ta Prohm, das ist das Sinnbild der Hochkultur der Khmer, die von einem ebenso unersättlichen wie zauberhaften Märchenwald vereinnahmt wurde. Bei der Wahl nach dem Lieblingstempel Angkors würde das 1186 von Jayavarman VII. eingeweihte Heiligtum mit aller Wahrscheinlichkeit die Mehrzahl der Stimmen erhalten. Während die meisten Tempel Angkors von der tropischen Natur befreit und restauriert wurden, entschloss man sich, Ta Prohm der Nachwelt »naturbelassen« zu erhalten. Nirgendwo sonst ist der Zauber, den Angkor auf die ersten westlichen Entdecker Mitte des 20. Jahrhunderts ausgeübt haben muss, so gut nachzuempfinden.

Dabei unterscheidet sich der »alte Brahmane« ganz deutlich von anderen Vorzeigetempel Angkors. Am auffälligsten ist, dass es sich hierbei um einen Flachtempel handelt; die für die Khmer-Architektur so typische Tempelpyramide, mit der weit aus der Ebene herausragenden Tempelspitze, fehlt. Sein ursprünglicher Name Rahavihara (Königliches Kloster) gibt Aufschluss über diese auf den ersten Blick verwirrende Andersartigkeit. Der zum Buddhismus konvertierte König Jayavarman VII., ließ hier nicht einen Staatstempel errichten, mit dem er seine Macht herausstellen wollte, sondern ein buddhistisches Kloster.

Eine heute im Denkmalamt aufbewahrte Stele gibt detailliert Aufschluss über die Ausmaße des Komplexes. So lebten innerhalb der von einer rechteckigen, 1000 mal 600 Meter langen Lateritmauer umgebenen Tempelstadt 12 640 Menschen, darunter 18 Hohepriester, 2740 Beamte, 2212 Künstler und 615 Tänzerinnen. 79 356 Bauern aus 3000 umliegenden Dörfern waren für den Unterhalt des Klosters verantwortlich. So beeindruckend diese Zahlen auch sind, beinhalten sie doch bereits den Schwanengesang des unter Jayavarman VII. scheinbar auf dem Höhepunkt seiner Macht stehenden Khmer-Reiches. Die enormen Anstrengungen zur Erschaffung und Aufrechterhaltung der Bauwerke überforderten die Ressourcen des Reiches und seiner Untertanen. Nach seinem Tod setzte der schnelle Niedergang des ausgelaugten Khmer-Imperiums ein.

In dem von drei konzentrischen Mauern mit umlaufenden Galerien eingefassten Tempel kann man aufgrund der verwirrenden Vielfalt an verwinkelten Gängen, Innenhöfen und der dichten Bebauung leicht die Orientierung verlieren.

Ein Tipp für jene, die dem, besonders in Ta Prohm, enormen Besucherstrom zumindest teilweise entgehen möchten: Etwa 500 Meter weiter erreicht man an der nördlichen Außenmauer das von Touristen kaum benutzte **nördliche Eingangstor**. Hier kann man in aller Ruhe die Faszination der vier, aus dem Gopuram scheinbar herauswachsenden, Monumentalgesichter auf sich wirken lassen, die wiederum, wie am Bayon, den Bodhisattva Lokitehvara darstellen.

Die meisten Besucher beginnen ihren Rundgang am **Osttor**, von dem man, vorbei an einem mit seinen hochaufstrebenden Säulen an griechisch-römische Tempel erinnernden Gebäude, zur südlich gelegenen **Halle der Tänzer** gelangt. In westlicher Richtung schließt sich nun die erste von insgesamt drei **Galerien** an. Durch ein Labyrinth von Innenhöfen ereicht man den als solchen kaum zu erkennenden **zentralen Tempelbau**, dessen Dach eingefallen ist. Letztlich sind es jedoch weniger die einzelnen Gebäude als der Anblick der Wurzeln der Kapok-Bäume und Würgefeigen, die sich wie gewaltige Tentakeln um die Galerien und Mauern legen, die die Atmosphäre des Ta Prohm ausmachen.

**Kambodscha Angkor**

## ❹ PREAH KHAN

Der 1191 eingeweihte Preah Khan ähnelt in Anlage und Ausführung Ta Prohm. Auch hierbei handelt es sich um ein von Jayavarman VII. erbautes, diesmal seinem Vater gewidmetes, buddhistisches Kloster, das von mehreren konzentrischen Galerien eingefasst wird. Die eigentliche Faszination geht wiederum vom Wurzelwerk aus, das die Galerien und Außenmauern vereinnahmt. Die zahlreichen Buddhabildnisse wurden nach der kurzfristigen Rückbesinnung der Khmer-Könige zum Hinduismus durch geschickte Steinmetze in hinduistische Asketen umgewandelt. Obwohl Preah Khan zuweilen wie eine kleinere Kopie von Ta Prohm erscheinen mag, bietet es sich als ideale Ergänzung an, da es bei Weitem nicht so überlaufen ist.

*Der Eingang zum Banteay Srei, der »Zitadelle der Frauen«, nordöstlich von Siem Reap*

## ❺ BANTEAY SREI

Der 20 Kilometer nordöstlich von Siem Reap gelegene Tempel unterscheidet sich von allen übrigen Tempeln Angkors. Verglichen mit den bedeutenden Staatstempeln in Angkor, wirkt der Banteay Srei (Zitadelle der Frauen) fast wie eine Miniaturausgabe. Beim Betreten der Tempel musste man sich bücken, um nicht mit dem Kopf an die Dächer zu stoßen. Der innere Bereich um den Haupttempel wurde inzwischen abgesperrt, weil der enorme Besucherandrang Schäden am Bauwerk verursachte. Der Bau von Staatstempeln war nur den Königen erlaubt. Laut einer Inschrift wurde das Shiva-Heiligtum Banteay Srei aber vom Brahmanen Yajnavaraha und seinem Bruder am 22. April 967 gestiftet. Als Lehrer und Berater von König Jayavarman V. zu Ansehen, Einfluss und Reichtum gelangt, wollte er sich mit diesem Bauwerk ein Denkmal setzen.

Da er sich als Untertan des von ihm initiierten und finanzierten Tempels nicht über den Herrscher erheben durfte, kann Banteay Srei nicht mit den gewaltigen Ausmaßen anderer Staatstempel konkurrieren. Dafür stellt

*Eine Umgebungskarte finden Sie auf S. 181.*

**Kambodscha
Angkor**

dieses Juwel der kambodschanischen Sakralarchitektur alles in den Schatten, was man vorher an dekorativen Verzierungen gesehen hat. Jeder Millimeter der rötlichen Sandsteingebäude ist bis ins kleinste Detail ausgearbeitet: Man erkennt die Verästelungen der Blumen und des Rankenwerkes, die die kunstvoll aus dem Stein ziselierten Wächterfiguren und weiblichen Gottheiten umschließen.

Besonders virtuos, fast überladen wirken die Basreliefs über Fenstern und Türen sowie den Giebelfenstern des Haupttempels, der Vorhallen und Bibliotheken. Erzählt werden Episoden aus hinduistischen Epen.

### ❻ BAKONG

Der im Jahr 881 von König Indravarman I. eingeweihte Bakong gilt als der Prototyp der Pyramidentempel von Angkor. Er diente als Staatstempel und stand im Zentrum der von ihm gegründeten Hauptstadt Hariharalaya. Nachdem zuvor fast ausschließlich Backstein zur Verkleidung des im Inneren aus Erde aufgeschichteten Tempelbergs verwandt wurde, sieht man hier erstmals Sandsteinplatten.

Bis 1930, als man mit der Restaurierung begann, glich das heute majestätisch in den Himmel ragende Heiligtum eher einem Steinhaufen. Die von einem Wassergraben mit 800 Metern Seitenlänge und einer Lateritmauer umschlossene Tempelanlage beherbergt ein Kloster sowie die *Kutis* (Unterkünfte) der etwa 30 hier lebenden Mönche. Wächterlöwen an den Eckpunkten sowie Löwen entlang den Treppenaufgängen lockern die einzelnen Ebenen auf und geben dem Tempel ein markantes Äußeres.

Bei der Gestaltung des auf der obersten Stufe den Tempel abschließenden Prasats, der erst im 12. Jahrhundert an die Stelle des Vorgängerbaus gesetzt wurde, stand der zentrale Prasat von Angkor Wat Pate. Gleichzeitig diente der Bakong-Prasat als Vorbild für das moderne Unabhängigkeitsmonument im Zentrum von Phnom Penh.

Der Bakong gehört zur **Tempelgruppe Roluos**, die sich zwölf Kilometer östlich von Siem Reap befindet.

*Maroder Charme:
Kolonialgebäude in
Siem Reap*

# ❼ SIEM REAP

**Kambodscha Angkor**

Ausgangspunkt für die Besichtigung von Angkor Wat und allen weiteren Tempeln der Umgebung ist der Ort Siem Reap. Einhergehend mit den explosionsartig gestiegenen Besucherzahlen der letzten Jahre, hat die ehemals verschlafene Provinzhauptstadt eine rasante Entwicklung erlebt.

Der etwa 120 000 Einwohner zählende Ort verfügt über eine große Palette von Unterkünften aller Preiskategorien. Touristisch interessant ist der **Alte Markt** (Psar Chas), auf dem neben Waren des täglichen Lebens auch immer mehr Souvenirs für ausländische Touristen angeboten werden. In den umstehenden Kolonialgebäuden haben sich vornehmlich Restaurants, Geschäfte und Reisebüros sowie Internetcafés angesiedelt. Der ursprüngliche Charme Siem Reaps hat sich entlang dem Siem-Reap-Fluss erhalten, der die Stadt durchfließt.

Siem Reap wird mehrmals täglich von der einheimischen Fluggesellschaft Royal Cambodia Airlines von Phnom Penh angeflogen. Die Flugdauer beträgt 30 Minuten. Dieselbe Fluggesellschaft und auch Vietnam Airlines verbinden Saigon und Phnom Penh miteinander. Der Flug dauert 45 Minuten, der Preis liegt bei etwa $ 100.

*Das Minenmuseum an der Straße zum Angkor Wat dokumentiert eines der nach wie vor größten Probleme Kambodschas: Landminen*

## SERVICE & TIPPS

**ℹ Tourist Office**
Angkor Wat Rd., Siem Reap
✆ (063) 964-347
Mo–Fr 8–12 und 14–17 Uhr
Gegenüber dem Grand Hotel gelegen, leider wenig informativ.

ℹ Eine Fülle von Informationen beinhaltet der in den meisten Hotels und Restaurants ausliegende 130-seitige **Siem Reap-Angkor-Visitor- Guide**.

**◉ Tempel von Angkor**
Alle Tempel tägl. 5 Uhr bis Sonnen-untergang
Tagespass $ 20, 3-Tagespass $ 40, Wochenpass $ 60
Zur Besichtigung der Tempelanlagen benötigt man einen speziellen **Besucherpass**, den man ständig sichtbar mit sich führen sollte. Da es wiederholt zu Fälschungen gekommen ist, empfiehlt es sich, die Pässe nur am offiziellen Eingang entlang der Straße zum Angkor Wat zu erstehen. Mit Ausnahme des Tagespasses wird ein Passbild benötigt, das man am Eingang kostenlos innerhalb weniger Minuten per Sofortbildkamera anfertigen lassen kann.

**🏛 🍴 Angkor National Museum**
Vithei Charles de Gaulle 968
Siem Reap
www.angkornationalmuseum.com
Tägl. 8.30–18.30 Uhr, Eintritt $ 12
Unter großem finanziellen Aufwand errichtetes neues Museum. In acht Galerien werden die Geschichte und Kunst Angkors auch mithilfe von Mutimediashows erläutert. Im großen Souvenirshop kann man wunderschöne, hochwertige Mitbringsel erstehen.

**🏛 Minenmuseum**
Etwa 6 km vor Banteay Srei von Siem Reap kommend gelegen
Tägl. 7.30–17 Uhr, Eintritt $ 2
Hier wird dem Besucher auf sehr anschauliche Weise eines der größten Probleme des Landes nähergebracht: Landminen. Herr Akira, der Gründer des Museums, ist meist anwesend und führt Touren durch.

**✗ Alliance Café**
7 Makara St., Siem Reap
✆ (063) 964-940
Tägl. 11.30–14 und 18–22 Uhr
Stilvolles französisches Gartenrestaurant mit großer Weinkarte.
$$$–$$$$

**✗ Cuisine Wat Damnak**
Zwischen Psa Dey Hoy Market und Angkor High School, Siem Reap
✆ (063) 965-491, (077) 347-762
www.cuisinewatdamnak.com
Tägl. außer Mo 6.30–22 Uhr
Wer stilvoll und authentisch ambitionierte kambodschanische Küche

*Siem Reap spricht sich »Simm Rehapp« aus, nicht »Simm Rihp«!*

*Auf vielen einheimischen Märkten werden Grillen und andere Insekten angeboten, die ein wichtiges Nahrungsmittel und einen billigen Ersatz für Fleisch darstellen*

## Kambodscha
## Angkor

genießen möchte, findet kaum eine bessere Adresse als das vorzügliche Cuisine Wat Damnak. Man hat die Wahl zwischen Gartenrestaurant, klimatisiert im Erdgeschoss, und traditionellem Ambiente im Obergeschoss. $$$–$$$$

### ⊠ Carnets d'Asie
Sivatha Blvd., Siem Reap
✆ (092) 774-313
Tägl. 11.30–14 und 18–23 Uhr
Um einen Teich angelegtes Gartenrestaurant, das sich auf Khmer- und französische Küche spezialisiert hat. $$–$$$

### ⊠ Selantra Restaurant
Wat Bo Road, Siem Reap
✆ (063) 966 550, tägl. 9–23 Uhr
Authentisch kambodschanische Küche in geschmackvollem Rahmen zu vernünftigen Preisen macht das Selantra zu einem der besten kambodschanischen Restaurants der Stadt. $$

### ⊠ Tangram Garden
Damnak Village, Siem Reap
✆ (097) 726-1110
www.tangramgarden.com
Tägl. außer Di 17.30–22 Uhr
Genau der richtige Ort, um abseits des umtriebigen Nachtlebens in aller Ruhe schmackhafte kambodschanische Küche sowie Steaks und Appetizer zu genießen. Das in einem großen Garten mit kleinen Strohpavillons angelegte Restaurant hält auch eine Spielecke für Kinder bereit. Gutes Preisleistungsverhältnis. $$

### ⊟ ⊠ 🍷 Le Grand Café
Old Market, Siem Reap
✆ (063) 965-330, tägl. 8–22 Uhr
Gediegene Bar/Restaurant/Café in einem alten Kolonialgebäude. Sehr leckere asiatische und westliche Speisen, große Auswahl an Bieren und Weinen, angenehme Atmosphäre.

### ⊟ 🍷 The Blue Pumpkin
Sivatha Blvd., Siem Reap
Tägl. 6–22 Uhr
Auf Eiscreme spezialisierte Café-Bar-Lounge mit Ablegern in Kambodscha und den Nachbarländern.

### 🍷 ⊟ ⊠ Nest Angkor
Sivatha Blvd., Siem Reap
✆ (063) 966-381
Tägl. 11.30–24 Uhr
Design-Oase inmitten des hektischen Siem Reap. Stilvolle Zeltarchitektur in einer Gartenlandschaft.

### 🍷 ⊟ The Red Piano
Pub St., Siem Reap
✆ (012) 854-150
www.redpianocambodia.com
Tägl. 8–22 Uhr
Eine der ältesten und nach wie vor beliebtesten Café-Bars. Snacks, große Auswahl an Bieren, gute Musik.

### 🎈 Ballonfahrten
1 km westlich vom Haupteingang des Angkor Wat, Siem Reap
✆ (012) 520-810
Ein schönes und mit $ 20 recht günstiges Vergnügen, den weltberühmten Angkor Wat aus der Vogelperspektive zu erleben. Insgesamt 15 Minuten in einem befestigten Heißluftballon.

### ✈ Helicopters Cambodia
658 Hups Quan St., Siem Reap
✆ (012) 814-500
www.helicopterscambodia.com
Von einer neuseeländischen Gesellschaft eingesetzte Helikopter mit Rundflügen über Angkor Wat und Umgebung (8, 14 oder 20 Minuten für $ 75, 120 bzw. 175).

*Marktfrau mit der »Krama«, dem traditionellen dünnen Schal der Khmer*

### 📖 Les Artisans d'Angkor
Stung Thmey Street
Siem Reap
✆ (063) 963-330
www.artisansdangkor.com
Tägl. 7.30–18.30 Uhr
Eine der besten Adressen für hochwertige kunsthandwerkliche Arbeiten aus Stein, Holz und Seide. In verschiedenen Werkstätten kann man den Handwerkern über die Schulter schauen. Aus einer gemeinnützigen Einrichtung zur Unterstützung einheimischer Künstler hervorgegangene Institution.

### 📖 Asia Craft Centre
Angkor Wat Rd., Siem Reap
✆ (063) 760-321
Eine große Auswahl an Stoffen, Statuen, Kleidern und Souvenirs aus ganz Asien.

### 📖 Phsar Chas (Alter Markt)
Mitten im Stadtzentrum von Siem Reap liegt der überdachte Alte Markt mit seinen unzähligen Ständen, deren Angebot auf die Bedürfnisse der Touristen abgestimmt ist. Gut für Mitbringsel, kaum Qualitätsware. Handeln ist Pflicht!

**Ausflugsziel:**

### ⦿ Tonle-Sap-See
Eine Fahrt auf dem Tonle Sap-See entlang den schwimmenden Dörfern gehört zu den Höhepunkten eines Kambodscha-Besuches. Der »Große See« ist in vielerlei Hinsicht ein außergewöhnliches Gewässer. Die Hochkultur des Angkor-Reichs wäre ohne die Wassermassen des Tonle Sap nicht denkbar gewesen. Mit einer Fläche von bis zu 10 000 Quadratkilometern ist er der größte Binnensee Südostasiens und gleichzeitig einer der fischreichsten der Erde. Darüber hinaus ereignet sich hier zweimal im Jahr ein weltweit einmaliges Schauspiel: In den Monaten Mai und Juni, wenn der Mekong-Fluss durch das Schmelzwasser des Himalayas und die Monsunregen anschwillt, fungiert der Tonle Sap als riesiges Auffangbecken.

Der Höhepunkt der Überflutungen wird im September erreicht. Zu diesem Zeitpunkt ist knapp ein Drittel der landwirtschaftlichen Kulturfläche Kambodschas von Wasser bedeckt. Erst im November, wenn der Mekong wieder weniger Wasser führt, wechselt der Fluss die Richtung, und das Wasser des Sees fließt langsam ab.

Die enorme Bedeutung des Sees, an dem mit etwa 1,2 Millionen Menschen knapp zehn Prozent der Gesamtbevölkerung Kambodschas leben, ermisst sich allein aus der Tatsache, dass der hier gefangene Fisch etwa 65 Prozent des landesweiten Proteinbedarfs deckt.

Während der etwa zweistündigen Bootsfahrt erlebt man mit Erstaunen, wie sich die auf Hausbooten wohnenden Menschen den ständig wechselnden Wasserständen angepasst haben. Die meist aus Bambus gebauten Häuser werden an in den Boden gerammten Stelzen befestigt, an denen sie entsprechend des Wasserpegels rauf- und runtergleiten. Auf engstem Raum finden sich Küche, Wohn- und Schlafzimmer. Häufig sieht man an den schwimmenden Häusern noch Fisch- und Krabbenkäfige. Zuweilen sind sogar aus Bambusstangen gefertigte Schweineställe zu sehen, in denen die Vierbeiner direkt über dem Wasser vor sich hin grunzen. ❖

## Kambodscha
## Angkor

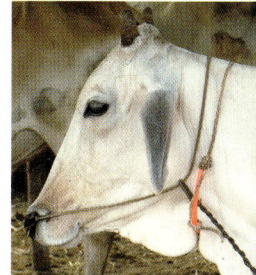

*Auf dem Weg von Siem Reap zum Tonle-Sap-See erhält man Eindrücke vom Alltagsleben der Kambodschaner: Kühe nehmen hier den Rang einer Altersversorgung ein*

*Familienausflug auf dem größten Binnenmeer Südostasiens, dem Tonle Sap*

# LAOS
## DAS JUWEL SÜDOSTASIENS

Zwei Drittel der laotischen Kinder beenden vorzeitig die Grundschule, um zum Lebensunterhalt ihrer Familien beizutragen

»Friedlich, gelassen, anmutig, fröhlich, respektvoll, heiter, sanftmütig« – gemessen an den ausnahmslos begeisterten Kommentaren von Reisenden könnte man den Eindruck gewinnen, Laos sei eher ein Gemütszustand als ein Land. Nicht die Sehenswürdigkeiten im klassischen Sinne machen den Zauber dieses Landes aus, sondern seine Menschen und die weltentrückte Stimmung. Auf der Suche nach den Ursachen für die Laos-Faszination stößt man auf religiöse, geografische und historisch-politische Wurzeln.

Wie weit die Anfänge des in Laos praktizierten Theravada-Buddhismus zurückreichen, belegt die Tatsache, dass ihn König Fa Ngum bei der Gründung des ersten laotischen Königreichs im Jahr 1353 zur Staatsreligion erklärte. Bis heute bestimmen die im Theravada-Buddhismus verankerten Gebote Bescheidenheit, Mitgefühl, gegenseitiger Rücksichtnahme, Toleranz, Gleichmut und Geduld das Miteinander und Lebensgefühl der Laoten.

Einer der Gründe, warum die knapp sieben Millionen Laoten ihre religiös-moralischen Werte fast unbeeinflusst von allen neuzeitlichen Veränderungen der Nachbarländer bewahren konnten, liegt an der Abgeschiedenheit des Landes. Mit 236 000 Quadratkilometern ist Laos etwa so groß wie Großbritannien. Als einziges südostasiatisches Land verfügt es über keinen Zugang zu den Weltmeeren, wodurch der Austausch von Werten und Waren in erheblichem Maße behindert wurde. Zudem war und ist die Anbindung an umliegende Länder aufgrund der zahllosen Gebirge und tiefen Täler eingeschränkt.

Seit die kommunistische Pathet Lao im Mai 1975, nach der Niederlage der US-Amerikaner in Vietnam, die Macht übernahm und eine Abschottungspolitik gegenüber dem Westen propagierte, verschwand Laos endgültig hinter dem »Bambusvorhang«. Hieraus erklärt sich die bis heute für das Land so charakteristische kulturelle Eigenständigkeit, aber auch ökonomische Rückständigkeit. Zwar hat die regierende kommunistische Einheitspartei ähnlich wie in Vietnam eine von marktorientierten Prinzipien getragene Öffnungspolitik eingeleitet, doch bestimmt der beschauliche bäuerliche Rhythmus von Aussaat und Ernte das Leben der meisten Laoten.

Weite Reisfelder, die vom Morgennebel eingeschlossenen Berggipfel, der träge, auf einer Länge von 1800 Kilometern das Land durchfließende Mekong, in orangefarbene Roben gekleidete Mönche beim morgendlichen Almosengang und vor allem die stets sanftmütigen, freundlichen und offenherzigen Einwohner machen Laos zu einem der anmutigsten Länder.

Laos

*Stupas prägen Laos in den Städten wie auf dem Land*

Laos
Vientiane

# VIENTIANE
## VERSCHLAFENE METROPOLE MIT CHARME

Es ist alles eine Frage der Perspektive – für jene, die Vientiane schon seit Jahren besuchen, ist die Hauptstadt auf dem Weg, ihren ursprünglichen Charme als die ruhigste und verschlafenste Hauptstadt Asiens zu verlieren. Besucher, die zum ersten Mal nach Laos kommen, fühlen sich im Vergleich zu asiatischen Metropolen wie Singapur, Saigon oder Bangkok eher an eine Provinzstadt erinnert.

Tatsächlich sind die Veränderungen der letzten zehn Jahre nicht zu übersehen. Hochhäuser, Baustellen und Verkehrsstaus sowie die Zersiedelung in den Außenbezirken gehören zum Stadtbild.

Unweit davon und mittendrin finden sich auch die Impressionen des »alten« Vientiane: grüne Reisfelder, kleine Teiche und Seen mit fröhlich planschenden Kindern, hübsche Pagoden, Stelzenhäuser aus Holz entlang den Kanälen, schön restaurierte Kolonialvillen und der gemächliche Mekong.

## Zur Geschichte Vientianes

Bereits 1560 unter König Setthathirath zur Hauptstadt erklärt, wurde Vientiane im Laufe der folgenden Jahrhunderte mehrfach von ausländischen Truppen erobert und geplündert. So im Jahr 1779, als sie der siamesische König und General Thaksin in Schutt und Asche legte und Laos zu einem Protektorat Siams wurde. Ein Jahrhundert später waren es aus Südchina einfallende Räuberbanden der Schwarzen Ho, die auch That Luang, das berühmte Landesheiligtum, zerstörten.

Unter französischem Einfluss erlebte Vientiane Ende des 19. Jahrhunderts eine architektonische und kulturelle Blütezeit. Die breiten Alleen, die Kolonialvillen und der wieder aufgebaute Tempel mit dem That Luang zeugen von jener Zeit.

In den 1960er und -70er Jahren, als Laos mehr und mehr in den Vietnamkrieg hineingezogen wurde, entwickelte sich Vientiane zu einem Treffpunkt von Militärs, Agenten und Journalisten. Ebenso wie Saigon versank es wegen der Zigmillionen US-Dollar, die im Land kursierten, in einem Sumpf aus Korruption und Prostitution. Vervollständigt wurde das ebenso kunterbunte wie ganz und gar unlaotische Gemisch durch Tausende Hippies, die aufgrund des überall reichlich und billig erhältlichen Rauschgifts ins Land einfielen.

Laos
Vientiane

Mit der Machtübernahme der kommunistischen Pathet Lao im August 1975 fanden diese wilden Zeiten ein abruptes Ende. Hunderttausende flohen über den Mekong nach Thailand, den Rock-and-Roll-Zeiten der US-Amerikaner folgten die grauen Jahre des Sozialismus.

Der Sozialismus ist zusammengebrochen, die sowjetischen Berater sind abgezogen, und die Pathet Lao hat sich klammheimlich vom sozialistischen Primus zum kapitalistischen Wegbereiter gewandelt. Vientiane sind mit ihren Tempelanlagen, Kolonialvillen, sozialistischen Repräsentationsbauten und kapitalistischen Büro- und Warenhäusern all diese historischen Epochen ins »Gesicht« geschrieben.

## Stadtrundgang

Im Zentrum zeigt sich Vientiane immer noch sehr übersichtlich und beschaulich. Die Straße Thanon Setthathirath ist nach dem König benannt, der die Hauptstadt 1560 von Luang Prabang nach Vientiane verlegte. Sie verläuft ebenso wie die Uferstraße Quay Fa Ngum und die Einkaufsstraße Thanon Samsenthai parallel zum Mekong. Entlang der Setthathirath finden sich einige der bedeutendsten Tempelanlagen Vientianes.

Das an der Ecke zur Thanon-Samsenthai-Straße gelegene **Wat Si Muang** zählt zu den meistbesuchten Klosteranlagen der Stadt. Eine Legende gibt Aufschluss über die Hintergründe der Popularität. Danach ließ König Setthathirath an der Stelle des heutigen Klosters eine Grube ausheben, um darin eine Steinsäule zu verankern, die den Schutzgeist der Stadt symbolisierte. Kurz vor der Einweihungszeremonie sprang eine junge Frau namens Nang Si in die Grube und wurde von der Säule erschlagen, weil diese umfiel. Seither wird Nang Si als Schutzherrin der Stadt verehrt. Weil sie schwanger

*Das Wat Si Muang zählt zu den meistbesuchten Klosteranlagen Vientianes*

## Laos
## Vientiane

*Das Stadtbild von Vientiane wird von Mönchen in safrangelben Umhängen geprägt* ▷

*Eine Karte mit dem eingezeichneten Rundgang finden Sie auf S. 196.*

*Vor dem Museum des Ho Pha Keo in Vientiane: Bronzebuddha aus dem 18. Jahrhundert*

war, finden sich im Tempel besonders viele Frauen ein, die die Erfüllung ihres Kinderwunschs durch eine Opfergabe befördern möchten.

Obwohl die Ursprünge des Wat wohl schon auf das 16. Jahrhundert zurückgehen, wurde auch er, wie fast alle Tempel der Stadt, mehrmals durch Siamesen zerstört. Der heutige Bau stammt aus dem Jahr 1915 und weist mit seinen hohen, sich nach innen neigenden Außenmauern, den schlanken Fenstern und dem reichen Giebelschmuck deutlich thailändische Stilelemente auf. In den Giebelfenstern sind Szenen aus dem Leben Buddhas dargestellt. Die Statue des Königs Sisavang Vong, des zweitletzten Königs von Laos, die sich in einem kleinen Park vor dem Haupteingang des Wat befindet, war eine Schenkung der Sowjetunion im Jahre 1975.

Hat man die Eingangsschwelle des Hauptportals überschritten, gelangt man in den hohen, hellen und luftigen ersten Raum des zweigeteilten Sim (Hauptgebäude eines buddhistischen Klosters). Vorbei an der großen Buddhastatue führt der Weg in den dahinterliegenden Raum, der vom Rauch der Räucherstäbchen erfüllt ist und zahlreiche Buddhastatuen, Opfergaben und Pilger beherbergt. Das Haupheiligtum ist zunächst kaum auszumachen. Der Lak Muang (Stadtsäule), eine viereckige, nach oben abgerundete Sandsteinsäule, symbolisiert einen Schutzgeist. Zu seiner Verehrung wurden zahlreiche, bunte Bänder angebracht, die ihn fast vollständig bedecken. Über dem Lak Muang ragt eine Buddhastatue auf, umrankt von einem bunt blinkenden Leuchtkranz, der besonders heilende Kräfte zugesprochen werden.

Nach Verlassen des Hauptgebäudes lohnt noch ein kleiner Rundgang durch das stets von Pilgern, spielenden Kindern, Tieren, Verkäufern und Mönchen belebte Tempelgelände. Hier zeigt sich, wie selbstverständlich buddhistische Gotteshäuser in den Alltag der Gemeinde integriert sind.

Etwa 500 Meter weiter nordöstlich der Setthathirath gelangt man zu dem hinter einer hohen Außenmauer gelegenen **Ho Phra Keo**. Auch hierbei handelt es sich um einen 1942 eröffneten Neubau des von siamesischen Truppen mehrfach zerstörten Originals. Im ursprünglichen Ho Phra Keo stand von 1565 bis 1779 der Phra-Keo-Buddha, die meist verehrte und umkämpfte Buddhastatue Asiens. Nachdem die 66 Zentimeter große Figur aus grüner Jade ursprünglich 1434 im nordthailändischen Chiang Rai gefunden wurde, gelangte sie über Lampang, Chiang Mai und Luang Prabang nach Vientiane. Nach der Einnahme Vientianes durch die Siamesen unter Rama I. wurde sie zunächst in einer aufwendigen Zeremonie nach Thonburi und wenige Jahre später nach Bangkok geführt, wo sie seither im Königspalast des Wat Phra Keo verehrt wird.

Wie sein Name »Ho« (Saal) schon andeutet, handelt es sich beim Ho Phra Keo nicht um ein Kloster (Wat), sondern um einen Privattempel des Königs, der nie von Mönchen bewohnt war. 1950 wurde der Ho in ein Museum umgewandelt, das eine der qualitativ besten Sammlungen alter Buddhastatuen beherbergt. Herausragende Beispiele finden sich bereits im Wandelgang des auf einer hohen Terrasse errichteten Sim. Im Inneren beeindruckt eine Vielzahl von Plastiken unterschiedlicher Stilrichtungen sowie eine Nachbildung des entführten Phra Keo. Im umlaufenden Garten ist ein Exemplar jener im Nordosten von Laos, in der sogenannten Ebene der Tonkrüge, gefundenen Steingefäße ausgestellt, über deren genaue Verwendung bis heute keine Klarheit herrscht. Der sich direkt an den Phra Keo anschließende Präsidentenpalast stammt in seiner jetzigen Form aus dem Jahr 1974. Er dient der Regierung von Laos als repräsentatives Empfangsgebäude und ist für die Öffentlichkeit nicht zugänglich.

Der schräg gegenüberliegende **Wat Si Saket** ist als einziges Kloster von den Verwüstungen der Siamesen im Jahr 1828 verschont geblieben und gilt deshalb als der älteste Sakralbau von Vientiane. Der ursprünglich von König Anouvong im Jahr 1818 errichtete Tempel wird von zwei Umfassungsmauern umschlossen. Hinter der ersten finden sich die für die Anlage eines buddhistischen Klosters charakteristischen Bauten: Trommel- und Glocken-

## Laos
## Vientiane

haus, Bibliothek und Säle, offene Pavillons, in denen sich die Mönche zum Studium der heiligen Texte oder zur Erholung aufhalten, sowie die Mönchsunterkünfte (Kutis). Hinzu kommen im Si Saket zahlreiche Reliquienschreine (That), die die Asche Verstorbener beinhalten. Die beiden größten, links und rechts des Südeingangs zum Tempelinneren, wurden für die Eltern von König Anouvong erbaut.

Beeindruckendstes Element der Klosteranlage sind Tausende kleine Buddhafiguren, die die Nischen der Innenseite der inneren Umfassungsmauer schmücken. Die davor auf dem Boden stehenden größeren Buddhastatuen sind ebenso wie die Miniaturbuddhas weniger wegen ihrer kunsthistorischen Bedeutung als vielmehr der ihnen zugesprochenen Schutzwirkung, die die Anlage vor den Zerstörungen der ausländischen Invasoren bewahrte, von Bedeutung.

An der Rückseite des Hauptgebäudes ragt ein fünf Meter langer Wasserspender aus Holz auf, mit dessen Hilfe die Buddhastatuen während des Neujahrsfestes Mitte Mai geweiht werden. Das ebenfalls stark durch thailändische Stilelemente geprägte Hauptgebäude wurde wie die gesamte Anlage zuletzt 1930 renoviert. Im Gegensatz zu an-

*Im Wat Si Saket in Vientiane: Tausende von Buddhas bevölkern die Nischen der inneren Umfassungsmauer*

deren, vom Staat in den vergangenen Jahren aufwendig restaurierten Tempelanlagen bezieht er gerade aus dieser Schlichtheit seine besondere Ausstrahlung. Neben der hohen Buddhastatue am Ende des Sim steht eine Statue von König Anouvong. Leider sind die Wandmalereien an den Innenwänden der Anlage mit Szenen aus den Jatakas (547 Geschichten über die Vorexistenzen des historischen Buddha) in schlechtem Zustand.

Geht man die Setthathirath weiter Richtung Osten, gelangt man nach etwa 200 Metern zu dem hübschen **Nam-Phou-Platz**. Er markiert den Mittelpunkt von Vientiane und bietet sich mit seinen zahlreichen Cafés, Restaurants und Kneipen für eine erholsame Mittagspause an, die man auch in einem der Freiluftrestaurants entlang der Uferpromenade Fa Ngum mit Blick auf den Mekong verbringen kann. Über die kleine Straße Pang Kham ist man in wenigen Minuten dort.

Dabei passiert man das heute recht antiquiert wirkende **Lane Xang Hotel**, die bis Mitte der 1990er Jahre beste Unterkunft Vientianes. Während der 1960er und -70er Jahre war die Ikone realsozialistischer Zweckarchitektur Treffpunkt von Geheimagenten aus Ost und West. Die Zeiten ändern sich, und so beherbergt die einst berühmte Bar heute einen ebenso lauten wie schäbigen Nachtklub.

Von den zahlreichen weiteren Klöstern entlang der Setthathirath lohnt noch das **Wat Ong Teu** am westlichen Ende einen Besuch. Es stammt ursprünglich aus der Mitte des 16. Jahrhunderts, wurde Anfang des 20. Jahrhunderts nach mehrfachen Zerstörungen neu errichtet und ist nicht nur der Sitz des zweithöchsten Mönchs von Laos, sondern auch eine der renommiertesten buddhistischen Ausbildungsstätten des Landes. Sein Name (der Gewaltige) bezieht sich auf die zehn Tonnen schwere Buddhastatue, die König Setthathirath zur Einweihung des Tempels im Jahr 1570 spendete.

Über die Thanon Nokeo Kummane gelangt man auf die Thanon Samsenthai, an der die **Lao National Cultural Hall** steht. Der monumentale Neubau wirkt etwas deplatziert. Er wird von der Regierung für offizielle Empfänge genutzt und ist der Öffentlichkeit nicht zugänglich. Schräg gegenüber befindet sich im ehemaligen Palast des französischen Oberkommandos das **Nationalmuseum**, das einen umfassenden Überblick über die laotische Geschichte von den Anfängen bis zur Neuzeit gibt.

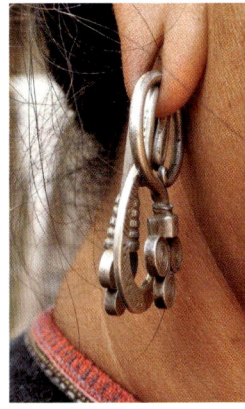

## Laos
## Vientiane

Der in einem modernen mehrstöckigen Gebäude an der Avenue Lane Xang untergebrachte **Morgenmarkt** (Talat Sao) bietet von Obst und Gemüse über Silberschmuck bis hin zu Textilien und Souvenirs alle nur erdenklichen Waren. Geöffnet ist er trotz seines Namens ganztägig.

Die skurrilste Sehenswürdigkeit Vientianes ragt am nördlichen Ende der Avenue Lane Xang in den Himmel. Der Triumphbogen **Patu Xay**, dem Pariser Vorbild nachempfunden, hat eine ereignisreiche Geschichte, die sich in den Namen widerspiegelt, die ihm im Laufe der letzten 40 Jahre verliehen wurden. Ursprünglich den Helden der königlichen Armee gewidmet, wurde der mit Elefanten und pagodenähnlichen Aufbauten verzierte Bau 1995 in Gedenken an das 20-jährige Jubiläum der kommunistischen Machtübernahme in »Denkmal der Revolutionshelden« umbenannt. Im Volksmund hieß der mit Szenen aus dem hinduistischen Ramayana und christlichen Engeln auf rosarotem Untergrund verzierte Protzbau »Denkmal der Plünderer der Staatskasse«. Der beim Bau verwendete Zement war ursprünglich von den USA für den Bau einer Landebahn des Vientianer Flughafens gestiftet worden.

Im Übrigen verzögerte sich die Fertigstellung des Patu Xay, weil ein Großteil der dafür zur Verfügung gestellten Gelder in dunklen Kanälen verschwandt. Erstaunlicherweise wird diese Art von Korruption auch von der kommunistischen Regierung offiziell eingestanden. Auf einem Hinweisschild unter dem Torbogen wird die Verschwendung von Staatsgeldern beim Bau des Torbogens als verwerflich angeprangert. Mehrere Treppen führen über diverse Plattformen auf die oberste Etage, von wo sich ein interessanter Blick über die Hauptstadt von Laos bietet.

Am Ende der Thanon Phou Kheng ragt der goldene **That Luang**, das bedeutendste Sakralheiligtum des Landes, in den Himmel. Glaubt man der Legende, dann hat Buddha persönlich im sechsten Jahrhundert vor Christus an dieser Stelle den Bau einer Pagode vorhergesagt. Drei Jahrhunderte später sollen Abgesandte des indischen Königs Ashoka einen Knochensplitter von Buddhas Brustbein gestiftet haben, für den ein erster Reliquienschrein errichtet wurde. Historisch belegt ist der Bau einer dem heutigen Heiligtum ähnelnden Stupa Mitte des 16. Jahrhunderts, nachdem König Setthathirath die Hauptstadt von Luang Prabang nach Vientiane verlegt hatte. Ihm zu Ehren wurde auf dem weiten Vorplatz eine Statue aufgestellt.

Wie Reiseberichte europäischer Besucher belegen, war der That Luang bereits zu jener Zeit mit Goldplatten bedeckt. Kein Wunder, dass das Nationalheiligtum mehrfach von den Siamesen und schließlich von den

*Silberschmuck vom Morgenmarkt (Vientiane)*

*Der goldene That Luang, die königliche Stupa, in Vientiane ist das Nationalsymbol von Laos*

**Laos
Vientiane**

brandschatzenden Schwarzen Ho aus China geplündert und zerstört wurde. In den 1930ern ließ die École Française d'Extrême-Orient das Nationalsymbol, das auch das Staatswappen von Laos ziert, nach Originalplänen wieder komplett aufbauen.

Der 45 Meter hohe, von einer geschlossenen Galerie umgebene That Luang ist eine Stufenpyramide mit drei nach oben kleiner werdenden Terrassen, die mit Treppen miteinander verbunden sind. Die untere Plattform bildet mit einer Seitenlänge von 68 mal 69 Metern die Basis des Heiligtums. Dessen Außenmauer zieren im Stile von Lotosblütenblättern aufgesetzte 323 Steine, die den heiligen Bezirk abgrenzen. Vier Tore führen zu der zweiten, 48 mal 48 Meter großen Plattform, deren Umfassungsmauer wiederum von 280 stilisierten Lotosblättern eingerahmt wird. 30 kleinere Stupas, die die Form des Haupttheiligtums aufnehmen, bilden die Umrahmung der obersten Plattform, aus deren Mitte sich der Hauptturm erhebt. Von der zweiten Plattform bietet sich eine schöne Sicht auf die umliegenden Gebäude.

*Silberhauben sind der mobile Schatz der Akha, einer ethnischen Minderheit im Norden von Laos*

Die beiden südlich und nördlich neben dem That Luang errichteten Klosterneubauten sind Sitz des höchsten laotischen Mönchsordens. In den Giebelfenstern finden sich mit der Geburt, der Erleuchtung, der ersten öffentlichen Predigt und dem Tod vier entscheidende Szenen aus dem Leben des Buddha.

### SERVICE & TIPPS

**ℹ Tourist Information Centre**
Ave. Lane Xang, Vientiane
✆ (021) 212-248, tägl. 9–17 Uhr
Freundliches, aber wenig hilfreiches Personal.

**🏛 Laos National Museum**
Thanon Samsenthai, Vientiane
✆ (021) 212-460
Tägl. 8–12 und 13–16 Uhr
Eintritt 10 000 Kip
Umfangreiche Ausstellung zur laotischen Kunst und Kultur bis heute.

**◉ That Luang**
Thanon That Luang, Vientiane
Tägl. 8–12 und 13–17 Uhr
Die bedeutendste Stupa des Landes, Nationalheiligtum von Laos.

*That Luang – das Wahrzeichen des Landes aus dem 16. Jahrhundert*

**◉ 🏛 Wat Ho Phra Keo**
Thanon Setthathirath, Vientiane
Tägl. außer Fei 8–12 und 13–16 Uhr
Eintritt 5000 Kip
Ehemaliger Privattempel des Königs mit einer umfangreichen Sammlung laotischer Kunstschätze.

**◉ Wat Ong Teu**
Thanon Setthathirath
Vientiane
Tägl. 8–12 und 13–16 Uhr
Sitz des zweithöchsten Patriarchen der laotischen Buddhisten mit berühmter Buddhastatue.

**◉ Wat Si Muang**
Thanon Setthathirath, Vientiane
Tägl. 8–18 Uhr
Eines der populärsten Klöster Vientianes, in dem der Schutzgeist der Stadt verehrt wird.

**◉ Wat Si Saket**
Thanon Setthathirath, Vientiane
Tägl. außer Fei 8–12 und 13–16 Uhr
Der älteste erhaltene Tempel von Vientiane.

**✕ Kua Lao**
111 Thanon Samsenthai, Vientiane
✆ (021) 215-777
Tägl. 11–14 und 18–22 Uhr
Wegen der Tanzaufführungen und des auf westliche Gaumen getrimmten laotischen Essens bei Touristen sehr beliebtes Lokal, das auch schon viele bekannte Politiker aus aller Welt zu Gast hatte.
$$$

## ❌ 🍷 Douang Deuane Restaurant & Wine Bar
Thann Francois Nginn
Vientiane, ☏ (021) 241-154
Tägl. außer So 7–22 Uhr
Laotische wie westliche Gerichte in schönem Ambiente einer Kolonialvilla. Spezialität ist der Fisch in Tamarindensauce. Besonders schön sitzt es sich auf dem Balkon im Obergeschoss mit Blick auf die Straße. $$–$$$

## ❌ Makpeth
Thanon Sethatirath, Vientiane
☏ (021) 260-587
Tägl. 11–14 und 18–21Uhr
Gutes Essen für einen guten Zweck. Hier werden benachteiligte Kinder im Gastronomiegewerbe ausgebildet. Die einheimischen Gerichte sind frisch zubereitet, sehr schmackhaft und vielfältig, der Service freundlich und fix. Insgesamt eine sehr gute Wahl. $$–$$$

## ❌ Muzaik Restaurant
Manthathoulath street
Vientiane
Tägl. 17–22 Uhr
Ausgezeichnete laotische und asiatische Gerichte in einem stilvollen, nicht überkandidelten Restaurant mit freundlichem Service.
$$–$$$

## ❌ Mala
Thanon Khamkong, Vientiane
☏ (021) 215-809, tägl. 11–22 Uhr
Das gemütliche Ambiente mit Blick auf den Mekong, der freundliche Service und die ausgezeichneten Fischgerichte machen das Mala zu einem der besten Restaurants der Stadt. $$

## 🎁 Indochina's Handicraft Boutique
87/2 Thanon Setthathirath
Vientiane
Kunsthandwerk aus ganz Indochina mit Spezialisierung auf laotische Seidenmalereien.

## 🎁 Maicone
10–11 Ban Sokpaluang
Vientiane
☏ (021) 312-275
Eines der besten Geschäfte für laotische Seide.

## 🎁 Morgenmarkt (Talat Sao)
Ave. Lane Xang, Vientiane
Der Markt ist trotz des Namens auch tagsüber geöffnet. ✦

---

### Laos
### Vientiane

Die $-Preiskategorien bei den Restaurants beziehen auf den durchschnittlichen Preis für ein Abendessen:

$       – bis 2 Dollar
$$      – 2 bis 5 Dollar
$$$     – 5 bis 10 Dollar
$$$$    – über 10 Dollar

*Laotisches Alltagsleben*

# LUANG PRABANG
## DIE SEELE VON LAOS

Wenn die ersten Sonnenstrahlen durch die Nebelschwaden über dem Mekong blinzeln, die Marktfrauen ihre Waren in den Gassen ausbreiten und sich die in safranfarbenen Roben gekleideten Mönche auf den allmorgendlichen Almosengang begeben, erlebt man hautnah das Erwachen einer der anmutigsten, schönsten und friedlichsten Städte Asiens – Luang Prabang. Wie kein anderer Ort des Landes verkörpert die ehemalige Hauptstadt den Zauber einer Kultur, die das selbstgenügsame Verweilen im Moment dem rastlosen Aufbruch in die Zukunft vorzieht. Man sollte sich Zeit nehmen, um den einzigartigen Reiz des 40 000-Einwohner-Städtchens, das auf einer Halbinsel am Zusammenfluss des Mekong und des Nam-Flusses liegt, zu erleben.

Mit seiner wunderschönen Tallage, umgeben von dichtbewachsenen Bergen, den zahlreichen stilvoll restaurierten Tempelanlagen, dem traditionellen, noch nicht von modernen Neubauten verunstalteten Stadtbild sowie seinen stets freundlichen und respektvollen Einwohnern ist Luang Prabang ein Gesamtkunstwerk.

### Zur Geschichte Luang Prabangs

Luang Prabangs Ursprünge gehen auf das Jahr 1353 zurück, als sie der Reichsgründer Fa Ngum zur Hauptstadt des »Landes der Millionen Elefanten und des Weißen Schirmes« (Lan Xang Hom Khao) machte. Der König, der selbst mehrere Jahre am Hof von Angkor gelebt hatte, heiratete die Tochter eines Angkor-Königs, die den Phra-Bang-Buddha – bis heute die meistverehrte Reliquie des Landes – mit nach Xieng Dong Xieng Thong brachte, wie Luang Prabang damals noch hieß.

Obwohl die Stadt im folgenden Jahrhundert eine kulturelle Blütezeit erlebte, entschloss sich König Setthathirath wegen der zunehmenden Bedrohung durch die Burmesen die Hauptstadt nach Vientiane zu verlegen. Dennoch blieb Luang Prabang, wie die Stadt seit 1563 zu Ehren der hier befindlichen Buddhafigur hieß, das kulturelle Zentrum des Landes.

In den Wirren der laotischen Geschichte im 18. und 19. Jahrhundert wurde Luang Prabang zunächst wieder Hauptstadt des nun geteilten Laos und mehrfach von den Burmesen und Schwarzen Ho geplündert. Als Teil des französischen Kolonialreichs Indochina wurde Luang Prabang schließlich wieder Königssitz. Nach der Machtübernahme der kommunistischen Pathet Lao und der erzwungenen Abdankung des letzten laotischen Königs Sisavang Vatthana im November 1975 verfiel Luang Prabang in einen Dornröschen-

*Ungewöhnlich laut geht es in Luang Prabang Mitte April zu, wenn das buddhistische Neujahrsfest Pi May Lao gefeiert wird. Vor dem Beginn des neuen Jahres begießt man sich gegenseitig mit Wasser, als symbolische Reinigung. Höhepunkt des etwa viertägigen Festes ist eine Parade zwischen dem Wat May und dem Wat Xien Thong.*

*In Laos ist die buddhistische Kultur tief im Alltag verwurzelt (Luang Prabang)*

schlaf, aus dem es erst wieder Anfang der 1990er Jahre mit der wirtschaftlichen Öffnungspolitik und dem damit einhergehenden internationalen Tourismus erwachte.

1995 erklärte die UNESCO die Stadt zum Weltkulturerbe: Das Bauverbot von modernen Neubauten im Stadtzentrum, die Renovierung alter Kolonialvillen und traditioneller Holzhäuser, die Restaurierung von Gassen und Gehwegen nach historischen Plänen und die Revitalisierung alter Handwerkskünste wie der Holzschnitzerei, Bildhauerei und Malerei lassen hoffen, dass Luang Prabang auch in Zukunft seinen Charme bewahrt.

**Laos
Luang Prabang**

## Stadtrundgang

Luang Prabang eignet sich für eine Erkundung zu Fuß, denn fast alle Sehenswürdigkeiten liegen entlang der alten Königsstraße, die auf einer Länge von etwa zwei Kilometern die Stadt von Südwesten nach Nordosten durchläuft. Alle paar Hundert Meter ändert sie ihren Namen, wobei die einzelnen Abschnitte nach vier laotischen Königen benannt sind.

Den Stadtrundgang beginnt man am besten beim ehemaligen **Königspalast** (heute Nationalmuseum), der von einer Mauer umschlossen inmitten einer weitläufigen Parkanlage liegt. Erbauen ließ ihn König Sisavang Vong in den Jahren 1904 bis 1909, nachdem der aus Holz errichtete Vorgängerbau abgerissen worden war. Eine Bronzebüste des Königs steht links auf dem Hauptweg, der zum Palast führt.

Mit dem **Ho Phra Bang** befindet sich das beeindruckendste Gebäude der gesamten Anlage auf der gegenüberliegenden Seite. Die prunkvoll mit bunten Glasmosaiken verzierte Pagode mit fünf Staffeldächern wurde im Jahr 2000 fertiggestellt und bildet den würdigen Rahmen für den im Zentrum auf einem hohen Thron ausgestellten Phra-Bang-Buddha. Die 83 Zentimeter hohe, vergoldete Statue soll im ersten Jahrhundert in Sri Lanka hergestellt worden sein. Wie sie von dort an den Hof von Angkor gelangte, ist ungeklärt. Erwiesen ist, dass sie von der kambodschanischen Frau des Reichsgründers Fa Ngum 1358 nach Luang Prabang gebracht wurde, wo man sie die nächsten 350 Jahre in diversen Klöstern aufbewahrte, ehe sie 1706 nach Vientiane kam. Von dort wurde sie von den Siamesen verschleppt, ehe sie schließlich 1866 im Rahmen einer großen Prozession wieder nach Luang Prabang gelangte.

Nachdem der Phra Bang zunächst im Wat Visoun und danach im Wat May aufbewahrt wurde, ist er seit 1947 das Schmuckstück des ehemaligen Königspalastes, der offiziell Ho Kam (Goldener Saal) heißt. Ob es sich bei der Statue allerdings tatsächlich um das Original oder eine Kopie handelt ist umstritten.

Entlang der von hohen Zuckerpappeln gesäumten Allee gelangt man zum **Palast**, der von einer neunstufigen Pagode gekrönt wird. Der aus zwei Querflügeln bestehende zweigeschossige Bau wirkt eher unscheinbar und spiegelt damit die relative Bedeutungslosigkeit des laotischen Reiches und seiner Herrscher während der Zeit der französischen Kolonialherrschaft wider. Das Giebelfeld des Portalvorbaus zeigt mit dem von einem Schirm geschützten dreiköpfigen Elefanten Airavata (die drei historischen Königreiche des Landes symbolisierend) und den umlaufenden Nagaschlangen (Symbol für Fruchtbarkeit) das Staatssymbol von Laos. Dahinter schließt sich der Empfangssaal mit einem kleinen

*Eine Halle mit fünf Staffeldächern für den Pha-Bang-Buddha, der Ho Phra Bang (Luang Prabang)*

*Blattgoldmotiv im Pagodenviertel in Luang Prabang*

## Laos
## Luang Prabang

Thron in der Mitte an, der dem Obersten Patriarchen des Landes vorbehalten war.

Von hier gelangt man in den Audienzsaal des Königs. Besonders beeindruckend sind die von einem französischen Künstler 1930 geschaffenen Wandmalereien mit einfühlsamen Szenen aus dem laotischen Alltagsleben. Im hinteren Teil des Raumes finden sich drei in Frankreich gegossene Büsten der letzten drei laotischen Könige.

Über einen Verbindungsgang erreicht man den **Thronsaal** im Zentrum des Ho Kam. Hier spiegelt sich der zeremonielle Glanz der ansonsten machtlosen laotischen Monarchie. Besonders beeindruckend sind die 1959 von einem japanischen Künstler gestalteten Wandmosaike, die Festtagsszenen, historische Ereignisse wie die Übergabe des Pha Bang aus Angkor sowie Legenden darstellen. Der prachtvolle, 1959 ausschließlich für Krönungszeremonien gefertigte Thron wurde nie zur Inthronisierung genutzt, weil die Hofastrologen für den letzten laotischen König bis zu seiner Absetzung durch die Kommunisten im Jahr 1975 keinen geeigneten Termin finden konnten.

*Glasmosaik der Tempelanlage Xien Thong in Luang Prabang*

Die in Vitrinen ausgestellten Buddhastatuen sind zum größten Teil Fundstücke aus den Stupas, die von Burmesen zerstört wurden. Ein häufig übersehenes Ausstellungsstück ist ein bis ins kleinste Detail verzierter Elefantensitz (Howdah), mit dem König Anouvong in einen Feldzug gegen die Siamesen gezogen sein soll. Durch die bescheiden eingerichteten Wohnräume der laotischen Königsfamilie gelangt man schließlich in den **Empfangssaal der Königin**. In den Vitrinen sind Staatsgeschenke ausländischer Würdenträger ausgestellt. Zu sehen ist unter anderem ein winziges Stück Mondgestein und jene laotische Fahne, die von der Besatzung der Apollo 17 am 11. Dezember 1972 auf den Mond gebracht wurde.

Hat man den Königspalast wieder beim Hauptausgang verlassen, ragt auf der gegenüberliegenden Straßenseite der 150 Meter hohe **Phou-Si-Berg** auf. Die Mühen des über 328 Stufen zu erreichenden Gipfels lohnen wegen der von oben grandiosen Aussicht über Luang Prabang und Umgebung. Ein Flugabwehrgeschütz neben einer Pagode zeugt davon, dass auch das friedliche Luang Prabang auf eine kriegerische Vergangenheit zurückschauen kann. Entlang dem Pfad, der auf der anderen Seite hinabführt, passiert man einen Fußabdruck Buddhas, mehrere Statuen des Religionsstifters, Stupas und Klöster. Auf der Hauptstraße Thanon Sisavang Vong kann man in einem der zahlreichen Cafés oder Restaurants eine Pause machen.

Von den vielen Klöstern entlang der Hauptstraße Richtung Nordosten lohnt vor allem das **Wat Sene** einen Besuch. Der Name, »Tempel der Hunderttausend Freuden«, bezieht sich auf den spendierfreudigen Stifter, einen Adligen, der ein Goldstück aus 100 000 Karat zum Bau des Tempels gestiftet haben soll. Gold ist bis heute das prägende Stilelement des 1957 anlässlich der buddhistischen 2500-Jahr-Feiern aufwendig restaurierten Tempels.

*Wat Xien Thong in Luang Prabang: Bällchen aus Klebreis als Spende für die Götter*

Biegt man direkt hinter dem Tempel links in eine kleine Gasse und in die nächste Querstraße rechts, kommt man vorbei an hübschen traditionellen Holzhäusern zum **Wat Xien Thong**. Das von König Setthathirath 1561 gegründete Kloster blieb von den Verwüstungen der Schwarzen Ho verschont und gilt als der älteste, typischste und schönste aller Wats von Luang Prabang. Das Hauptgebäude im Zentrum der weitläufigen Anlage ist mit seinem dreifach gestaffelten Dach und den niedrigen Außenmauern das Paradebeispiel für die Tempelarchitektur der Stadt.

Sehr gelungen sind die hier besonders zahlreichen und prachtvoll herausgearbeiteten Dok So Fa, insgesamt 17 auf dem Dach platzier-

den Sitz der Götter, symbolisieren sollen. Um den im Inneren mit Wandmalereien ausgeschmückten Sim befindet sich eine Reihe weiterer sehr interessanter Gebäude. Besonders hervorzuheben ist der an der Südseite gelegene Vihaan Ho Pha Non. Wegen seiner roten Farbe wurde er von den Franzosen als La Chapelle Rouge (Die Rote Kapelle) bezeichnet. Besonders fotogen sind die bunten Glasmosaike auf den Außenmauern, die Szenen einer lokalen Geschichte nacherzählen. Die Skulptur eines liegenden Buddhas im Inneren der kleinen Kapelle gilt als eine der bekanntesten von ganz Laos und wurde 1931 zur Weltausstellung nach Paris gebracht.

Beeindruckend ist auch das im Südosten der Klosteranlage gelegene **Hong Kep Mien**. Der erst 1962 fertiggestellte Bau umschließt den von sieben geschnitzten Nagaschlangen eingefassten Begräbniswagen des 1959 verstorbenen Königs Sisavang Vong. In den drei hoch aufragenden Urnen aus Sandelholz wurden die sterblichen Überreste des Königs und dessen Eltern zum Verbrennungsplatz gefahren.

Über eine breite Treppe im Norden der Anlage gelangt man zu der am Ufer des Mekong entlanglaufenden Thanon Souvanna Khampong. Die zahlreichen Cafés und Restaurants mit Blick auf den gemächlich dahinfließenden Mekong sind der ideale Ort, um den Sonnenuntergang in aller Ruhe zu genießen.

### Laos
### Luang Prabang

## SERVICE & TIPPS

**Ho Kam (Königspalast)**
Thanon Sisavang Vong
Luang Prabang
Tägl. außer Di 8–11 und 13.30–16 Uhr, Eintritt 30 000 Kip
Der zum Museum umfunktionierte ehemalige Königspalast beherbergt neben einer Vielzahl von königlichen Einrichtungsgegenständen auch das Nationalheiligtum des Landes, den Phra-Bang-Buddha. Taschen müssen am Eingang abgegeben werden, Schultern und Beine bedeckt sein.

Alle aufgeführten **Tempel** liegen entlang der Königsstraße und sind von 9 bis 19 Uhr geöffnet. Eine angemessene Kleidung sowie zurückhaltendes Auftreten sind geboten.

**Blue Lagoon Restaurant**
Ban Chumpkhong
Luang Prabang
www.blue-lagoon-restaurant.com
Tägl. 18–22 Uhr
Die ebenso ungewöhnliche wie äußerst gelungene Verbindung aus schweizerischer und laotischer Küche macht das Blue Lagoon zu einer der besten Fine-Dining-Adressen von Luang Prabang. Der Schweizer Chef und Inhaber zelebriert in gepflegtem Ambiente die Spezialitäten der beiden Länder in bester Qualität. $$$–$$$$

**Tamarind**
Ban Wat Sene, Luang Prabang
(071) 213-128
www.tamarindlaos.com
Tägl. 11–22 Uhr
Raffinierte Laos-Küche in schöner Lage. Wie wäre es mal mit Büffelfleisch? Da recht klein und sehr beliebt, sollte man reservieren. Bietet auch Kochkurse an. $$$–$$$$

**L'Elephant**
Ban Wat Nong, Luang Prabang
(071) 252-182, tägl. 7–22 Uhr
Ausgezeichnete französisch-laotische Speisen im stilvollen Rahmen eines Kolonialgebäudes. Umfangreiche Weinkarte und Kaffeeauswahl. $$$

*Die Höhlen von Pak Ou direkt an den Uferklippen des Mekong nördlich von Luang Prabang bergen Hunderte von kleinen und großen Buddhastatuen*

# Laos
# Luang Prabang

*Gegrillte Fledermäuse als lukullische Besonderheit*

*In Ban Sang Hai lernt man die Destillation von laotischem Reisschnaps kennen*

## Tamnak Lao
Sakkarin Rd., Luang Prabang
(071) 252-252
Tägl. 8.30–10.30, 11–15, 17–23 Uhr
Angenehm authentisches Lao-Restaurant mit Spezialitäten wie Kaipan (Snack aus Mekong-Spinat) oder Orlan, einer Art laotischer Version des Grünen Thai-Currys. $$

## Arthouse Cafe
King Kitsalath Rd., Luang Prabang
Tägl. 7–17 Uhr
Entspannt auf der Terrasse des stilvoll renovierten Altstadthauses mit Blick auf den Fluss sitzen und ein Klassefrühstück zu günstigen Preisen genießen – dafür gibt es in Luang Prabang keine bessere Adresse.

Jeden Abend ab 17 Uhr verwandelt sich die alte Königsstraße unterhalb des Phou Si, zwischen der Thanon Setthathirath und der Thanon Sisavang Vatthana in einen großen **Nachtmarkt**. Mehr als Hundert improvisierte Stände bieten ihre Waren an. Das Angebot reicht von Seidenstoffen und T-Shirts über Lampen bis zu gefälschten Uhren. Die Preise sind gering, dennoch sollte man handeln. Selbst wer nicht kaufen möchte, sollte sich einen Gang über den stimmungsreichen Markt nicht entgehen lassen.

## Ausflugsziele:

Ein Bootsausflug zu den 25 Kilometer nördlich von Luang Prabang gelegenen buddhistischen Höhlen von **Pak Ou** gehört zum Standardprogramm einer Laosreise. Nach einer etwa zweistündigen geruhsamen Bootsfahrt gelangt man zur ersten Höhle, die hoch über dem Mekong im Fels liegt und über eine steile Treppenflucht erreicht wird.

Schon seit über einem Jahrtausend ehren hier die Einheimischen die Flussgeister. Seit wann genau die Felsenhöhlen ein beliebtes buddhistisches Pilgerziel sind, ist nicht bekannt. Seit Mitte des 15. Jahrhunderts stellten sie die Könige von Luang Prabang unter königliche Patronage und unternahmen dann jährlich eine Pilgerfahrt hierher.

Hunderte von sehr kleinen, bis zu zwei Meter hohen Buddhastatuen wurden im Laufe der Jahrhunderte von den Gläubigen aufgestellt. Die meisten von ihnen sind in der Regenanbetungshaltung dargestellt. Dabei ist es weit mehr der imposante Gesamteindruck als die individuelle Qualität der einzelnen Skulpturen, die für die eigentliche Ausstrahlung sorgen. Leider wurden in den letzten Jahren viele Figuren gestohlen.

Ein weiterer steiler Treppenaufstieg führt zu der oberen Tam-Phoum-Höhle. Sie geht wesentlich tiefer in den Fels und diente früher auch Pilgern und Einsiedlern als Raststätte. Ähnlich wie die untere beherbergt sie zahlreiche Buddhastatuen. Zurück auf dem Weg zum Boot sollte man auf der gegenüberliegenden Flussseite, wo der Ou in den Mekong mündet, in einem der zahlreichen Stelzenrestaurants eine Pause einlegen.

Auf der Rückfahrt wird gewöhnlich noch ein Zwischenstopp im Töpferdorf **Ban Chane** und im Dorf **Ban Sang Hai** gemacht, wo der Herstellungsprozess des typischen laotischen Reisschnapses »Lao Lao« demonstriert wird. Selbstverständlich kann man auch ein Fläschchen des Hochprozentigen käuflich erwerben.

# UNTERKÜNFTE IN VIETNAM
## HOTELS, VILLEN UND GÄSTEHÄUSER

Die Hotellerie hat in den vergangenen Jahren in Vietnams touristischen Ballungszentren einen enormen Aufschwung genommen, aber auch in kleineren Provinzstädten hat man kein Problem, eine Schlafstätte zu finden. Die Bandbreite reicht von **First-Class-Hotels** über luxussanierte **Kolonialhotels** aus der französischen Besatzungszeit, **Mittelklassehotels**, die mit Bad, Satelliten-TV und Klimaanlage ausgestattet sind, bis zu sogenannten **Minihotels**.

Die bei den Hotelempfehlungen angegebenen **$-Symbole** beziehen sich auf die nachfolgenden **Kategorien**, die den durchschnittlichen Preis für ein Doppelzimmer pro Nacht angeben:

| | |
|---|---|
| $ | – bis 25 US$ |
| $$ | – 25 bis 50 US$ |
| $$$ | – 50 bis 100 US$ |
| $$$$ | – 100 bis 150 US$ |
| $$$$$ | – ab 150 US$ |

## Buon Ma Thuot

### ⊠ ≈ ⭐ Saigon Banme Hotel
1-03 Phan Chu Trinh
✆ (05 00) 368-5666
www.saigonbanmehotel.com.vn
Großer Hotelklotz ohne jeglichen Charme, aber mit geräumigen, sauberen Zimmern und einem guten Preis-Leistungs-Verhältnis. $$$

### ⊠ ▼ ≈ Dakruco Hotel
30 Nguyen Chi Thanh, Buon Ma Thuot
✆ (05 00) 397-0888
www.dakrucohotels.com
Großer Hotelklotz mit geschäftsmäßigem Ambiente und recht großzügigen Zimmern. Service und Instandhaltung lassen allerdings zu wünschen übrig. $$–$$$

### ⊠ ≈ Dam San Hotel
212–214 Nguyen Cong Truc
Buon Ma Thuot
✆ (05 00) 851-234
www.damsanhotel.com.vn
Günstig; saubere, geräumige, stilvoll eingerichtete Zimmer in schöner Lage, dazu freundliches Personal und auch ein Pool. Hervorragendes Preis-Leistungs-Verhältnis. $

## Can Tho (auch Cantho)

### ⊠ ▼ ≈ ⭐ ☾ Victoria Can Tho Resort
Cai Khe Peninsula, Can Tho
✆ (07 10) 381-0111
www.victoriahotels-asia.com
Architektonisch sehr ansprechendes Haus in schöner Lage direkt am Hau-Fluss. Das schönste Hotel des Deltas. $$$$–$$$$$

### ⊠ ▼ Nam Bo Boutique Hotel
1 Ngo Quyen, Can Tho
✆ (07 10) 381-9139, www.nambocantho.com
Exzellentes, neueröffnetes Hotel in alter Kolonialvilla mit freundlichem Personal, eleganten Zimmern und hervorragendem Restaurant. $$$$

### ⊠ ▼ ☾ Kim Tho Hotel
1A Ngo Gia Tu, Can Tho
✆ (07 10) 222-2228, www.kimtho.com
Ausgezeichnetes Mittelklassehotel mit durchgestylten Zimmern und toller Bar auf der Dachterrasse. $$–$$$$

## Cat Ba

### ⊠ ≈ ⭐ ⚓ ♨ ☰ Cat Ba Sunrise Resort
✆ (031) 388-7360
Die zurzeit beste Unterkunft der Insel in einer kleinen Bucht umgeben von schwarzen Bergen. In Gehdistanz zum Ort. Alle Zimmer verfügen über Seeblick. Außerdem Pool, Health-Club und Bar. $$$

### ⊠ ▼ ☰ ⭐ Monkey Island Resort
✆ (04) 392-615 85
www.monkeyislandresort.com
Privatstrand mit angrenzenden Bungalows, umgeben von einer Bilderbuchlandschaft; abends Fisch-BBQ, Kayaking, Beach Volleyball, nette Gäste, freundliches Personal, das alles für ca. € 40 – eine tolle Wahl! $$–$$$

### ⊠ ▼ Cat Ba Eco-Lodge
Xuam Dam Village
✆ (031) 668-8966
www.catbaecolodge.com
Sehr stilvolles Eco-Resort mit geschmackvollen Bungalows in herrlicher Hügellandschaft 13 km von Cat-Ba-Stadt entfernt. Ideal für Naturliebhaber. Kostenloser Shuttleservice in die Stadt. $$–$$$

## Unterkünfte in Vietnam

## Chau Doc

⊠ 🍸 ≅ 🕭 ⓘ **Victoria Chau Doc**
1 Le Loi, Chau Doc
ⓒ (076) 386-5010
www.victoriahotels-asia.com
Die mit Abstand beste Unterkunft der Stadt in einem neuen, in kolonialem Ambiente errichteten Haus direkt am Mekong. Die Zimmer zur Straße sind etwas laut. $$$$

⊠ 🕭 **Chau Pho**
383 Trung Nu Vuong, Chau Doc
ⓒ (076) 386-4139
Modernes Mittelklassehotel mit sauberen, hellen Zimmern und freundlichem Service. $$–$$$

⊠ **Hai Chau Hotel**
61 Thuong Dang Le
Chau Doc
ⓒ (076) 626-0066
www.haichauhotel.com
Zentrale und doch ruhige Lage, große, saubere Zimmer, freundliches Personal, sehr gutes Preis-Leistungs-Verhältnis. $–$$

⊠ **Trung Nguyen Hotel**
86 Bach Dang, Chau Doc
ⓒ (076) 356-1561
www.trungnguyenhotel.com.vn
Einfaches, dafür sehr zentral gelegenes Hotel mit ordentlichen, günstigen Zimmern (alle mit kleinem Balkon). $

## Cuc-Phuong-Nationalpark

Man kann sowohl im Headquarter am Parkeingang oder im Parkcenter, 18 km entfernt, übernachten. Dabei hat man die Auswahl zwischen einem Bett im Pfahlbau ($ 5) oder einem komfortablen Bungalow mit AC und Dusche ($ 25). Die Bungalows am Parkeingang sind vorzuziehen, weil sie relativ neu sind und zudem rund um die Uhr über Strom verfügen. Alternativ bieten sich die wesentlich besseren Unterkünfte im nahe gelegenen Ninh Binh an. $

## Da Lat (auch Dalat)

⊠ 🍸 🕭 🖋 ⓘ **Dalat Palace Luxury Hotel**
12 Tran Phu, Da Lat
ⓒ (063) 382-5444
www.dalatresorts.com

In idealer Lage mit herrlichem Blick über den Xuan-Huong-See bietet das stilvoll renovierte Kolonialhotel aus dem Jahr 1922 den Luxus eines First-Class-Hotels. Sehr schön sitzt es sich im weitläufigen Garten mit Blick auf den See. $$$$$

⊠ 🍸 ≅ 🕭 ⓘ **Ana Mandara Villas Dalat Resort & Spa**
Le Lai, Da Lat
ⓒ (063) 355-5888, www.anamandara-resort.com
Inmitten einer weitläufigen Parkanlage finden sich stilvoll renovierte Villen aus der französischen Kolonialzeit. Jeder Bungalow besteht aus mehreren Zimmern und verfügt über einen Kamin. Stilvolle Eleganz, die ihren Preis hat. $$$$$

⊠ 🍸 🕭 ⓘ **Du Parc Hotel Dalat**
15 Tran Phu, Da Lat
ⓒ (063) 382-5777
www.dalatresorts.com
Das nach dem Palace zweite geschichtsträchtige Kolonialhotel von Da Lat. Unterkunft in schöner Lage, doch Zimmer und Ambiente sind nur durchschnittlich. $$$–$$$$

⊠ 🕭 **Golf Da Lat Hotel**
4 Nguyen Thi Minh Khai, Da Lat
ⓒ (063) 382-6042
http://golfdalathotel.vn
Sehr empfehlenswertes Mittelklassehotel in zentraler Lage. Vom Dachterrassen-Café hervorragende Aussicht über die ganze Stadt. $$$

⊠ 🍸 🕭 ⓘ **Ngoc Lan Hotel**
42 Nguyen Chi Thanh St, Dat Lat
ⓒ (063) 383-8838
ngoclanhotel.vn
Mittelklassehotel mitten im Ortszentrum mit gutem Preis-Leistungs-Verhältnis. Wegen des Straßenlärms Zimmer nach hinten wählen. $$

⊠ **Dreams Hotel**
151 Phan Dinh Phung, Da Lat
ⓒ (063) 383-3748, www.dreamshotel.com
Für den Preis sehr empfehlenswerte Unterkunft. Alle Zimmer mit TV, Minibar und großem Bad. $

## Da Nang (auch Danang)

Die hier genannten Hotels beziehen sich auf die Stadt Da Nang. Jene am unmittelbar südlich anschließenden Strand My Khe (China Beach) werden dort aufgeführt.

🍸 ≅ 🕭 ⓘ **Novotel Premier Han River**
36 Bach Dang Street, Da Nang
ⓒ (05 11) 392-9999, www.accorhotels.com
Das hoch aufragende Luxushotel ist mit seinem futuristischem Design an der Uferpromenade schon von weitem sichtbar. Alles ist in ausge-

zeichnetem Zustand, sehr freundliches Personal, tolle Aussichten über die Stadt und Strände sowie ausgezeichnete Sky Bar. $$$$

### ✗ ☕ ♨ ⚘ ☯ Grand Mercure Danang
Green Island, Da Nang
✆ (05 11) 379-7777
www.accorhotels.com
Modernes Hotel in guter lage mit allen Annehmlichkeiten eines Spitzenhotels zu dafür guenstigen Preisen. $$$–$$$$

### Dai A Hotel
51 Yen Bai, Da Nang
✆ (05 11) 382-7532
www.daiahotel.com.vn
Hübsches, kleines Hotel in der Innenstadt mit freundlichem Personal und sauberen Zimmern zu sehr günstigen Preisen. $

## Dien Bien Phu

### ✗ ♨ ⚘ ☯ Muong Thanh
514 Him Lam
Dien Bien Phu
✆ (023) 381-0043
www.muongthanhhotel.vn
Besonders bei Reisegruppen beliebte Unterkunft im Stadtzentrum mit allerdings zu klein geratenen Zimmern, dafür einem guten hauseigenen Restaurant. $$

### ✗ ♨ ⚘ ☯ 🌳 Him Lam
Him Lam Ward, Dien Bien Phu
✆ (023) 381-2999
Hübsche Anlage mit insgesamt 75 Zimmern, von denen 30 in sechs Pfahlbauten untergebracht sind. Leider lassen Service und Sauberkeit zu wünschen übrig. Im mit passablen Unterkünften leider nicht gesegneten Dien Bien Phu dennoch eine der besten Adressen. Die Anlage liegt 3 km außerhalb der Stadt mit Pool und Tennisplätzen. $

## Haiphong

### ✗ ⚘ ♨ ☯ Nam Cuong Hotel
47 Lac Tray Street
✆ (031) 382-8222
www.namcuonghaiphonghotel.com.vn
Gutes Mittelklassehotel im Stadtzentrum. $$$$

### ✗ ☕ ♨ ☯ Avani Haiphong Harbour View
12 Tran Phu, Haiphong
✆ (031) 382-7827
www.avanihotels.com/haiphong
Große, helle, stilvoll eingerichtete Zimmer, hervorragender Service, gutes Restaurant, Pool, Businesscenter. $$$–$$$$

### ✗ Huu Nghi Hotel
60 Dien Bien Phu, Haiphong
✆ (031) 382-3244, www.huunghihotel.vn
Modernes, sachliches Mittelkassehotel mitten im Stadtzentrum. $$–$$$

**Unterkünfte in Vietnam**

*Mondschein über der spektakulären Landschaft der Halong-Bucht*

# Unterkünfte in Vietnam

## Halong-Bucht

### ⌧ ⌶ ≈ ⚥ ⚉ Halong Plaza Hotel
8 Ha Long Rd., Halong City
℅ (033) 384-5810
www.halongplaza.com
Jedes der sehr großen Zimmer verfügt über Seeblick. Ausgezeichnetes Büfett im hauseigenen Restaurant. $$$$

### ⌧ ⌶ ≈ ⚉ ⚥ Novotel Halong Bay
Ha Long Rd., Halong City
℅ (033) 384-8108
www.novotelhalongbay.com
Die mit Abstand beste Unterkunft von Halong mit elegant und modern gestylten Zimmern, zwei Restaurants und einem schönen Pool. $$$$

### ⌧ ⌶ ≈ ⚉ ⚥ Royal Lotus Hotel
East Hung Tung 2, Halong City
℅ (033) 623-9999
www.royallotushotelhalong.com
Mittelklassehotel in Neubaugegend mit geräumigen Zimmern, freundlichem Service und gutem Preis-Leistungsverhältnis. $$–$$$

### ⌧ ⚥ City Bay Palace Hotel
156 Le Thanh Thong
Halong City
℅ (033) 363-5788
www.citybaypalacehotel.com
Neues Privathotel mit ausgezeichnetem Preis-Leistungsverhältnis. Saubere Zimmer, jene zum Meer bieten großartige Ausblicke auf die Halong Bucht. Gutes Fruehstücksmenü im hauseigenen Restaurant. $

## Hanoi

Die Altstadt Hanois wimmelt von **Minihotels**. Nirgendwo sonst ist man so nahe dran an der einzigartigen Atmosphäre. Viele dieser Minihotels bieten erstaunlich viel für wenig Geld. Nachteil ist jedoch der häufig hohe Lärmpegel, sodass man Unterkünfte in einer ruhigen Gasse und möglichst Zimmer nach hinten vorziehen sollte. Beim Zimmerpreis kann man handeln.

### ⌧ ⌶ ≈ ⚥ Hilton Hanoi Opera
1 Le Thanh Tong, Hanoi
℅ (04) 933-0500
www.hanoi.hilton.com
Mehrfach ausgezeichnetes, architektonisch ausgesprochen gelungenes Spitzenhotel direkt neben der Oper. $$$$$

### ⌧ ⌶ ≈ ⚉ Sofitel Legend Metropole
15 Ngo Ouyen, Hanoi
℅ (04) 826-6919, www.sofitel.com
Luxusrenoviertes Kolonialhotel unter französischem Management in idealer Lage, schöner Innenhof mit Swimmingpool, Businesscenter, mehrere Restaurants. $$$$$

### ⌧ ⌶ ⚥ ⚉ Mövenpick Hotel Hanoi
83A Ly Thuong Kiet
Hoan Kiem District, Hanoi
℅ (04) 382-228 00
www.moevenpick-hotels.com
Im französischen Kolonialstil erbautes Hotel mit stilvoll eingerichteten Zimmern und Suiten. Zu Fuß sind sowohl die Altstadt wie auch das moderne Geschäftsviertel zu erreichen. Nach einem ausgiebigen Frühstück am üppigen Büfett hat man genügend Energie für den Tag. $$$$

### ⌧ ⚉ Cinnamon Hotel
26 Au Trieu, Hanoi
℅ (04) 393-804 30
www.cinnamonhotel.net
Ausgezeichnetes neues Mittelklassehotel in der Altstadt. Die modern und stilvoll eingerichteten Zimmer sind oft ausgebucht, deshalb ist eine Voranmeldung erforderlich. $$$

### ⌧ ⚥ De Syloia
17A Tran Hung Dao
Hoan Kiem District, Hanoi
℅ (04) 824-5346
www.desyloia.com
Boutiquehotel mit französischem Flair, gutem Restaurant, Fitness- und Businesscenter. $$$

### ⌧ Hanoi Elite
10/5032 Dao Duy Tu, Hanoi
℅ (04) 382-817 11, www.hanoielitehotel.com
Versteckt in einer kleinen Gasse der Altstadt mit viel Liebe zum Detail eingerichteten Zimmern, sehr hilfsbereitem Personal und ausgezeichnetem Preisleistungsverhältnis. WLAN. Unbedingt vorbestellen. $$$

### ⌧ Viet Anh Hotel
11 Pho Ma May, Hanoi
℅ (04) 926-1302
www.vietanhhotel.com
Eines der vielen ausgezeichneten Minihotels in der Altstadt mit tadellosen, geschmackvoll eingerichteten Zimmern in bester Lage mit Satellitenfernsehen und Kühlschrank. $–$$

### Holiday Gold Hotel
24 Hang Manh, Hanoi
℅ (04) 382-82814
www.hanoiholidayhotel.com
Ausgezeichnetes Budgethotel im Herzen der Altstadt mit sehr freundlichen Besitzern. $

## Ha Tien

### ✕ ⓘ River Hotel
B3 Block, Ha Tien
✆ (077) 395-5888, www.riverhotelvn.com
Das zur Zeit beste Hotel in Ha Tien in sehr schöner Lage am Fluss. Große Zimmer und ein gutes Restaurant mit hübschen Aussichten machen es zu einer guten Wahl. $$$

### Dong Ho
2 Tran Hau, Ha Tien
✆ (077) 385-2141
Sympathisches, renoviertes Hotel an der Uferpromenade. $$

### Hai Phuong
52 Dong Thuy Tram, Ha Tien
✆ (077) 385-2240
Großes, neuerrichtetes Hotel an der Uferpromenade mit makellosen Zimmern und freundlichem Service. Die derzeit beste Unterkunft vor Ort. $–$$

## Hoa Binh

### ✕ Hoa Binh I Hotel
54 Phuong Lam St., Hoa Binh
✆ (018) 852-051
Hübsche Anlage mit insgesamt 51 Zimmern, in Pfahlbauten, die denen der Muong nachempfunden sind. Allerdings recht hellhörig. $–$$

## Ho-Chi-Minh-Stadt/Saigon

Durch das Überangebot an Hotelbetten in praktisch jeder Preiskategorie werden speziell während der Sommermonate zum Teil erhebliche Preisnachlässe gewährt.

### ✕ ⓘ ≈ ⚹ ⓘ Caravelle
19 Lam Son Sq., Ho-Chi-Minh-Stadt
✆ (08) 823-4999, www.caravellehotel.com
Spitzenhotel direkt neben der Oper mit 335 Zimmern, Spa, Health Club, Pool, mehreren Restaurants. $$$$$

### ✕ ⓘ ≈ ⚹ ⓘ Park Hyatt
2 Lam Son Sq., Ho-Chi-Minh-Stadt
✆ (08) 824-1234, www.saigon.park.hyatt.com
Das zurzeit beste Hotel mit allem Luxus, sehr viel Stil und Sinn fürs Detail. Pool, Spa, Health Club. $$$$$

### ✕ ⓘ ≈ ⚹ ▨ ⓘ Rex Hotel
141 Nguyen Hue Blvd., Ho-Chi-Minh-Stadt
✆ (08) 382-921 85, www.rexhotelvietnam.com
Durch seine zentrale Lage und seine Geschichte als Hauptquartier des US Information Service gehört das kürzlich luxusrenovierte Rex zu den bekanntesten Hotels des Landes. Die Zimmer im Altbau entsprechen jedoch nicht dem Preis, im Neubau hingegen sind die Zimmer exzellent. $$$$$

### ✕ ⓘ ≈ ⚹ ⓘ Sofitel Plaza Saigon
17 Le Duan, Ho-Chi-Minh-Stadt
✆ (08) 834-1555, www.sofitel.com
Der moderne Wolkenkratzer gegenüber der amerikanischen Botschaft verfügt über alle Annehmlichkeiten eines Spitzenhotels. $$$$$

### ✕ ⓘ ⚹ ≈ ▨ ⓘ Majestic
2 Dong Khoi, Ho-Chi-Minh-Stadt
✆ (08) 829-5517, www.majesticsaigon.com.vn
Das neben dem Continental renommierteste Hotel der Stadt im klassischen Kolonialstil. Man sollte aber die Zimmer genau prüfen, da viele zu klein geraten sind bzw. nur mit kleinem Fenster in den Hinterhof schauen. Herrliche Aussichten von der Dachterrasse. $$$$

### ⓘ ⓘ ⚹ Saigon Domaine Luxury
1057 Bin Quoi Street

> **Unterkünfte in Vietnam**

*Das »Caravelle« in Ho-Chi-Minh-Stadt*

Unterkünfte in Vietnam

*Das geschichtsträchtige »Rex Hotel« (Ho-Chi-Minh-Stadt)*

☎ (08) 355-61145
www.saigondomaine.com
Perfekte Alternative für jene, die der Hektik Saigons entkommen wollen und dennoch schnell in der Stadt seien möchten. Sehr große Zimmer mit Waschmaschine und Kühlschrank, herrliche Lage direkt am Saigon-Fluss, schöne Dachterrasse und Pool. Besonders für Familien geeignet. $$$$

⌧ ⍾ ≈ ⚘ ⊙ **Continental**
132–134 D Dong Khoi, Ho-Chi-Minh-Stadt
☎ (08) 382-992 01
www.continentalhotel.com.vn
Berühmtestes und ältestes Hotel der Stadt, direkt neben der Oper. Die Qualität der Zimmer entspricht nicht seinem legendären Ruf. $$$

⌧ ⚘ **Elios Hotel**
233 Pham Ngu Lao, Ho-Chi-Minh-Stadt
☎ (08) 383-855 84, www.elioshotel.vn
Gutes Mittelklassehotel mit großen Zimmern und vielen Annehmlichkeiten. Gutes Dachrestaurant. $$

🍴 **Duc Vuong Hotel**
195 Bui Vien Street, Ho-Chi-Minh-Stadt
☎ (08) 392-06991, www.ducvuonghotel.com
Eines der besten Billighotels im Traveller-Viertel Pham Ngu Lao. Ein besonderes Plus ist das schöne Dachterrassencafé. $

⌧ **Indochine**
40–42 Hai Ba Trung Ho-Chi-Minh-Stadt
☎ (08) 382-200 82
www.indochinehotel.com
Hübsches Boutiquehotel in guter Lage mit freundlichem Service. Zur Straße allerdings laut. $$

**Giang & Son**
283/14 D Pham Ngu Lao, Ho-Chi-Minh-Stadt
☎ (08) 383-775 47
www.guesthouse.com.vn
Von den über 100 Hotels im Traveller-Viertel um die Straße Pham Ngu Lao eines der besten. Wi-Fi; ausgezeichnetes Preis-Leistungs-Verhältnis. $

## Hoi An

⌧ ⍾ ≈ ⚘ ⊙ **Victoria Hoi An Beach Resort & Spa**
Cua Dai Strand, Hoi An
☎ (05 10) 392-7040
www.victoriahotels-asia.com
Die wohl stilvollste Anlage von den zahlreichen Hotels am 4 km außerhalb gelegenen Cua-Dai-Strand. Die Hälfte der 105 Zimmer befindet sich in den im traditionellen Stil errichteten Bungalows. Weitläufige Gartenanlage, Pool, Tennisplätze, Spa. $$$$$

⌧ ⍾ ≈ ⚘ ⊙ **Anantara Hoi An Resort**
1 Pham Hong Thai, Hoi An
☎ (05 10) 391-4555
www.hoi-an.anantara.com
Die beste Adresse für all jene, die in Gehdistanz zur Innenstadt in einem eleganten Resort wohnen möchten. Neuerrichtetes, im Kolonialstil gehaltenes Hotel mit sehr großzügigen Zimmern, wobei die oberen wegen des Flussblicks vorzuziehen sind. Pool, Spa. $$$$–$$$$$

⌧ ≈ ⚘ ⊙ 🍴 **Beach Palm Garden & Spa Resort**
Lac Long Quan, Cua Dai Strand, Hoi An
☎ (05 10) 392-7927
www.palmgardenresort.com.vn
Gelungenes, weitläufiges Strandresort, wobei besonders die sehr schönen und großen Bungalows überzeugen. Wie in vielen anderen Resorts gibt es auch hier einen Pool und Spa-Angebote. Pool, Spa, etc. $$$–$$$$$

⌧ ⊙ 🌴 **Ha An Hotel**
6–8 Phan Boi Chau, Hoi An
☎ (05 10) 386-3126
www.haanhotel.com
Ein rundum gelungenes Resort in ruhiger Lage und dennoch in Gehentfernung zur Innenstadt. Die in einer französischen Kolonialvilla um einen hübschen, begrünten Innenhof angelegten Zimmer sind sehr geschmackvoll eingerichtet, das Personal ausgesprochen hilfsbereit. $$$–$$$$

## Unterkünfte in Vietnam

**Hoi An Riverside Resort**
175 Cua Dai, Hoi An
(05 10) 386-4800
www.hoianriverresort.com
Das vom Star-Designer Khai entworfene Boutiquehotel ist die stilvollste Strand-Herberge. Einziger Nachteil: Die Räume sind etwas eng. $$$–$$$$

**Hoi An Chic Hotel**
Nguyen Trai Street, Hoi An
(05 10) 392-6799, www.hoianchic.com
Neue und dennoch authentisch traditionell wirkende Anlage etwas außerhalb in friedvoller und naturbelassener Lage. Eine sehr gute Wahl mit Pool. $$$

**Long Life Riverside**
61 Nguyen Phuc Chu, Hoi An
(05 10) 391-1696
www.longlifehotels.com/riverside
Ausgesprochen gelungenes Boutiquehotel in friedvoller Lage und doch nur einen Steinwurf entfernt von der Innenstadt. Modern und stilvoll eingerichtete, sehr geräumige Zimmer, dazu tolle Badezimmer. Hervorragendes Preis-Leistungs-Verhältnis.
$$–$$$

**Green View Boutique Hotel Thien Thanh**
16 Ba Trieu, Hoi An
(051) 391-6545
www.hoianthienthanhhotel.com
Von den vielen Privathotels an der Ba-Trieu-Straße im Nordwesten der Stadt eines der besten. Mit viel Liebe zum Detail eingerichtet, Frühstücksterrasse, sehr guter Service. Hervorragendes Preis-Leistungs-Verhältnis! $–$$

## Hue

**La Residence Hotel & Spa**
5 Le Loi, Hue
(054) 383-7475
www.la-residence-hue.com
Elegantes Spitzenhotel in der ehemaligen Residenz des französischen Generalgouverneurs in herrlicher Lage auf einem 2 ha großen Grundstück direkt am Fluss Huong Giang. Mehrere Restaurants, Spa, Health Club, Pool. $$$$–$$$$$

**Hotel Saigon Morin**
30 Le Loi, Hue
(053) 382-3526, www.morinhotel.com.vn
Trotz aller Neubauten ist das Anfang des 20. Jh. errichtete Hotel immer noch die stilvollste Adresse von Hue. Sehr geräumige, mit viel Holz ausgestattete Zimmer, wobei man allerdings die zur Straße gelegenen, recht lauten meiden sollte. Schön sitzt es sich im Innenhof. Pool, Spa. $$$–$$$$

**Boutique Resort & Spa Pilgrimage Village**
130 Minh Mang, Hue
(053) 388-5461
www.pilgrimagevillage.com
Architektonisch äußerst geschmackvoll in die liebliche Landschaft integrierte Anlage mit sehr großen, hellen und gemütlichen Zimmern. Insgesamt sehr empfehlenswert.
$$$–$$$$

**Hue Serene Palace Hotel**
21/42 Nguyen Cong Hu Street, Hue
(054) 394-8585
www.serenepalacehotel.com
Mit seinen stilistisch sehr gelungenen, grossräumigen Zimmern, der hervorragenden Lage, dem freundlichen Personal und dem dafür sehr günstigen Preis eines der besten Hotels von Hue. $$

**Orchid Hotel**
30 A Chu Van An, Hue
(054) 383-1177/78
www.orchidhotel.com.vn
Ausgesprochen gutes Mittelklassehotel zu Budgetpreisen mit geräumigen, modern eingerichteten Zimmern, wobei einige sogar über ein Jacuzzi-Badezimmer verfügen. $$

**Holiday Diamond Hotel**
Number 6 Lane 14 Nguyen Cong Street, Hue
(054) 381-9844
www.hueholidaydiamondhotel.com
Typisches Backpackerhotel mit exzellentem Service, für den Preis prima Zimmer in einer kleinen und damit ruhigen Seitengasse. Hervorragendes Preis-Leistungsverhältnis. $

*Idyllische Landschaft: die Trockene Halong-Bucht*

## Unterkünfte in Vietnam

## Lang Co

### ⊠ ⊞ ⚹ ⚹ ♣ Lang Co Beach Resort
Lang Co
℡ (054) 873-555
www.langcobeachresort.com.vn
Weitläufige Anlage direkt am Meer mit über 50 Bungalows in einem tropischen Garten. Tagsüber sehr viele Reisegruppen. Das Resort eignet sich auch zur kurzen Erfrischung bei einem Zwischenstopp. $$

## Mai Chau

### ⊠ ⊺ ⚹ ⊙ ♣ Mai Chau Lodge
Mai Chau Town
℡ (018) 386-8959, www.maichaulodge.com
Neueröffnetes Spitzenresort mit äußerst geschmackvoll eingerichteten Zimmern/Bungalows. $$$$–$$$$$

### ⊠ ⊟ ⚹ Mai Chau Valley View
Mai Chau Town
℡ (097) 205-8696
www.maichauvalleyview.com
Sehr gelungene Anlage mit hellen Zimmern, in schöner, ruhiger Lage, alle Zimmer verfügen über Balkone mit Blick auf die Reisfelder. $$$

## Mui Ne

### ⊠ ⊺ ⚹ ⊙ ⚹ ♣ Anantara Mui Ne Resort
Mui Ne Beach, km 10, Ham Tien Ward, Phan Tiet
℡ (062) 374-1888, http://mui-ne.anantara.com
Die zur Zeit wohl luxuriöseste Resortanlage inmitten einer tropischen Gartenanlage. Man hat die Wahl zwischen grossräumigen Zimmern im Haupthaus oder edlen Privatbungalows, zum Teil mit eigenem Pool. $$$$$

### ⊠ ⊺ ⚹ ⚹ ⊙ ⚹ ♣ Cham Villas
32 Nguyen Dinh Chieu, Phan Thiet
℡ (062) 374-1234, www.chamvillas.com
Sehr geschmackvolles Boutique-Resort unter deutscher Leitung. Alle 19 Villen strahlen eine stilvolle Ruhe aus. Großer Pool. Sehr gute deutsche und einheimische Küche. $$$–$$$$

### ⊠ ⊺ ⚹ ⚹ ♣ Full Moon Beach
84–90 Nguyen Dinh Chieu, Phan Thiet
℡ (062) 384-7008
www.windsurf-vietnam.com
Herrliche Anlage, in der angefangen vom tropischen Garten über wunderschöne Zimmer bis zum superfreundlichen Personal alles für einen Traumurlaub bereitsteht. Dazu gibt es ein umfangreiches Freizeitangebot. $$$–$$$$

### ⊠ ⊺ ⚹ ⊙ ⚹ ♣ Seahorse Resort
Ham Tien Ward, Phan Thiet
℡ (062) 384-7507
www.seahorseresortvn.com
Stilvolle Resortanlage in sehr schöner Lage mit außergewöhnlich großen Zimmern. Pool und Restaurant. $$$–$$$$

### ⊠ ⊺ ⚹ ⊙ ⚹ ♣ Blue Ocean Resort
54 Nguyen Dinh Chieu, Phan Thiet
℡ (062) 384-7322
www.blueoceanresort.com
Anlage mit schön gestalteten Bungalows, Swimmingpool, Bar, Blue Ocean Spa in tropischer Gartenlandschaft und unmittelbarer Nähe zum Strand. $$$

### ⊠ ⊺ ⚹ ⊙ ⚹ ♣ Mia Resort
24 Nguyen Dinh Chieu, Phan Thiet
℡ (062) 384-7440
www.sailingclubvietnam.com
Sehr stilvoll eingerichtete Bungalows unmittelbar am Strand mit Swimmingpool und angeschlossener Bar. Wassersport, Pool, Spa, Businesscenter. Eine sehr gute Wahl. $$$

### ⊠ ⊺ ⚹ ⊙ ⚹ ♣ Bao Quynh
26 Nguyen Dinh Chieu, Phan Thiet
℡ (062) 374-1007
www.baoquynh.com
Hübsche, gut geführte Anlage mit netten Bungalows in sehr gepflegter Gartenanlage. Mit Fahrrad- und Mopedverleih. $–$$

## My Khe (China Beach)

### ⊠ ⚹ ⚹ ⊙ ⚹ ♣ Furama Resort Danang
68 Ho Xuan Huong
℡ (05 11) 384-7888
www.furamavietnam.com
Internationales Luxusressort mit sehr geschmackvoll eingerichteten Zimmern innerhalb einer weitläufigen Garten- und Lagunenlandschaft direkt am Meer.
$$$–$$$$

## Mytho (auch My Tho)

### ⊠ ♣ Chuong Duong
1030 Thang 4, Mytho
℡ (073) 387-0875
Im an empfehlenswerten Hotels nicht gesegneten Mytho sicher das beste. Direkt am Fluss gelegen, mit hellen, geräumigen Zimmern (alle mit Flussblick). $$

✕ ⓘ **Song Tien**
101 Trung Trac, Mytho, ✆ (073) 387-2009
Frisch renoviertes, Hotel mit AC-Räumen. $

> **Unterkünfte in Vietnam**

## Nam Dinh

✕ ≈ **Vi Hoang**
153 Nguyen Du, Nam Dinh
✆ (350) 384-9290
Das einzig empfehlenswerte Hotel vor Ort. 58 saubere, wenn auch etwas spartanisch ein gerichtete Zimmer. $–$$

## Nha Trang

✕ ⊤ ≈ ♿ ⓘ ⊛ ☒ ♣ **Six Senses Ninh Van Bay**
Ninh Van Bay, Ninh Hoa, Nha Trang
✆ (058) 372-8222
Reservierung: ✆ (058) 352-4268
www.sixsenses.com/SixSensesNinhVanBay
Luxus pur in nur per Boot zu erreichender Privatbucht. Jede der 32 Villen ist 132 m² groß und verfügt über einen eigenen Pool. Speisen mit Meerblick im Buchtrestaurant oder in gemütlicher Atmosphäre im Steinrestaurant. $$$$$

✕ ⊤ ≈ ♿ ⓘ ⊛ **Evason Ana Mandara Resort & Spa**
Tran Phu Blvd., Nha Trang
✆ (058) 352-2222, Reservierung (058) 352-4705
www.sixsenses.com/evason-anamandara
68 hübsche Bungalows direkt am hauseigenen Strand. Insgesamt eine schöne Anlage, doch alles etwas eng aufeinander. Speziell die Bungalows in der Nähe der Straße sind zu meiden. Pool, Spa, Restaurants. $$$$

✕ ⊤ ♿ ☒ ⓘ **Novotel Nha Trang**
50 Tran Phu, Nha Trang
✆ (058) 625-6900, www.novotel.com/6033
Von den zahlreichen, in den letzten Jahren entstandenen Fünfsterne-Hotels entlang der Uferstraße eines der besten. $$$$

✕ ⊤ ≈ ♿ ⓘ ⊛ **Sheraton Nha Trang Hotel & Spa**
26-28 Tran Phu Street, Nha Trang
✆ (058) 388 0000, www.starwoodhotels.com
Modernes Spitzenhotel mit allen zu erwartenden Annehmlichkeiten wie Pool, Gym, Spa und mehreren Restaurants. $$$$

✕ ≈ **Phu Quy 2**
1 Tue Tinh, Nha Trang
✆ (058) 352-6060/5050, www.phuquyhotel.com
Holzfußböden, große Zimmer mit gepflegten Badezimmern, TV, Minibar, tolle Aussicht. Für den Preis unschlagbar. $$–$$$

✕ ⊤ ≈ **Dendro Hotel**
90-92 Tran Phu Street, Nha Trang

✆ (058) 352-2058696
Sehr viel für vergeichsweise wenig Geld erhält man in diesem ganz in der Nähe des Strandes gelegenen Hotel. Zimmer zur See in oberen Etagen sind wegen der Aussicht und Ruhe vorzuziehen. Mit Pool. $$

✕ **Ha Van Hotel**
3/2 Tran Quang Khai, Nha Trang
✆ (058) 352-5454
Von den zahlreichen Billighotels hinter der Uferpromenade wegen seiner hübschen Zimmer, des sehr freundlichen Personals und seines einladenden Dachrestaurants eines der besten. $–$$

## Ninh Binh

✕ ⊤ ♿ ≈ ⓘ ⊛ ♣ **Emeralda Ninh Binh**
Gia Van Commune, Ninh Binh
✆ (030) 365-8333, www.emeraldaresort.com
Die einige Kilometer nördlich von Ninh Binh inmitten lieblicher Landschaft gebaute Resort-Anlage ist die mit Abstand beste Unterkunft der Region. Die einzelnen, im traditionellen Stil Nordvietnams errichteten Bungalows verbinden traditionelle und moderne Elemente. Einziger Nachteil ist das überteuerte Essen im hauseigenen Restaurant. $$$–$$$$

✕ ⊤ ≈ ♣ **Tam Coc Garden**
Hai Nam Hamlet
✆ 603-2555, www.tamcocgarden.com
Herrlich gestaltes Resort inmitten von Reisfeldern umgeben von der anmutigen Landschaft der Trockenen Halong Bucht. Unterkunft in geschmackvoll gestalteten Bungalows, ein schöner Pool und exzellentes Restaurant runden den ausgezeichneten Gesamteindruck ab. $$$

✕ ⊤ ⊛ **Ngoc Anh Ninh Binh Hotel**
26/36 Luong Van Tuy Road, Ninh Binh
✆ (030) 388 3768
Einfaches, dafür sehr freundliches Minihotel im Stadtzentrum mit sauberen Zimmern zu sehr günstigen Preisen. $

## Phan Rang

✕ ≈ ♿ ☒ ♣ **Aniise Villa Resort**
Yen Ninh Road, Phan Rang
✆ (068) 625-1867, www.aniisevillaresort.com
Großzügige Anlage mit Pool und Restaurants an weitläufiger Bucht 20 Kilometer südlich von Phan Rang. $$

# Unterkünfte in Vietnam

**Ho Phong Hotel**
363 Ngo Gia Tu, Phang Rang
(068) 392-0333
Hotelklotz im Stadtzentrum mit dem besten Preisleistungsverhältnis am Ort. $

## Phu Quoc

**La Veranda Resort & Spa**
Tran Huong Dao, Duong Dong Beach, Phu Quoc
(077) 398-2988, www.laverandaresort.com
Ganz neu im Kolonialstil errichtete Wellness-Anlage mit allen Annehmlichkeiten. 40 stilvoll gestaltete Villen, im Inneren sehr hell und offen. Pool. Unter deutscher Leitung. $$$$$

**Cassia Cottage – The Spice House**
Cassia Cottage Rd., Phu Quoc
(077) 384-8395, www.cassiacottage.com
Sehr ansprechendes Boutique-Resort inmitten einer tropischen Gartenanlage mit schönem Pool. $$$$

**Chen Sea Resort & Spa**
Bai Xep, Ong Lang, Cua Duong, Phu Quoc
(077) 399-5895
www.centarahotelsresorts.com
Sehr gelungene Luxusanlage unmittelbar am ruhigen Ong Lang Beach. Wer nicht am hübschen Pool oder idyllischen Strand faulenzen will, kann sich Fahrräder ausleihen, Kayaken oder segeln. $$$$–$$$$$

**Mango Bay Resort**
Ba Keo Beach, nahe Duong Dong, Phu Quoc
(077) 384-8395
www.mangobayphuquoc.com
Wer Südseefeeling und Robinson-Crusoe-Romantik verbinden möchte, ist in diesem Eco-Resort genau richtig. Alle aus Naturmaterialien gebauten Bungalows verfügen über eine große Terrasse mit herrlichem Blick auf den Golf von Thailand, der Strom kommt von Solarzellen, das Personal ist sehr geschult und das hauseigene Restaurant vorzüglich – eine exzellente Wahl. $$$$

**Peppercorn Beach Resort**
To8, Ap Chuong Vich, Phu Quoc
(077) 398-9567
www.peppercornbeach.com
Unter den inzwischen fast ausschließlich bestehenden Luxusunterkünften noch eines der günstigsten Resorts der Insel an einem ebenso schönen wie ruhigen Strandabschnitt. $$$

## Pleiku (auch Plei Ku)

**Hagl Hotel Gia Lai**
1 Phu Duong. Pleiku
(059) 371-8459, www.haglhotelpleiku.vn
Hotelklotz mit etwas abgewohnten Zimmern, aber im an passablen Unterkünften nicht verwöhnten Pleiku immer noch die beste Wahl im Zentrum. $$

**Dien Hong Lake Tourist Village**
5 Ho Dien Hong, Pleiku
(059) 371-6450
Sehr ruhige und hübsche Bungalowanlage in schöner Umgebung. Erstaunlich günstig. $–$$

## Quy Nhon

**Avani Quy Nhon Resort & Spa**
Ghenh Rang, Quy Nhon
(056) 384-031
www.avanihotels.com/quinhon
Schöne Anlage 16 km südlich von Qui Nhon am Bai-Dai-Strand. Jedes der geräumigen, geschmackvoll eingerichteten Zimmer verfügt über Strandblick. Pool, Spa. Ausflüge zu vorgelagerten Inseln, gelegentlich gehobene Beach-Partys. $$$$

**Saigon-Quy Nhon Hotel**
24 Nguyen Hue, Quy Nhon
(056) 382-0100
Geräumige, freundliche Zimmer, Pool, eine schöne Bar auf der Dachterrasse mit tollem Seeblick und im Preis inbegriffenes Wi-Fi bietet das staatliche Hotel – viel für relativ wenig Geld. $$$

**Seagull Hotel**
489 An Duong Vuong, Quy Nhon
(056) 384-6377, www.seagullhotel.com.vn
Der Bau ist sozialistisch bescheiden, doch die schöne Lage direkt am Strand, die geräumigen Zimmer und das freundliche Personal, dazu der günstige Preis machen dies mehr als wett. $$–$$$

## Sa Pa (auch Sapa)

**Topas Ecolodge**
21 Muong Hoa, Sa Pa
(020) 387-1331, www.topasecolodge.com
Der Trendsetter in Sachen Ökotourismus bietet 25 edle Bungalows in einer geschmackvoll angelegten Gartenanlage 18 km südlich von Sa Pa. Im Preis inbegriffen sind Vollpension und ein dreimal täglich nach Sa Pa fahrender Pendelbus. $$$$

**Victoria Sapa Resort**
Xuan Vien, Sa Pa

⌀ (020) 387-1522
www.victoriahotels-asia.com
Im Chalet-Stil gestaltetes Hotel in herrlicher Lage mit geschmackvoll eingerichteten Zimmern (alle mit Balkon), zwei hervorragenden Restaurants und Pool. $$$$

### ⊠ ⊺ ⊼ ⊙ Boutique Sapa Resort
41 Phan Si, Sa Pa
⌀ (02 03) 387-2727
Im modern-asiatischen Stil eingerichtete Zimmer (Flachbildschirm-TV und schöne Talblicke inklusive) und ein sehr beliebtes Café und Restaurant – sehr gutes Preis-Leistungsverhältnis. $$

### ⊠ ⊟ Sapa Luxury Hotel
36 Phan Si, Sa Pa
⌀ (020) 387-2771
www.sapaluxuryhotel.com
Luxus zwar nur in kleinem Rahmen, dafür auch zu sehr günstigen Preisen. $$

### ⊠ Baguettes & Chocolat
Thac Bac St., Sa Pa
⌀ (020) 387-1766
Hübsche Pension für Individualisten mit nur vier Zimmern. Der Name rührt von der unter der Pension angesiedelten Bäckerei. $

## Unterkünfte in Vietnam

## Soc Trang

### Que Huong Hotel
128 Nguyen Trung Truc, Soc Trang
⌀ (079) 361-6122
Von den wenigen mittelprächtigen Hotels der Stadt die beste Wahl. Die geringe Mehrausgabe für die sehr geräumigen Suites lohnt sich. $–$$

## Son La

### ⊠ ⊺ ⊼ Hanoi Hotel
228 Truong Chinh, Son La
⌀ (022) 375-3299
www.khachsanhanoi299.com
Von außen sieht's sozialistisch-grau aus, die 50 Zimmer (mit Balkonen) auf zehn Etagen dieses in der Tat staatseigenen Hotels sind jedoch groß und sauber. Für eine Übernachtung ist das Hotel völlig ausreichend. Mit Bar, Restaurant, Spa und Fitness. $$–$$$

Übernachten in landestypischen Lodges

### Unterkünfte in Vietnam

## Thai Binh

**Petro Thai Binh**
458 Ly Bon, Thai Binh
✆ (036) 385-8222, www.petrothaibinhhotel.vn
Beste Unterkunft vor Ort mit sauberen, wenn auch etwas sterilen Zimmern, alle mit AC, TV, Kühlschrank. $

## Thanh Hoa

**Van Chai Resort**
Quang Cu, Sam Son, Thanh Hoa
✆ (037) 379-3333, www.vanchai-vn.com
»The Only Beach Resort in North Vietnam«, wie es sich stolz nennt, ist in der Tat eine sehr gelungene Anlage am 16 km östlich von Thanh Hoa gelegenen Strand von Sam Son. 70 Zimmer in 42 Villen, bei denen vor allem rote Ziegel, Bambus und Ton verwandt wurden. Großer Pool. Am Wochenende sehr viele Einheimische. $$$

**Lam Kinh Hotel**
226 Dong Huong, Thanh Hoa
✆ (037) 394-6946
http://lamkinhhotel.vn
Mit seinen über 200 Zimmern ein massiver Klotz in der Neustadt. Alles erinnert ein wenig an sozialistischen Protz, doch die Zimmer sind sehr geräumig und freundlich eingerichtet, das Personal hilfsbereit, mehrere Restaurants und ein Pool sind auch vorhanden – eine gute Wahl. $$

**Thanh Cong**
29 Trieu Quoc Dat, Thanh Hoa
✆ (037) 371-0224
Relativ neues Hotel mit etwas klein geratenen, aber ansonsten freundlichen Räumen. $

## Tra Vinh

**Tra Vinh Palace Hotel**
3 Le Thanh Ton, Tra Vinh
✆ (074) 864-999, www.travinh.lofteight.com
Ein Palast ist es zwar nicht, doch die geräumigen Zimmer machen es zur besten Unterkunft der Stadt. $$

## Vinh

**Thanh An Hotel**
156 Nguyen Thai Hoc, Vinh
✆ (070) 384-3478

Modern, sauber, supergünstig – das neu erbaute Minihotel im Stadtzentrum bietet das beste Preis-Leistungs-Verhältnis. $

**Saigon Kim Lien**
25 Quang Trung, Vinh
✆ (038) 383-8899
Der Dinosaurier unter den für Ausländer passablen Hotels in Vinh bietet mit seinen AC-Zimmern, Restaurant und Pool immer noch einiges fürs Geld. $$$

**Muong Thanh Hotel**
1 Phan Boi Chau
✆ (070) 353-5666
www.muongthanh.vn
Grosses Hotel im Stadtzentrum mit etwas abgewohnten Zimmern, dafür günstig und einer Vielzahl von Angeboten wie Gym, Pool und Spa. $$

## Vinh Long

**Cuu Long**
1 Thang 5, Vinh Long
✆ (070) 382-3357
Einzig empfehlenswertes Hotel der Stadt. Im alten Flügel direkt am Fluss wird es zuweilen recht laut wegen der vorbeiknatternden Motorboote. $–$$

## Vung Tau

**Binh An Village Resort**
1 Tran Phu, Vung Tau
✆ (064) 351-0016
www.binhanvillage.com
Äußerst gelungenes Resort mit in den Fels hineingearbeiteten Bungalows. Mehrfach zum besten Boutiquehotel Vietnams ausgezeichnet. Allerdings kein Strand und am Wochenende von Einheimischen häufig ausgebucht. $$$–$$$$

**Imperial Hotel**
159 Thuy Van, Vung Tau
✆ (064) 362-8888
www.imperialhotel.vn
Von dem in der Tat imperialen Äußeren über die glitzernde Lobby bis zu den großen, geschmackvoll eingerichteten Zimmern macht alles einen erstklassigen Eindruck. Hinzu kommen ein privater Strand und mehrere hervorragende Restaurants. $$$$

**Grand Hotel**
2 Nguyen Du, Vung Tau
✆ (064) 385-6888/6787
Stilvolles, wenn auch renovierungsbedürftiges Haus aus der französischen Kolonialzeit, große Zimmer. $$

# UNTERKÜNFTE IN KAMBODSCHA
## HOTELS, VILLEN UND GÄSTEHÄUSER

Der enorme Anstieg der Touristenzahlen in den letzten fünf Jahren hat in Phnom Penh und speziell Siem Reap einen einzigartigen Bauboom in der Hotelbranche nach sich gezogen. Speziell in der oberen und der mittleren Preiskategorie hat man selbst während der Hauptsaison von November bis März die Auswahl zwischen einer Vielzahl hervorragender Unterkünfte.

Gerade in Siem Reap empfiehlt es sich, aufgrund der schwül-heißen Witterung und des anstrengenden Besichtigungsprogramms ein Hotel mit Pool zu buchen. Einzig in der Ein- bis Zweisternekategorie fällt das Angebot gegenüber Laos und Vietnam deutlich ab. Deshalb sollte man sich überlegen, etwas tiefer in die Tasche zu greifen, da man ab 50 Euro bereits recht komfortable Zimmer bekommt. (Preiskategorien vgl. hintere Umschlagklappe).

### Phnom Penh

**InterContinental Phnom Penh**
296 Mao Tse Tuong, Phnom Penh
(023) 424-888
www.ichotelsgroup.com
Nach dem Raffles das beste Hotel der Stadt mit allen Annehmlichkeiten eines Fünfsternehotels. $$$$$

**Raffles Hotel Le Royal**
92 Rukhak Vithei Daun Penh, Phnom Penh
(023) 981-888, www.raffles.com
Legendäres Luxushotel. Während der Zeit des Vietnamkriegs Domizil der internationalen Journalisten. $$$$$

**Amanjaya**
1 Sisowath Quay, Phnom Penh
(023) 214-747, www.amanjaya.com
Das Boutiquehotel liegt zentral am der Uferpromenade und bietet eine geschmackvolle Mischung aus modernem Komfort und elegantem, traditionellem Stil der Khmer. Die 21 geräumigen Zimmer verfügen alle über Balkon oder Terrasse mit Blick auf den Tonle Sap und den Mekong. $$$$

**La Maison D'Ambre**
123, St. 110, Phnom Penh
(023) 222-780
www.lamaisondambre.com
Klassisches Boutique-Hotel vom bekannten Designer Romydah Keith entworfen mit hellen, freundlichen und geräumigen Zimmern in der Altstadt und gleichzeitig in der Nähe vom Königspalast und Fluss. Ein weiteres Plus ist das ausgezeichnete Dachterrassenrestaurant. $$$$

**Bayon Hotel**
2 St. 75, Phnom Penh
(023) 430-158
Sehr gemütliches Familienhotel mit hübschen Zimmern und ausgezeichnetem französischen Restaurant. Für den Preis eine hervorragende Wahl. $$$

**The Plantation Urban Resort & Spa**
28, St. 184, Phnom Penh
(023) 215-151
www.theplantation.asia
Schön eingerichtete, großräumige Zimmer mit Balkonen um einen Innenhof mit großem Pool. Gutes Dachterrassenrestaurant. Das ganze zentral und günstig. $$$

**The Pavilion**
227 St. 19, Phnom Penh
(023) 222-280
www.thepavilion.asia
Eine Oase der Ruhe mitten im quirligen Phnom Penh. Der mit tropischen Bäumen, Pflanzen und einem Pool gestaltete Innenhof mit dezenter Hintergrundmusik ist der ideale Ort, um die Seele baumeln zu lassen. Die minimalistisch-elegant ausgestatteten Zimmer sind eine ästhetische Augenweide. Das alles zu einem sehr günstigen Preis! $$–$$$

**The Kabiki**
22, St. 264, Phnom Penh
(023) 222 290, www.thekabiki.com
Privat geführtes Hotel mit hübschem, tropischem Garten und Pool. Familienfreundlich, in besonders ruhiger Lage. $$

**The Teahouse**
32, St. 242, Phnom Penh
(023) 212-789
www.theteahouse.asia
Ein bei Individualtouristen sehr beliebte Unterkunft in einem authentischen Stadtviertel mit vielen lokalen Restaurants und Geschäften in der Umgebung. Zimmerkategorien von einfach und klein bis ge-schmackvoll und geräumig, dazu ein Pool sowie der günstige Preis machen das Haus zu einer der besten Adressen für Individualtouristen. $–$$$

### Unterkünfte in Kambodscha

## Siem Reap

### ❌ 🍷 🏩 🛏 🌳 Belmond La Residence d'Angkor
River Rd., Siem Reap
☎ (063) 963-390
www.residencedangkor.com
55 äußerst geschmackvoll im Khmer-Stil eingerichtete Zimmer, inmitten einer tropischen Gartenlandschaft. $$$$$

### ❌ 🍷 🛏 🛌 🌳 Raffles Grand Hotel d'Angkor
1 Vithei Charles de Gaulle, Siem Reap
☎ (063) 963-333 , www.raffles.com
In der Tradition der legendären Kolonialhotels aufwendig restauriertes Luxushotel mit sehr schönem, großen Pool, Tennisplätzen, Wellnessbereich, etc. $$$$$

### ❌ 🛏 🛌 Pavillon d'Orient
Rd. No. 60, Siem Reap
☎ (098) 655-738
www.pavillon-orient-hotel.com
Eine Oase der Ruhe und ein Boutiquehotel im besten Sinne, klein, aber fein – kein Wunder, dass die nur 17 ausgesprochen schönen Zimmer dieses etwas außerhalb der Stadt gelegenen Hotels häufig ausgebucht sind. Der herrliche Pool und das vorzügliche hauseigene Restaurant runden den exzellenten Gesamteindruck ab. $$$$

### ❌ 🛏 🛌 🌳 Sojourn Boutique Villas
Treak Village Rd., Siem Reap
☎ (012) 923-437
www.sojournsiemreap.com
Äußerst geschmackvolle Resort-Anlage in den ländlichen Außenbezirken. Stilvolle Bungalows mit tollen Badezimmern, hübschem Pool und einem ausgezeichneten Restaurant. $$$$

*Schwimmendes Dorf im Tonle-Sap-See in der Nähe von Siem Reap*

### ❌ 🛏 🛌 🌳 Angkor Village Hotel
Wat Bo Rd., Siem Reap
☎ (063) 963-361
www.angkorvillage.com
Architektonisch sehr gelungenes Privathotel: im traditionellen Baustil auf Stelzen erbaute Holzbungalows inmitten tropischer Gartenlandschaft. Ausgezeichnetes Restaurant, Pool. Ideale Adresse für Individualisten mit Stil. $$$–$$$$

### ❌ 🍷 🛏 🛌 🌳 Siddharta Boutique Hotel
Jean Commellain Rd., Siem Reap
☎ (063) 768 769
www.siddharta-hotel.com
Mit 24 Zimmern recht kleines Privathotel, welches Ruhe und Wärme ausstrahlt. Alle der geschmackvoll eingerichteten Zimmer verfügen über Terrasse/Balkon, der tropische Innenhof mit eigenem Pool und das hauseigene Restaurant runden den hervorragenden Gesamteindruck ab. $$$

### ❌ 🛏 🌳 Borann l'Auberge des Temples
Östlich vom Fluss und nördlich der National Rd. 6
Siem Reap
☎ (063) 964-740
www.borann.com
Hübsches Boutiquehotel unter französischer Leitung. Die in fünf Bungalows untergebrachten 20 Zimmer sind geräumig und im traditionellen Khmer-Stil eingerichtet. Sehr zentral gelegen. Ausgezeichnetes Preis-Leistungsverhältnis. $$

### ❌ 🛏 🌳 La Noria
Achar Sva St., Siem Reap
☎ (063) 964-242
www.lanoriaangkor.com
Ebenso gelungenes wie populäres Familienhotel in einem tropischen Garten mit 28 Zimmern, die auf sieben im traditionellen Khmer-Stil errichtete Bungalows verteilt sind. Hübsches Gartenrestaurant mit vornehmlich einheimischen Gerichten. $$

### ❌ 🍷 🛏 🛌 Hanuman Alaya Boutique Residence
5 Krom 2, Siem Reap
☎ (063) 760-582
www.hanumanalaya.com
Ausgezeichnetes Boutiquehotel mit stilvoll eingerichteten Zimmern und einem schönen Pool inmitten einer tropischen Gartenanlage. Ausgezeichnetes Preis-Leistungsverhältnis. $$

### ❌ Happy Guest House
0134, Wat Bo Village, Siem Reap
☎ (063) 963-815
www.happyangkorguesthouse.com
Von freundlicher Familie geführte Pension mit sauberen, geräumigen Zimmern und angeschlossenem Restaurant. $

# UNTERKÜNFTE IN LAOS
## HOTELS, VILLEN UND GÄSTEHÄUSER

In Vientiane und Luang Prabang sind in den letzten Jahren eine Reihe neuer Hotels vor allem in der mittleren und oberen Preiskategorie eröffnet worden. Besonders zu empfehlen sind ehemalige Kolonialbauten, die zu Hotels umgebaut wurden, wie die Villa Santi oder das L'Hotel Souvannaphoum in Luang Prabang.

Einzig in der Ein- und Zweisternekategorie lässt die Quantität und Qualität zu wünschen übrig. In den Hauptreisemonaten Oktober und November sowie von Februar bis April ist eine rechtzeitige Buchung empfehlenswert.

Die Auflösung der Preiskategorien der empfohlenen Hotels finden Sie S. 241.

### Vientiane

**Ansara Hotel**
Quai Fa Ngum, Vientiane
(021) 213-514
www.ansarahotel.com
Versteckt in einer kleinen Seitengasse und dementsprechend ruhig und dennoch in der Innenstadt findet sich dieses kleine (14 Zimmer), aber feine Boutiquehotel. Die äußerst geschmackvoll eingerichteten Zimmer in der Kolonialvilla strahlen eine stilvolle Ruhe aus. $$$$

**Dhavara Boutique Hotel**
Mathathurat Road, Vientiane
(021) 222-238, www.dhavarahotel.com
Das auf Lao-Kolonialstil getrimmte 26-Zimmer Haus in einer traditionellen Villa liegt zentral und strahlt viel Ruhe und Stil aus. $$$$

**Mandala Boutique Hotel**
12 Khouvieng Road, Vientiane
(021) 244-93
www.mandalahotel.asia
Zweigeschossiges Hotel mit hübschen, in dunklem Holz gehaltenen Zimmern und sehr gutem Restaurant und Fahrradverleih. $$$$

**Don Chan Palace Hotel**
Unit 6 Piawat Village, Vientiane
(021) 244-288
www.donchanpalacelaopdr.com
14-stöckiger Hotelklotz mit 240 geräumigen Zimmern direkt am Mekong, mit Pool im dritten Stock, Businesscenter, Spa, Sauna und zwei Restaurants. $$$–$$$$

**Green Park Boutique Hotel & Spa**
248 Kouvieng Rd., Vientiane
(021) 264-097
www.greenparkvientiane.com
Sehr gelungene Hotelanlage mit 34 individuell gestalteten, um einen zentralen Pool angelegten Zimmern. Businesscenter und Spa. $$$–$$$$

**Settha Palace**
6 Thanon Pang Kham, Vientiane
(021) 217-581
www.setthapalace.com
Sehr stilvoll renoviertes, ehemaliges Gästehaus der französischen Kolonialregierung mit persönlichem Service. Wer Wert auf koloniales Ambiente und stilvolles Wohnen legt, ist hier genau richtig. $$$–$$$$

**Best Western Vientiane**
2–12 Francoise Nginn, Vientiane
(021) 216-906–09
www.bestwesternvientiane.com
Was Exklusivität und Charme angeht, kann das Hotel zwar nicht mit diversen Boutiquehotels konkurrieren, dafür punktet es mit seiner zentralen Lage – zudem in unmittelbarer Nähe des Mekong –, dem professionellen Service, seinem Pool und dem guten Preis-Leistungs-Verhältnis. $$$

**Lani Guesthouse**
281 Thanon Setthathirath, Vientiane
(021) 214-919
www.laniguesthouse.com
Angenehmes Privathotel in zentraler und dennoch ruhiger Lage, allerdings sind nur die teureren Zimmer mit Klimaanlage zu empfehlen. $$

**Villa Manoly**
Thanon Sakkarine, Vientiane
(021) 218-907, www.villa-manoly.com
Zweistöckige um einen Pool angelegte Hotelanlage in hübschem Garten. Geräumige Zimmer, freundlicher Service und das gute Preisleistungsverhältnis machen es zu einem der besten Hotels der unteren Preiskategorie. $$

### Luang Prabang

**Belmond La Résidence Phou Vao**
3 km außerhalb von Luang Prabang
(071) 252-158
www.residencephouvao.com

## Unterkünfte in Laos

Luxushotel auf einem Hügel außerhalb der Stadt mit 34 geräumigen und sehr stilvoll eingerichteten Zimmern. Innerhalb einer tropischen Gartenanlage. $$$$

⊠ 🚲 🌳 **Mekong Riverview Hotel**
Mekong Riverside Rd., Luang Prabang
℡ (071) 254-900, www.mekongriverview.com
Beim Xien-Thong-Tempel gelegenes Hotel in schwedischem Besitz. Alle gemütlich eingerichteten Zimmer verfügen über Mekong-Blick, dazu überzeugt das äußerst freundliche Personal. $$$$

⊠ 🏊 🌳 **Villa Santi**
Thanon Sakkarine, Luang Prabang
℡ (071) 252-157
www.villasantihotel.com
Kolonialhotel mit Tradition im Stadtzentrum. 25 sehr geschmackvoll eingerichtete Zimmer, Pool sowie eines der besten Restaurants der Stadt. $$$$

⊠ 🏊 🌳 🌲 **Maison Souvannaphoum Hotel**
Rue Chao Fangum, Luang Prabang
℡ (071) 212-200
In der von einer Gartenanlage umgebenen ehemaligen Residenz des langjährigen laotischen Premierministers wohnt man ebenso stilvoll wie zentral. Von den insgesamt 23 Räumen sollte man jedoch die größeren und helleren im Obergeschoss denen im Erdgeschoss vorziehen. $$$

⊠ 🌲 **Sanctuary Hotel**
Kitsalat Road, Luang Prabang
℡ (071) 213 777,
www.sanctuaryluangprabang.com
Lotosteiche, Brunnen, traditionelle Häuser, das mitten in der Stadt und gleichzeitig verwunschen – das Sanctuary ist in der Tat eine Oase der Ruhe mit viel Lokalcharakter. $$$

**Khongsavath Guest House**
Vatnog Village, Ounkham Rd., Luang Prabang
℡ (071) 212-294
http://khongsavath.com
Ausgezeichnete Privatunterkunft in ruhiger Lage mit sieben landestypisch eingerichteten Zimmern und herrlicher Terrasse. Besonders empfehlenswert sind die beiden Suiten. $$

**Say Nam Khan Guest House**
Thanon Kingkitsarath, Luang Prabang
℡ (071) 212-976
www.saynamkhanhotel.laopdr.com
Familiäres Privathotel in einem Kolonialgebäude am Nam-Khan-Fluss mit insgesamt acht hübsch ausgestatteten Zimmern. $–$$ ✺

Der Wat Luang in Pakse, einer der prächtigsten Tempelanlagen des Landes

# SERVICE VON A BIS Z

| | |
|---|---|
| Anreise, Einreise und Ausreise ....... 225 | Öffnungszeiten ................ 233 |
| Auskunft ....................... 226 | Post .......................... 234 |
| Automiete, Autofahren ............ 226 | Presse ........................ 234 |
| Bettler ......................... 227 | Radio, TV ..................... 234 |
| Diplomatische Vertretungen ........ 227 | Rauchen ...................... 234 |
| Drogen ........................ 227 | Sicherheit ..................... 234 |
| Einkaufen ...................... 228 | Sport und Erholung ............. 234 |
| Essen und Trinken ............... 229 | Sprachhilfen ................... 235 |
| Feiertage, Feste ................. 230 | Strom ........................ 237 |
| Fotografieren ................... 230 | Telefonieren ................... 237 |
| Geld, Kreditkarten ............... 230 | Trinkgeld ...................... 237 |
| Hinweise für Menschen mit Behinderungen ................ 231 | Unterkunft .................... 237 |
| Internet ....................... 231 | Verhaltenstipps ................ 238 |
| Klima, Kleidung, Ausrüstung, Reisezeit .. 231 | Verkehrsmittel ................. 238 |
| Medizinische Versorgung .......... 232 | Wäsche ....................... 240 |
| Mit Kindern in Vietnam ........... 233 | Zeitzone ...................... 240 |
| Notfälle, wichtige Rufnummern ..... 233 | Zoll .......................... 240 |

## Anreise, Einreise und Ausreise

**Mit dem Flugzeug:**
Von Deutschland fliegt nur Vietnam Airlines (www.vietnam-air.de) fast täglich von Frankfurt am Main direkt nach Hanoi und nach Ho-Chi-Minh-Stadt. Direkte Anschlussflüge ab Frankfurt am Main und München bietet unter vielen anderen Fluglinien die Lufthansa. Man steigt dann beispielsweise in Bangkok um und könnte dort auch einen Zwischenstopp einlegen. Besonders in der Zeit vor dem Tet-Fest (Jan./Feb.), zu dem Exilvietnamesen aus aller Welt nach Hause fliegen, ist eine rechtzeitige Buchung erforderlich.

**Über Land:**
Im Laufe der letzten Jahre sind zahlreiche Grenzübergänge zwischen Vietnam, Laos und Kambodscha geöffnet worden. Die von Überlandreisenden wohl am meisten befahrene ist dabei die 230 km lange Strecke zwischen Ho-Chi-Minh-Stadt und Phnom Penh. Je nach Betrieb am Grenzübergang Moc Bai benötigt man 6–9 Stunden.

Immer größerer Beliebtheit erfreut sich auch die Fahrt mit dem Boot von Chau Doc im Mekong-Delta nach Phnom Penh. Inklusive Abfertigung am Grenzübergang Song Tien sollte man hierfür etwa sechs bis sieben Stunden veranschlagen. Nach Laos gelangt man über die Grenzübergänge Lao Bao an der Nördlichen Zentralküste oder Dien Bien Phu im äußersten Nordwesten Vietnams.

**Ein- und Ausreisebestimmungen:**
Für die Einreise nach Vietnam besteht **Visumpflicht**. Da der Visumantrag etwas zeitaufwendig ist, sollte man spätestens einen Monat vor Reiseantritt die nötigen Unterlagen bei der vietnamesischen Botschaft in Berlin anfordern oder, noch einfacher, über das Internet herunterladen: www.vietnambotschaft.org.

Dem Schreiben, das man sicherheitshalber per Einschreiben an die Botschaft schickt, sind noch

*Motorräder können in fast allen Touristenorten ausgeliehen werden*

## Service von A bis Z

ein mindestens einen Monat über die Reise hinaus gültiger Reisepass, ein ausgefüllter Visaantrag mit einem Passbild, ein Verrechnungsscheck über die Visagebühr und ein für ein Einschreiben ausreichend frankierter und an sich selbst adressierter Rückumschlag beizufügen.

Die Gebühr richtet sich nach der Aufenthaltsdauer beziehungsweise danach, ob man einmal oder mehrfach einreist. Die meisten Touristen beantragen ein Ein-Monats-Visum mit einmaliger Einreise, das € 75 (Stand: April 2015) kostet. Für Urlauber, die mit einem Reiseveranstalter reisen, wird oft etwas weniger berechnet.

Nach Abschicken der Unterlagen sollte man mit einer Bearbeitungszeit von bis zu zehn Tagen rechnen.

Für ein **Geschäftsvisum** benötigt man ein Schreiben des Geschäftspartners. Verlängerungen von bis zu 30 Tagen erteilt die Einwanderungsbehörde. Lokale Reisebüros erledigen diese bürokratische Angelegenheit gegen eine geringe Bearbeitungsgebühr.

Für **Laos und Kambodscha** empfiehlt sich das »Visa on arrival«. An den Flughäfen beziehungsweise Grenzübergängen von Kambodscha wird das einen Monat gültige Visum nach Ausfüllen eines Antragsformulars und der Vorlage eines Passbildes gegen eine Gebühr von US-$ 30 in wenigen Minuten ausgestellt. In Laos kostet dieses Visum bei Ankunft ebenfalls US-$ 30, ist allerdings nur 15 Tage gültig.

Während des Fluges sind ein **Ein- und Ausreiseformular** sowie eine **Zollerklärung** auszufüllen. Der abgestempelte Durchschlag muss aufgehoben werden, da er bei der Ausreise wieder abgegeben wird. Auch beim Einchecken im Hotel muss man das Formular vorgezeigen. Da man den Pass täglich benötigt, ist es empfehlenswert, ihn und andere **wichtige Dokumente zu kopieren.** Diese Kopien dienen bei Verlust zur schnelleren Identifizierung.

In der Zollerklärung sind alle Wertgegenstände, die einen Wert von US$ 5000 überschreiten, wie Devisen und Schmuck, anzugeben. Auch elektronische Waren wie Fotoausrüstung und Laptop sind einzutragen, wenn sie nicht für einen selbst gedacht sind, sondern im Land bleiben. Ein **Einfuhrverbot** besteht für Waffen, Drogen, Gift, Pornografie sowie für Antiquitäten (vgl. auch Zoll).

Die **Ausfuhr** von Elfenbein ist verboten. Vor der Mitnahme der in ganz Vietnam angebotenen Kobraschlangen in Schnapsflaschen ist dringend abzuraten.

## Auskunft

Zurzeit gibt es noch kein vietnamesisches Fremdenverkehrsamt im deutschsprachigen Raum. Auskünfte in begrenztem Rahmen erteilen die Informationsstellen der Botschaften.

**Infos im Internet:**
www.vietnamtourism.com – staatliche Seite
www.vietnam-freunde.net – viele Informationen zu Land und Leuten
www.vietnambotschaft.org – offizielle Webseite der vietnamesischen Botschaft mit weiterführenden Links
www.vietnam-dvg.de – viele interessante Hintergrundinformationen der Deutsch-Vietnamesischen Gesellschaft
http://vietnamnews.vnanet.vn – tagesaktuelle Neuigkeiten der englischsprachigen Tageszeitung

Ein staatliches **Touristenamt** mit Filialen in verschiedenen Städten existiert in Vietnam noch nicht. Es gibt zwar diverse Büros, die unter dem Namen »Tourist Information« oder »Tourist Office« auftreten, doch handelt es sich dabei um private Anbieter, die nicht in erster Linie an objektiven Informationen, sondern am Verkauf ihrer Leistungen interessiert sind.

Fast immer ist man besser in Hotels aufgehoben, die Informationsmaterialien zu Sehenswürdigkeiten, aktuellen Veranstaltungen und Ausflügen anbieten. Dies gilt insbesondere für von Individualtouristen frequentierte Unterkünfte. Häufig kann man auch in Reisebüros, die den Hotels angeschlossen sind, Ausflüge, Zug- und Bustickets und weitere touristische Leistungen buchen.

## Automiete, Autofahren

Trotz aller Verbesserungen der letzten zehn Jahre liegen immer noch Welten zwischen europäischen und vietnamesischen Verkehrs- und Straßenverhältnissen. Angefangen von dem scheinbar chaotischen Verkehr, in dem als oberste (und oftmals einzige) Regel das Recht des Stärkeren zu gelten scheint, über die zumindest abseits der Metropolen nach wie vor schlechten Straßen, bis hin zu den ungeschulten Autofahrern selbst – Autofahren in Vietnam kommt immer noch einem kleinen Abenteuer gleich.

Einem nicht ungefährlichen, wenn man sich die Statistik von über 13 000 Verkehrstoten pro Jahr vor Augen hält.

Andererseits bietet kein anderes Verkehrsmittel dem Reisenden die Möglichkeit, das Land so ausführlich, bequem und zudem auch einmal abseits der ausgetretenen Touristenpfade kennenzulernen, wie ein Mietwagen. Während man mit Bus oder Bahn häufig gerade an den interessantesten Stellen vorbeifährt, hat man mit dem eigenen Pkw die Möglichkeit, wo und wann immer man will, anzuhalten.

Mietwagen können in fast allen größeren Orten über die Touristenbüros oder ein Reisebüro gemietet werden. Das Angebot wird größer, je weiter man nach Süden kommt.

Der **Mietpreis** setzt sich entweder aus einer Tagesmiete und einer Kilometerpauschale zusammen oder wird pauschal berechnet. Im Preis inbegriffen ist ein Fahrer – **selber zu fahren ist für Ausländer in Vietnam nicht erlaubt**. Um späteren Ärger auszuschließen, sollte man vor Reiseantritt klären, ob die Übernachtung und Verpflegung des Fahrers im Preis inbegriffen ist oder nicht. Für den Fall, dass man nur eine Strecke fährt, muss vorher festgelegt werden, wie viel man für die Rückfahrt des Fahrzeugs an den Ausgangsort zu zahlen hat. Normalerweise entspricht dies der Hälfte des vorher vereinbarten Tagessatzes bzw. der Kilometerpauschale.

Da die meisten Fahrer nur sehr wenig Englisch sprechen, ist es ratsam, zu Beginn die genaue Fahrtroute anhand einer Karte durchzugehen, wobei man maximal 350 km pro Tag einkalkulieren sollte.

Grundsätzlich kann man von etwa $ 80 je nach Ausstattung (AC) oder Wagentyp pro Tag oder $ 0,50 pro Kilometer (inklusive Benzin) für eine Limousine ausgehen. Handelt man einen Festpreis für die gesamte Fahrt aus, kann das den Nachteil haben, dass der Fahrer die während der Fahrt aufkommenden Wünsche nach Extras, Umwegen etc. eventuell verweigert.

## Bettler

Verglichen mit den meisten anderen asiatischen Ländern ist das Betteln wenig ausgeprägt. Während früher Kriegsinvaliden die Mehrzahl der Bettler stellten, sind es heute vornehmlich Kinder. Dass dies ein unmittelbares Ergebnis der in den letzten Jahren rasant gestiegenen Touristenzahlen ist, sieht man leicht daran, dass sie sich fast ausschließlich auf die von Ausländern bevorzugten Plätze und Sehenswürdigkeiten konzentrieren. Die meisten von ihnen bringen am Ende des Tages oft weitaus mehr Geld nach Hause als ihre Eltern nach einem harten Arbeitstag.

Abgesehen davon, dass man mit einer Spende die Kinder vom Schulbesuch abhält, beteiligt man sich damit auch noch an der Aushöhlung des ohnehin schon brüchigen Sozialsystems.

Letztlich schadet man den Kindern mit einer auch noch so gut gemeinten Spende weit mehr, als dass man ihnen hilft. Deshalb sollte man nur wirklich Bedürftigen, die für den eigenen Lebensunterhalt nicht mehr selbst aufkommen können, wie Kranken, alten Menschen und Behinderten, etwas geben.

### Service von A bis Z

## Diplomatische Vertretungen

**Diplomatische Vertretungen Vietnams:**

[i] **Botschaft der Sozialistischen Republik Vietnam**
Elsenstr. 3
D-12435 Berlin
✆ (030) 53 63 01 08
www.vietnambotschaft.org

[i] **Botschaft der Sozialistischen Republik Vietnam**
Schlösslistr. 26
CH-3008 Bern
✆ (031) 388 78 78
www.vietnam-embassy.ch

[i] **Botschaft der Sozialistischen Republik Vietnam**
Felix-Mottl-Str. 20
A-1190 Wien
✆ (01) 368 07-56-0
embassy.vietnam@aon.at

**Diplomatische Vertretungen in Vietnam:**

[i] **Deutsche Botschaft**
29 Tran Phu, Hanoi
✆ (04) 384-302 45
www.hanoi.diplo.de
Mo–Fr 8.30–11.30 Uhr

[i] **Deutsches Generalkonsulat**
126 Nguyen Dinh Chieu, Q3
Ho-Chi-Minh-Stadt
✆ (08) 382-919 67
www.ho-chi-minh-stadt.diplo.de

[i] **Schweizer Botschaft**
Hanoi Central Building Office
15th Floor
44B Ly Thuong Kiet, Hanoi
✆ (04) 393-465 89
www.eda.admin.ch/hanoi

[i] **Österreichische Botschaft**
53 Quang Trung, 8. Stock, Hanoi
✆ (04) 394-330 50
www.bmeia.gv.at/hanoi

## Drogen

Im Zuge der von der vietnamesischen Regierung energisch vorangetriebenen Kampagne gegen soziale Missstände sind in der letzten Zeit dra-

### Service von A bis Z

konische Strafen gegen Drogenhändler und Konsumenten ausgesprochen worden.

Zwar ist die Drogenszene in Vietnam bei Weitem nicht so ausgeprägt wie in anderen asiatischen Ländern, doch an einigen, besonders von Individualtouristen aufgesuchten Orten werden Ausländern bereits eindeutige Angebote gemacht. Wer sich auf derlei Offerten einlässt, riskiert eine jahrelange Haftstrafe in einem unmenschlichen Gefängnis.

## Einkaufen

Durch den wirtschaftlichen Aufschwung der letzten Jahre hat sich Vietnam zu einem attraktiven Shoppingziel entwickelt. Einkaufen gehört inzwischen ganz selbstverständlich zu jeder Vietnamreise, ob nun landestypische Produkte wie der in ländlichen Regionen immer noch häufig getragene konische Strohhut, ein Ölgemälde der anmutigen Landschaft oder ein elegantes Seidenkleid. Die Auswahl ist ebenso vielfältig wie die Qualität gut, und das bei fast immer sehr günstigen Preisen.

Von guter Qualität sind die **Lackarbeiten**. Die mit dem Harz des Son-Baums beschichteten Teller, Schalen, Vasen und Kästchen fehlen in keinem Souvenirshop. Mindestens elf Lackschichten werden dabei übereinander aufgetragen, wobei jede einzelne mindestens eine Woche trocknen muss. Ein schöner Blickfang sind die auf der obersten Lackschicht eingearbeiteten Verzierungen aus Perlmutt, Gold- oder Silberfarbe, oder, als billigste Variante, aus zerstoßenen Eierschalen.

Auf eine lange Tradition blickt die vietnamesische **Töpferkunst** zurück, deren Qualität früher sogar in China gerühmt wurde. Bereits im 11. und 12. Jh., während der Ly-Dynastie, waren vietnamesische Keramiken für ihre vollendete Form, anmutiges Dekor und hochwertige Glasur bekannt. Jede Dynastie entwickelte ein eigenes Dekor und eine spezielle Farbgebung. Viele der heute angebotenen Keramiken sind in Blautönen gehalten und mit Blumen- oder Landschaftsmotiven versehen.

Die **Seidenmalerei** hat in den letzten Jahren durch die touristische Nachfrage eine Renaissance erlebt. Die auf hauchdünne Tücher, Schals und Blusen gemalten Motive, wie z. B. chinesische Schriftzeichen, Blumen und romantische Landschaften, sind sehr hübsch. Zudem kosten diese Kleidungsstücke nur einen Bruchteil von dem, was man in Europa dafür bezahlen würde.

Die **Malerei**, während der sozialistischen Epoche als bourgeoise Entartung gebrandmarkt, hat einen gewaltigen Aufschwung genommen. In Hanoi und Hoi An gibt es inzwischen ganze Straßenzüge, in denen sich eine Kunstgalerie an die nächste reiht. Die meisten der angebotenen Bilder stellen in recht bunten Farben landschaftliche Motive und Szenen des täglichen Lebens dar. Keine große Kunst, doch als Erinnerung an das liebliche Vietnam ein schönes Mitbringsel. Zunehmend finden sich jedoch auch Bilder abstrakter Maler, unter denen sich so manche qualitativ hochwertige Arbeit zu günstigen Preisen finden lässt. Wer sich seit Langem schon für einen eigenen Van Gogh oder Monet interessiert oder seine Liebste oder seinen Liebsten auf Leinwand verewigen möchte, finden an touristischen Ballungspunkten talentierte »Kopierer«.

Das zentralvietnamesische Hoi An ist das Mekka für all jene, die sich **maßgeschneiderte Kleider oder Anzüge** fertigen lassen möchten. Zu einem Bruchteil dessen, was man in Deutschland zahlen müsste, zaubern die Schneider über Nacht Maßanzüge, Kleider, Röcke oder Hosen. Wer bereits zu Hause beschlossen hat, sich in Vietnam neu einkleiden zu lassen, sollte einen Katalog und Schnittmuster mitnehmen.

Vorsicht ist beim Kauf von **angeblichen Antiquitäten** geboten. Bei den Opiumpfeifen, Keramiken, religiösen Statuen und Parfümfläschchen handelt es sich meist um gelungene Kopien. Falls man doch ein Original erstanden haben sollte (die im Übrigen auch in Vietnam sehr teuer sind), wird es einem bei der Ausreise häufig von den Zollbeamten wieder abgenommen. Wenn es sich wirklich um eine Antiquität handelt, ist für die Ausfuhr eine Zollgenehmigung Pflicht.

Wer Schnitzereien aus **Elfenbein und Schildpatt** kauft, macht sich mitschuldig an der Ausrottung der wenigen noch vorhandenen Tierarten in Vietnam. In diesem Sinne ist auch von der Ausfuhr der in Schnapsflaschen eingearbeiteten Schlangen abzuraten. Im Übrigen würde einem die exotische Ware vom deutschen Zoll sowieso abgenommen.

Wie in ganz Asien wird auch in Vietnam um den besten Preis gehandelt. Dabei ist das **Feilschen** für Touristen besonders wichtig, da sich die Verkäufer beim Anblick des vermeintlich reichen »Westlers« einen besonders dicken Profit versprechen und der von ihnen genannte Preis oftmals überhöht ist. Generell ist es sehr schwer zu sagen, wie viel man vom Einstandspreis herunterhandeln sollte, da hierfür verschiedene Faktoren wie Geschäftslage, Qualität der Ware und Seriosität des Verkäufers eine Rolle spielen.

Es versteht sich von selbst, dass in Restaurants und Geschäften, in denen Dinge des täglich-

Lebens wie Schreibwaren, Bücher oder Haushaltswaren angeboten werden, oder in Supermärkten mit ausgeschriebenen Preisen, nicht gehandelt werden kann.

## Essen und Trinken

Die vietnamesische Küche ist ein Musterbeispiel für die Fähigkeit der Vietnamesen, fremde Einflüsse aufzunehmen, ohne dabei ihre eigene Identität zu verlieren. Die französische und vor allem chinesische Kochkunst haben deutliche Spuren hinterlassen, konnten den unverwechselbaren Kochstil der Vietnamesen jedoch nicht entscheidend beeinflussen.

Grundlage jeder vietnamesischen Mahlzeit ist die **Nuoc-mam-Fischsauce**. Wie es der Name »Wasser aus gesalzenem Fisch« schon besagt, wird das Nationalgewürz der Vietnamesen aus fermentiertem, stark gesalzenem Fisch (Sardinen) gewonnen. Nuoc mam könnte man als das vietnamesische Pendant zur chinesischen Sojasauce oder dem indischen Curry bezeichnen. Jeder Koch hütet sein spezielles Nuoc-mam-Rezept wie ein kleines Geheimnis. Im Allgemeinen wird die Grundessenz mit einer Kombination aus Zitronensaft, Essig, Knoblauch, Zucker und Koriander verfeinert.

Ein weiteres charakteristisches Element der vietnamesischen Küche ist die häufige Verwendung von **Blattgemüsen und Kräutern**. Duftende *Bac ha* (Minze) in vielen Arten, scharfer *Can tau* (Koriander), frischer Dill und Fenchel sowie aromatisches und anregendes Basilikum sind einige der am häufigsten verwendeten, auch im Westen bekannten Kräuter. Darüber hinaus gibt es eine Reihe lokaler Kräuter, von denen *Rau nam* (vietnamesische Minze) am populärsten ist.

Die Fähigkeit der Vietnamesen zum feinen Würzen kommt besonders beim Gericht **Chao tom** zur Geltung. Dabei handelt es sich um einen geschälten Zuckerrohrstengel, der mit fein gestampftem Garnelenfleisch umhüllt und über einer Holzkohlenglut geröstet wird. Serviert wird die Köstlichkeit mit einer milden, leicht süßen, auf Nuoc mam basierenden Soße.

Grundnahrungsmittel ist **Reis**, den es in Dutzenden verschiedenen Sorten gibt und der zu jeder Mahlzeit gereicht wird. Für westliche Besucher etwas gewöhnungsbedürftig ist die Sitte, den Reis erst gegen Ende der Mahlzeit zu servieren, wenn bereits alle Gerichte verzehrt sind. Für die Vietnamesen ist Reis nicht viel mehr als eine Art Magenfüller für den Fall, dass das eigentliche Mahl nicht sättigend war.

Zum Frühstück werden **Pho**-Gerichte bevorzugt. Diese herzhaft sättigenden Mahlzeiten sind eine Kombinationen aus Suppenbrühe, Reisnudeln in verschiedenen Größen und Formen sowie Fisch- oder Fleischbällchen.

Eine Art Allerweltsgericht, das morgens wie abends gern gegessen wird, ist die auch unter dem Namen **Hanoi-Suppe** bekannte *Pho*. Dabei handelt es sich um einen Eintopf, bestehend aus einer Brühe mit zartgekochtem Rindfleisch, Reisnudeln, Bohnensprossen, frischem Koriander und geschnittenen Frühlingszwiebeln.

**Hauptgerichte** werden häufig in Salatblätter oder *Banh trang* (essbares Reispapier) eingewickelt und mit blättrigen Kräutern, ein paar Scheibchen Gurke oder Karotte, einem kleinen Bündel gekochter Reisvermicelli und einer Soße zum Dippen serviert.

Beliebte Gerichte, die mit Salatblättern oder Reispapier zum Einrollen direkt am Tisch zubereitet werden, sind **Nemnuong** (mundgerechte, auf Holzkohle oder in der Pfanne gegarte Schweinefleischbällchen) und **Bonuong** (Rindfleischbällchen oder gefüllte Rindfleischrollen).

**Rindfleisch** *(bo)* ist die mit Abstand beliebteste Fleischsorte, während Schweinefleisch *(heo)* als minderwertig gilt. Ungewöhnlich teuer ist Hühnerfleisch *(ga)*, Entenfleisch dagegen relativ preiswert. Als besondere Spezialität vor allem in Nordvietnam gilt Hundefleisch, das allerdings nur in speziell ausgezeichneten Restaurants angeboten wird.

Obligatorisch wird zu jeder Mahlzeit grüner, ungesüßter **Tee** bereitgestellt. Auch schwarzer **Kaffee**, der durch ein eigentümliches Filtersystem in ein Glas tropft, ist ohne Probleme zu

*Auf dem Cho-Binh-Tay-Markt in Cho Lon, der quirligen Chinatown von Saigon*

Service von A bis Z

## Service von A bis Z

bekommen. Bestellt man ihn mit Milch, sollte man keinen Zucker hinzufügen, da die verwendete Kondensmilch bereits äußerst süß ist. Als hervorragender Durstlöscher eignet sich auch der frische Saft einer Kokosnuss und »Fresh lime soda«, Mineralwasser mit Zitronensaft.

**Bier** ist das mit Abstand beliebteste alkoholische Getränk der Vietnamesen. Dementsprechend groß ist das Angebot sowohl einheimischer wie importierter Biermarken. Die bekanntesten sind Hanoi Beer, Huda und Saigon Beer sowie Heineken und Tiger. Unter *bia hoi* versteht man »Bier vom Fass«, das in vielen einfachen Kneipen am Wegesrand angeboten wird. Einheimischer **Wein** hält den Qualitätsvergleich mit internationalen Weinen nicht stand. Importierte Weine sind relativ teuer.

### Feiertage, Feste

Obwohl in Vietnam der Gregorianische Kalender gilt, richten sich die meisten Feste und Feiertage nach dem Mondkalender. Da dieser nur aus 29 oder 30 Tagen besteht und das Mondjahr 365 Tage hat, wird alle drei Jahre zwischen dem 3. und 4. Mondmonat ein zusätzlicher Monat eingefügt.

Das mit Abstand bedeutendste Fest ist das Neujahrsfest **Tet**, das auf den ersten Neumond, zwischen 21. Januar und 19. Februar, fällt. Daneben gibt es noch eine Reihe weiterer religiöser und traditioneller Feste.

Während der staatlich festgelegten Feiertage bleiben die öffentlichen Einrichtungen geschlossen:
**1. Januar** (Neujahr)
**3. Februar** (Gründungstag der Kommunistischen Partei Vietnams, 1930)
**30. April** (Befreiung von Saigon, 1975)
**1. Mai** (Tag der Arbeit)
**19. Mai** (Geburtstag Ho Chi Minhs, 1890)
**2. September** (Tag der Unabhängigkeitserklärung, 1945)

### Fotografieren

Die Vietnamesen lassen sich in der Regel gern fotografieren. Besonders Kinder drängen sich immer wieder vor die Linse. Grundsätzlich sollte man dennoch immer um Einwilligung bitten, bevor man auf den Auslöser drückt. Dies gilt v. a. bei älteren Menschen und Geistlichen.

Unbedingt einhalten, muss man offizielle **Fotografierverbote** auf Flughäfen und bei militärischen Einrichtungen. Bei touristischen Sehenswürdigkeiten und Museen wird zusätzlich zum Eintrittsgeld eine **Fotogebühr** verlangt, die vor allem für Videoaufnahmen recht hoch sein kann.

Vorsicht ist beim Kauf von Speicherkarten bei fliegenden Händlern geboten, da es sich dabei häufig um defekte oder minderwertige Exemplare handelt. Deshalb lieber eine Ersatzkarte zusätzlich mitbringen oder etwas mehr in »offiziellen« Fotogeschäften bezahlen. In fast jeder größeren Stadt kann man sich die Fotos von der Digitalkamera herunterladen und für wenig Geld auf CD brennen lassen.

### Geld, Kreditkarten

Landeswährung ist der **Dong** (d). Im Umlauf sind Banknoten im Wert von 500, 1000, 2000, 5000, 10 000, 20 000, 50 000, 100 000, 200 000 und 500 000 Dong. Münzgeld (200, 500, 1000, 2000, 50 000 Dong) findet man selten.

Der offizielle **Wechselkurs** ist überall im Land gleich. Dennoch lohnt sich ein Vergleich, weil in manchen Hotels und Wechselstuben Provisionen von bis zu 4 % berechnet werden. Generell ist der Kurs für große Geldmengen (ab US$ 50) besser als für kleine.

Der aktuelle Wechselkurs beträgt bei Drucklegung (2015): € 1= ca. 26 200 Dong, 1 US$ = ca. 21 500 Dong.

Wer bei der Ausreise übrig gebliebene Dong zurücktauschen möchte, kann dies gegen Vorlage der Umtauschquittungen bei einer Bank in Vietnam erledigen.

Sicherstes Zahlungsmittel sind **Reiseschecks**, die problemlos in größeren Städten umgetauscht werden können. Als **inoffizielle Zweitwährung** gilt der US-Dollar. Bei Rechnungsbeträgen über $ 10 hat sich in Hotels, Reisebüros und vielen Geschäften die Bezahlung in Dollar eingebürgert. Bevor man sich darauf einlässt, sollte man jedoch den dabei zu Grunde gelegten Umrechnungskurs erfragen. Meist ist der um einiges schlechter als der offizielle.

Bevor man sich auf eine mehrtägige Reise in abgelegene Gebiete begibt, sollte man sicherstellen, dass genügend **Bargeld** in Form von Dong und Dollar vorhanden ist. Wichtig ist auch ein ausreichender Vorrat an kleineren Scheinen.

**Kreditkarten** der bekannten Institute wie MasterCard, Visa, American Express und Diner werden in fast allen größeren Hotels, Restaurants, Reisebüros und gehobenen Geschäften akzeptiert. Allerdings wird dabei häufig eine Kommission von bis zu 5 % erhoben.

In großen Städten, auf Flughäfen, in Einkaufszentren und selbstverständlich in Banken gibt es zunehmend mehr **Geldautomaten**, an denen mit der Kredit- oder EC-Karte Geld abgehoben werden kann. Die Gebühr beläuft sich dabei auf ein Prozent.

**Sperrnummern** für Kreditkarten finden Sie unter Notrufe, **Öffnungszeiten** der Banken unter Öffnungszeiten.

**Tipp:** Abgezählte Dong und/oder Dollarscheine auf verschiedene Taschen verteilen, so dass man beim Verhandeln um ein Taxi und beim Bezahlen von Kleinigkeiten nicht »ausgenommen« wird. Wer ein dickes Bündel aus der Hose zieht, »outet« sich gleich als reicher und unwissender Westler und wird übervorteilt.

Im Übrigen lohnt es sich gerade zu Beginn der Reise, Einheimische (evtl. Hotelangestellte) nach den ortsüblichen Preisen zu fragen. Nach ein paar Tagen entwickelt man dann selbst ein Gespür für diese.

Wenn in diesem Reiseführer die Währung Dollar ($) erwähnt wird, handelt es sich ausnahmslos um US-Dollar.

## Hinweise für Menschen mit Behinderungen

Vietnam ist kein einfaches Reiseland für Personen mit Gehbehinderung. Viele Bürgersteige sind von parkenden Motorrädern und Garküchen versperrt und auch die Straßenüberquerung in Großstädten ist aufgrund der Verkehrsdichte oft recht abenteuerlich. Behindertengerechte Einrichtungen in Hotels gibt es nur in ganz wenigen Fällen. Auch die besonders in Vietnam beliebten Bootstouren stellen wegen der fehlenden Einstiegshilfen und den häufig sehr schmalen Booten (Mekong-Delta, Hoi An, Hue) gerade Reisende mit einer Gehbehinderung vor erhebliche Probleme.

Diese Einschränkungen bedeuten jedoch nicht, dass von einer Vietnam-Reise für Behinderte grundsätzlich abgeraten werden muss. Mithilfe einer Begleitperson und einem Mietwagen sind die meisten Hürden für Individualreisende sicherlich zu meistern. Auch haben sich einige Unternehmen auf Reisen für Menschen mit Handicap spezialisiert. Bei Buchung von Unterkünften und Flügen sollte man ggf. darauf hinweisen, dass man auf eine Assistenz angewiesen ist.

# Service von A bis Z

## Internet

Die meisten Hotels bieten gegen Gebühr Internetzugang bzw. WLAN. Je nach Hotelkategorie bezahlt man dafür $ 1 bis 4 pro Stunde. Weit günstiger sind die in Touristenorten und speziellen Travellermeilen überall ansässigen Internetcafés. Einziger Nachteil sind die zum Teil langsamen Verbindungen und gelegentliche Stromausfälle. Deshalb empfiehlt es sich, sicherheitshalber zwischendurch immer mal wieder zu speichern.

## Klima, Kleidung, Ausrüstung, Reisezeit

Ein schwieriges Thema, weil es in Vietnam im Unterschied zu anderen asiatischen Ländern keine klar abgrenzbare Zeit gibt, zu der sich eine Reise besonders empfiehlt. Da die regionalen Unterschiede zwischen Nord-, Zentral- und Südvietnam sehr groß sind, kommt es darauf an, zu welcher Zeit man wo sein will.

Im **Süden** kann man zwischen zwei Jahreszeiten unterscheiden. Am angenehmsten ist es in den Monaten Dezember bis April mit erträglichen Temperaturen und wenig Niederschlag. Zwischen Juni und November ist es feuchtheiß mit Temperaturen von bis zu 35 °C, wobei es in den Monaten Juli und August am häufigsten regnet.

Das Wetter in **Zentralvietnam** ist durch die Klimascheide des Wolkenpasses geprägt. Während es an der Südlichen Zentralküste insgesamt wärmer und weniger regnerisch ist, können die Temperaturen an der Nördlichen Zentralküste in den Monaten Dezember bis Februar deutlich unter 20 °C absinken. Am trockensten ist es zwischen April und August, allerdings wird Zentralvietnam dann auch regelmäßig von schweren Taifunen heimgesucht.

Im **Norden** unterscheidet man zwischen einem kühlen und regenarmen Winter (November bis April) und dem feuchtheißen Sommer. Während der Monate Dezember und Januar fallen die Temperaturen im Bergland des Nordens bis auf den Gefrierpunkt. Selbst in Hanoi ist es mit Temperaturen um 15–20 °C und feinem Nieselregen recht ungemütlich. Zwischen Mai und Oktober herrscht feuchtheißes Klima mit mittleren Werten um die 30 °C.

Die goldene Regel »so viel wie nötig, so wenig wie möglich« trifft auch auf Vietnam zu. Selbst wenn man bei der Ankunft feststellt, dass man

## Service von A bis Z

etwas vergessen hat, ist das kein Beinbruch, lässt sich das meiste doch auch im Land selbst und zudem noch wesentlich billiger kaufen.

Entsprechend der sehr unterschiedlichen klimatischen Bedingungen in den einzelnen Landesteilen gehören sowohl bequeme und unempfindliche Sommerkleidung ins Reisegepäck als auch warme Kleidung für den kühlen Norden und die in allen Hotels und Bussen laufenden Klimaanlagen.

Da man bei einer Reise durch Vietnam immer mit Regengüssen rechnen muss, darf ein **Regenschutz** nicht fehlen. Wichtig sind auch wetterfeste **Schuhe mit gutem Profil**, da es auf Gehwegen und Treppen nach Regenschauern oft recht glatt werden kann.

Ein **Moskitonetz** sollte ebenso Teil der Ausrüstung sein wie ein **Schweizer Messer** und eine **Taschenlampe** (z.B. für die Besichtigung der Marmorberge).

### Medizinische Versorgung

Abgesehen von einigen **Kliniken** in Hanoi und Saigon entsprechen vietnamesische Krankenhäuser und Arztpraxen bezüglich Ausstattung und Hygiene nicht dem mitteleuropäischen Standard. In wirklich ernsten Fällen kann man sich deshalb am besten in den Spezialkliniken in Hanoi oder Saigon behandeln lassen oder man fliegt zurück ins Heimatland.

**Impfungen** sind für die Einreise nach Vietnam nicht vorgeschrieben, es sei denn, man reist aus einem Gelbfieberinfektionsgebiet ein. Da Verletzungen unterwegs immer auftreten können, empfiehlt sich eine Tetanusimpfung. Auch die Polio-Schluckimpfung sollte man, falls nötig, auffrischen lassen. Zur Stärkung der allgemeinen Abwehrkräfte dient eine Gammaglobin-Injektion. Problematischer ist der Schutz gegen **Malaria**, da die Erreger gegen die meisten Prophylaxe-Mittel inzwischen immun sind und die Medikamente zudem bedenkliche Nebenwirkungen haben. Über den neuesten Stand der Prophylaxe informiert man sich am besten beim nächstgelegenen Gesundheitsamt oder den Tropeninstituten in Berlin und Hamburg. Der beste Schutz gegen Malaria ist jedoch immer noch der, sich gar nicht erst stechen zu lassen. Deshalb sollte man besonders bei einsetzender Abenddämmerung, wenn die Anopheles-Mücke, der Malaria-Überträger, besonders aktiv ist, nur lange, körperbedeckende Kleidung (auch Socken) tragen und die freien Hautpartien mit einem Insektenmittel eincremen. Nachts bietet ein Moskitonetz Schutz – zumindest dann, wenn es keine Löcher aufweist.

Sehr gute Informationen zu empfohlenen Impfungen findet man unter www.fit-for-travel.de.

Auch für viele andere Erkrankungen kann man durch entsprechende Vorsichtsmaßnahmen vermeiden. So ist es ratsam, sich während der ersten Reisetage immer wieder einige Pausen zu gönnen, um Körper und Geist Zeit zur klimatischen und kulturellen Akklimatisierung zu geben. Dazu gehört auch, dass man sich so wenig wie möglich dem stechenden Licht der **Tropensonne** aussetzt. Schutz bieten eine Sonnenbrille, Sonnencreme und eine Kopfbedeckung.

Um den hohen Wasserverlust durch Schwitzen auszugleichen, sollte man ausreichend mit Salz versetzte **Flüssigkeit trinken**. Allerdings nicht eiskalt, da dies eine der Hauptursachen für Durchfallerkrankungen – die häufigsten Tropenerkrankung von Europäern – ist.

Um sich vor Montezumas Rache zu schützen, sollte man auch die Finger von **ungeschältem Obst und Salaten** sowie **Eiscreme** lassen. Auch auf Eiswürfel in Getränken sollte man sicherheitshalber verzichten. Das gilt jedoch nicht für internationale Hotels, in denen die hygienischen Bedingungen europäischem Standard entsprechen. Andererseits muss man gerade dort vor den meist sehr kalt eingestellten Klimaanlagen auf der Hut sein. Neben Magen- und Darmerkrankungen werden die meisten Reisenden, wenn sie überhaupt krank werden, von einer Erkältung befallen. Wenn man aus der schwül-heißen Luft in einen klimatisierten Raum tritt, empfiehlt es sich, einen Pullover anzuziehen und sich abzutrocknen. Vorsicht ist auch bei Durchzug in Zügen und Bussen geboten.

Vietnamesische **Apotheken** sind zwar meist reich mit Medikamenten bestückt, die zudem auch noch wesentlich billiger als in Europa sind. Darauf verlassen sollte man sich im Notfall jedoch nicht, zumal bei vielen Medikamenten das Verfallsdatum lange überschritten ist. Deshalb sei hier die Mitnahme einer gut bestückten **Reiseapotheke** angeraten, die neben den persönlich benötigten Medikamenten folgende Mittel enthalten sollte: Medikamente gegen Malaria, Magen- und Darmbeschwerden, Fieber und Erkältungen, Schmerzen, Breitband-Antibiotika, Desinfektionssalbe, Pflaster, Verbandsmaterial und Einwegspritzen, Wundsalbe und Sonnenschutzmittel.

Da die meisten gesetzlichen Krankenversicherungen inzwischen ärztliche Behandlungskosten im außereuropäischen Ausland nicht mehr ersetzen, sollte man eine zusätzliche (günstige) **Reisekrankenversicherung** abschließen.

## Mit Kindern in Vietnam

Vietnam ist auch für Kinder ein faszinierendes Land und deshalb auch für Familien mit kleineren Kindern geeignet. Die Haupttouristenziele wie Hanoi, Sa Pa, Halong Bay, Hoi An, Nha Trang, Saigon oder das Mekong-Delta bieten eine Vielzahl von Attraktionen für Kinder – und sei es »nur« das alltägliche Treiben auf den Straßen und Märkten oder das Baden im Meer. Natürlich ist eine gute Vorbereitung unerlässlich: Abhängig davon, wie reiseerfahren oder belastbar das eigene Kind ist, sollte die Reise gestaltet werden – individuell und spontan, mit Mietwagen und vorgebuchten Unterkünften, als Gruppenreise … Vergessen Sie nicht, dass Ihr Nachwuchs über einen eigenen Reisepass verfügen muss. Die für die Reise notwendigen Impfungen sollten geprüft (Impfpass mitnehmen) und eine Reiseapotheke für Kinder angelegt werden.

Grundsätzlich muss man auch für Kinder nicht Unmengen an Kleidung mitnehmen – unterwegs bieten viele Unterkünfte einen Laundry Service und zur Not kauft man vor Ort etwas günstig nach. Dass leichte Kleidungstücke, Sonnenbrille, Sonnenmilch und eine Kopfbedeckung in den Koffer gehören, versteht sich von selbst – aber auch das Lieblingskuscheltier, Spiele, Bücher (auch neue, die man erst im Flieger präsentiert) und ein iPod o. ä. (mit Videos, Hörbüchern und Musik geladen).

Für Babys und Kleinkinder empfiehlt sich zusätzlich die Mitnahme von einer Notration Windeln und Nahrung. In Vietnam können diese nachgekauft werden, ebenso Fläschchen. Um mobiler zu sein und die Kinder nicht zu überanstrengen, haben sich Rückentragen bewährt. Ein Buggy kann in Großstädten schnell hinderlich werden, da die Gehwege oft nicht frei sind. Aber in kleineren Orten oder abends beim Restaurantbesuch können die Kleinen in diesem ein Nickerchen halten.

Vor Klima- und Kulturschock oder Jetlagproblemen muss man sich nicht fürchten. Mit ausreichend Ruhe an den ersten Tagen ist die Umstellung schnell geschafft. Stellen Sie sich darauf ein, dass ihr Kind in Vietnam einem Promistatus nahekommt. Vietnamesen lieben Kinder und zeigen dies gern. Ihr Kind wird umarmt, fotografiert, angefasst und beschenkt werden. Darauf reagiert jedes Kind unterschiedlich. Für viele ist dies am ersten Tag noch spannend, wird aber auch schnell nervig. Erklären Sie Ihrem Kind im Vorfeld, dass dies passieren kann und setzen Sie Fremden Grenzen.

Die Küche Vietnam ist vielfältig – nicht zu scharf und zudem gesund. Da viele Restaurants Kids' Menues sowie die Klassiker Pizza und Nudeln anbieten, muss niemand hungern. Diese westliche Speisen sind im Vergleich jedoch teurer. Auch einfache Reisgerichte, und sei es nur Reis mit Soße, erfüllen ihren Zweck und schmecken. Für den Hunger zwischendurch kauft man im Supermarkt Kekse und Obst auf dem Markt. Ansonsten gelten die gleichen Vorsichtsmaßnahmen (Wasser nicht aus Wasserhahn etc.) wie bei Erwachsenen.

Das von praller Lebensvielfalt geprägte Alltagsleben entlang der Straßen birgt jedoch auch einige Gefahren: So sollte man seine Kinder beim Spazierengehen innerhalb der Städte immer im Auge behalten bzw. beim Überqueren der meist mit Tausenden von Motorrädern befahrenen Straßen immer an die Hand nehmen. Baden sollte man aufgrund der gefährlichen Unterströmungen nur innerhalb der ausgeschilderten Strandabschnitte.

## Service von A bis Z

### Notfälle, wichtige Rufnummern

Ambulanz: ℭ 115
Feuerwehr: ℭ 114
Polizei: ℭ 113
Vorwahl Vietnam: ℭ +84
Vorwahl Deutschland: ℭ +49
Vorwahl Schweiz: ℭ +41
Vorwahl Österreich: ℭ +43
**Sperrnummern für Kreditkarten:**
Visa ℭ +1-410-581-9994
Mastercard ℭ +1-636-722-7111
Wenn Ihr Kreditinstitut an der **zentralen Sperrnummer** ℭ **+49-116 116** teilnimmt, können Sie Ihre Bank- und Kreditkarten sowie Ihr Handy mit einem Anruf sperren lassen.

### Öffnungszeiten

Banken sind in der Regel Mo–Sa 8–11.30 und 13–16 Uhr (Sa nur bis 15 Uhr), Ämter und Behörden Mo–Sa 7.30–16.30 Uhr geöffnet. Da man es damit in der Praxis jedoch meist nicht so genau nimmt und nachmittags oftmals niemanden mehr hereinlässt, sollte man es am besten zwischen 8 und 11 Uhr versuchen.

Bei den Geschäften gibt es keine allgemein gültigen Öffnungszeiten. Viele öffnen gegen 8 und schließen gegen 19 Uhr. In größeren Städten kann es auch zwei bis drei Stunden später sein. Auch die Mittagspausen werden individuell gehandhabt. In einigen Läden kann man sonntags einkaufen.

## Service von A bis Z

## Post

**Luftpostbriefe** (12 500 Dong) und -postkarten (10 000 Dong) nach Europa können in allen Postämtern und den meisten Hotels abgegeben werden. Von den Metropolen ist die Post oft nur eine Woche unterwegs, ansonsten kann man mit bis zu 14 Tagen rechnen. **Luftpost-Pakete** (1–2 Wochen) und besonders Sea Mails (3–5 Monate) sollten sicherheitshalber nur in Saigon oder Hanoi aufgegeben werden. Schneller, aber auch wesentlich teurer, geht es mit der DHL. **Postämter** sind tägl. außer So 7.30–19 Uhr geöffnet.

## Presse

*Vietnam News* und *Saigon Times Daily* sind zwei englischsprachige **Tageszeitungen,** die neben inländischen Meldungen auch internationale Informationen abdrucken. Die ausführlichsten Hintergrundberichte zu einer weit gefächerten Themenpalette bietet die einmal monatlich erscheinende *Vietnam Economic Times*. In überraschend offener Form wird unter anderem über vietnamesische Probleme wie Korruption und Umweltverschmutzung berichtet.

**Ausländische Zeitungen** und Magazine gibt es nur in First-Class-Hotels und an einigen wenigen Zeitungsständen in Hanoi und Saigon.

## Radio, TV

Die meisten Hotels verfügen über Satelliten-TV und übertragen CNN, BBC, deutsche Welle sowie Sport- und Musiksender. Das staatliche VTV sendet jeden Abend um 22 Uhr Nachrichten in englischer Sprache. Das Radioprogramm der Deutschen Welle und BBC World Service ist mit einem Weltempfänger auf verschiedenen Frequenzen zu empfangen.

Genauere Infos: Kundenservice/CRM, Kurt-Schumacher-Str. 3, 53113 Bonn, ✆ (02 28) 429 40 00, www.dw.de/empfangsinformationen.

## Rauchen

Laut Gesetz ist es seit 2012 verboten, in öffentlichen Gebäuden und an öffentlichen Plätzen zu rauchen. Tatsächlich hält sich kaum jemand daran, da das Verbot von offizieller Seite so gut wie nie geahndet wird. So ist es nach wie vor normal, dass in Gaststätten, Kneipen, Cafés und auf der Straße geraucht wird. Einzig in klimatisierten Bussen scheint man sich auf eine allgemein akzeptierte Nicht-Raucher-Regel geeinigt zu haben.

## Sicherheit

Grundsätzlich ist Vietnam ein relativ sicheres Reiseland. Dass man und speziell frau nach Einbruch der Dunkelheit nicht allein in dunklen, abgelegenen Gegenden spazieren geht, sollte dennoch eine Selbstverständlichkeit sein. Das Gleiche gilt für die Vorsichtsmaßnahme, nicht mit einem Bündel dicker Geldscheine aufzufallen. Gelegenheit macht Diebe, und dies gilt besonders für menschenüberfüllte Orte wie Kaufhäuser, Bahnhöfe und Märkte, die beliebte Betätigungsfelder von Taschendieben sind. Brustbeutel und Geldgurt haben sich als die sichersten Aufbewahrungsorte erwiesen.

Ein beliebtes Objekt der Begierde für Diebe sind auch aufwendige **Fotoausrüstungen**. Gerade in Saigon ist es in letzter Zeit zu wiederholten Raubüberfällen, oft vom fahrenden Motorrad aus, gekommen. Deshalb sollte man seine Taschen immer zur von der Straße abgewandten Seite tragen.

Falls möglich, empfiehlt es sich, größere Geldbeträge gegen eine Quittung, in der die einzelnen Wertgegenstände genau aufgelistet sind, im Hotelsafe einschließen zu lassen. Bei Überlandfahrten in öffentlichen Verkehrmitteln ist es ratsam, das Gepäck so zu verstauen, dass es vor Zugriffen Fremder geschützt bleibt. Zusätzlich sollte es auch noch mit einer Kette gesichert werden.

Vorsicht ist ebenfalls bei der Bezahlung mit **Kreditkarten** geboten. Es häufen sich Trickbetrügereien, die man oftmals erst bemerkt, wenn man wieder im Heimatland ist. Deshalb ist es besser, die Kreditkarte bei der Bezahlung nicht aus den Augen zu lassen. Selbstverständlich muss auch in Vietnam die Abrechnung über die Reiseschecks stets getrennt von den Schecks aufbewahrt werden.

Für den Fall, dass man trotz aller Vorsichtsmaßnahmen dennoch einmal Opfer eines Verbrechens geworden sein sollte, erweist es sich als großer Vorteil, wenn vor der Abreise von allen wichtigen Papieren Kopien angefertigt wurden. Damit kann man sich bei der Polizei ausweisen und zudem den Ersatz der Dokumente beschleunigen.

## Sport und Erholung

Vom Tauchen bis zum Bergsteigen und alles dazwischen – Vietnam bietet für den Sportbegeisterten eine große Palette an Aktivitäten.

Für Tauchen, Segeln und Surfen empfehlen sich besonders die klassischen Badeorte Nha

Trang, Mui Ne und Phu Quoc. Die notwendige Ausrüstung kann vor Ort bei zahlreichen Spezialanbietern geliehen werden.

Mit dem Kajak durch die Märchenlandschaft der Halong-Bucht zu paddeln gehört in der Halong Bay und auf der Halbinsel Cat Ba zu einer der beliebtesten Freizeitaktivitäten. Cat Ba und der Bergort Sapa sind auch besonders zum Klettern und Bergsteigen geeignet. In Sapa bieten verschiedene Reisebüros mehrtägige Trekkingtouren zu den Dörfern der Bergstämme an.

Fahrrad fahren innerhalb der Städte oder als Touren in die Umgebung ist in vielen Touristenorten möglich.

Für Jogger bieten sich aufgrund des dann noch geringen Verkehrs und angenehmen Klimas die frühen Morgenstunden zum Laufen an.

Viele Resorts verfügen über Tennisplätze auf denen man meist unentgeltlich den Schläger schwingen kann.

Für viele überraschend verfügt Vietnam über eine Vielzahl von erstklassigen Golfplätzen. Da Nang, Phan Thiet, Da Lat und inzwischen auch Puh Quoc zählen zu den bekanntesten.

Alternativ zum aktiven Sportprogram – *take it easy* an einem der unzähligen Strände von Nha Trang über Hoi An und Mui Ne bis Phu Quoc.

## Sprachhilfen

**Sprache:**
Über den Ursprung der Landessprache Vietnamesisch sind sich die Wissenschaftler nicht einig. Auffällig sind die Gemeinsamkeiten mit der Sprache der Muong. Während der über 1000-jährigen chinesischen Herrschaft wurden zudem viele Wörter aus dem Chinesischen übernommen.

In den einzelnen Landesteilen werden verschiedene **Dialekte** gesprochen, die sich jedoch nur geringfügig voneinander unterscheiden. Das reinste Vietnamesisch wird im Norden und speziell in der Hauptstadt Hanoi gesprochen. Verglichen mit ihnen sprechen die Südvietnamesen weniger akzentuiert, dafür etwas höher und beschwingter.

Die meisten Wörter sind **einsilbig** und somit kurz. Durch das Zusammensetzen zweier Silben entsteht ein neues Hauptwort. Dies geschieht aber im Vergleich zum Deutschen in umgekehrter Reihenfolge, zum Beispiel *phong* = Zimmer, *ngu* = schlafen, *phong ngu* = Schlafzimmer.

Da die Wörter unveränderlich sind, das heißt **nicht gebeugt** werden, und es dementsprechend keine Konjugation oder Deklination gibt, ist die Grammatik recht überschaubar. Grammatikalische Beziehungen werden vor allem durch die Stellung der Wörter im Satz ausgedrückt.

Der **Satzaufbau** folgt im Allgemeinen der Regel Subjekt, Prädikat, Objekt: *No an com* = er essen Reis = Er isst Reis.

### Service von A bis Z

Wenn Vietnamesisch trotz seiner einfachen Grammatik für Europäer sehr schwierig zu erlernen ist, so liegt das daran, dass zur Unterscheidung der zahlreichen gleichlautenden Silben sechs **unterschiedliche Tonhöhen** verwendet werden. Sie werden durch Tonzeichen über oder unter der Silbe gekennzeichnet. Nicht das Wort an sich, sondern die richtige Aussprache gibt dem Wort erst seinen »richtigen« Sinn. So kann etwa das Wort *ma* folgende Bedeutungen erlangen: Geist, aber, Mutter, Reissetzling, Grab oder Pferd.

Da die Vietnamesen die Töne nur im Zusammenhang mit den Silben abspeichern, ist der bei Europäern entstehende Eindruck, es handele sich um das gleiche, nur anders ausgesprochene Wort falsch. Deshalb macht es auch kaum Sinn, die Wörter ohne die Betonung zu lernen, da man dann von den Vietnamesen nicht verstanden wird.

Die von dem französischen Jesuiten Alexandre de Rhodes 1651 entwickelte Transkription der vietnamesischen Sprache in **lateinische Schriftzeichen** mit durch Akzente hervorgehobenen Tonhöhen (im Buch nicht verwendet) führte zu der bis heute in Vietnam gültigen *quoc ngu*-Schrift (nationale Schrift).

**Verständigung:**
**Englisch** ist inzwischen nicht nur bei Hotelangestellten, sondern auch Jugendlichen weit verbreitet. Erstaunlich viele speziell in der Reisebranche und besonders im Norden arbeitende Menschen sprechen **Deutsch** – ein Überbleibsel der Zigtausend Vietnamesen, die in der ehemaligen DDR studiert oder gearbeitet haben. Ältere Bewohner, vor allem im Norden, sprechen zum Teil auch noch **Französisch**.

**Einige wichtige Begriffe:**

**Zahlen**

| | |
|---|---|
| 1 | *mot* |
| 2 | *hai* |
| 3 | *ba* |
| 4 | *bon* |
| 5 | *nam* |
| 6 | *sau* |
| 7 | *bay* |
| 8 | *tam* |
| 9 | *chin* |
| 10 | *muoi* |
| 11 | *muoi mot* |
| 12 | *muoi hai* |

# Service von A bis Z

| | |
|---|---|
| 20 | hai muoi |
| 30 | ba muoi |
| 40 | bon muoi |
| 100 | mot tram |
| 200 | hai tram |
| 1000 | mot nghin |

## Fragen
| | |
|---|---|
| Gibt es …? | Co khong …? |
| Wann …? | Bao gio …? |
| Warum …? | Tai sao …? |
| Was …? | Cai gi …? |
| Wer, wen, wem …? | Ai …? |
| Wie …? | The nao …? |
| Wie viel(e) …? | Bao nhieu …? |
| Wo ist …? Woher …? | |
| Wohin …? | O dau …? |

## Das erste Gespräch
| | |
|---|---|
| Guten Tag! | Xin chao! |
| Willkommen! | Chao mung! |
| Sprechen Sie Vietnamesisch? | Anh noi duoc tieng viet khong? |
| Ich verstehe (nicht). | Toi (khong) hieu. |
| Ich spreche ein wenig Vietnamesisch. | Toi noi mot it tien viet. |
| Bitte sprechen Sie langsam! | Xin anh noi cham lai! |
| Wie heißen Sie? | Ten anh la gi? |
| Ich heiße … | Toi ten la … |
| Wie alt sind Sie? | Anh bao nhieu tuoi? |
| Woher kommen Sie? | Anh tu dau den? |
| Wo wohnen Sie? | Anh song o dau? |
| Wie geht es? | Kho khong? |
| Mir geht es gut. | Toi kho. |
| Darf man fotografieren? | Co duoc phep chup anh khong? |
| Tschüß! | Chao tam biet! |
| Auf Wiedersehen! | Hen gap lai! |
| Viel Glück! | Chuc may man! |
| Das macht nichts! | Khong sao ca! |
| Entschuldigung! | Xin loi! |
| ja | vang |
| nein | khong |
| bitte | xin moi |
| danke | cam on |

## Auf Reisen
| | |
|---|---|
| Wohin gehen Sie? | Anh di dau? |
| Ich gehe nach … | Toi di den … |
| geradeaus | di thang |
| nach links | quo trai |
| nach rechts | quo phai |
| Wie heißt diese Stadt/Straße? | Ten thanh pho/duong nay la gi? |

## Transportmittel
| | |
|---|---|
| Auto | xe koi |
| Bahnhof | nha ga |
| Boot | thuyen |
| Bus | xe buyt |
| Busbahnhof | ben xe |
| Eisenbahn | tau hoa |
| Fahrrad | xe dap |
| Flugplatz | san bay |
| Flugzeug | may bay |
| Hafen | ben cang |
| Motorrad | xe may |
| Taxi | xe tac-xi |

## Geografische Begriffe
| | |
|---|---|
| Berg | nui |
| Bucht | vinh |
| Dorf | lang, xom |
| Fluss | song |
| Höhle | hang, dong |
| Insel | hondao |
| Stadt | thanh pho |
| Strand | bai tam |
| Straße | duong, pho |
| Wasserfall | thac nuoc |

## Unterkunft
| | |
|---|---|
| Bett | guong |
| Handtuch | khan tam |
| Hotel | khach san |
| Schlüssel | chia khoa |
| Seife | xa phong |
| Toilette, Badezimmer | nha ve sinh, phong tam |
| Toilettenpapier | giay toilet |
| Zimmer | phong |

## Einkaufen
| | |
|---|---|
| billig | re |
| Es gibt nicht … | Khong co … |
| Es gibt … | Co … |
| kaufen | mua |
| teuer | dat |
| verkaufen | ban |
| Wie viel kostet es? | Cai nay gia bao nhieu? |
| Wie viel möchten Sie? | Anh muon bao nhieu? |

## Gesundheit
| | |
|---|---|
| Apotheke | hieu thuoc |
| Durchfall | ia chay |
| Erbrechen | oi mua |
| Erkältung | cam lanh |
| Fieber | sot |
| krank | benh |
| Krankenhaus | nha thuong, benh vien |
| Medikament | thuoc men |
| Medizin | y khoa |

## Zeit
| | |
|---|---|
| Abend | buoi toi |
| gestern | hom qua |

| | |
|---|---|
| heute | *hom nay* |
| Jahr | *nam* |
| jetzt | *bay gio* |
| Minute | *phut* |
| Mittag | *buoi trua* |
| Montag | *thu hai* |
| Morgen (früh am Tag) | *buoi sang som* |
| morgen (nächster Tag) | *sang mai* |
| Nacht | *dem* |
| Stunde | *gio* |
| Tag | *ngay* |
| Wie viel Uhr ist es? | *May gio roi?* |
| Woche | *tuan le* |

**Essen und Trinken**

| | |
|---|---|
| Das Essen schmeckt gut! | *Bua an rat ngon mieng!* |
| Dasselbe noch einmal. | *Mot phan an nua.* |
| durstig | *khat* |
| essen | *an* |
| gebraten | *chien* |
| gegrillt | *nuong* |
| gekocht | *da nau* |
| getoastet | *nuong lo* |
| heiß | *nong* |
| hungrig | *doi* |
| kalt | *lanh* |
| Restaurant | *nha hang* |
| scharf | *cay* |
| süß-sauer | *ngot-chua* |
| trinken | *uong* |
| Zahlen, bitte! | *Xin thanh toan!* |

## Strom

Abgesehen von einigen abgelegenen Gebieten beträgt die Stromspannung 220 Volt. Stromausfälle treten nur noch selten auf. Wegen der immer noch häufig vorkommenden Stromschwankungen sollte man besonders bei empfindlichen Geräten wie Computern Vorsicht walten lassen. Sicherheitshalber empfiehlt sich die Mitnahme eines Adapters.

## Telefonieren

Da Vietnam ans Satellitennetz angeschlossen wurde, besteht die Möglichkeit, selbst internationale Telefonate meist schnell und zudem bei sehr guter Qualität zu führen. Auslandsgespräche können von größeren Hotels, Postämtern und sogar einigen Telefonzellen im Selbstwahlverfahren geführt werden.

Zunächst wählt man +, danach die Vorwahl des entsprechenden Landes (D 49, A 43, CH 41), dann die Ortsvorwahl ohne die 0 am Anfang und zum Schluss die Nummer des Teilnehmers. Vom Hotel vermittelte Gespräche sind immer wesentlich teurer. **Innerhalb Vietnams** wählt man bei einem Ferngespräch zunächst die 01, danach die Vorwahl des Ortes und schließlich die Rufnummer des Teilnehmers. Für Telefonate **nach Vietnam** gilt: +84, Ortsvorwahl, Teilnehmer.

Vietnam hat ein exzellent ausgebautes und zudem günstiges **Mobilfunknetz**. Für jeden, der auch nur wenige Wochen im Land reist, rechnet es sich schnell, eine der von den drei großen Telefonanbietern vertriebenen und an jeder Straßenecke erhältlichen Sim-Karten zu besorgen. Da die Frequenz die gleiche wie in Europa ist, kann die Karte problemlos in das mitgebrachte Handy eingesetzt werden.

Für die meisten europäischen Länder liegt der Preis für ein einminütiges Gespräch bei 50 Cent.

Wer es noch günstiger will, kann den in vielen Internetcafés und Traveller-Unterkünften angebotenen Skype-Service wählen.

## Trinkgeld

Trinkgelder sind nicht obligatorisch, haben sich in den Touristenorten jedoch immer mehr eingebürgert. Taxifahrer, Kofferträger, Zimmermädchen und einheimische Reiseleiter erwarten eine zusätzliche Anerkennung ihrer Leistung.

Da die meisten Hotelangestellten kaum mehr als $ 130 pro Monat verdienen, ist es nur zu verständlich, dass sie sich über ein Trinkgeld von $ 1 sehr freuen. Dies gilt auch für die Bedienung im Restaurant, selbst dann, wenn auf der Rechnung bereits 10–15 % Service-Charge berechnet ist.

## Unterkunft

Kein anderer Bereich hat in den letzten Jahren einen derart rasanten Aufschwung erlebt wie die Hotellerie. Herrschte in den touristischen Ballungszentren noch bis vor wenigen Jahren ein akuter Bettenmangel, hat der enorme Bauboom inzwischen in einigen Städten sogar zu Überkapazitäten geführt. Doch nicht nur in Touristen-Hochburgen wie Hanoi, Hue, Hoi An oder Saigon, sondern auch in kleineren Provinzstädten hat sich viel getan, so dass man heute auch in entlegeneren Gebieten problemlos eine gemütliche Schlafstätte findet.

In Preis und Qualität haben die **First-Class-Hotels** inzwischen den hohen Standard der asiatischen Nachbarländer erreicht. Fast alle verfügen über Business- und Fitnesscenter, Swimmingpool, mehrere Restaurants und einen hervorragenden Service. Besonders reizvoll sind die

## Service von A bis Z

von internationalen Hotelketten luxussanierten **Kolonialhotels** aus der französischen Besatzungszeit, wie z.B. das »Majestic« in Saigon und das »Palace« in Da Lat. In der Nebensaison werden oftmals erhebliche Rabatte gewährt.

Auch in der Kategorie der **Mittelklassehotels** hat sich das Angebot stark erweitert. Selbst in dieser Preisklasse gehören Bad, Satelliten-TV und Klimaanlage zur Grundausstattung. Weniger empfehlenswert sind die meisten der noch aus der sozialistischen Zeit stammenden Unterkünfte, denen trotz zwischenzeitlicher Renovierungen noch der alte Muff anhaftet. Das Personal zeichnet sich in diesen nach wie vor im Besitz des Staates befindlichen Hotels durch wenig Engagement und Freundlichkeit aus.

Eine vietnamesische Besonderheit stellen die sogenannten **Minihotels** dar. Dabei handelt es sich meist um von Privatpersonen geführte Unterkünfte mit einer geringen Zahl an Zimmern. Qualität und Preis variieren zum Teil erheblich. Während einige nicht viel mehr bieten als ein spartanisch eingerichtetes, dunkles und muffiges Zimmer, verfügen andere über helle Räume mit Klimaanlage, Satelliten-TV und Minibar. Deshalb empfiehlt es sich gerade bei den Mini-Hotels, vor dem Einchecken einen Blick in die Zimmer zu werfen. Da viele dieser Hotels mitten in Wohn- und Geschäftsvierteln stehen und deshalb von viel Lärm umgeben sind, sollte man die nach hinten gelegenen Zimmer vorziehen. Über den Zimmerpreis kann oft ein wenig verhandelt werden.

## Verhaltenstipps

**Begrüßung:**
Ausländern wird meist nach westlicher Manier zur Begrüßung die Hand gegeben. Vietnamesen untereinander grüßen sich mit einem Kopfnicken und dem Wort *chao* (Gruß). Händeschütteln gilt als förmlich und wird bei offiziellen Anlässen praktiziert.

**Kleidung:**
Wie fast alle Asiaten legen die Vietnamesen großen Wert auf saubere und korrekte Kleidung. Der Anblick von westlichen Touristen in Badeschlappen, Shorts und Trägerhemden wird von den meisten Vietnamesen als unhöflich und als Missachtung der einheimischen Sitten kritisiert.

Dies gilt erst recht in Tempelanlagen, bei offiziellen Anlässen oder Besuchen in einer vietnamesischen Familie. Besonders Frauen sollten sich betont zurückhaltend kleiden und nicht zuviel Haut zeigen.

**Kopf und Füße:**
Während der Kopf als der wertvollste Körperteil gilt und dementsprechend auch bei Kleinkindern nicht berührt werden sollte, gilt es als unhöflich, dem Gegenüber die Füße, die als unrein gelten, entgegen zu halten.

Auch das Hochlegen der Füße etwa auf einen Stuhl oder Tisch ist unbedingt zu unterlassen. Vor dem Betreten von Tempeln und Wohnungen zieht man die Schuhe aus.

**Körpersprache:**
Generell sollte man sich mit überschwänglichen Gefühlsregungen zurückhalten und die Privatsphäre des anderen achten. Lächeln und ein bescheidenes Auftreten werden besonders geschätzt. Wer hingegen beim Sprechen mit den Händen fuchtelt oder gar mit der Faust auf den Tisch schlägt, gilt nicht nur als aggressiv, sondern wird insgeheim belächelt.

Vietnamesen zeigen nicht mit dem Finger, mit Essstäbchen oder mit anderen Gegenständen auf Personen. Will man jemanden zu sich winken, tut man dies mit nach unten zeigender, ruhig zum Körper bewegender Handfläche und nicht mit einem gekrümmten Zeigefinger.

Das im Westen anerkennend gemeinte Schulterklopfen wird ebenso ungern gesehen wie über der Brust gekreuzte Arme oder in die Hüften gestemmte Hände.

**Konflikte:**
Die auf Harmonie bedachten Vietnamesen versuchen unter allen Umständen Konflikten aus dem Weg zu gehen. Das im Westen zur Lösung von Problemen positiv betrachtete Aufspüren von Fehlern, versuchen die Vietnamesen tunlichst zu vermeiden.

Oberstes Prinzip bei allen sozialen Kontakten ist, dass jeder sein Gesicht wahren kann. Die Suche nach Schuldigen für ein Missgeschick ist dementsprechend tabu. Auch bei der Diskussion über politische Fragen sollte man sich weitgehend zurückhalten. Bei aller Kritik im Einzelnen, sind die Vietnamesen doch letztlich Patrioten, die stolz auf ihr Heimatland sind. Weitere Infos vgl. unter Trinkgelder, Bettler und Fotografieren.

## Verkehrsmittel

**Flugzeug:**
**Vietnam Airlines**, die staatliche Fluggesellschaft hat ihr Streckennetz in den letzten Jahren erheblich erweitert, sodass selbst entlegene Orte wie Dien Bien Phu im Nordwesten oder die Insel Phu Quoc im Südwesten angeflogen werden können. Der Maschinenpark besteht aus modernen

Boeing- und Airbus-Jets. Auch das gut geschulte Personal entspricht internationalem Standard. Mit Jetstar Airways und VietJet Air sind in den letzten Jahren zwei neue lokale Anbieter hinzugekommen, welche dem Billigfluggesellschaften hinzuzurechnen sind. Der oftmals deutlich billigere Flugpreis muss jedoch mit einem wesentlich geringeren Serviceangebot und Extrazahlungen (Gepäck, Essen) bezahlt werden.

Alle Flughäfen und Flugbüros sind inzwischen mit Computern ausgestattet, deshalb können die Buchungen schnell und effizient abgewickelt werden. Da viele Inlandsflüge häufig ausgebucht sind, sollte man seine Reservierung so früh wie möglich vornehmen.

Für Reisende, die nur kurze Zeit im Land unterwegs sind, empfiehlt es sich, bereits zu Hause zu buchen und die Flüge nach der Ankunft in Vietnam rückzubestätigen.

**Eisenbahn:**
Zugfahren in Vietnam heißt in erster Linie Zeit haben. Selbst der Spezial-Express benötigt für die 1726 km lange Strecke zwischen Hanoi und Saigon 34 Stunden, was einer Durchschnittsgeschwindigkeit von 50 km entspricht. Normale Expresszüge brauchen für die gleiche Strecke zehn Stunden mehr. Meist dauert es jedoch wegen der chronischen Verspätungen noch wesentlich länger. Grund sind die zu großen Teilen einspurigen, noch aus der Kolonialzeit stammenden, Gleisanlagen.

Außer auf der Hauptstrecke Hanoi–Saigon verkehren noch Züge von Hanoi nach Haiphong und nach Lang Son und Lao Chai an der vietnamesisch-chinesischen Grenze.

Neben Sitz- und Liegeplätzen, verfügen einige wenige Züge auch über Schlafwagenabteile. Man unterscheidet zwischen *hard seat* (Holz) und *soft seat* (Plastiksitze). Die Liegeplätze bestehen aus drei übereinander angebrachten Holzpritschen, die keinerlei Komfort oder Privatsphäre bieten. Einzig die Schlafabteile mit vier Betten in einem separaten Abteil sind zumindest ansatzweise mit mitteleuropäischem Niveau vergleichbar. Dafür zahlt man jedoch auch fast 70 Prozent des Preises eines Flugtickets für dieselbe Strecke.

Bahnfahren in Vietnam ist vor allem in Relation zum Gebotenen zu teuer, da Ausländer selbst für die einfachen Klassen ein Vielfaches der Einheimischen bezahlen müssen. Allzu viel sollte man sich auch von der Aussicht auf die vorbeiziehende Landschaft nicht versprechen, da diese durch niedrige und oftmals noch verriegelte Fenster stark beeinträchtigt wird.

Reservierungen für Sitzplätze sollten mindestens einen Tag vor Abreise, für Liegeplätze und Schlafwagen mehrere Tage im Voraus vorgenommen werden. Speziell bei Nachtfahrten muss man sein Gepäck sicher verstauen, da Diebstähle in letzter Zeit erheblich zugenommen haben.

## Service von A bis Z

**Bus:**
Es gibt wohl kaum ein auch noch so abgelegenes Dorf in Vietnam, das nicht per Bus zu erreichen wäre. Da Busfahrten auch günstiger sind als die Bahn, sind sie die am meisten benutzten Verkehrsmittel in Vietnam. Ein Manko ist jedoch die mangelnde Sicherheit aufgrund des technischen Zustands vieler Fahrzeuge und die halsbrecherische Fahrweise der Fahrer.

Entscheidet man sich dennoch für eine Busfahrt, sollte man, falls möglich, einen Expressbus wählen. Das sind meist Fahrzeuge neuerer Bauart, die, wie es ihr Name schon sagt, schneller ans Ziel kommen, weil sie seltener anhalten und bei Fähren Vorfahrtsrecht genießen. Darüber hinaus bieten sie mehr Komfort und vor allem einen garantierten Sitzplatz. Da die Nachfrage groß ist, sollte man mindestens einen Tag vor Abfahrt reservieren. Größere Städte verfügen gleich über mehrere Bahnhöfe, von denen die Busse in die verschiedenen Himmelsrichtungen abfahren.

Die meisten Individualreisenden bevorzugen die von Privatanbietern eingesetzten Minibusse, die auf den von Touristen am häufigsten befahrenen Strecken verkehren. Für die Touristenbusse zahlt man zwar etwa das Doppelte des normalen Fahrpreises, hat jedoch den Vorteil, vom Hotel abgeholt und am Ankunftsort zum Hotel gebracht zu werden.

Allerdings versuchen die Chauffeure oft, einen zunächst zu der Unterkunft zu bringen, bei der sie eine Kommission kassieren. Tickets für diese sogenannten »Open Tours« erhält man in fast allen Hotels, in denen Individualtouristen wohnen.

**Taxen:**
In den größeren Städten wie Hanoi, Da Nang, Hue und Saigon gibt es inzwischen eine große Anzahl von Taxen. Da alle mit einem Taxameter ausgestattet sind, braucht man nicht zu handeln.

**Motorradtaxi (Xe Om):**
Wer sich nicht scheut, inmitten des chaotischen Verkehrs andere Verkehrsteilnehmer oft nur um Haaresbreite zu umfahren, sollte einmal die meist an Straßenkreuzungen auf Kunden wartenden Motorradtaxis nutzen. Da viele der Xe-Om-Fahrer wenn überhaupt nur sehr wenig Englisch sprechen, ist es unbedingt notwendig Preis und Fahrtziel unzweideutig vor Fahrtantritt festzulegen.

## Service von A bis Z

**Cyclos:**
Die in ganz Asien bekannte Rikscha heißt in Vietnam Cyclo. Dieses charakteristische Fortbewegungsmittel, bei dem der Fahrgast vor dem Fahrer sitzt, war lange Zeit typisch für Vietnam. Da jedoch immer mehr Straßen für Cyclo-Fahrer gesperrt werden, wird es wohl nicht mehr lange dauern, bis dieses urige Verkehrsmittel der Vergangenheit angehört. Da die meisten Cyclo-Fahrer von Touristen einen weit überhöhten Preis verlangen, gilt es, vor Fahrtantritt eisern zu handeln. Mehr als einen bis maximal zwei Dollar sollte man im Innenstadtbereich nicht zahlen. Auch das Fahrziel muss vor Fahrtantritt genau festgelegt werden.

Vietnamesen selbst benutzen sie so gut wie gar nicht mehr und in Ho Chi Minh-Stadt sind sie inzwischen gänzlich verboten. Man kann sie jedoch an speziell ausgewiesenen Stellen etwa der Altstadt von Hanoi, in Hue und Hoi An für eine Stadtrundfahrt mieten.

Da die meisten Fahrer kaum Englisch sprechen, sollte man das Ziel vorher auf einen Zettel schreiben lassen. Für die Rückfahrt empfiehlt sich aus dem gleichen Grund die Mitnahme einer Visitenkarte des Hotels, in dem man wohnt.

**Motorrad:**
Motorräder können an fast allen Touristenorten zum Preis von etwa 12 500 Dong pro Tag ausgeliehen werden. Ein Motorradführerschein ist für Maschinen ab 75 ccm selbstverständlich obligatorisch, wird aber so gut wie nie kontrolliert. Auch mit der in großen Städten gültigen Helmpflicht nimmt man es nicht so genau. Bevor man sich auf längere Fahrt begibt, sollte man allerdings eine kleine Probefahrt machen und dabei besonders auf Bremsen, Außenspiegel und Ölstand achten.

Speziell zur Besichtigung der sehr reizvollen Umgebung von Hue mit den Kaisergräbern und den Cham-Tempeln bei Hoi An bietet sich ein Motorrad als Verkehrsmittel an.

**Fahrräder:**
Fahrräder bieten eine ideale Möglichkeit, Städte und deren nähere Umgebung individuell zu erkunden. Mieten kann man sie in fast allen touristisch interessanten Orten. Die meisten verfügen jedoch weder über eine Gangschaltung noch über Licht.

Überprüfen sollte man auch, ob die Bremsen funktionieren. Da Fahrraddiebstahl in Vietnam an der Tagesordnung ist, sollte man, seinen Drahtesel besonders in den großen Städten nur an den speziell ausgewiesenen und überwachten Fahrradparkplätzen abzustellen.

Infos zu Mietwagen vgl. unter Automiete, Autofahren.

## Wäsche

Fast jede Unterkunft bietet einen Laundry-Service. Da dies in Hotels der oberen Preisklasse recht teuer sein kann, finden sich häufig in unmittelbarer Umgebung Hinweisschilder von Privatpersonen, die den Wäscheservice zu deutlich niedrigeren Preisen anbieten. Hierbei sollte man aber nur strapazierbare Kleidung abgeben, da die etwas robustere Waschart und die minderwertigen Waschpulver bei »anfälligen« Stoffen wie Seide leicht Schäden anrichten können.

## Zeitzone

Vietnam Laos und Kambodscha liegen in der Zeitzone der Indochina Time. Zur mitteleuropäischen Sommerzeit beträgt die Zeitverschiebung plus fünf, im Winter plus sechs Stunden.

## Zoll

Zollfrei dürfen 400 Zigaretten und 1,5 Liter Alkohol einführt werden. Bargeld ausländischer Währungen im Wert über 5000 US-$ und Bargeld vietnamesischer Dong im Wert über 15 Mio. Dong muss deklariert werden. Verboten ist außerdem die Einfuhr von Waffen, Drogen, Giften, Pornografie sowie von Antiquitäten. Infos zu Ausfuhrbestimmungen vgl. S. 260.

»Floating Village« in der Halong-Bucht

# Glossar

**Amithaba**
Bodhisattva des unermesslichen Glanzes, Zukunftsbuddha, Mahayana-Buddhismus.

**Animismus**
Der Glaube an die Beseeltheit der Natur(kräfte) bei Naturvölkern.

**Apsara**
Himmlische Nymphen und Tänzerinnen.

**Avalokiteshvara**
»Der Herr, der voll Mitleid auf die Welt herabschaut«. Wichtigster Bodhisattva.

**Basrelief**
Relief, das sich nur wenig erhaben gestaltet ist, deshalb auch Flachrelief.

**Bodhisattva**
Ein »zur Erleuchtung bestimmtes Wesen«. Ein Wesen, das alle Stadien bis zum Nirwana durchlaufen hat, jedoch solange auf die Erlösung verzichtet, bis alle anderen Wesen erleuchtet sind.

**Bonze**
Buddhistischer Mönch.

**Brahma**
Indischer Hauptgott, der innerhalb der hinduistischen Götterdreiheit das Prinzip der Weltschöpfung verkörpert. Er wird häufig mit vier Gesichtern und vier Armen dargestellt.

**Buddha**
Der Erleuchtete; Ehrentitel für den Mitte des 6. Jahrhunderts v. Chr. im indisch-nepalischen Grenzgebiet geborenen Fürstensohn Siddharta Gautama.

**Chua**
Ursprünglich Bezeichnung für eine buddhistische Tempelanlage oder ein buddhistisches Kloster, wird inzwischen jedoch auch für Tempel anderer Religionsgemeinschaften verwandt.

**Den**
Gedenktempel für historische Persönlichkeiten oder mythische Personen.

**Dien**
Daoistischer Tempel.

**Dinh**
Gemeindehaus im Dorf, meist mit angeschlossenem Schutzgeisttempel.

**Doi Moi**
»Neues Denken«, vietnamesische Form der Perestroika.

**Dvarapala**
Wächterfiguren.

**Gia Pha**
Hölzerne Tafel auf dem Haus- oder Ahnenaltar mit dem Namen des Verstorbenen.

**Harihara**
Hinduistisches Götterbild, das die Vereinigung der beiden Hauptgottheiten Vishnu (Hari) und Shiva (Hara) darstellt.

**Hinayana-Buddhismus**
»Kleines Fahrzeug«, ursprüngliche Form des Buddhismus, von seinen Anhängern auch Theravada, »Lehre der Älteren«, genannt. Es handelt sich um einen der beiden Hauptströme des Buddhismus neben dem Mahayana-Buddhismus (vgl. Mahayana-Buddhismus, nächste Seite).

**Hoi Quan**
Versammlungshaus und Tempel der chinesischen Gemeinden. Werden häufig auch als Chua bezeichnet.

**Kalan**
Turmheiligtum der Cham, symbolisiert den mystischen Weltenberg Meru.

**Kinh**
Vietnamesische Bezeichnung für ethnische Vietnamesen.

**Kraggewölbe**
Ein »unechtes« Gewölbe, bei dem aufeinander zugeschobene Mauersteine eine Bogenform bilden.

**La Han**
18 Schüler des Buddha.

**Laterit**
Gelber bis roter Verwitterungsboden, der mit Aluminium und Eisen angereichert ist. Eine Vorstufe des Bauxits.

**Lingam**
Phallisches Symbol, Attribut des hinduistischen Gottes Shiva.

# Glossar

**Ma**
Die umherirrende Seele eines Verstorbenen, die mit Opfergaben gütig gestimmt werden muss.

**Mahayana-Buddhismus**
»Großes Fahrzeug«, Abspaltung vom Hinayana-Buddhismus. Bodhisattvas geben den Gläubigen Hilfestellung auf dem Weg zum Nirwana. Das ist die unter anderem in Vietnam verbreitete Form des Buddhismus (vgl. auch Hinayana-Buddhismus).

**Maitreya**
Im Mahayana-Buddhismus der Buddha der Zukunft. Er wird auch häufig als der dickbäuchige, fröhliche chinesische Milefo, der in Vietnam Di Lac heißt, dargestellt.

**Mandapa**
Zur Seite meist offene Halle, in der Opfergaben vorbereitet und religiöse Tänze abgehalten werden.

**Mandarin**
Staatsbeamter.

**Meru**
Mythischer Berg der indischen Kosmologie, Mittelpunkt der Erde und Wohnsitz der Götter.

**Nam Giao**
Himmelsaltar, an dem die Könige aufwendige Opferzeremonien für Himmel und Erde darbrachten.

**Nghe**
Tempel für Schutzgeister.

**Ngoc Hoang**
Jadekaiser, bedeutendster Gott des Volksdaoismus.

**Nirwana**
Das Erlöschen des individuellen Daseins. Befreiung vom Kreislauf der Wiedergeburten, höchstes Ziel eines jeden Buddhisten.

**Pilaster**
Eckiger, flach aus der Wand hervortretender Pfeiler.

**Prasat**
Terrassierter Tempelturm der Angkor-Baukunst.

**Quan Am**
In ganz Vietnam verehrte Göttin der Barmherzigkeit.

**Quoc Ngu**
Im 17. Jahrhundert von katholischen Geistlichen entwickelte lateinische Umschrift des Vietnamesischen, heute offizielle Schrift.

**Ramayana**
Das zweite große indische Nationalepos. Ein Kunstepos, das dem Weisen Valmiki zugeschrieben wird (4./3. Jh. v. Chr.–2. Jh. n. Chr.).

**Sampan**
Flaches Holzboot, welches auch als Hausboot Verwendung findet.

**Shakyamuni**
»Einsiedler aus dem Geschlecht der Shakya«, der historische Buddha.

**Shiva**
Indischer Hauptgott, der innerhalb der hinduistischen Götterdreiheit das Prinzip der Erhaltung verkörpert. Er wird meist als Tänzer dargestellt.

**Sim**
Hauptgebäude eines buddhistischen Klosters.

**Stele**
Aufrecht stehende, mit Inschriften versehene, Stein- oder Holzsäule.

**Tympanon**
Schmückfläche über einem Türsturz.

**Viet Cong**
»Vietnamesische Kommunisten«, von den US-Amerikanern benutzter Sammelbegriff für die südvietnamesischen Kommunisten.

**Viet Minh**
1941 gegründete »Liga für die Unabhängigkeit Vietnams«.

**Vishnu**
Indischer Hauptgott, der innerhalb der hinduistischen Götterdreiheit die Kraft der Zerstörung verkörpert. Er wird meist mit vier Händen, die seine Symbole Keule, Muschel, Wurfscheibe und Lotos tragen, dargestellt.

**Yoni**
Weibliche Entsprechung zum Lingam.

## Orts- und Sachregister

**Fett** hervorgehobene Seitenzahlen verweisen auf ausführliche Erwähnungen, die *kursiv* gesetzten Begriffe und Seitenzahlen beziehen sich auf den Service am Ende des Buches.

**A**n Binh, Insel 166 f.
Animismus 7, 114, 125, 174
*Anreise 225 f.*
*Antiquitäten*
Ao Dai, Schuluniform 96
*Apotheken 232*
*Ausfuhrverbot 226*
*Auskunft 226*
*Ausreise 225 f.*
*Ausrüstung 231 f.*
*Automiete, Autofahren 226 f.*

**B**a Be, See 59, 60
Bach-Dang-Fluss 12, 26, 49, 57
Bai Chay vgl. Halong Stadt
Ban Dam 57 f.
Ban Gioc 59, 60
Banh It 112
Bau Ba, See 121
*Behinderungen, Hinweise für Menschen mit 231*
Ben Hai, Fluss 77
Ben Nghe, Kanal 142, 144
Ben Tre 158
*Bettler 227*
Bich Dong 68
Binh Dinh, Provinz 131
Brahma 81, 125
Buddha(statue) 39, 40, 41, 68, 69, 95, 97, 117, 121, 125, 131, 146 f., 154, 164, 167, 171, 173, 176 f., 184, 185, 189, 198, 200 f., 202, 204, 206 f., 208
Buddhismus 39, 69, 68, 89, 97, 106, 146 f., 171, 173, 184, 188, 189, 194, 198, 208
Buon Don, Elefantendorf 113
Buon Ma Thout **112 f.**, 130, 209
– Ethnografisches Museum 113
*Bus 239*

**C**ai, Fluss 39, 123, 125
Cai Rang 158
Cam, Fluss 49, 54
Cam Ly, Fluss 116
Cam Ranh 114, 123
Canh-Tien-Turm 131
Can Tho (Cantho) **158 ff.**, 209
– Cai Rang 158
– Phong Dien 158
– Phung Hiep 158 f.
Caodaismus 80, 136, **153 f.**
Cat Ba, Insel **49**, 209
Cat Ba, Nationalpark 49
Cau Da 126
Chau Doc **160 f.**, 210
– Chau-Giang-Moschee 160
– Grabmal des Thoai Ngoc Hau 161
– Mieu Ba Chua Xu 160
– Sam-Berg 160

– Tay-An-Pagode 161
Chien Dan **114 f.**, 119
China Beach vgl. My Khe Beach
Chua But Thap 44 f.
Chua Huong **45 f.**
– Den Trinh 46
– Huong-Tich-Pagode 46
– Tien Son 46
Chua Keo 68 f.
Chua Pho Minh 65 f.
Chua Tay Phuong 47
Chua Thay 47
Cochinchina 8, 133, 142, 148, 156
Co Loa 47
Con-Dao-Inseln 129
Con Long, Insel 162 f.
Con Phung, Insel 158
Con Qui, Insel 163
Cua Dai, Strand 84
Cu Chi 136, **151 ff.**
– Tunnel von Cu Chi 136, **151 ff.**
Cuc-Phuong-Nationalpark **63,** 210
*Cyclo 240*

**D**ai Lanh, Pass
**Da Lat** (auch Dalat) 10, 12, **115 ff.**, 126, 128, 210
– Bahnhof 116
– Bao-Dai-Palast 117
– Dalat Hotel 116
– Hang Nga 117, 118
– Lam Dong-Museum 116, 118
– Lycée Yersin 116
– Nha-To-Lon-Kirche 117
– Palace Hotel 115, 116
– Postamt
– Residenz des französischen Generalgouverneurs (ehem.) 116
– Tal der Liebe 119
– Thien Vuong 117
– Xuan-Huong-See 115, 116, 118, 232
– Zentralmarkt 116
Dambri-Wasserfall
Dam Mon 119
**Da Nang** (auch Danang) 5, 14, 16, **79 ff.**, 83, 106, 119, 210 f.
– Cham-Museum 80 f.
– Cho Han 80
– Kathedrale 80
Delacour-Languren 63
Deo Hai Van vgl. Wolkenpass
Dien Bien Phu 15, **49 ff.**, 71, 211
– Dien-Bien-Phu-Museum 52
Di Linh
*Diplomatische Vertretungen 227*
Doc Let, Strand 119
Dong Ho, See 161
Dong Hoi 74
Dong Son 74
Dong Van 59, 60
Dracheninsel vgl. Con Long
Dray-Sap-Wasserfälle 113
*Drogen 227 f.*
Duc 46

*Einfuhrverbot 226, 240*
Einhorninsel vgl. Toi Son
*Einkaufen 228 f.*
*Einreise 225 f.*
*Elektrizität vgl. Strom*
Endangered Primate Rescue Center 63
Erster Indochinakrieg vgl. Indochinakriege
*Eisenbahn 239*
*Erholung 234 f.*
*Essen und Trinken 229 f.*

*Feiertage, Feste 230*
*Fernsehen vgl. Radio, TV*
Fischsauce 29, 163 f.
FNL (Südvietnamesische Befreiungsfront) vgl. Vietcong
*Fotografieren 230*
Free Fire Zone 107, 152

**G**arküche 24, 29, 108, 142
*Geld 230 f.*
Gia Lai 130
Giang 57 f.
*Glossar 241 f.*
Golf, Sport 116, 117, 118
Golf von Thailand 163
Golf von Tonkin 16, 53
Gräber der Le-Dynastie 74

**H**aiphong 5, 15, 26, **53 f.**, 211
– Dinh Hang Kenh 54
Halong-Bucht 9, **55 ff.**, 212
– Queen of the Rosary 54
– Hang Dau Go 56
– Hang Sung Sot 56
Halong, Stadt 56, 57
Han-Dynastie 12
Han, Fluss 79, 80
**Hanoi** 5, 9, 12, 14, **22–44**, 53, 57, 64, 66, 74, **76**, 81, 89, 132, 136, 143, 212, *225*
– Altstadt 26 ff.
– Armeemuseum 36, 42
– Ba-Dinh-Platz 29, **36 ff.**, 76, 143
– Bank de Indochine 31
– Brücke der Aufgehenden Sonne 25
– Chi-Lang-Park 35
– Cho 19/12 32
– Chua Ba Da 32
– Chua Tran Quoc 39 f.
– Den Quan Thanh 38
– Einsäulenpagode 37 f.
– Ethnologisches Museum 42
– Flaggenturm 36
– Hanoi Tourist 42
– Hanoi Towers 32 f.
– Historisches Museum **31**, 42, 45

243

## Orts- und Sachregister

- Hoan-Kiem-See **24 ff.**, 30, 42
- Ho-Chi-Minh-Mausoleum 36, 42
- Ho-Chi-Minh-Museum 38, 42
- Holzbungalow von Onkel Ho 37
- Hotel Metropole 23, **31**
- Ho Truc Bach 38 f.
- Jadeberg (Ngoc Son) 25
- Kathedrale Saint Joseph 32
- Literaturtempel **33 ff.**, 42, 66
- Long-Bien-Brücke 29
- Museum der Schönen Künste 35, 42
- Nationalbibliothek 32
- Ngoc-Son-Tempel 25 f.
- Oper 23, **31**, 42
- Palast des französischen Generalgouverneurs 23, **37**
- Rathaus 30
- Revolutionsmuseum 31, 42
- Schildkrötenturm (Thap Rua) 25
- Tran-Hung-Dao-Statue 31
- Trang-Tien-Plaza 31
- Ville Française 30
- Wasserpuppentheater (Thang-Long-Theater) 27, 28 f., 42
- Westsee (Tay Ho) 38 ff.
Hanoi-Suppe 29
Ha Tien **161 f.**, 213
- Bai Mui Nai 162
- Chua Thach Ding 162
- Gräber der Familie Mac 161 f.
Hoa Binh **57 f.**, 213
- Ban Dam 57 f.
- Giang 57 f.
Hoa-Binh-Mensch 57
Hoa-Hao-Sekte 158
Hoa Lai 114
Hoa Lu **64**, 66
- Dinh Tien Hoang 64
- Ma-Yen-Hügel 64
Hoanh Son, Gebirge 12, 71
Hoang Tru 76
Ho-Chi-Minh-Pfad **74**, 151, 220
**Ho-Chi-Minh-Stadt** 5, 9, 10, 13, 14, 18, 22, 74, 116, **132–151**, 154, 157, 213 f., *225*
- Amerikanische Botschaft 140 f.
- Benh-Thanh-Markt 138, **142**, 149
- Binh-Tay-Markt
- Botanischer Garten 140
- Cha-Tam-Kirche 144
- Cho Binh Tay 144, 148
- Cho Lon 137, 141, **143 ff.**, 148, 150
- Chua Giac Lam 146
- Chua Ngoc Hoang 147
- Chua Phung Son Tu 146
- Chua Quan Am 145 f.
- Chua Thien Hau 144 f., **148**
- Chua Vinh Nghiem 147
- Dong-Khanh-Grab 102
- Dong Khoi **137 ff.**, 149
- Grand Hotel 137
- Hauptpost **139 f.**, 148
- Historisches Museum **140**, 148
- Ho-Chi-Minh-City-Museum 139,148
- Ho-Chi-Minh-Museum vgl. Nha Rong
- Hoi Quan Phuoc An 146
- Hotel Caravelle 138
- Hotel Continental 138, 148
- Hôtel de Ville **139**, 148
- Jamia-Moschee 138
- Kathedrale Notre Dame 137, **139**, 148
- Khan Van Nam Vien 146
- Lam-Son-Platz 138
- Le Duan, Boulevard 139 f.
- Majestic Hotel **137**, 148
- Mariamman-Tempel 142
- Maxim's 137
- Museum für Kriegsrelikte **141 f.**, 148
- Nha Rong 142 f., 148
- Opernhaus **138**, 148
- Palast der Wiedervereinigung vgl. Wiedervereinigungspalast
- Revolutionsmuseum vgl. Ho-Chi-Minh-City-Museum
- Rex Hotel 138, 149, 150
- Van-Hoa-Park 141
- Wiedervereinigungspalast **141**, 148
**Hoi An** 10, 78, 79, 81, **82–88**, 114 f., 214 f.
- An Hoi, Insel 87
- Cam-Nam-Brücke 84
- Chua Ba 86
- Cua Dai, Strand 84
- Japanische Brücke 84, 86 f.
- Hoi Quan Hai Nan 85
- Hoi Quan Phuoc Kien 85 f.
- Hoi Quan Quang Dong 86
- Hoi Quan Trieu Chau 85
- Keramikmuseum 86
- Mieu Quan Cong 85
- Phung-Hung-Haus 87
- Quan-Thang-Haus 84, 86
- Tan-Ky-Haus 87
- Zentralmarkt 84
Hon Gai vgl. Halong Stadt
Hon Gom, Halbinsel 119
Hon Lao, Insel 126
Hon Mieu, Insel 126
Hon Mot, Insel 126
Hon Mun, Insel 126
Hon Tre, Insel 126
**Hue** 9, 10, 14, 77, 78, 79, **88–105**, 215
- Arena Ho Quyen 99
- Chua Bao Quoc 97
- Chua Thai Giamb 99
- Chua Tu Dam 97
- Chua Tu Hieu 99
- Dong-Ba-Markt 95
- Grand Hotel Morin 96
- Ho-Chi-Minh-Museum 97, 103
- Hue-Museum **94**, 103

- Kaisergräber **99 ff.**, 104
- Kaiserstadt 90 ff., 104
- Kathedrale Notre Dame 96
- Khai-Dinh-Grab 99, 100, **102 f.**
- Kien-Phuc-Grab 102
- Minh-Mang-Grab 99 f.
- Nam Giao 98 f.
- Pagode Thien Mu **95**, 104
- Phuoc-Duyen-Turm 95
- Quoc-Hoc-Schule 96
- Provinzmuseum 94 f., 103
- Residenz der franz. Generalgouverneurs (ehem.) 97
- Thuan An 96
- Trai-Cung-Palast 99
- Trang-Tien-Brücke 96
- Tu-Duc-Grab 99, 100, **101 f.**
- Zitadelle 91 f.
Huong Giang, Fluss 88, 91, 96, 99, 100, 104, 105

*Impfungen 232*
Indochina 14, 15, 22, 31, 32, 50, 53, 71, 77, 80, 83, 101, 133, 138, 162, 180
Indochinakriege 15, 32, 50, 53, 77, 80, 83
*Internet 231*

**K**affee 110, 114, **130**, 133
Kaisergräber 99 ff., 104
Kambodscha 18, 19, 59, 70, 74, 136, 151, 157, 160 f., **168–193**, 205, *225, 226*
Ke Ga 121
Khe Sanh 71
Khuong My 119
Kim Lien 75
*Kinder 233*
*Kleidung 231 f.*
*Klima 231 f.*
Konfuzianismus 6, **32**, 33 f., 39, 48, 101
Kon Tum 25
*Kreditkarten 230 f.*

**L**ang Co **105**, 216
Lao Cai 60
Laos 18, 48, 59, 70, 74, 79, 88, 169, **194–208**, *225, 226*
Le-Dynastie 12, 74
Long-Tri-See 47
Ly-Dynastie 22, 33, **66**, 69

**M**ac-Dynastie 13
Mai Chau **58 f.**, 216
*Malaria 232*
Marmorberge **106 f.**
*Medizinische Versorgung 232*
Mekong-Delta 10, 13, **156–167**, 144
Mekong, Fluss 144, 157, 169
*Mietwagen 226 f.*
Minderheiten des Nordens 52, 59
Minderheiten des Zentralen Hochlands 112 f., **114**, 116, 118, 130
Ming-Dynastie 25, 74, 82, 100, 133, 144

244

## Orts- und Sachregister

Missing in Action 121
Monkey-Island vgl. Hon Lao
*Motorrad 240*
*Motorradtaxi 239*
Mui Ne 10, 110, **120 f.,** 215
– Bau-Ba-See 121
– Ke Ga 121
– Nui Ta Cu 121
My Khe Beach **107,** 216
My Lai 17 f., **121 f.,** 142
My Son 80, **107 f.**
My Tho (auch Mytho) **162 f.,** 265 f.
– Chua Vinh Trang 162
– Dracheninsel 162
– Einhorninsel 162
– Schildkröteninsel 163

**N**am Dinh **65 ff.,** 217
Nghe Anh, Provinz 75
**Nha Trang** 10, 81, 110, 119, **122–128,** 217
– Bao-Dai-Villen 122, **126**
– Cau Da 126
– Chua Long Son 125
– Markt 125 f.
– Ozeanographisches Institut 126
– Pasteur-Institut 123, **126**
– Po-Nagar-Tempel **123 ff.,** 126
– Uferpromenade 126
– Vorgelagerte Inseln 126
Ninh Binh 64, **67 f.,** 217
– Tam Coc (Drei Grotten) 67
Ninh Hai 67
Ninh Thuan, Provinz 128
Non Nuoc vgl. China Beach
Nördliche Zentralküste **70–77**
Nordostvietnam 59 f.
Nordvietnam 9, **22–61**
*Nofälle, wichtige Rufnummern 233*
Nui Ba Den **155**
Nui Sam, Berg 160
Nui Ta Cu 121
Nuoc-Mam-Fischsauce vgl. Fischsauce

*Öffnungszeiten 233*
Ökozid vgl. Politik der verbrannten Erde

**P**ac Bo 59, 60
Parfümfluss vgl. Huong Giang
Parfümpagode vgl. Chua Huong
Phan Rang 114, 116, **128,** 217 f.
– Po Klong Garai 128
– Po Rome vgl. dort
Phan Si Pan 48, 60
Phan Tiet 76
Phat Diem 64 f.
*Pho, Gericht 229*
Phoenix-Insel vgl. Con-Phung-Insel
Phong Dien 158
Phong Nha, Grotten **73**
Phung Hiep 158 f.
Phuoc Loc vgl. Thoc-Loc-Turm
Phu Quoc, Insel 120, 153, **163 f.,** 218

– An Thoi 163
– Duong Dong 163
Pleiku **130 f.,** 218
Po Klong Garai vgl. Phan Rang
Politik der verbrannten Erde 77, 107, **109,** 152
Polytheismus 25, **39,** 145, 173
*Post 234*
Po Rome 128
*Presse 234*

**Q**uan Am 35, 37 f., 44, 69, 85, 97, 106, 117, 145, 146
Quang Binh 70
Quang Ngai, Provinz 121, 122
Quang Tri 77
Quy Nhon 13, 81, 110, **131,** 218
– Long-Khanh-Pagode 131

*Radio, TV 234*
*Rauchen 234*
Reis **27,** 48, 59, 62, 68, 112, 157, 167
*Reisezeit 231 f.*
Reisstrohhut 53, 64, 76, 95, 105
Roter Fluss, Delta vgl. Song Hong

**S**aigon vgl. Ho-Chi-Minh-Stadt
Saigon, Fluss 132 f., 137, 142
Sam Son 74
Sapa (auch Sa Pa) 9, **60 f.,** 218 f.
Schildkröteninsel vgl. Con Qui
Schwimmende Dörfer 56
Schwimmende Märkte vgl. Can Tho
*Sicherheit 234*
Shiva 81, 108, 124, 125, 128, 174, 185, 189
Soc Trang **164 f.,** 219
– Buu-Son-Tu-Tempel 165
– Chua Doi 165
– Chua Khleang 164
– Xa Lon 165
Song Cai, Fluss 131
Song Hong (Roter Fluss) 9, 12, 48, **62–69**
Song Ma, Fluss 74
Son La 61, 219
Son-La-Damm 57
Son My vgl. My Lai
*Sport 234 f.*
*Sprachhilfen 235 ff.*
Street Without Joy 77
*Strom 237*
Südchinesisches Meer 106, 122, 123, 140, 141, 157
Südliche Zentralküste 10, **110–131**
Südvietnam 10, **132–167**

**T**al der Liebe vgl. Da Lat
Tam Coc (Drei Grotten) 67
Tan Hai 15
Tauchen 119, 126
Tay Ninh 80, 138, **153 ff.**
– Cao-Dai-Tempel 80
Tay Son, Distrikt 129
Tay-Son-Revolte 13, 89, 92, 129

*Telefonieren 237*
Tet-Fest 17, 45, **46,** 125, 129, 155
Tet-Offensive 17, 71, 75, 89 f., 93, 95 f., 140, 151
Thai Binh **68 f.,** 220
– Chua Keo 68 f.
Thang Long vgl. Hanoi
Thanh Hoa 12, 36, **73 f.**
– Ham-Rom-Brücke 73
Thoc Loc-Turm 131
Thu Bon, Fluss 82 ff.
Tieng Giang, Provinz 162
To Chau, Fluss 161
Toi Son, Insel 162
Tor von Annam 71
Trai Mat 116
Tran-Dynastie 12, 65 , **66**
Tra Vinh 165, 220
– Chua Ang 165
– Chua Sam Rong Ek 165
*Trinkgeld 237*
Trockene Halong-Bucht 46, 64, 67
Truong-Son-Gebirge 70
Tuc Mac 65

**U**nterkunft 209–224, *237 f.*

**V**erhaltenstipps *238*
*Verkehrsmittel 238 f.*
Vietnamkrieg 5 f., **16 ff.,** 23, 29, 36, 65, 67, 71, **73 f.,** 80, 106, **107 f., 109, 121 f.,** 130, 131, 136, 137, **140 f., 151 ff.,** 162, 173
Vinh **75 f.,** 220
Vinh Long **166 f.,** 220
– Insel An Binh 166 f.
Vinh Moc 77
– Tunnel von Vinh Moc 77
Vung Tau 167, 220
– Christus-Statue 167
– Leuchtturm 167
– Pagode des liegenden Buddhas 167
Vishnu 81, 125, 173, 174, 184, 186
*Visum 225 f.*

**W**äsche 240
Wasserpuppentheater 29, **27,** 42, 47
Wolkenpass **109**

**X**e Om vgl. Motorradtaxi
Xuan Lam 74

**Z**eitzone 240
Zentrales Hochland 110, 112 f., 114, 115 ff., 130, 225
Zentralvietnam 10, **70–109**
Zoll 240

245

## Orts- und Sachregister

## Kambodscha

**Angkor** 81, 107, 169, 170, **180–193**, 204, 205
- Angkor Thom 174, 184 ff.
- Angkor Wat 170, 182 ff.
- Bakong 190
- Banteay Srei 182, 189 f.
- Baphuon-Tempel 186
- Bayon-Tempel 170, 185
- Phimeanakas 186
- Preah Khan 189
- Preah Palilay 188
- Ta Prom 170, 188 f.
- Tep Pranam 188
- Terrasse des Leprakönigs 186

**B**onn Om Touk 174

**C**hoeung Ek, Killing Fields 177, 179

Mekong, Fluss 169, 171, 174

**Phnom Penh** 157, 168, **171–179**, 221
- Boeng-Kak-See 178
- Denkmal der Unabhängigkeit 177
- Foreign Correspondents Club of Cambodia (FCCC) 173
- Kambodscha-Vietnam-Monument 176
- Köngispalast 175, 178
- Nationalmuseum **173 f.**, 178, 186
- Preah Chau 173
- Preah Keo 176
- Psah Thmey 177
- Schule der Schönen Künste 178

- Silberpagode 176
- Sisowath-Kai 168,
- Soriya-Shopping-Center 177
- Tuol-Sleng-Museum 178
- Vetika-Oumtouk-Pavillon **174**, 175, 178
- Wat Botum 176, 178
- Wat Lanka 177, 178
- Wat Ounalom 173, 178
- Wat Phnom Daun Penh 172 f., 178
- Wat Preah Keo 176, 178

Siem Reap 182, **191 ff.**, 222

Tonle Sap, Fluss 171, 174
Tonle Sap, See 158, 169, 174, 182, **193**

## Laos

**B**an Chane 207
Ban Sang Hai 208

**Luang Prabang** 198, **204–208**, 223 f.
- Hong Kep Mien 207
- Ho Phra Bang 205
- Köngispalast 205, 207
- Pho-Si-Berg 206
- Wat Sene 206

- Wat Xien Thong 206 f.

Mekong, Fluss 204

Nam, Fluss 204

Pak Ou 208
Pathet Lao 15, 195, 197, 204

**Vientiane 196–203**, 205, 223

- Lane Xang Hotel 200
- Lao National Cultural Hall 200
- Nam-Phou-Platz 200
- Nationalmuseum 200, 202
- Patu Xay 201
- That Luang 197, **201 f.**, 202
- Wat Ho Phra Keo 198, 202
- Wat Ong Teu 200, 202
- Wat Si Muang 197, 202
- Wat Si Saket 198 f., 202

# Namenregister

Amerikaner 74, 75, 89, 93, 95, 97, 107, 109, 114, 115, 116, 121, 131, 135, 137, 140 f., 149, 152, 154
An Duong Vuong, König 47
Anouvong, König 198 f., 206

Bahnar, Volk 114
Bao Dai, Kaiser 89, 92, 93, 94, 102, 117, 122, 126
Boat People 18, 140

Caine, Michael 138
Calley, William 122
Cham, Volk 12 f., 80, **81**, 106, 107, **108**, 110, 112, 114, 115, 119, 123 ff., 128, 131, 160, 174
Chaplin, Charlie 31
Chiang Kai-shek 76
Chinesen 5, 12 f., 15, 25, 33 f., 53, 73, 82 ff., 133, 136, 143 ff., 148, 160
Chinh, Truong 117
Clinton, Bill 19, 43, 121
Cousteau, Jacques 119

Dao, Volk 59
Dinh Tien Hoang, Kaiser 64
Dong Khanh, Kaiser 93, 102
Doumer, Paul 29
Duc Duc, Kaiser 94

Ede, Volk 114
Eiffel, Gustave 139
Eisenhower, Dwight D. 15, 49

Fall, Bernhard B. 77
Fa Ngum, König 194, 204, 205
Ferret, Eugene 138
Franzosen 8, 13 f., 15, 22 f., 30 ff., 37, 49, 53, 60, 133

Gia Long, Kaiser 13, 36, 75, 91, 92, 93, 98, 133, 162
Graham, Martin 141
Greene, Graham 5, 137, 138, 153, 154

Hiep Hoa, Kaiser 94
Hoa De 146
Ho Chi Minh 14 f., 16, 26, 29, **36 f.**, 38, 59, **75 f.**, 89, 92, 96, 97, 98, 139, 142 f.
Ho Quy Ly, Kaiser 66
Hmong, Volk 59, 60
Hugo, Victor 154
Huynh Phu So 158

Indravarman I., König 190

Jarai, Volk 114
Jayavarman V., König 189
Jayavarman VII., König 174, 181 f., 184 ff., 188, 189
Johnson, Lyndon B. 18

Khai Dinh, Kaiser 92, 99, 100, 102 f.
Khmer, Volk 12 f., 132, 164 f., 173 f., 178, 180 ff.
Kien Phuc, Kaiser 102

Kissinger, Henry 18
Kohor, Volk 114, 116
Kokosnussmönch 158
Konfuzius 33, 34, 39, 153, 173
Kublai Khan, Kaiser 13, 66

Lao-Tse 146, 153
Le Dai Hanh, Kaiser 64
Le Duc Tho 18
Le Loi, Kaiser 13, 25, 26, 74, 138
Le Qui Ly vgl. Ho Quy Ly
Le Thai To, Kaiser vgl. Le Loi
Le Thanh Tong, Kaiser 13, 35, 131
Lewis, Norman 154
Ludwig IV., König 102
Ly-Dynastie 66
Ly Nhan Tong, Kaiser 33, 35
Ly Thai To, Kaiser 22, 26, 31, 38, 64, 66, 73
Ly Thanh Tong, Kaiser 33, 35

Ma, Volk 116
Man, Volk vgl. Dao
Mao Zedong 15
Maugham, William Somerset 31, 138
McCarthy, Mary 135
McNamara, Robert 147
Meo, Volk 59
Minh Mang, Kaiser 91, 93, **99**, **101**, 102, 106, 109
Mnong, Volk 113, 114
Mongolen 13, 26, 56, 66, 137
Monivong, König 175
Muong, Volk 57, 59

Nang Si 197
Napoleon III. 175 f.
Navarre, General 15, 49
Nehru, Jawaharlal 41
Neudeck, Rupert 140
Nga Dang Viet 117
Ngoc Hoang, Jadekaiser 147
Ngo Dinh Diem 16, 88, 95, 97, 125, 135, 138, 141, 142, 144, 154
Ngo Dinh Thuc 96
Ngo Quyen 12, 54
Ngo Van Chieu 153
Nguyen Hoang, Fürst 95
Nguyen Hue 126, 162
Nguyen-Kaiser 14, **88–103**, 113
Nguyen Phuc Anh vgl. Gia Long
Nguyen Tan Dung 19
Nguyen Thanh Nam vgl. Kokosnussmönch
Nguyen Van Thieu 18, 130
Nixon, Richard 18, 53, 122
Nol, Lon, General 172
Norodom I. 176
Norodom Sihanouk, König 175
Nung, Volk 59

Quach Thi Trang 142
Quan Cong, General 86, 146
Quang Trung 13

Parmentier, Henri 108
Pasteur, Louis 126
Penh, Witwe 171, 173
Père Six 64
Petersen, Douglas 19
Pham Cong Tac 154
Pham Van Dong 97

Phan Boi Chau 97 f.
Ponhea Yat, König 173
Pol Pot (Saloth Sar) 168, 173

Ridenhour, Ron 122
Rote Khmer 162, 168, 172, 173 f., 176 f.

Samdech Huot Tat 173
Scharlau, Winfried 151
Scholl-Latour, Peter 5
Schwarze Ho, Volk 197, 204
Sedang, Volk 114
Setthathirath, König 197, 200, 201, 206
Sihanouk, König 172, 177
Simhavarman III., König 128
Sisavang Vatthana, König 204
Sisavang Vong, König 204
Sisowath, König 173, 175
Sri Yang Pu Ku, König 131
Sun Yat Sen 154
Suryavarman II., König 183, 184

Thai, Volk 59
Thaksin, König 171, 197
Thanh Thai, Kaiser 102
Thich Nhat Hanh 99
Thieu Tri, Kaiser 93, 99, 101
Thoai Ngoc Hau 161
Thuc Phan vgl. An Duong Vuong
Tran Anh Tong, Kaiser 65
Tran-Dynastie 66
Trang Trinh 154
Tran Hung Dao, General 13, 26, 56, 65, 66, 126, 137
Tran Nguyen Han 142
Tran Thuan Tong, Kaiser 66
Tran Vu, General 38
Trieu Da, General 12
Trung Nhi 12, 42
Trung-Schwestern 12, 42
Trung Trac 12, 42
Tu Duc, Kaiser 14, 85, 93, 99, 100, **101 f.**

Udayadityavarman II. 185, 186
US-Amerikaner vgl. Amerikaner

Van Xuong 146
Vietcong (Südvietnamesische Befreiungsfront) 16, 17, 106, 107, 121, 136, 137, 140, 151 f., 153
Vietminh (Liga für die Unabhängigkeit Vietnams) 14, 15, 17, 49, 52, 53
Vo Nguyen Giap 49, 76, 96

Weiße Thai 58
Westmoreland, General 16

Yajnavaraha, Brahmane 189
Yasovarman I., König 174, 186
Yersin, Alexandre 115, 122 f., 126

247

## Bildnachweis/Impressum

Klaus Acker, Köln: S. 144 o., 144 u., 145, 148, 166
Celentano/laif, Köln: S. 30, 96, 97, 99
Frank Fischbach: S. 147
Fotolia/Natalie Bedacht: S. 47 o.; Martina Berg: S. 77 o.; Valérie Beudon: S. 197 o.; Antoine Beyeler: S. 142 o.; Benjamin Cabassot: S. 36 u.; Katie Carruthers: S. 176 o.; Jean-Michel Combes: S. 63 o.; Francis Comeaud: S. 92; Richard Connors: S. 4 u.; Jean-Charles Caslot: S. 163; David Davis: S. 73 o.; Farida Doctor: S. 75 o.; Sam Downes: S. 9 u.; Réne Drouyer: S. 9 o., 47 u., 48, 61 o., 61 u., 71 o., 77 u., 87 u., 100, 113 o., 131, 154; Peter Factors: S. 94; Fenghua He: S. 175; Luisa Fer: S. 46; John Glines: S. 198, 205 o.; Erik de Graaf: S. 194, 202 u.; Christophe Guillamet: S. 199; Mishel Gusev: S. 189; Andrew Hall: S. 154/155; Olivier Harand: S. 108; John Hofboer: S. 7 u., 39, 121, 231; Adam Hurley: S. 31, 44; Marina Ignatova: S. 20/21; Chris Jewiss: S. 17 o.; James Kingman: S. 85; Ales Kramer: S. 88; Cory Langley: S. 83, 107 o., 107 u., 153; Alex Lapuerta: S. 159; Torsten Märtke: S. 53 u.; MasterLu: S. 213; Josef Muellek: S. 37; Patrick Myotte: S. 201 u.; Isabelle Nery: S. 167 o.; Sébastien Nestolat: S. 157; Ralph Paprzycki: S. 133, 142 u.; Jean-François Périgois: S. 158, 168, 169, 170 o., 170 u., 171, 176 u., 180, 183, 184, 187, 188, 190, 191 o., 191 u., 193 o., 193 u., 195, 200, 201 o., 202 o., 203, 205 u., 206 o., 206 u., 208 u., 224, 225; Anh Pham: S. 220; Ploum1: S. 7 o.; Delphine Poggianti: S. 25; Claire da Pozzo: S. 185; Giordan Raphaele: S. 38; Gerd Reiber: S. 5; Anne Rolland: S. 178; Alexandre Schaer: S. 103; Oscar Schnell: S. 76; Delphine Semmartin: S. 125; Lisa Smith: S. 215; Hii Boh Teck: S. 219; Slava Valitov: S. 18; Martine Wagner: S. 29; Ashley Whitworth: S. 186; Xuanhuongho: S. 112
Hartz/laif, Köln: S. 119, 120 o.
Huber H.-B./laif, Köln: S. 45, 132
iStockphoto/AoshiVN: S. 57; Dima266f: S. 110; DuyDo: S. 8; Erik de Graaf: S. 136; Bartosz Hadyniak: S. 11 o.; Khoi_Dang: S. 233; Leezsnow: S. 137; Lquang2410: S. 35; Alberto Marotta: S. 6; MasterLu: S. 54/55; Mathess: S. 52 o., 52 u.; Kevin Miller: S. 10; OldCatPhoto: S. 40/41; Onfokus: S. 82; ShutterWorx: S. 11 u.; Soft_Light: S. 129
Volkmar E. Janicke, München: S. 56, 60, 120 u., 143, 161, 162, 172, 182, 197 u., 204, 207, 208 u., 222
Kemp/laif, Köln: S. 24, 127, 138, 150
Axel Krause/laif, Köln: S. 65, 165
Günther Lahr, Maisach: S. 27, 33 o., 58 u., 64 o., 67 u., 75 u., 78, 86, 87 o., 106, 139, 160 o.
Andre Lettau, Berlin: S. 13 o., 216 u.
Lyndon Baines Johnson Library and Museum, Austin, Texas: S. 16
Martina Miethig, Berlin: S. 36 o., 59, 73 u., 211
Modrow/laif, Köln: S. 4 o., 149 u., 179
mauritius images/Age: S. 63 u.
PH1 H.S. Hemphill, US Navy: S. 15
Pixelio/Kunstzirkus: S. 261; Helmut J. Salzer: S. 141
Raach/laif, Köln: S. 95
Reinicke/laif, Köln: S. 17 u., 53 o., 68/69
Guido Schiefer, Köln: S. 22, 26 o., 28, 43 o., 62, 70, 89 u., 91 o., 102 o., 122/123, 173 o., 181
Thomas Schoch, Essen: S. 26 u., 109, 113 u., 115, 192
Selbach/laif, Köln: S. 164
VISTA POINT Verlag (Archiv), Potsdam: S. 12 o., 12 u., 13 u., 14 o., 14 u., 19, 32, 33 u., 40, 42 o., 42 u., 43 u., 49, 58 o., 64 u., 66 u., 66 u., 67 o., 68, 80, 81 o., 81 u., 89 o., 91 o., 93, 102 u., 104, 114, 122, 128, 130, 146, 149 o., 160 u., 167 u., 173 u., 177, 230
Wikipedia (PD)/Genghiskhanviet: S. 71 o.; (CC BY-SA 3.0)/Mstyslav Chernov: S. 214; Diego Delso: S. 135

**Titelbild:** Terrassierte Reisfelder im Nordwesten Vietnams, Foto: iStockphoto/Degist
**Vordere Umschlagklappe** (innen): Übersichtskarte des Reisegebietes mit den eingezeichneten Reiseregionen
**Schmutztitel** (S. 1): Reisstrohhut und Baseballmütze – die Kopfbedeckung verbindet Tradition und Moderne (Zentrales Hochland, Vietnam), Foto: Axel Krause/laif, Köln
**Haupttitel** (S. 2/3): Sampan-Verkehr in der Trockenen Halong-Bucht, Foto: Fotolia/Sonha
**Hintere Umschlagklappe** (außen): Am Dong-Ba-Kanal in Hue, Foto: Celentano/laif, Köln
**Umschlagrückseite:** Lotosteich in der Kaiserstadt Hue, Foto: Guido Schiefer, Köln (oben); Angkor Wat (Kambodscha), Foto: iStockphoto/Eliza Snow (unten)

Konzeption, Layout und Gestaltung dieser Publikation bilden eine Einheit, die eigens für die Buchreihe der **VISTA POINT Reiseführer** entwickelt wurde. Sie unterliegt dem Schutz geistigen Eigentums und darf weder kopiert noch nachgeahmt werden.

© 2015 VISTA POINT Verlag GmbH, Birkenstr. 10, D-14469 Potsdam
Alle Rechte vorbehalten
Reihenkonzeption: Horst Schmidt-Brümmer, Andreas Schulz
Bildredaktion: Andrea Herfurth-Schindler
Lektorat: Eszter Kalmár, Christine Berger
Coverentwurf: Martin Wellner, Fremdkörper®Designstudio, Potsdam
Layout und Herstellung: Sandra Penno-Vesper, Kerstin Hülsebusch-Pfau
Reproduktionen: Henning Rohm, Köln; Noch & Noch, Menden
Kartographie: Kartographie Huber, München
Druckerei: Drukarnia Interak, Czarnków, Polen

ISBN 978-3-95733-289-9

www.facebook.de/vistapoint